瑞达法考客观题系列

2024 国家统一法律职业资格考试

民事诉讼法
真金题

⑧

◎韩心怡 编著

中国民主法制出版社

图书在版编目（CIP）数据

2024国家统一法律职业资格考试．民事诉讼法真金题．8/韩心怡编著．—北京：中国民主法制出版社，2023.11
（瑞达法考客观题系列）
ISBN 978-7-5162-3377-1

Ⅰ．①2… Ⅱ．①韩… Ⅲ．①民事诉讼法－中国－资格考试－习题集 Ⅳ．①D92

中国国家版本馆CIP数据核字（2023）第219502号

图书出品人：刘海涛
责任编辑：陈 曦 张雅淇 李 郎 魏敬仁

书 名／2024国家统一法律职业资格考试·民事诉讼法真金题8
作 者／韩心怡 编著

出版·发行／中国民主法制出版社
地址／北京市丰台区右安门外玉林里7号（100069）
电话／（010）63055259（总编室） 63058068 63057714（营销中心）
传真／（010）63055259
http：//www.npcpub.com
E-mail：mzfz@npcpub.com
经销／新华书店
开本／16开 787毫米×1092毫米
印张／17 **字数**／434千字
版本／2023年12月第1版 2023年12月第1次印刷
印刷／三河市鑫鑫科达彩色印刷包装有限公司

书号／ISBN 978-7-5162-3377-1
定价／50.00元

找到刷题的快乐——代序

近年来民诉客观题的超灵活命题方式，标志着法考时代全新的命题理念和考查路径。在此背景下，如何快、准、狠地把握法考的命题模式和最新动态，如何以不变应万变、快速提升破题和解题能力，是各位同学最为关注的问题。无论是对法律规范的阅读、对基本原理的讲解、对知识点的剖析，还是对命题规律和答题技巧的探索，其最终目标都是帮助考生在考场上顺利答题、高分通关。因此，如何迅速锁定题眼并链接相关知识点，如何将平日所学的内容准确运用于解题的过程中，便是本书所要解决的核心问题。

一、本书的体例结构

以法考的最新命题理念和 2023 年修正后的《民事诉讼法》为方向标，以历年真题为核心主线，以精心编写的金题为拓展工具，最终融合而成了这本民诉真金题书。希望通过这种“以题带点”“以点带面”的方式，帮助大家最高效地提升客观题的答题能力，从而在考场上游刃有余、马到成功。此外，为了最大限度贴合法考改革后客观题的最新命题趋势，本书删除了部分过于简单或过于陈旧的真题和金题，更新了重点题目的解题思路，尤其对 2018 年至 2023 年的网络回忆版真题进行了着重讲解，并结合 2023 年《民事诉讼法修正案》对相关题目进行了“旧题新解”。

本书共二十章，涵盖了民诉和仲裁的所有知识点，并与本科目的知识体系架构相契合。每一章开篇处均设有“考点提示”和“知识点激活”两个板块，其中“考点提示”梳理和总结这一章的主要考点，帮助大家精准链接相应的知识点。“知识点激活”则是用简练易记的方式将本部分的答题依据予以浓缩，帮助大家在做题前巩固所学知识，在做题后强化干货记忆。

在题目设置的顺序方面，采用先真题、后金题的结构安排。在题目的内容方面，每章包含多个知识点，对应每个知识点进行真题剖析或者金题设计，在每道真题或金题后面均设有“考点”和“解题思路与方法分析”。其中“考点”旨在帮助考生了解相应题目的命题点和考查方向，从而学会快速“破题”和“抓题眼”。“解题思路与方法分析”则是对每个选项进行详细解读，挖掘设题陷阱，揭示设问点和解题线索。在此基础上，在部分题目后附有“避坑秘笈”“破题指南”“原理精炼”“解题窍门”等板块，对一些高频考点、难点、易错点及原理规律进行浓缩和总结，帮助大家更快更好地掌握相关知识点。

二、本书的主要特色和“打开方式”

本书中的所有题目均围绕核心知识点展开，与《民事诉讼法精讲书》配套使用效果最佳。在题目内容方面，包含了 2010 年至 2023 年民诉与仲裁的考试真题及网络回忆版真题。自 2018 年法考改革开始，官方不再对外公布真题，因此在每年考试结束当天，我都会在微博等公共平台上发帖收集考生对当天考题的回忆内容，在此基础上最大限度地还原真题，以期“原汁原味”“贴近实战”。在金题的编写方式上，依据近年来考试真题的命题理念和设题方式，非常注重题干的“案例化”和选项的“案例化”。在考点选择上，着重强化了实体法与程序法相结合、法律规范与制度原理相结合的理念，以期实现金题与真题的高度契合。

在做每一章的题目之前，请首先仔细研读“考点提示”和“知识点激活”两个部分的内容，对本章的命题点和考查方向做到心中有数。在此基础上，再进入做题状态，建议以知识点为线索，按照先真题、后金题的顺序进行。答题时请务必全程闭卷，切不可养成一边翻书、一边答题的坏习惯。在闭卷答题完毕后，再开始对答案，此时要充分利用“解题思路与方法分析”“避坑秘笈”等板块中的内容，对每个选项所涉的知识点均进行深入剖析，找出其中所有的错误点及其原因。建议在完成每章的题目后，对做错的题目进行整理，形成自己的“错题本”，将自己理解不透或不到位的内容、理解错误的内容以及记忆不牢固的内容均整合在“错题本”里，用于日后的复习。此外，在阅读书中的题目解析时，要注意培养自身的解题思路和破题技巧，为正式上战场做好准备。

做题是检验学习效果的最有效手段，每个阶段的学习和复习都离不开做题的巩固。命题来源于知识点，最终又回归于知识点，在做题的过程中体味知识点、吃透知识点、用好知识点，举一反三、灵活运用，最终方能驰骋题海、百发百中。衷心祝愿各位，2024 年法考之旅一切顺意！

韩心怡

2023 年 11 月中旬于北京

目录 CONTENTS

2010—2023 年民诉与仲裁命题点概览 …… 1

第一章　民事诉讼与民事诉讼法 …… 1

第二章　民事诉讼法的基本原则和基本制度 …… 3

第三章　诉 …… 18

第四章　主管与管辖 …… 28

第五章　当事人与诉讼代理人 …… 49

第六章　民事诉讼辅助和保障制度 …… 77

第七章　法院调解 …… 91

第八章　民事诉讼证据与证明 …… 96

第九章　普通程序 …… 122

第十章　简易程序 …… 137

第十一章　第二审程序 …… 145

第十二章　审判监督程序 …… 164

第十三章　特别程序 …… 176

第十四章　督促程序 …… 184

第十五章　公示催告程序 …… 190

第十六章　执行程序 …… 194

第十七章　仲裁与仲裁协议 …… 213

第十八章　仲裁程序 …… 223

第十九章　仲裁的司法监督 …… 227

第二十章　不定项选择题集中营 …… 233

答案速查表 …… 252

2010—2023年民诉与仲裁命题点概览

年份	命题点
2023年	审判组织形式；回避；鉴定人与专家辅助人；送达；法院调解；人民调解；本证与反证；诉的种类识别；当事人诉讼地位的确定；第三人撤销之诉；重复起诉；证明责任的具体分配；公司诉讼的管辖法院；人身安全保护令；简易程序；证券纠纷代表人诉讼；确认婚姻效力案件；反诉；既判力；执行和解；变更财产代管人；支付令；执行担保；执行行为异议；司法拍卖；执行管辖；公示催告程序的救济机制；仲裁协议的拘束力；申请再审的条件；劳动纠纷的解决途径；股东代表诉讼的执行；对妨害诉讼行为的强制措施
2022年	诉的合并；协议管辖的效力；合同纠纷的管辖法院（给付货币）；在线诉讼原则；机动车侵权纠纷中当事人诉讼地位的确定；诉的种类识别；第三人撤销之诉；三撤与再审的关系；民事公益诉讼；执行异议；自认；除权判决；离婚诉讼；无限人侵权案件中当事人诉讼地位的确定；重复起诉的识别；起诉条件与立案登记制；申请再审的条件；回避；执行和解；申请支付令的条件；借款纠纷中证明责任的具体分配；仲裁协议的效力；独任制的适用范围；小额诉讼程序
2021年	诉的合并；合同转让与协议管辖的效力；移送管辖；行为保全；当事人诉讼地位的确定；确认婚姻效力的案件；第三人撤销之诉；民事公益诉讼的特殊规定；撤诉；上诉的条件；既判力与重复起诉；互联网法院的特殊规定；小额诉讼的特殊规定；繁简分流试点改革的相关规定；当事人申请再审的条件；自认；合同纠纷中证明责任的具体分配；所有权保留的买卖合同中标的物的执行；执行和解；申请撤销仲裁裁决；代位权诉讼与仲裁协议
2020年	普通共同诉讼中的调解；二审中的特殊调解（离婚诉讼、漏判）；环境侵权纠纷的证明责任分配；繁简分流试点改革对小额诉讼的规定；执行异议；当事人申请再审的管辖法院；第三人撤销之诉；自认；证明标准；撤销仲裁裁决的法律后果；反诉的识别；管辖权异议；督促程序；刑事诉讼与民事诉讼的关系；先予执行；仲裁协议的效力判断；执行和解
2019年	回避；管辖权异议；反诉；调解书的补正；人民调解与司法确认；保全；证明责任的分配；公众的裁判文书查阅权；当事人诉讼地位的确定；撤销权诉讼；代位权诉讼；第三人撤销之诉；公益诉讼；诉讼中止与诉讼终结；重复起诉的识别；上诉的条件；督促程序；析产诉讼；再审；执行和解；执行异议；仲裁协议的效力；公司重整程序与诉讼程序的关系
2018年	申请人民陪审员回避时的决定主体及复议；诉讼中止与诉讼终结；二审中的和解（撤回上诉但未履行协议）；诉讼外自认的效力（对账单的证据资格）；留置送达与直接送达；偷录录音的证据能力与非法证据排除规则；二审中提出管辖权异议的处理方式；仲裁协议的效力；调解书的补正；劳动诉讼的证明责任分配；执行异议小额诉讼中的管辖权异议；执行和解后申请再审；终结督促程序的情形；执行回转；案外人执行异议；仲裁协议的效力；重复起诉的判断；变更诉讼请求的时间；破产案件的管辖

续表

年份	命题点
2017年	仲裁协议的效力；专属管辖的合同纠纷；应诉管辖；劳动争议仲裁中当事人的确定；再审、三撤、执行异议的关系；具体案件中证明责任的分配；本证与反证的区分；执行异议之诉中证明责任的分配；重复起诉的识别；简易程序的特殊规定；必要共同诉讼中上诉人与被上诉人的确定；二审中的撤回起诉和撤回上诉；变更财产代管人的程序；公示催告程序；变更被执行人；有独三参加之诉与本诉的关系；证人作证制度；直接证据与传来证据；诉讼中止与诉讼终结的情形区分；二审案件的审理范围；支付令的送达方式及其法律效力；人民调解协议的效力；司法确认；多元化的民事纠纷解决机制；民事公益诉讼的综合考查（原告主体资格、和解、与私益诉权的关系）；侵权案件的管辖法院；当事人的确定；二审中遗漏当事人时的处理方式；缺席判决的适用条件
2016年	审判程序类型与审判组织形式；无独三与共同诉讼被告的区别；撤回起诉；证据的法定种类与学理分类；证明责任的分配；逾期举证的法律后果；法院调解；执行前保全；上诉人与被上诉人的确定；判决书的补正；诉讼和解；撤回上诉；参与分配；被执行人的变更；仲裁中的回避；移送管辖；管辖权异议；债权转让与当事人诉讼地位的确定；文书提出命令；小额诉讼案件的再审；督促程序；公示催告程序；对妨害民事诉讼行为的强制措施；仲裁协议的效力；协议管辖；仲裁调解；申请不予执行仲裁裁决；当事人的确定；证据的证明力；申请再审的法定事由；再审的程序
2015年	民事公益诉讼；回避制度；诉的种类识别；无独三与共同原告的区分；个体工商户的诉讼地位；自认；期限的顺延；法院调解；执行和解；诉讼中止与诉讼终结的区分；二审中的特殊调解；司法确认；再审程序；督促程序；不予受理、驳回起诉、驳回诉讼请求的区分；仲裁协议的效力；专利纠纷案件的管辖；委托诉讼代理人；证人作证制度；保全；简易程序的特殊性；送达（电子送达、公告送达）；小额诉讼程序的适用范围；公示催告程序；管辖；证明责任的分配；执行行为异议；执行异议之诉；第三人撤销之诉；案外人申请再审
2014年	平等原则与同等、对等原则的区分；法院行使审判权的合法性；调解书的再审；专家辅助人；公司诉讼的地域管辖；知识产权案件的级别管辖；小额诉讼程序的特点；第三人撤销之诉的综合考查；电子送达的适用条件及范围；反诉的识别；实现担保物权的案件；免证事实的范围；证明责任的基本理论；督促程序；重审；法定证据种类的判断和区分；执行行为异议；再审中被申请人无正当理由拒不到庭的法律后果；仲裁前的证据保全；管辖制度的综合考查；当事人处分权的范围；民事检察监督；民事诉讼权利能力；法律文书的类型；二审程序的审理范围和审理方式；涉外民事诉讼的期间、送达、诉讼代理制度；执行和解；公司诉讼的地域管辖；公司解散诉讼中的财产保全；仲裁庭的组庭方式及仲裁员的选定方式；申请撤销仲裁裁决的条件和程序；执行异议与执行异议之诉；第三人撤销之诉；参与分配的适用条件；执行根据的法定种类
2013年	公益诉讼；释明义务；先予执行的启动方式；举证主体；法院依职权收集证据的情形；诉的分类；当事人能力与正当当事人；送达；举证时限；简易程序的简便性；诉讼代理权限；立案的法律后果；民事诉讼基本原则（对等原则、处分原则、支持起诉原则）；证据保全；涉外民事诉讼管辖；上诉人的确定；检察监督；鉴定制度；反诉；启动再审的法律后果；司法确认；督促程序与诉讼程序的衔接；仲裁条款的独立性；仲裁中的简易程序；强制执行措施；执行担保；起诉状、一审判决书的结构和内容；调解与审判的关系

续表

年份	命题点
2012 年	法院调解原则；协助调解、邀请调解；公开审判（法定不公开与当事人申请不公开）；侵权损害赔偿案件中的证明责任分配；期间（法定期间与指定期间/法定绝对不可变期间与法定相对不可变期间）；诉讼和解的效力（文书转化/二审中和解的效力）；判决错误的救济机制；特别程序与通常诉讼程序的异同（审判组织行使、审级制度）；二审审理方式；申请再审的主体；公示催告程序（适用范围、除权判决）；判决、裁定、决定的适用范围区分；仲裁协议的效力判定；级别管辖；移送管辖与管辖权转移；起诉与受理；反诉；当事人能力与当事人适格；财产保全与先予执行；法院依职权调查事项的范围；诉讼程序的主要类型；法院审理权限与仲裁庭审理权限的比较
2011 年	民事诉讼法的性质；仲裁与诉讼的异同；诉讼请求的变更；诉讼标的与诉讼请求的区分；基本原则的具体理解；上诉的提起方式；期间（法定期间与指定期间/法定绝对不可变期间与法定相对不可变期间）；法院调解；二审裁判的具体方式；简易程序与普通程序的关系（适用范围/差异/转换）；参与分配制度；执行异议；不予执行仲裁裁决的法定情形；离婚诉讼的特殊规定；普通程序的主要特点；起诉状的法定内容；第三人制度；延期审理、撤诉与缺席判决的适用情形区分；法定代理人的权限；证人制度；对支付令的异议
2010 年	人民调解协议的效力；基本原则；回避制度（法定情形/适用对象）；合议庭评议原则；移送管辖与指定管辖；当事人的诉讼地位的确定；第三人制度（诉讼地位/有独三与无独三的异同）；不予执行仲裁裁决的法定情形；法院对当事人再审申请的处理方式；仲裁协议的效力和仲裁程序的适用范围（单、多选均考查）；仲裁司法审查制度；执行和解；自认；执行标的异议（单、多选均考查）；一审“漏人”的处理方式；仲裁调解；再审审理范围；证据的法定分类与学理分类；涉外案件的管辖与上诉；仲裁裁决的范围与超裁问题；简易程序的特点与适用范围；基本原则；基本制度；督促程序

第一章　民事诉讼与民事诉讼法

考点提示

多元化的民事纠纷解决机制：和解；人民调解；仲裁；诉讼
民事诉讼的基本法理
各类民事司法程序的运行原理及相互关系：诉讼程序；非讼程序；执行程序

【知识点激活】

1. 民事诉讼行为的一方主体是法院，另一方主体是当事人、其他诉讼参与人。法院的内部行为、单方行为不属于民事诉讼行为。

2. 劳动争议仲裁是提起劳动诉讼的前置程序，申请劳动争议仲裁无须事先达成仲裁协议。

3. 人民调解协议“可诉可确”：调解协议本身仅具有民事合同性质的效力，双方就调解协议的履行或内容发生争议的，可以就调解协议向法院起诉；没有争议但想给协议“加保险”的，可以双方共同向法院申请司法确认。

4. 民事诉讼法的性质：法律体系中的地位——基本法；调整的社会关系——部门法；规定的内容——程序法；公私法划分——公法。

5. 无论是谁，只要是在我国领域内进行民事诉讼，就必须适用我国的民事诉讼法。

1. 关于民事诉讼法的性质，下列哪一说法是正确的？（2011 年卷三第 35 题，单选）

A. 根据其调整的社会关系，民事诉讼法是程序法

B. 根据其在法律体系中的地位，民事诉讼法是程序法

C. 根据其规定的内容，民事诉讼法是程序法

D. 根据公法与私法的划分标准，民事诉讼法是程序法

【考点】 民事诉讼法的性质

【解题思路与方法分析】 从民事诉讼法调整的社会关系看，其调整平等民事主体之间因财产关系和人身关系所引发的民事纠纷，具有独立的调整对象，因此民事诉讼法是部门法，选项 A 的说法错误。从民事诉讼法在我国社会主义法律体系中的地位看，民事诉讼法是基本法，选项 B 的说法错误。按照公法与私法的划分，民事诉讼法是公法，选项 D 的说法错误。从民事诉讼法的内容看，民事诉讼法是程序法，因此选项 C 的说法正确。

【避坑秘笈】 依据不同的分类标准，可以从不同角度对民事诉讼法进行定性，大家须准确记忆不同的分类标准所对应的不同定性结果，避免混淆。此外需要注意的是，民事诉讼法、刑事诉讼法和行政诉讼法均为公法，即三

大诉讼法均属于公法。

答案：C

2. 奥地利人杰克与英国人雷姆克在新西兰签订了一份冲浪装备买卖合同，约定履行地在中国杭州。后双方均到中国，在针对合同的履行发生争议后，双方约定由济南市某法院适用美国民事诉讼规则对该案进行审理。针对该案，下列选项中说法正确的有？（金题，多选）

A. 杰克和雷姆克有权约定由中国法院对该案行使管辖权，因为合同的履行地在中国境内

B. 杰克和雷姆克无权约定适用美国民事诉讼规则对案件进行审理，但我国法院依据相关国际条约予以准许的除外

C. 若杰克与雷姆克在发生纠纷后，合意选择采用仲裁的方式来处理该合同纠纷，那么其可以约定适用其他国家的仲裁规则

D. 在我国境内的主体只要选择通过诉讼的方式解决民事纠纷，就必须要适用我国的民事诉讼程序规则，这是我国民事诉讼法的必然效力

【考点】 民事诉讼法的效力

【解题思路与方法分析】 依据牵连管辖的规定，本案中合同纠纷的履行地在中国境内，因此双方当事人有权约定由中国法院管辖该案，选项A的说法正确。只要在我国境内的主体选择了通过诉讼的方式解决纠纷，无论是中国自然人、法人或其他组织，还是外国自然人、无国籍人、外国企业和组织，均须适用中国的民事诉讼法。民事实体法和仲裁规则可以选择适用外国法，而诉讼法只能适用中国法。因此杰克和雷姆克无权约定适用美国民事诉讼规则对案件进行审理，选项B的说法错误，选项D的说法正确。如果选择适用仲裁等诉讼外的纠纷解决机制，则不受规则国别的硬性限制，因此选项C的说法正确。

答案：ACD

3. 下列哪些是《民事诉讼法》（2023年修正）规定的民事非讼程序？（金题，多选）

A. 指定遗产管理人案件的审理程序

B. 确认调解协议案件的审理程序

C. 实现担保物权案件的审理程序

D. 选民资格案件

【考点】 民事司法程序的体系结构

【解题思路与方法分析】 民事司法程序由诉讼程序、非讼程序和执行程序构成，其中诉讼程序包括一审普通程序、简易程序、二审程序和不构成独立审级的审判监督程序。非讼程序主要包括三大类，分别是六种特别程序案件、督促程序和公示催告程序。本题中的题眼是“非讼程序”，因此排除选民资格案件这一争讼案件。确认调解协议案件和实现担保物权案件都规定在特别程序中，属于非讼性质的案件，因此选项B和选项C正确，当选。此外，2023年修正后的《民事诉讼法》在特别程序中新增一种非讼案件，即指定遗产管理人案件，因此选项A正确，当选。选民资格案件虽然规定在特别程序中，但属于涉及选举权的争讼性质案件，因此选项D不当选。

【避坑秘笈】2023年修正《民事诉讼法》后，特别程序中一共有七种案件，但非讼性质的只有六种，其中选民资格案件虽然规定在特别程序中，但并不属于非讼性质的案件，而是具有争讼性质的特殊案件。简言之，并非所有的特别程序案件都是非讼案件。选民资格案件虽然不属于非讼案件，但其具体规则基本上与非讼案件相一致。

答案：ABC

第二章 民事诉讼法的基本原则和基本制度

考点提示

平等原则 VS 同等原则、对等原则
辩论原则 VS 处分原则
民事诉讼诚信原则：适用对象；具体体现
民事检察监督原则：审判检察监督 + 执行检察监督；抗诉 VS 检察建议
在线诉讼与线下诉讼具有同等效力原则：当事人同意；在线诉讼与线下诉讼具有同等法律效力
独任制的适用范围：部分普通程序案件；部分二审案件
公开审判制度：法定不公开 VS 依申请可以不公开；公众的裁判文书查阅权
回避制度：回避的法定情形及决定权；救济机制及法律效果
一审终审的情形（不得上诉）

【知识点激活】

1. 诉讼权利同等、诉讼义务对等≠诉讼权利义务相同：诉讼权利义务的相同性与对应性。

2. 平等原则针对的是诉讼当事人双方之间的关系，适用于所有的民事诉讼中；同等原则和对等原则针对的是国内与涉外、中国当事人与外国当事人之间的关系，适用于涉外民事诉讼领域。

3. 非讼程序和执行程序中不适用辩论原则；辩论权的行使方式包括书面辩论和口头辩论。

4. 处分原则——诉讼请求的范围；辩论原则——事实和证据问题。处分权和辩论权均为当事人的专属权利。

5. 所有参与民事诉讼的主体均须遵守民事诉讼诚信原则，包括法院、检察院、当事人和其他诉讼参与人。

6. 民事检察监督的对象是法院行使审判权和执行权过程中的违法行为（民事审判检察监督 + 民事执行检察监督），监督手段包括抗诉和各类检察建议。

7. 在线诉讼并不要求双方当事人都同意。如果一方同意线上进行，而另一方不同意的，可以同意的一方线上进行，不同意的一方线下进行。

8. 涉及国家秘密、个人隐私的案件，法定绝对不公开审理；涉及商业秘密的案件和离婚案件，依申请可以不公开审理。无论是否公开审理，合议庭评议一律不公开，宣判一律公开。

9. 民事诉讼中的证人不适用回避，民事

诉讼中的专家辅助人原则上不适用回避，但检察机关的专家辅助人除外。审判员、人民陪审员、书记员、执行人员的回避由院长决定，其他人员的回避由审判长决定。在是否回避的决定作出前，被申请回避的主体应当暂停参与本案工作；申请人的回避申请被驳回后，可以申请本院复议一次，但在复议审查期间，被申请回避的人员不停止参与本案工作。在民事诉讼中，被决定回避的主体无权申请复议。

10. 一审普通程序案件、发回重审的案件、适用一审程序再审的案件，都可以适用陪审制；二审案件和非讼案件不得适用陪审制。

11. 独任制的适用范围：简易程序案件+部分普通程序案件+部分二审案件。基层法院审理的基本事实清楚、权利义务关系明确的第一审民事案件，可以适用独任制。中级法院对一审适用简易程序审结或者不服裁定提起上诉的二审案件，事实清楚、权利义务关系明确的，经双方当事人同意，可以适用独任制。在一审案件中适用独任制不需要当事人同意，在二审案件中适用独任制必须双方当事人均同意。高级人民法院和最高人民法院绝对不能适用独任制。

12. 一审终审（不得上诉）的案件：最高人民法院审理案件所作出的裁判；适用特别程序、督促程序、公示催告程序的案件；调解书；大部分裁定；小额诉讼判决。三种裁定可上诉——不予受理、驳回起诉、管辖权异议的裁定。

4. 王某以借款纠纷为由起诉吴某。经审理，法院认为该借款关系不存在，王某交付吴某的款项为应支付的货款，王某与吴某之间存在买卖关系而非借用关系。法院向王某作出说明，但王某坚持己见，不予变更诉讼请求和理由。法院遂作出裁定，驳回王某的诉讼请求。关于本案，下列哪一说法是正确的？（2010 年卷三第 36 题，单选）

A. 法院违反了不告不理原则

B. 法院适用裁判形式错误

C. 法院违反了辩论原则

D. 法院违反了处分原则

【考点】 民事诉讼法的基本原则

【解题思路与方法分析】 不告不理，是指法院审理民事纠纷的范围（诉讼标的与诉讼请求）由当事人确定，法院无权变更、撤销当事人的诉讼请求。法院在审理案件的过程中，只能按照当事人提出的诉讼事实和主张进行审理，对超过当事人诉讼主张的部分不得主动审理，既不能“超判”也不能“漏判”。本案中，法院针对王某提出的诉讼请求进行了审理，并没有违反不告不理原则，选项 A 的说法错误。驳回诉讼请求是对实体问题的处理，在原告的诉讼请求不符合实体上的胜诉条件时适用，因此驳回原告的诉讼请求应该用“判决”的形式而不能用“裁定”，选项 B 的说法正确。法院认定的法律关系性质与原告主张的性质不一致，于是法院向王某作出了说明，但王某坚持己见，由此可见王某已经有效行使了辩论权，法院并没有违反辩论原则，选项 C 的说法错误。王某不同意变更诉讼请求和理由的行为，恰是行使处分权的体现，法院根据王某的处分和选择作出了驳回诉讼请求的处理，并没有违反处分原则，选项 D 的说法错误。

答案：B

5. 关于民事诉讼法基本原则在民事诉讼中的具体体现，下列哪一说法是正确的？（2011 年卷三第 38 题，单选）

A. 当事人有权决定是否委托代理人代为进行诉讼，是诉讼权利平等原则的体现

B. 当事人均有权委托代理人代为进行诉讼，是处分原则的体现

C. 原告与被告在诉讼中有一些不同但相对等的权利，是同等原则的体现

D. 当事人达成调解协议不仅要自愿，内容也不得违法，是法院调解自愿和合法原则的

体现

【考点】 民事诉讼法基本原则的综合考查

【解题思路与方法分析】 当事人有权在法律规定的范围内处分自己的民事实体权利和诉讼权利，因此当事人有权决定是否委托诉讼代理人以及委托谁作为诉讼代理人，这体现的是处分原则而非平等原则，因此选项A的说法错误。民事诉讼当事人有平等的诉讼权利，法院审理民事案件，应当保障和便利当事人行使诉讼权利，对当事人在适用法律上一律平等。相较于选项A，选项B的关键字是“均”，强调的是双方当事人都享有委托代理人的权利，体现的是当事人诉讼权利平等原则，因此选项B的说法错误。外国人、无国籍人、外国企业和组织在人民法院起诉、应诉，同中华人民共和国公民、法人和其他组织有同等的诉讼权利义务。外国法院对中华人民共和国公民、法人和其他组织的民事诉讼权利加以限制的，中华人民共和国人民法院对该国公民、企业和组织的民事诉讼权利，实行对等原则。由此可见，同等原则与对等原则具有涉外属性，规定的是外国当事人在中国进行诉讼时的地位和权利关系，选项C并不涉及该种情形，其体现的是平等原则，而非同等原则。平等原则并不要求双方当事人的诉讼权利和诉讼义务完全相同，其中一部分相同，一部分不同但相对应，因此选项C的说法错误。法院审理民事案件，应当根据自愿和合法的原则进行调解；调解不成的，应当及时判决。此规定是法院调解自愿和合法原则的体现，因此选项D的说法正确。

【避坑秘笈】（1）平等原则VS同等原则、对等原则：平等原则规定的是双方当事人相互之间的诉讼权利义务和地位关系；而同等原则与对等原则规定的是中国当事人与外国当事人之间的诉讼权利义务和地位关系。（2）平等原则不要求双方当事人的诉讼权利和诉讼义务完全相同，双方有一些不同但相对等的权利，同样体现了平等原则。（3）若题目中表述“双方当事人均有权……”通常涉及平等原则；若题目中表述“当事人有权决定是否……”通常涉及处分原则；若题目中表述“外国当事人在中国进行诉讼时也可以……”通常涉及同等原则。

答案：D

6. 关于民事诉讼基本原则的表述，下列哪一选项是正确的？（2013年卷三第45题，单选）

A. 外国人在我国进行民事诉讼时，与中国人享有同等的诉讼权利义务，体现了当事人诉讼权利平等原则

B. 法院未根据当事人的自认进行事实认定，违背了处分原则

C. 当事人主张的法律关系与法院根据案件事实作出的认定不一致时，根据处分原则，当事人可以变更诉讼请求

D. 环保组织向法院提起公益诉讼，体现了支持起诉原则

【考点】 民事诉讼法基本原则的综合考查

【解题思路与方法分析】 外国人在我国进行民事诉讼时，与中国人享有同等的诉讼权利和义务，说明我国对外国人给予了国民待遇（一视同仁），是同等原则的体现，因此选项A的说法错误。法院未根据当事人的自认进行事实认定，可能会违反辩论原则，但并不违反处分原则。一方面，处分原则针对诉讼标的、诉讼请求，而辩论原则针对事实问题；另一方面，并非所有的事项均可适用自认，法律规定了自认制度的适用范围，对于法定不适用自认的事实，法院当然可以依法不予采信，因此选项B的说法错误。依据2019年《民事诉讼证据规定》[1]第53条的规定，诉讼过程中，当事人主张的法律关系性质或者民事行为效力与人民法院根据案件事实作出的认定不一

---

〔1〕《最高人民法院关于民事诉讼证据的若干规定》，以下简称《民事诉讼证据规定》。

致的，法院应当将法律关系性质或者民事行为效力作为焦点问题进行审理。当事人根据法庭审理情况变更诉讼请求的，法院应当准许并可以根据案件的具体情况重新指定举证期限。因此当事人主张的法律关系性质与法院的认定不一致时，当事人有权行使处分权来变更诉讼请求，选项C的说法正确。支持起诉原则，是指机关、社会团体、企业事业单位对损害国家、集体或个人民事权益的行为，可以支持受损害的单位或个人向人民法院提起诉讼。环保组织向法院提起公益诉讼是以自己的名义进行的，此时环保组织是环境民事公益诉讼的原告（当事人），而不是支持起诉的主体，与支持起诉原则无关，因此选项D的说法错误。

【避坑秘笈】（1）厘清民事公益诉讼与支持起诉原则之间的关系：当有关组织支持他人起诉时，有关组织并不是当事人，被支持的主体才是当事人；当有关组织提起民事公益诉讼时，其角色为公益诉讼的原告（当事人）。（2）自认制度体现了处分原则，处分权具有有限性，因此自认制度的适用范围也有所限制。当事人只能依法处分、诚信处分，不能处分的事项即不得自认。

答案：C

7. 根据《民事诉讼法》规定的诚信原则的基本精神，下列哪一选项符合诚信原则？（2014年卷三第37题，单选）

A. 当事人以欺骗的方法形成不正当诉讼状态

B. 证人故意提供虚假证言

C. 法院根据案件审理情况对当事人提供的证据不予采信

D. 法院对当事人提出的证据任意进行取舍或否定

【考点】 民事诉讼诚信原则的具体要求和适用对象

【解题思路与方法分析】《民事诉讼法》[1]第13条第1款规定：“民事诉讼应当遵循诚信原则。”依此，所有参与民事诉讼的主体均须遵守民事诉讼诚信原则，包括法院、当事人、其他诉讼参与人以及检察机关。选项A中，当事人以欺骗的方式形成不正当的诉讼状态，该种行为属于虚假诉讼或恶意诉讼，自然不符合诉讼诚信原则的要求。选项B中，证人故意提供虚假证言即故意作伪证，不符合诉讼诚信原则的要求。选项C中，法院作为法定的认证主体，有权依法对当事人提供的证据不予采信，因此该种做法并不违反诉讼诚信原则的要求。选项D中，法院任意取舍或否定当事人所提供的证据，其中“任意”二字明显不符合诉讼诚信原则的要求。因此，本题的正确答案是选项C。

【破题干货】 民事诉讼诚信原则的具体体现

法院	依法行使审判权和执行权；公正司法
当事人	客观陈述（保证书）；及时提供证据（逾期举证的法律后果）；不得借助诉讼损害“三益”[2]（恶意诉讼）；禁反言
诉讼参与人	证人如实作证义务（保证书）；鉴定人客观鉴定（承诺书）；翻译人员如实翻译
检察院	依法行使民事检察监督权
民事诉讼诚信原则的适用对象是所有参与民事诉讼的主体	

答案：C

8. 当事人可对某些诉讼事项进行约定，法院应尊重合法有效的约定。关于当事人的约定及其效力，下列哪些表述是错误的？（2014年卷

[1] 本书中的《民事诉讼法》均为2023年修正后的。

[2] “三益”是指国家利益、社会公共利益和他人合法权益。

三第 79 题，多选）

A. 当事人约定“合同是否履行无法证明时，应以甲方主张的事实为准”，法院应根据该约定分配证明责任

B. 当事人在诉讼和解中约定“原告撤诉后不得以相同的事由再次提起诉讼”，法院根据该约定不能再受理原告的起诉

C. 当事人约定“如果起诉，只能适用普通程序”，法院根据该约定不能适用简易程序审理

D. 当事人约定“双方必须亲自参加开庭审理，不得无故缺席”，如果被告委托了代理人参加开庭，自己不参加开庭，法院应根据该约定在对被告两次传唤后对其拘传

【考点】 处分原则

【解题思路与方法分析】 本题考查当事人对哪些诉讼事项有权进行约定，实际上是在考查当事人行使处分权的范围和限度。证明责任具有法定性，只能由法律或司法解释预先予以规定，不允许当事人约定或法院裁量，因此选项 A 的说法错误。当事人在一审中撤回起诉后可以再起诉，当事人无权通过合意约定的方式来限制或剥夺当事人最重要的权利即起诉权，因此选项 B 中的约定不合法。当事人的程序选择权具有单向性和有限性，其可以在法定条件下将本身应当适用普通程序审理的案件，约定适用简易程序审理，但无权将本应适用简易程序审理的案件，约定适用普通程序，因为诉讼资源具有公共性和有限性，可以“要的更少”，但不能随意“多吃多占”，因此选项 C 的说法错误。拘传是对妨害民事诉讼行为的强制措施，其适用对象和适用条件须法定，法院不得依据当事人的约定而采取强制措施，也不能剥夺当事人委托诉讼代理人的权利，因此选项 D 的说法错误。

【避坑秘笈】 题干中要求选出的是“错误”的表述，有的小糊涂在认真分析完每个选项后，由于粗心大意选择了“正确”的表述。为了避免这种低级错误，建议大家在勾选答案前回看一下题干的最后半句，避免因为选反而丢分。不过自 2018 年法考改革开始，客观题中反向设问的情况明显减少，但大家仍要认真细心，不该丢的分，一分都不能少！

答案：ABCD

9. 甲公司和乙公司于 2016 年 10 月签订《房屋租赁合同》一份，甲公司将房屋出租给乙公司使用。该合同约定：租赁期限自 2016 年 10 月 30 日起至 2026 年 10 月 29 日止，每月租金为人民币 118 万元，装修免租期为 5 个月，逾期支付租金需按日租金千分之五支付违约金，逾期支付租金累计超过 1 个月，出租方可提前解除合同，承租方应支付违约金 118 万元。合同签订后，乙公司自 2017 年 7 月起拒不履行支付租金的义务。甲公司经多次催讨无果，2018 年 2 月诉至法院，要求乙公司支付自 2017 年 7 月 30 日起至 2018 年 2 月 28 日止的房屋租金 826 万元。一审法院审理后作出判决，要求乙公司支付拖欠的房屋租金 826 万元，并支付逾期付款的利息 4130 元，同时解除双方之间的租赁合同。关于法院对该案判决的评论，下列哪一选项是正确的？（2018 年真题网络回忆版，单选）

A. 该判决符合法律规定，实事求是，全面保护了权利人的合法权益

B. 该判决不符合法律规定，违反了民事诉讼的处分原则

C. 该判决不符合法律规定，违反了民事诉讼的公开审判制度

D. 该判决不符合法律规定，违反了民事诉讼的两审终审制度

【考点】 处分原则的具体内容

【解题思路与方法分析】 本案中原告起诉时只要求被告支付拖欠的租金本金，但一审法院的判决结果中既包括本金，还包括利息以及解除合同，这属于典型的超出原告诉讼请求

范围进行裁判的情形（“超判”）。《民事诉讼法》第13条第2款规定，当事人有权在法律规定的范围内处分自己的民事权利和诉讼权利。依据处分原则的要求，法院的裁判对象取决于原告起诉时的诉讼请求范围，换言之，原告的诉讼请求划定了法院的裁判对象和裁判范围。因此，法院超出原告诉讼请求范围进行裁判的，违反了处分原则，选项A的说法错误，选项B的说法正确。此外，本案中法院的做法不涉及公开审判制度和两审终审制度，因此选项C和选项D的说法错误。本题属于很多同学比较恐惧的“长题干”，但只要能够准确定位“超判”这一细节，就能够迅速破题。由此可见，题干长的题目不一定难，题干短的题目不一定简单。该种特征在法考改革之后尤为明显，过去三四年的真题中，有的题干很短，但考查的内容却非常灵活甚至“刁钻”。

答案：B

10. 甲在某网站购买了一个乙公司生产的热水壶，后因质量问题发生纠纷并诉至法院。法院组织双方当事人以线上视频的方式交换证据，乙公司同意，甲明确拒绝，法院依此认为甲放弃了交换证据的权利。法院的做法违反了民事诉讼法的哪项基本原则？（2022年真题网络回忆版，单选）

A. 对等原则

B. 同等原则

C. 诚信原则

D. 在线诉讼原则

【考点】 民诉法的基本原则

【解题思路与方法分析】 依据《民事诉讼法》第16第1款的规定：“经当事人同意，民事诉讼活动可以通过信息网络平台在线进行。”由此可知，在线诉讼虽然是我国民事诉讼法的基本原则之一，但采用在线诉讼的前提条件是当事人同意。本案中甲明确拒绝进行在线证据交换，其仅仅是不同意采用线上的方式进行证据交换，法院不能依此认定甲放弃了证据交换的权利。因此，法院的做法违反了在线诉讼原则（在线诉讼与线下诉讼具有同等效力原则），选项D的说法正确，当选。本案不涉及涉外因素，因此与对等原则、同等原则无关，亦与诉讼诚信原则无关。

答案：D

11. 朴某和田某因互联网购物纠纷，诉至杭州互联网法院。法院受理起诉并决定进行线上审理，田某同意，朴某以不具备网上开庭条件为由拒绝线上开庭。关于本案，下列选项中说法正确的有？（2022年真题网络回忆版，单选）

A. 因朴某拒绝线上开庭，因此可以田某线上开庭，朴某线下开庭

B. 因朴某拒绝线上开庭，因此本案只能采用线下开庭

C. 因为本案由互联网法院管辖，因此应当线上审理

D. 因为朴某拒绝线上开庭，法院应当裁定驳回起诉，告知当事人向普通法院起诉

【考点】 在线诉讼

【解题思路与方法分析】 《民事诉讼法》第16条规定：“经当事人同意，民事诉讼活动可以通过信息网络平台在线进行。民事诉讼活动通过信息网络平台在线进行的，与线下诉讼活动具有同等法律效力。”在线诉讼并不要求双方当事人均同意，田某同意线上开庭而朴某拒绝的，此时可以田某线上开庭，朴某线下开庭，选项A的说法正确，当选。

【避坑秘笈】 一方当事人同意以在线方式进行，另一方不同意的，同意的一方可以以在线的方式进行诉讼。

答案：A

12. 依据民事检察监督原则的要求，检察机关有权对民事审判活动和执行活动进行法律监督。下列情形中，属于检察机关民事检察监督

范围的有？（金题，单选）

A. 人民陪审员方某在审理某融资租赁合同纠纷的过程中接受了当事人赠送的皮包一只

B. 鉴定人黄某接受当事人赠送的加油卡并出具了有利于该当事人的鉴定意见

C. 在某民事执行案件中，被执行人刘某拒不履行义务并想尽一切办法隐匿、转移财产

D. 法官谢某就某建筑合同仲裁案件向仲裁员提供了对该案件当事人利民公司有利的法律咨询意见，利民公司以专家咨询费的名义付给谢某 1 万元

【考点】 民事检察监督原则的适用范围

【解题思路与方法分析】 民事检察监督的对象是法院，而不包括当事人和其他诉讼参与人，并且不是监督法院的所有行为，而是仅限于法院在行使审判权和执行权过程中的违法行为，即民事审判检察监督和民事执行检察监督。选项 A 中，人民陪审员属于审判人员，其在审理合同纠纷过程中的违法行为属于检察监督的范围。选项 B 中，鉴定人属于其他诉讼参与人，其违法行为并不属于检察机关的监督范畴。同理，选项 C 中的被执行人也不是检察监督的对象。选项 D 中虽然是法官的行为，但不属于行使审判权或执行权过程中的违法行为，而是在仲裁程序中的行为，因此不属于检察监督的范围。

【避坑秘笈】民事检察监督属于公权制约型监督，其监督对象仅限于法院，即法院在行使审判权和执行权过程中的违法行为。当事人和其他诉讼参与人不是民事检察监督的对象。

答案：A

13. 当事人的处分权和辩论权具有制约审判权的功能，而法院作为审判主体享有指挥诉讼、推进程序等权限。依此，法院的下列做法中符合审判权依法行使要求的是？（金题，多选）

A. 王某与甲公司因广告设计合同发生争议，甲公司将王某诉至法院，要求其按照合同的约定提供广告样板并支付违约金 5 万元，法院受理后认为该案涉及甲公司的商业秘密，于是主动对相关证据进行了调查收集

B. 何某是“小汤圆”奶茶店的服务员，一日在制作奶昔的过程中，厨房内的天花板突然坠落并砸在了何某的头上，致其轻微脑震荡，事后何某将奶茶店老板黄某诉至法院，要求黄某支付医疗费用 3 万元，法院受理案件后得知何某是一位单亲妈妈，不仅没有积蓄还要每月还房贷，遂裁定对黄某先予执行

C. 夏某与刘某已经结婚 10 年，一次偶然的机会，夏某发现刘某居然背着自己在外找第三者并且有了一个两岁的私生子，夏某遂以此为由向法院提起离婚诉讼，审理该案的法官在收到相关证据后告知夏某，其可以在起诉离婚的同时向刘某主张离婚损害赔偿

D. 赵佳将黄飞诉至 A 区法院，请求法院判令黄飞返还借款 5000 元，法院在收到起诉状时得知二人曾经是大学同学，于是在未立案受理的情形下进行了调解

【考点】 处分权与审判权的关系

【解题思路与方法分析】 选项 A 考查法院依职权调取证据的情形，依据《民事诉讼法》第 67 条第 2 款的规定，当事人及其诉讼代理人因客观原因不能自行收集的证据，或者人民法院认为审理案件需要的证据，人民法院应当调查收集。其中法院可以依职权主动调取的证据包括：(1) 涉及可能损害国家利益、社会公共利益的；(2) 涉及身份关系的；(3) 涉及《民事诉讼法》第 58 条规定诉讼的；(4) 当事人有恶意串通损害他人合法权益可能的；(5) 涉及依职权追加当事人、中止诉讼、终结诉讼、回避等程序性事项的。依此，选项 A 中涉及商业秘密的证据属于法院可以依据当事人申请调取的证据。法院依职权主动调取涉及商业秘密的证据，不符合法律规定，背离了法院的中立性和被动性。先予执行只能依当事人的申请启动，法院不得依职权裁定先予执行，因此选

项B中的做法错误。选项C属于法官依法行使释明权的行为，符合《民法典》及相关司法解释的规定，这也是离婚诉讼的特殊规定。依据《民事诉讼法》第125条的规定："当事人起诉到人民法院的民事纠纷，适宜调解的，先行调解，但当事人拒绝调解的除外。"因此，选项D中法院在起诉后、受理前的先行调解符合民事诉讼法的规定，属于合法的立案调解（诉前调解）。

【原理精炼】当事人的处分权与法院的审判权（诉权与审判权）构成了民事诉讼程序的核心和主线，二者之间相互制约。一方面，法院裁判不能超出当事人的请求范围，体现了处分权对审判权行使范围的限制；另一方面，当事人行使处分权须遵循依法处分的要求，法院代表国家对当事人行使处分权的行为进行监督，体现了审判权对处分权的约束作用。

答案：CD

14. 依据民事诉讼诚信原则的精神内涵，下列做法中符合该项基本原则的有？（金题，单选）

A. 被执行人范某与其女友虚构债务纠纷，借助虚假的借款合同诉讼来逃避执行义务

B. 在庭审过程中，专家辅助人王晓蕊故意向法庭提交了不符合专业规范的专家意见

C. 王星与赵铭因人身侵权纠纷诉至法院，为了提升自己的胜诉概率，王星故意逾期提交了一份重要证据

D. 在某起离婚诉讼中，当事人邹强自认的事实与法院查明的事实不符，法院对邹强的自认不予确认

【考点】 民事诉讼诚信原则

【解题思路与方法分析】 选项A属于借助虚假诉讼或恶意诉讼逃避执行义务的行为，属于故意妨害民事诉讼的行为，不符合诉讼诚信原则的基本要求。诉讼诚信原则的适用对象是所有参与民事诉讼活动的主体，包括专家辅助人，因此选项B中专家辅助人故意提交不符合专业规范的意见违背了诉讼诚信原则的要求。选项C中王星为了实现"证据突袭"而故意迟交证据，显然不符合诉讼诚信原则的要求。自认的适用范围有限制，依据《民诉法解释》第92条第3款的规定，自认的事实与人民法院查明的事实不符的，人民法院不予确认。因此选项D中法院不予确认自认的做法符合法律的规定，亦不违背诉讼诚信原则，选项D说法正确，当选。

答案：D

15. 王某与钱某系夫妻，因感情不和王某提起离婚诉讼，一审法院经审理判决不准予离婚。王某不服提出上诉，二审法院经审理认为应当判决离婚，并对财产分割与子女抚养一并作出判决。关于二审法院的判决，下列哪些选项违反了《民事诉讼法》的原则或制度？（2010年卷三第88题，不定项）

A. 处分原则

B. 辩论原则

C. 两审终审制度

D. 回避制度

【考点】 民事诉讼法基本原则与基本制度

【解题思路与方法分析】 依据《民诉法解释》[1]第327条的规定，一审判决不准离婚的案件，上诉后，第二审人民法院认为应当判决离婚的，可以根据当事人自愿的原则，与子女抚养、财产问题一并调解；调解不成的，发回重审。双方当事人同意由第二审人民法院一并审理的，第二审人民法院可以一并裁判。本案中，当事人对财产分割和子女抚养问题有处分权，但二审法院未经调解就直接对这些问题作出判决，剥夺了当事人对这些事项的处分

〔1〕《最高人民法院关于适用〈中华人民共和国民事诉讼法〉的解释》，以下简称《民诉法解释》。

权，违反了处分原则的要求，因此选项A当选。二审法院直接一并判决的行为，剥夺了当事人对财产分割和子女抚养问题发表意见、陈述主张并进行反驳和答辩等权利，侵犯了当事人的辩论权，违反了辩论原则，因此选项B当选。二审法院对“财产分割与子女抚养问题”直接作出判决，剥夺了当事人对此部分判决的上诉权，损害当事人的审级利益，违反了两审终审制度，因此选项C当选。本案中并没有涉及回避的问题，二审法院的相关行为不违反回避制度，因此选项D不当选。

【避坑秘笈】在上述情形中，法院应当调解先行，调解不成的，发回重审，否则将剥夺当事人对子女抚养和财产分割问题的审级利益和上诉权。但需要特别注意的是，按照《民诉法解释》的规定，如果此时双方当事人同意由二审法院一并审理的，二审法院可以一并裁判，换言之，在该种情形下允许双方当事人合意放弃审级利益，允许合意放弃对财产分割和子女抚养两项内容的上诉权。

答案：ABC

16. 唐某作为技术人员参与了甲公司一项新产品研发，并与该公司签订了为期2年的服务与保密合同。合同履行1年后，唐某被甲公司的竞争对手乙公司高薪挖走，负责开发类似的产品。甲公司起诉至法院，要求唐某承担违约责任并保守其原知晓的产品。关于该案的审判，下列哪一说法是正确的？（2012年卷三第36题，单选）

A. 只有在唐某与甲公司共同提出申请不公开审理此案的情况下，法院才可以不公开审理

B. 根据法律的规定，该案不应当公开审理，但应当公开宣判

C. 法院可以根据当事人的申请不公开审理此案，但应当公开宣判

D. 法院应当公开审理此案并公开宣判

【考点】 公开审判制度

【解题思路与方法分析】 公开审判是我国民事诉讼法的基本制度之一，所谓公开审判是指除法律规定的情况外，法院审理民事案件的审判过程及结果应当向群众公开、向社会公开。我国法院审理民事案件，以公开审判为原则、不公开审判为例外。不公开审理的情形分为法定不公开审理与依申请可以不公开审理两类：（1）对涉及国家秘密、个人隐私或者法律另有规定的案件，法院应当不公开审理；（2）对离婚案件、涉及商业秘密的案件，法院依据当事人的申请可以不公开审理。本案属于涉及商业秘密的案件，属于依申请可以不公开审理的案件，任何一方当事人都有权提出申请，而不要求双方共同申请，选项A的说法错误。涉及商业秘密的案件属于可以不公开审理的案件，当事人可以向法院提出不公开审理的申请，但最终的判断和决定权由法院掌握。无论案件是否公开审理，合议庭评议一律不公开，宣判一律公开，因此选项C的说法正确，选项B和选项D的说法均错误。其中选项B中“不应当公开审理”的说法错误；选项D中“应当公开审理”的说法错误，因为涉及商业秘密的案件属于依申请可以不公开审理的情形，可能公开审理也可能不公开审理。

【破题干货】（1）涉及国家秘密或个人隐私的案件，应当不公开审理；而涉及商业秘密的案件和离婚案件，依申请可以不公开审理。（2）无论是否公开审理，合议庭评议一律不公开，宣判一律公开。（3）不公开审理≠不开庭审理，开庭审理的具体方式包括公开开庭审理和不公开开庭审理。

答案：C

17. 某区法院审理原告许某与被告某饭店食物中毒纠纷一案。审前，法院书面告知许某合议庭由审判员甲、乙和人民陪审员丙组成时，

许某未提出回避申请。开庭后，许某始知人民陪审员丙与被告法定代表人是亲兄弟，遂提出回避申请。关于本案的回避，下列哪一说法是正确的？（2015 年卷三第 36 题，单选）

A. 许某可在知道丙与被告法定代表人是亲兄弟时提出回避申请

B. 法院对回避申请作出决定前，丙不停止参与本案审理

C. 应由审判长决定丙是否应回避

D. 法院作出回避决定后，许某可对此提出上诉

【考点】 回避制度

【解题思路与方法分析】 选项 A 考查回避申请的提出时间，当事人应当在案件开始审理时提出回避申请，但在开始审理后才知道回避事由的，可以在法庭辩论终结前提出。本题中“始知”二字是题眼，许某在开庭后才知道丙与被告法定代表人之间的兄弟关系，因此可以在开庭后提出回避申请，选项 A 的说法正确。选项 B 考查回避申请的法律效力，提出回避申请后、回避决定作出前，被申请回避的人应当暂停本案的审理工作，但需要采取紧急措施的除外，因此在法院对回避申请作出决定前，丙应当暂停参与本案审理，选项 B 的说法错误。选项 C 考查回避的决定权主体，院长担任审判长时的回避，由审判委员会决定；审判人员的回避，由院长决定；其他人员的回避，由审判长决定。本案中的人民陪审员属于审判人员，其回避应当由院长决定，选项 C 的说法错误。选项 D 考查回避决定的救济机制，当事人对驳回回避申请的决定不服的，可以申请法院复议一次，而不是上诉，因此选项 D 的说法错误。复议期间，被申请回避的人员不停止参与本案的工作。

【避坑秘笈】（1）在法院对回避申请作出决定之前，被申请回避的人员原则上应当暂停参与本案的工作；但在对驳回申请的决定进行复议期间，被申请回避的人员不停止参与本案的工作。（2）民事诉讼中所有的决定都不得上诉。（3）民事诉讼中对审判员、人民陪审员、书记员和执行人员的回避，均由院长决定。（4）审判长有权决定对其他人员的回避申请，而合议庭没有回避申请的决定权。

答案：A

18. 不同的审判程序，审判组织的组成往往是不同的。关于审判组织的适用，下列哪一选项是正确的？（2016 年卷三第 35 题，单选）

A. 适用简易程序审理的案件，当事人不服一审判决上诉后发回重审的，可由审判员独任审判

B. 适用简易程序审理的案件，判决生效后启动再审程序进行再审的，可由审判员独任审判

C. 适用普通程序审理的案件，当事人双方同意，经上级法院批准，可由审判员独任审判

D. 适用选民资格案件审理程序的案件，应组成合议庭审理，而且只能由审判员组成合议庭

【考点】 审判程序类型与审判组织形式的关系

【解题思路与方法分析】 我国的民事审判组织形式分为合议制与独任制两类，其中合议制又分为由审判员组庭的单一式合议制和由审判员与人民陪审员共同组庭的陪审制。不同的程序类型，对应不同的审判组织形式。依据《民事诉讼法》第 40 条和第 41 条的规定，独任制的适用范围包括：（1）基层人民法院及其派出法庭审理的简单民事案件；（2）适用特别程序审理的非重大、疑难的宣告公民失踪、死亡案件，认定公民无民事行为能力、限制民事行为能力案件，认定财产无主案件，确认调解协议的案件，实现担保物权案件；（3）公示催告程序的公示催告阶段；（4）督促程序。陪审制的适用范围为适用第一审普通程序审

理的诉讼案件，包括一审普通程序案件、发回重审的案件以及适用一审程序再审的案件。(5) 部分普通程序案件（基层法院＋事实清楚、权利义务关系明确）；(6) 部分二审案件（须经双方当事人同意）。本题中，选项 A 的说法错误，因为发回重审的案件需要适用一审普通程序审理并另行组成合议庭，而不得适用独任制，否则不符合监督纠错功能的要求。选项 B 的说法错误，再审案件一律不得适用简易程序，因此也不能适用独任制。依据《民事诉讼法》第 40 条的规定，基层法院审理的基本事实清楚、权利义务关系明确的第一审民事案件，可以由审判员一人适用普通程序独任审理。由此可知，部分普通程序案件可以适用独任制，但前提条件是基层法院管辖且基本事实清楚、权利义务关系明确，而不需要双方当事人同意，也不需要报请上级法院批准，选项 C 的说法错误。选民资格案件属于特别程序案件，只能适用合议制，加之特别程序案件一律不得适用陪审制，因此审理选民资格案件只能由审判员组成合议庭即单一式合议庭，因此选项 D 的说法正确，当选。

【破题干货】本题的难点在于审判程序类型与审判组织形式的对应关系，大家可以借助下列表格准确记忆各类程序、各类案件所对应的审判组织形式。(1) 二审案件和非讼案件一律不得适用陪审制。(2) 再审案件和发回重审的案件一律不得适用简易程序，不得适用独任制。(3) 独任制的适用范围不限于简易程序案件和大部分的非讼案件，还包括部分普通程序案件和部分二审案件。一审普通程序案件适用独任制的条件：基层法院＋事实清楚、权利义务关系明确。可以适用独任制的二审案件：①简易程序案件的二审；②对可上诉裁定的二审（不予受理、驳回起诉、管辖权异议的裁定）。(4) 能否用独任制，与法院的级别高低有关；能否用陪审制，与法院的级别高低无关。(5) 中级法院管辖的一审案件，绝对不能适用独任制；中级法院管辖的部分二审案件，有可能适用独任制。在一审案件中适用独任制，不需要当事人同意；在二审案件中适用独任制，必须双方当事人均同意。

一审普通程序	单一式合议制或陪审制或独任制
简易程序	独任制
二审程序	单一式合议制或独任制
再审程序	一审：单一式合议制或陪审制
	二审：单一式合议制
特别程序	选民资格——单一式合议制；其他六种独任制，重大、疑难单一式合议制
督促程序	独任制
公示催告程序	公示催告阶段——独任制；除权判决——单一式合议制

答案：D

19. 孙某诉朱某借款合同纠纷案，朱某得知人民陪审员唐某曾违反规定私下会见孙某的代理律师李某，遂向法院提出回避申请。关于本案的回避，下列表述中正确的有？（2018 年真题网络回忆版，多选）

A. 唐某有权就回避决定申请复议

B. 朱某申请回避时，必须说明理由

C. 唐某的回避应由法院院长决定

D. 朱某应向法院院长提出针对唐某的回避申请

【考点】 回避制度

【解题思路与方法分析】 回避申请被决定驳回的，当事人有权对驳回申请的决定申请本院复议一次，但被决定回避的主体无权申请复议。本案中，唐某作为被回避的对象，没有复议申请权，因此选项 A 的说法错误。审判人员违反规定会见本案的当事人或其诉讼代理人的，当事人有权申请回避，当事人在申请回避时应当说明理由，因此选项 B 的说法正确。审判人员包括审判员和人民陪审员，对审判人员的回避应当由院长决定，因此选项 C 的说法正确。当事人如果在开庭审理时申请回避，直接向案件的审判组织提出即可。换言之，法律并未要求当事人必须向院长提出回避申请，因此选项 D 的说法错误。

【原理精炼】被决定回避的主体，无权申请复议，因为民诉法中的救济机制，旨在救济当事人。

答案：BC

20. 甲与 M 公司买卖合同纠纷，甲提出管辖权异议，被法院裁定驳回。甲怀疑案件的审判员张法官有偏见，申请回避，法院驳回了甲的回避申请。之后 M 公司更换了法定代表人，更换后的法定代表人赵某与张法官是大学同学，可能影响案件的公正审理，甲于是再次申请张法官回避。法院应当如何处理？（2022 年真题网络回忆版，单选）

A. 甲不能再次提出回避申请，只能申请复议

B. 如果张法官被决定回避，则甲可以重新提出管辖权异议

C. 张法官应当暂停参与本案的工作

D. 法院应当决定驳回甲的回避申请

【考点】 回避制度

【解题思路与方法分析】 M 公司更换了法定代表人，更换后的法定代表人赵某与张法官是同学且可能影响案件公正审理，因此甲可以这一理由再次申请张法官回避。本案中，甲虽然提出了两次回避申请，但两次申请的原因和事由不同，因此在第一次回避申请被驳回后，甲又以新的理由申请回避是合法的。但这一理由与管辖权事项无关，故甲不可以重新提出管辖权异议，选项 A、B、D 的说法均错误。被申请回避的人员在回避决定作出前，应当暂停本案的审理工作，选项 C 的说法正确。

答案：C

21. 李某与范某的侵权纠纷由甲市 A 区法院适用简易程序作出一审判决，李某不服，上诉至甲市中级法院，中级法院指定赵法官独任审理，李某对此提出异议。关于本案，下列选项中说法错误的有？（2022 年真题网络回忆版，多选）

A. 一审用判决方式结案的，二审法院不得适用独任制

B. 简易程序案件，在二审中法院可以自行决定适用独任制

C. 李某提出异议后，法院应当进行审查，异议成立的，不得适用独任制

D. 李某提出异议后，二审法院不得适用独任制

【考点】 审判组织形式

【解题思路与方法分析】《民事诉讼法》第 41 条第 2 款规定：“中级人民法院对第一审适用简易程序审结或者不服裁定提起上诉的第二审民事案件，事实清楚、权利义务关系明确的，经双方当事人同意，可以由审判员一人独任审理。”本案中一审适用简易程序审理，因此无论是判决结案还是裁定结案，均有可能适用独任制进行二审，选项 A 的说法错误。二审案件适用独任制的，必须经过双方当事人同意，选项 B 的说法错误。在二审案件中适用独任制，必须双方当事人均同意。本案中，李某已经对二审适用独任制提出了异议，这意味着并不满足“双方当事人均同意”的条件。换言之，李某提出异议，意味着其不同意在二审中适用独任制，因此法院不得在二审中适用独任制，此时法院对李某的异议没有审查权，选项 C 的说法错误，选项 D 的说法正确。

【避坑秘笈】（1）可以适用独任制的二审案件：①简易程序案件的二审；②对可上诉裁定的二审（不予受理、驳回起诉、管辖权异

议的裁定）。（2）在一审案件中适用独任制，无须当事人同意；在二审案件中适用独任制，必须双方当事人均同意。（3）一审用普通程序审理且判决结案的，二审中绝对不能用独任制。

答案：ABC

22. 某甲的合同纠纷诉讼，一审法院适用简易程序由张法官独任审理并作出判决。某甲对一审判决不服，提出上诉，二审法院裁定将案件发回重审。关于本案发回重审后的审理方式，下列选项中说法正确的有？（2023年真题网络回忆版，单选）

A. 一审法院适用普通程序进行重审，张法官不得担任独任审判员

B. 一审法院适用简易程序进行重审，张法官不得担任独任审判员

C. 一审法院适用普通程序进行重审，张法官不得担任合议庭审判员

D. 一审法院适用普通程序进行重审，不得有人民陪审员参与组庭

【考点】 审判组织形式

【解题思路与方法分析】《民诉法解释》第257条规定："下列案件，不适用简易程序：（一）起诉时被告下落不明的；（二）发回重审的；（三）当事人一方人数众多的；（四）适用审判监督程序的；（五）涉及国家利益、社会公共利益的；（六）第三人起诉请求改变或者撤销生效判决、裁定、调解书的；（七）其他不宜适用简易程序的案件。"故本案发回重审后不能适用简易程序进行审理，而只能适用普通程序，选项B错误。《民事诉讼法》第41条第3款规定："发回重审的案件，原审人民法院应当按照第一审程序另行组成合议庭。"因此，发回重审的案件必须另行组成合议庭而不能独任审理。选项A错误，选项C正确。《民事诉讼法》第40条规定，人民法院审理第一审民事案件，由审判员、陪审员共同组成合议庭或者由审判员组成合议庭。因此，发回重审的案件适用一审普通程序审理，可以有陪审员参与组庭。选项D错误。

【避坑秘笈】发回重审的案件必须另行组成合议庭，不得适用简易程序，也不得适用独任制。凡是适用一审普通程序审理的诉讼案件，均可以适用陪审制，发回重审的案件适用一审普通程序审理，因此可以适用陪审制。

答案：C

23. 王某诉马某侵权纠纷一案，合议庭已经评议完毕，择期8月1日宣判，但是原告在7月31日申请回避，称书记员是被告律师的表妹夫。法院应当如何处理该回避申请？（2023年真题网络回忆版，单选）

A. 以书记员不是法定回避对象为由，驳回申请

B. 以不属于回避的法定情形为由，驳回申请

C. 决定延期宣判，对回避事项进行审查

D. 以超出时限为由，不予审查

【考点】 回避制度

【解题思路与方法分析】《民诉法解释》第49条规定："书记员和执行员适用审判人员回避的有关规定。"故选项A错误；《民事诉讼法解释》第43条规定："审判人员有下列情形之一的，应当自行回避，当事人有权申请其回避：（一）是本案当事人或者当事人近亲属的；（二）本人或者其近亲属与本案有利害关系的；（三）担任过本案的证人、鉴定人、辩护人、诉讼代理人、翻译人员的；（四）是本案诉讼代理人近亲属的；（五）本人或者其近亲属持有本案非上市公司当事人的股份或者股权的；（六）与本案当事人或者诉讼代理人有其他利害关系，可能影响公正审理的。"故选项B错误；《民事诉讼法》第48条第1款规定："当事人提出回避申请，应当说明理由，在案件开始审理时提出；回避事由在案件开始审理后知道的，也可以在法庭辩论终结前提

出。”由于合议庭已经评议完毕，因此法庭辩论已终结，王某申请回避已经超出时限，应当不予审查，故选项D正确，选项C错误。

答案：D

24. 以下有关民事诉讼审判人员回避的说法中，正确的有？（金题，多选）

A. 二审发回重审的案件，在一审法院作出裁判后又进入第二审程序的，原第二审程序中的合议庭组成人员可以参加该程序的审判

B. 法院的审判人员、书记员和执行员，均应遵守民事诉讼法中回避的相关规定

C. 某公司诉讼案件中，陪审员曹某的妻子持有该案非上市公司当事人的股份，此时曹某应当自行回避，当事人也有权申请其回避

D. 助理审判员曾某在审理A公司诉M公司买卖合同纠纷一案时，借用了A公司法定代表人的宾利轿车，当事人可以此为由申请曾某回避

【考点】 回避的相关具体规则

【解题思路与方法分析】 原则上，在一个审判程序中参与过本案审判工作的审判人员，不得再参与该案其他程序的审判。但发回重审的案件，在一审法院作出裁判后又进入第二审程序的，原第二审程序中合议庭组成人员不受此限制，因此选项A的说法正确。依据《民诉法解释》第48条和第49条的规定，参与本案审理的人民法院院长、副院长、审判委员会委员、庭长、副庭长、审判员、助理审判员和人民陪审员，以及法官助理、书记员、和执行员均应适用回避的有关规定，因此选项B的说法正确。依据《民诉法解释》第43条的规定，选项C中人民陪审员曹某作为审判人员，属于“其近亲属持有本案非上市公司当事人的股份或者股权的”情形，故曹某应当自行回避，其没有主动回避的，当事人也可以此为由向法院申请回避，因此选项C的说法正确。依据《民诉法解释》第44条的规定，审判人员向本案当事人及其受托人借用款物的，当事人有权申请其回避，因此选项D的说法正确。

【避坑秘笈】（1）审判人员≠审判员；审判人员=审判员+人民陪审员。（2）存在应当自行回避的情形而没有回避的，当事人可依据相关规定申请回避。（3）在一个审判程序中参与过本案审判工作的审判人员，原则上不得再参与该案其他程序的审判（防止形成偏见或预断），但有例外。

答案：ABCD

25. 以下有关裁判文书查阅制度的说法中，符合法律及司法解释规定的有？（金题，多选）

A. 公民可以查阅民事公益诉讼的生效调解书

B. 若申请查阅的法律文书涉及国家秘密、商业秘密、个人隐私的，法院不予准许

C. 若相关生效法律文书已经通过信息网络向社会公开，法院无须处理当事人的查阅申请

D. 若申请查阅的生效法律文书尚未通过信息网络向社会公开，法院不提供查阅并告知申请人

【考点】 公众的裁判文书查阅权

【解题思路与方法分析】 公众可以查阅发生法律效力的判决书、裁定书，但涉及国家秘密、商业秘密和个人隐私的内容除外，选项B的说法正确。在此基础上，《民诉法解释》第254条和第255条进行了细化规定。公民、法人或者其他组织申请查阅发生法律效力的判决书、裁定书的，应当向作出该生效裁判的人民法院提出。申请应当以书面形式提出，并提供具体的案号或者当事人姓名、名称。对于查阅判决书、裁定书的申请，人民法院根据下列情形分别处理：（1）判决书、裁定书已经通过信息网络向社会公开的，应当引导申请人自行查阅；（2）判决书、裁定书未通过信息网络向社会公开，且申请符合要求的，应当及时

提供便捷的查阅服务；（3）判决书、裁定书尚未发生法律效力，或者已失去法律效力的，不提供查阅并告知申请人；（4）发生法律效力的判决书、裁定书不是本院作出的，应当告知申请人向作出生效裁判的人民法院申请查阅；（5）申请查阅的内容涉及国家秘密、商业秘密、个人隐私的，不予准许并告知申请人。依此，原则上公众不得查阅调解书，但民事公益诉讼因为涉及社会公共利益，因此达成调解协议之后应当先向社会进行不少于30日的公告。由此可知，公民可以查阅民事公益诉讼的生效调解书，选项A、B的说法正确。这属于一种例外情形，也是2019年客观题的考点。判决书、裁定书已经通过信息网络向社会公开的，应当引导申请人自行查阅，选项C的说法错误。判决书、裁定书未通过信息网络向社会公开，且申请符合要求的，应当及时提供便捷的查阅服务，选项D的说法错误。

【避坑秘笈】公众查阅裁判文书的“三不能”：未生效不能查；调解书不能查；涉密涉私不能查。但民事公益诉讼的生效调解书，公众可以申请查阅。

答案：AB

26. 依据《民事诉讼法》及相关司法解释的规定，下列选项中做法或说法正确的有？（金题，单选）

A. M市中级法院适用普通程序审理王某与赵某之间的买卖合同诉讼，该案事实清楚、权利义务关系明确，经过双方当事人同意，法院适用独任制进行审理

B. 大花与二毛的名誉权侵权纠纷，甲市A区法院适用普通程序作出一审判决后，二毛不服提出上诉，甲市中院认为案件事实清楚、权利义务关系明确，经过双方当事人同意，适用独任制进行审理

C. 李某将谭某诉至法院，要求谭某返还借款12万元，谭某提出管辖权异议，之后被法院裁定驳回。谭某不服提出上诉，二审法院认为该案事实清楚、权利义务关系明确，经过双方当事人同意，适用独任制进行审理

D. 只有基层法院才可以适用独任制审理案件，中级及以上级别的法院不得适用独任制审理案件

【考点】 审判组织形式

【解题思路与方法分析】 本题考查《民事诉讼法》中有关审判组织形式的规定。2021年修法时扩大了独任制的适用范围，除了简易程序和大部分的非讼案件适用独任制之外，部分一审普通程序案件和部分二审案件也可能适用独任制。依据《民事诉讼法》第40条第2款的规定：“适用简易程序审理的民事案件，由审判员一人独任审理。基层人民法院审理的基本事实清楚、权利义务关系明确的第一审民事案件，可以由审判员一人适用普通程序独任审理。”由此可知，只有基层法院适用普通程序审理一审案件时，才可能适用独任制，中级法院审理的一审案件只能适用合议制，选项A的说法错误。《民事诉讼法》第41条第2款规定：“中级人民法院对第一审适用简易程序审结或者不服裁定提起上诉的第二审民事案件，事实清楚、权利义务关系明确的，经双方当事人同意，可以由审判员一人独任审理。”由此可知，只有两类案件在二审时可以适用独任制：一是简易程序的二审；二是三种可以上诉的裁定的二审（不予受理、驳回起诉、管辖权异议的裁定）。因此，选项B中一审适用普通程序作出的判决，在二审中不可能适用独任制，选项B的说法错误，选项C的说法正确。基层法院和中级法院均有可能适用独任制，中级法院审理一审案件不能适用独任制，但中级法院审理的部分二审案件可以适用独任制，因此选项D的说法错误。

答案：C

第三章　诉

考点提示

诉讼标的
诉的种类：确认之诉；给付之诉；变更之诉（形成之诉）
诉的合并与分离：诉的主体合并；诉的客体合并；诉的预备合并；诉的重叠合并；诉的分离
反诉：主体同一；请求独立；牵连关系；股东代表诉讼中的反诉；建设工程施工合同纠纷中的反诉

【知识点激活】

1. 诉的主体即诉讼当事人；诉的客体即诉讼标的——发生争议的民事实体法律关系。诉讼标的物不是诉的必备要素。

2. 确认之诉分为积极确认之诉和消极确认之诉；给付之诉包括给付财物（特定物与种类物）之诉和给付行为（作为与不作为）之诉。

3. 常见的变更之诉（形成之诉）：离婚诉讼、第三人撤销之诉、解除收养关系诉讼、要求增减原先“三费”数额的诉讼、撤销权诉讼。

4. 变更之诉和给付之诉中可能包含确认的内容；单纯的确认之诉和变更之诉中没有诉讼标的物。

5. 判断诉的种类的唯一标准是原告的诉讼请求，与被告的答辩意见无关。

6. 反诉的特点：主体同一、管辖同一、程序同一、目的对抗、牵连关系（3 种）、请求独立。

7. 反诉与反驳的关键区别点：请求是否具有独立性——假如本诉不存在，被告对原告的主张能否单独向法院提起一个诉讼。

8. 反诉与本诉之牵连关系的表现形式：（1）基于相同的法律关系；或者（2）诉讼请求之间有因果关系；或者（3）基于相同的事实。

9. 股东代表诉讼的反诉：股东依法提起股东代表诉讼后，被告以原告股东恶意起诉侵犯其合法权益为由提起反诉的，法院应予受理。被告以公司在案涉纠纷中应当承担侵权或者违约等责任为由对公司提出的反诉，因不符合反诉的要件，法院应当裁定不予受理；已经受理的，裁定驳回起诉。

10. 建设工程施工合同纠纷中的反诉：发包人在承包人提起的建设工程施工合同纠纷案件中，以建设工程质量不符合合同约定或者法律规定为由，就承包人支付违约金或者赔偿修理、返工、改建的合理费用等损失提出反诉的，法院可以合并审理。

11. 诉的预备合并：主位请求 VS 备位请求。诉的预备合并能够节约司法资源，提高纠纷解决的效率，一次性解纷。

27. 甲向大恒银行借款100万元，乙承担连带保证责任，甲到期未能归还借款，大恒银行向法院起诉甲乙二人，要求其履行债务。关于诉的合并和共同诉讼的判断，下列哪些选项是正确的？（2013年卷三第77题，多选）

A. 本案属于诉的主体的合并

B. 本案属于诉的客体的合并

C. 本案属于必要共同诉讼

D. 本案属于普通共同诉讼

【考点】 诉的合并与共同诉讼

【解题思路与方法分析】 诉的合并条件是彼此独立的几个诉在主体或客体上具有关联性，包括诉的主体合并和诉的客体合并。其中诉的主体合并，是指将数个当事人合并到同一诉讼程序中进行审理和裁判。诉的客体合并，是指将同一原告对同一被告提起的两个以上的诉或者反诉与本诉合并到同一诉讼程序中进行审理。本案中，乙承担连带保证责任，大恒银行将甲、乙二人一同起诉，将甲和乙两个当事人合并到同一诉讼程序中的情况属于诉的主体合并，因此选项A的说法正确。在连带保证法律关系中，不存在同一原告对同一被告提起两个诉，也不涉及反诉的问题，因此不存在诉的客体合并，选项B的说法错误。本案中，乙作为连带保证人，大恒银行向法院起诉甲、乙二人，甲、乙构成必要共同诉讼人，因此选项C的说法正确。普通共同诉讼要求有两个以上同种类的诉讼标的，因此选项D的说法错误。

答案：AC

28. 张三起诉李四要求解除合同，在案件审理的过程中，张三变更诉讼请求，要求李四承担违约责任并继续履行合同。下列说法中正确的有？（2020年真题网络回忆版，单选）

A. 张三作出的是对诉讼请求的变更

B. 张三应当先申请撤回起诉，之后再另行起诉

C. 对张三请求的继续履行和违约责任，法院应作出诉的合并审理

D. 张三作出的是对诉讼标的的变更

【考点】 诉的要素及诉的合并

【解题思路与方法分析】 本案中的诉讼标的是合同法律关系，原告张三在诉讼中仅变更了诉讼请求，诉讼标的没有发生变化，选项A的说法正确，选项D的说法错误。《民诉法解释》第232条规定：“在案件受理后，法庭辩论结束前，原告增加诉讼请求，被告提出反诉，第三人提出与本案有关的诉讼请求，可以合并审理的，人民法院应当合并审理。”在一审法庭辩论终结前，当事人可以直接变更诉讼请求，而不用另行起诉，选项B的说法错误。张三在变更诉讼请求之后，仍然只有一个诉讼标的（且仍然是原先的诉讼标的），因此不存在诉的合并的空间，选项C的说法错误。

【原理精炼】诉讼标的即法律关系，因为何种法律关系发生争议，该种法律关系就是本案的诉讼标的。对诉讼请求的变更，不必然导致诉讼标的的变化，只能分别判断。

答案：A

29. 甲乘坐乙公司的出租车发生车祸，遂将乙公司诉至法院请求乙公司承担侵权责任5万元。乙公司称无论乙公司还是司机本人对于车祸的发生均没有过错。甲称那也构成违约责任，遂要求乙公司承担赔偿责任5万元。关于甲的行为，下列选项中说法正确的有？（2021年真题网络回忆版，单选）

A. 属于诉的变更，要经过法院的准许

B. 属于诉的分离，法院应告知当事人另行起诉

C. 属于诉的合并，法院应一并审理

D. 属于重复诉讼，法院应一事不再理

【考点】 诉的基本理论；重复起诉

【解题思路与方法分析】《民法典》第186条规定：“因当事人一方的违约行为，损害对方人身权益、财产权益的，受损害方有权

选择请求其承担违约责任或者侵权责任。”甲将要求乙公司承担侵权责任5万元的请求变更为要求承担违约赔偿责任5万元，属于诉讼标的和诉讼请求的变更。将侵权之诉改为违约之诉，诉讼标的和诉讼请求属于诉的构成要素，因此属于诉的变更；而是否准许当事人变更诉讼标的和诉讼请求，应当经过法院准许。选项A的说法正确。诉的分离，是指法院将原先合并审理的几个诉，分开来进行审理。有时将几个诉合并审理会增加审理难度，导致诉讼复杂化和迟延，此时法院应当将诉分开来进行审理。当事人和法院在分离前已经实施的诉讼行为，在诉分离后的审理中仍然有效。本案中不涉及诉的分离，当事人也无须另行起诉。选项B的说法错误。本案中诉讼标的具有唯一性，变更前的诉讼标的是侵权法律关系，变更后的诉讼标的是合同法律关系，不存在诉的合并的对象和条件。选项C的说法错误。甲在诉讼请求变更前和变更后的诉讼标的不同，且不会导致重复救济，因此不构成重复起诉，不违反一事不再理的要求。选项D的说法错误。

答案：A

30. 关于诉的分类的表述，下列哪一选项是正确的？（2013年卷三第37题，单选）

A. 孙某向法院申请确认其妻无民事行为能力，属于确认之诉

B. 周某向法院申请宣告自己与吴某的婚姻无效，属于变更之诉

C. 张某在与王某协议离婚后，又向法院起诉，主张离婚损害赔偿，属于给付之诉

D. 赵某代理女儿向法院诉请前妻将抚养费从每月1000元增加为每月2000元，属于给付之诉

【考点】 诉的分类

【解题思路与方法分析】 诉分为三类，即确认之诉、给付之诉和变更之诉。确认之诉，是指原告请求法院确认与被告之间是否存在某种民事法律关系的诉，包括积极确认之诉和消极确认之诉。给付之诉，是指原告请求法院判令被告向其履行某种特定给付义务的诉讼抚养费，包括给付财物之诉和给付行为之诉，其中给付财物又分为给付特定物与给付种类物；给付行为又包括积极的作为和消极的不作为。变更之诉又称形成之诉，是指原告请求法院以判决改变或消灭既存的某种民事法律关系的诉。孙某向法院申请确认其妻为无民事行为能力人，属于特别程序中的一种非讼案件（申请宣告公民为无民事行为能力人的案件），非讼案件根本就不涉及诉的种类判断，此乃“用非讼来骗人”，选项A的说法错误。周某向法院申请宣告自己与吴某的婚姻无效，即请求法院确认某种法律关系不存在，属于消极的确认之诉，而不是变更之诉，选项B的说法错误。需要特别注意的是，离婚案件属于变更之诉，应当调解；而确认婚姻效力的案件属于确认之诉，不得调解。张某在与王某协议离婚后，向法院提起诉讼主张离婚损害赔偿，此时婚姻关系已经解除，仅针对的是损害赔偿问题，因此属于给付之诉，选项C的说法正确。赵某代理女儿向法院诉请前妻将抚养费从每月1000元增加为每月2000元，属于变更之诉，而非给付之诉，因为此时双方的争议在于是否变更原先抚养费的数额，属于是否改变原有法律关系的问题，选项D的说法错误。

【避坑秘笈】（1）谨防“用非讼来骗人”：对于非讼性质的案件，不存在诉的种类的判断问题，大家要避免掉入该种陷阱。（2）原告起诉要求被告支付赡养费、扶养费、抚养费的案件，属于给付之诉；原告起诉要求被告增加或减少现有赡养费、扶养费、抚养费数额的案件，属于变更之诉。（3）离婚诉讼属于变更之诉，应当调解。确认婚姻效力的案件属于确认之诉，婚姻效力部分不得调解，但财产分割和子女抚养可以调解。调解达成协议的，另行制作调解书；未达成调解协议的，应当一并作

出判决。

【解题窍门】判断诉的种类的唯一依据是原告的诉讼请求。第一步，先判断是否属于诉讼案件；如果属于诉讼案件，第二步再看原告诉讼请求的具体内容，进而予以判断。

答案：C

31. 李某驾车不慎追尾撞坏刘某轿车，刘某向法院起诉要求李某将车修好。在诉讼过程中，刘某变更诉讼请求，要求李某赔偿损失并赔礼道歉。针对本案的诉讼请求变更，下列哪一说法是正确的？（2015 年卷三第 37 题，单选）

A. 该诉的诉讼标的同时发生变更

B. 法院应依法不允许刘某变更诉讼请求

C. 该诉成为变更之诉

D. 该诉仍属给付之诉

【考点】诉讼标的与诉讼请求；诉的分类

【解题思路与方法分析】本题是对诉的综合性考查，涉及诉讼标的与诉讼请求的区分、诉的种类识别等多个考点，但难度并不大。本案的诉讼标的是民事侵权法律关系，诉讼请求最初是要求被告李某修车，之后变更为要求被告李某赔偿损失并赔礼道歉。在变更诉讼请求时，诉讼标的始终是民事侵权法律关系，并未因诉讼请求的变更而发生变化，因此选项 A 的说法错误。在法庭辩论终结前，当事人有权变更诉讼请求，因此选项 B 的说法错误。选项 C 和选项 D 考查诉的分类，变更后的诉讼请求是赔偿损失并赔礼道歉，属于给付之诉，其中给付的内容包括金钱和行为（赔礼道歉），因此选项 C 的说法错误，选项 D 的说法正确。

【原理精炼】原告变更诉讼请求并不必然引起诉讼标的的变化，换言之，诉讼请求、诉讼标的、诉的种类相互之间并无必然关联，变更诉讼请求不必然导致诉讼标的和诉的种类的变化。

答案：D

32. 甲起诉乙返还借款 160 万元，胜诉后，甲申请法院执行乙在 W 公司的股权，法院于是冻结了相关股权。隐名股东丙提出执行异议，被法院裁定驳回，于是丙以自己是实际出资人为由提起诉讼，要求解除对相关股权的冻结措施并确认自己才是股权的实际所有人。丙提出的诉讼属于下列哪一种类？（2022 年真题网络回忆版，单选）

A. 消极确认之诉

B. 积极确认之诉

C. 变更之诉

D. 给付之诉

【考点】诉的种类识别

【解题思路与方法分析】本案中，隐名股东丙提出的执行标的异议与原生效裁判无关，仅仅指向执行标的即股权的归属，因此当异议被裁定驳回时，丙提出了案外人执行异议之诉。丙的诉讼请求中不仅要求解除对股权的执行措施，同时还提出了确权的请求，因此属于积极确认之诉，选项 B 正确，当选。

【避坑秘笈】丙要求解除对相关股权的冻结措施，是对执行法院提出的请求，因此不属于给付之诉；而其同时提出确认股权归自己所有的确权请求，属于积极确认之诉。

答案：B

33. 以下有关诉的分类的表述中，说法正确的是？（金题，单选）

A. 小花和小草均为 90 后，二人在一次假面舞会上一见钟情并“闪婚”。婚后两个月，小花因不满小草整日迷恋网络游戏而向法院提起离婚诉讼，属于变更之诉

B. 某娱乐杂志上刊登的一篇自由撰稿人小六所写的文章中，称某位明星在十六岁时就到韩国进行了大整容。该明星以名誉权受损为由将小六诉至法院，要求小六公开赔礼道歉并赔偿精神损失 50 万元，属于确认之诉与给付之诉的合并

C. 某工厂退休职工老李向法院提起诉讼，要求其子小李将扶养费从每月 800 元增加为每月 1500 元，属于给付之诉

D. 王某与刘某因使用小区的公共晒台发生争执，王某将刘某推倒，导致刘某尾骨骨裂，经小区所在地的人民调解委员会调解后达成调解协议，二人共同向法院申请确认该调解协议的效力，属于积极的确认之诉

【考点】 诉的种类识别

【解题思路与方法分析】 选项 A 为离婚诉讼，属于变更之诉，说法正确，当选。选项 B 为给付之诉，其中包括了给付财物和给付行为的内容，诉的三种类型相互排斥，给付之诉中可能包含确认的内容，但这并不影响诉的种类的判断，选项 B 的说法错误。选项 C 中要求增加原先扶养费的数额，属于变更之诉，而非给付之诉。选项 D 中确认调解协议效力的案件属于特别程序案件的一种，在性质上是非讼案件，因此不涉及诉的种类判断问题，此乃“用非讼来骗人”。

【避坑秘笈】（1）在判断诉的种类之前，须首先确定相关案件是否属于诉讼案件，如果是非讼案件，则根本不存在诉的种类识别问题。（2）离婚诉讼、第三人撤销之诉、解除收养关系诉讼、撤销权诉讼和公司解散诉讼，都属于变更之诉，又称为形成之诉。

答案：A

34. 关于反诉，下列哪些表述是正确的？（2013 年卷三第 80 题，多选）

A. 反诉的原告只能是本诉的被告

B. 反诉与本诉必须适用同一种诉讼程序

C. 反诉必须在答辩期届满前提出

D. 反诉与本诉之间须存在牵连关系，因此必须源于同一法律关系

【考点】 反诉的特点

【解题思路与方法分析】 反诉是指在诉讼程序中，本诉被告针对本诉原告向法院提出的独立的反请求。反诉制度的主要功能有二：一是尽量利用同一诉讼程序来解决相关联的纠纷，提升纠纷解决的效率，合理配置司法资源；二是避免分别审理而造成的矛盾裁判。反诉的主体具有特定性和同一性，因此反诉的原告只能是本诉的被告，反诉的被告是本诉的原告，即当事人的同一性，因此选项 A 的说法正确。反诉须与本诉适用同一种诉讼程序，方能利用本诉的诉讼程序合并审理。例如，反诉与本诉均属于应适用普通程序审理的案件，或均属于适用简易程序审理的案件，因此选项 B 的说法正确。依据《民诉法解释》第 232 条的规定，在案件受理后，法庭辩论结束前，被告均可提出反诉；同时依据《民诉法解释》第 326 条的规定，在二审和再审中都可能提出反诉，只不过具体条件和处理方式有所不同，因此选项 C 的说法错误。反诉与本诉之间须存在牵连关系，即反诉与本诉的诉讼请求基于相同法律关系，或者诉讼请求之间具有因果关系，或者反诉与本诉的诉讼请求基于相同事实，而并不要求必须源于同一法律关系，因此选项 D 的说法错误。

【破题指南】（1）反诉的构成要件：主体同一、管辖同一、程序同一、目的对抗、牵连关系、请求独立。（2）依据《民诉法解释》的规定，提出反诉的时间并不限于举证期限届满前。（3）牵连关系并不要求本诉与反诉必须基于同一法律关系，而是包括了三种可能的情形：一是反诉与本诉的诉讼请求基于相同法律关系；二是诉讼请求之间具有因果关系；三是反诉与本诉的诉讼请求基于相同事实。这三种情形只要满足其一就具备了牵连关系。

答案：AB

35. 刘某与曹某签订房屋租赁合同，后刘某向法院起诉，要求曹某依约支付租金。曹某向法院提出的下列哪一主张可能构成反诉？（2014

年卷三第 43 题，单选）

A. 刘某的支付租金请求权已经超过诉讼时效

B. 租赁合同无效

C. 自己无支付能力

D. 自己已经支付了租金

【考点】 反诉与反驳的区分

【解题思路与方法分析】 本题考查反诉与反驳的区分，二者最大的区别在于请求是否具有独立性。在进行判断时，先看看如果本诉原告的起诉不存在了，本诉被告的反主张还能不能构成一个独立的诉。结合本案，如果原告没有起诉被告支付租金，则被告不可能莫名其妙地向法院提出该请求超过诉讼时效、自己无支付能力或者已经付过租金等主张，因此选项 A、C、D 中的主张均不具备请求的独立性，不能构成一个独立的诉，自然不成立反诉，其中选项 A 和选项 D 构成反驳。本案中，即使本诉不存在，被告也可以请求法院确认合同无效，即提起一个消极的确认之诉，该主张构成一个独立的诉，因此选项 B 正确，当选。

【破题指南】区分反驳与反诉的小窍门：假如本诉不存在，被告对原告的主张能否单独向法院提起一个诉讼（请求的独立性）——如果能，则可能成立反诉；如果不能，则可能属于反驳。反驳的目的虽然也在于使原告的诉讼目的无法实现，但它并非向法院提出独立的诉讼请求，反驳会因为原告撤诉而丧失其存在的基础和意义。而反诉则是被告通过发动进攻来进行防御，即使本诉原告撤回了本诉，也不影响反诉的正常进行。

续表

—	反驳	反诉
性质	一方当事人对抗对方当事人诉讼主张的一种手段，不具有诉的性质	被告针对原告的本诉提出的一种独立的诉
前提	以否定对方当事人提出的全部或部分诉讼主张为前提	以承认本诉的存在为前提
目的	仅否定对方当事人提出的诉讼主张，没有提出独立的诉讼请求	对本诉的原告提出了独立的反请求，主张独立的实体权利，同时抵消、吞并原告提起的全部或部分诉讼请求
主体	反驳的主体是所有当事人	反诉的主体只能是本诉的被告

答案：B

36. 王某将邓某诉至法院，要求其履行买卖合同，邓某主张合同早已解除。邓某称一个半月之前已经通知王某因合同目的无法实现，因此解除合同，王某没有表示异议。关于本案，下列选项中说法正确的有？（2020 年真题网络回忆版，多选）

A. 邓某可以抗辩的方式主张合同解除

B. 邓某不能以抗辩的方式主张合同解除

C. 邓某可以反诉的方式确认合同解除

D. 如果邓某以反诉的方式提出主张，则法院判决对合同解除具有既判力

【考点】 反诉与抗辩的区分

【解题思路与方法分析】 抗辩，是指当事人通过主张与对方所主张事实不同的事实或法律关系，来排斥对方所主张事实的行为。抗辩依赖于本诉而存在，原告撤诉后，抗辩随之消失，且抗辩只能在本诉原告诉讼请求的范围内主张减轻或者免除自己的责任。依据《民法典》第 565 条第 1 款的规定，当事人一方依法主张解除合同的，应当通知对方。合同自通知到达对方时解除；通知载明债务人在一定期限内不履行债务则合同自动解除，债务人在该期限内未履行债务的，合同自通知载明的期限届

满时解除。对方对解除合同有异议的，任何一方当事人均可以请求人民法院或者仲裁机构确认解除行为的效力。本案中，邓某主张一个半月前已经通知王某解除合同，因此双方之间的合同在通知到达王某时就已经解除。换言之，合同解除权属于形成权，因此邓某的主张可以看作是一种事实抗辩。因此选项A的说法正确，选项B的说法错误。在本案中，“合同已经解除”是一种事实状态，对该状态有异议的，任何一方当事人可以通过起诉的方式来确认解除行为的效力，因此邓某可以通过反诉的方式来确认合同解除，属于确认之诉。选项C的说法正确。所谓既判力，是指民事判决作出后所具有的法律上的效力，当事人不得再针对同一诉讼标的再行起诉或者在其他诉讼中提出与确定判决相矛盾的主张；法院之后的任何裁判也不得与该确定判决的内容相抵触。若邓某以反诉的方式提出确认合同解除状态的主张，该判决对合同解除这一要件事实当然具有既判力。选项D的说法正确。

【避坑秘笈】通常情况下，合同解除权属于单方形成权，从解除合同的通知到达对方的时候，合同就已经解除，此时起诉的目的是请求法院确认合同是否已经解除的状态。

【破题指南】抗辩VS反诉

—	抗辩	反诉
性质	对抗请求权的主张，不会产生新的诉讼请求	独立的诉讼请求（独立的诉）
内容	可能是实体方面的抗辩，也可能是程序方面的抗辩	实体上的独立请求，有其诉讼标的
目的	旨在否定对方当事人的事实理由和请求，如果抗辩成立，其后果是原告的主张无法得到全部支持甚至败诉	旨在抵消、吞并本诉原告的权利，可能超出原告所主张的权利范围。本诉和反诉的主张可能同时成立

答案：ACD

37. 甲公司与乙公司合同纠纷，甲公司将乙公司诉至法院，请求法院判令解除合同并支付违约金。审理过程中，甲公司变更诉讼请求，要求确认合同无效，如果法院没有判令合同无效，则请求法院解除合同并要求乙公司支付违约金。关于本案，下列说法中正确的有？（2020年真题网络回忆版，单选）

A. 甲公司的两个诉讼请求相互矛盾，法院应裁定驳回起诉

B. 针对甲公司变更后的请求，法院应告知其另行起诉

C. 法院应当要求甲公司明确诉讼请求

D. 法院应按照诉讼请求的提出顺序进行处理

【考点】 诉的预备合并

【解题思路与方法分析】 诉的预备合并，是指当事人向法院提出一个在先之诉（主位请求），为了预防在先之诉无理由而向法院提出一个在后之诉（备位请求）。若法院认为主位请求不成立，则对备位请求进行审理；若法院认为主位请求成立，则备位请求自然消灭。我国现行法律和司法解释尚无有关诉的预备合并的明确规定，但是在理论和实务领域已经获得诸多共识。因此，在当事人提起两个相互矛盾的诉讼请求时，如果两项请求均符合立案受理的条件，则法院应当受理。本案中，甲公司的主位请求是确认合同无效，备位请求是解除合同并支付违约金，虽然二者相互矛盾，但符合诉的预备合并的原理，法院应该当按顺序进行审理，选项D的说法正确，当选。

【原理精炼】诉的预备合并，能够提高纠纷解决效率，原告在提起主位诉讼时，为防止自己主位诉讼的请求被法院驳回或判决败诉，在诉讼中主动提起一个预备诉讼请求（备位请求），以对主位诉讼请求形成补救。例如：原告主张被告侵犯其著作权（主位请求），但如果主位请求不成立，则主张被告构成不正当竞争（备位请求）。原告主张解除与被告的房屋买卖合同并返还购房款（主位请求），但如果

法院认为双方属于借贷关系，则要求返还借款（备位请求）。原告起诉A公司要求确认其持有该公司18%的股份（主位请求），但如果主位请求不能得到支持，则要求被告A公司支付其股权转让款及利息（备位请求）。

答案：D

38. 甲公司与乙公司签订有买卖合同一份，之后甲公司通知乙公司，因商品不达标要求解除合同，乙公司收到后一直置之不理。甲公司向法院起诉请求确认合同解除，一审法院经过审理判决合同解除并向双方送达了判决书。乙公司在上诉状中提出，即使合同解除，甲公司也应当返还商品，二审法院维持原判并向双方送达了判决书。关于本案，下列说法中正确的有？（2021年真题网络回忆版，多选）

A. 甲的起诉是确认之诉

B. 甲的起诉是变更之诉

C. 买卖合同于乙公司收到解约书面通知时即解除

D. 乙公司提出返还商品的请求构成预备合并，法院应当一并审理

【考点】 诉的种类；诉的预备合并

【解题思路与方法分析】 《民法典》第565条规定："当事人一方依法主张解除合同的，应当通知对方。合同自通知到达对方时解除；通知载明债务人在一定期限内不履行债务则合同自动解除，债务人在该期限内未履行债务的，合同自通知载明的期限届满时解除。对方对解除合同有异议的，任何一方当事人均可以请求人民法院或者仲裁机构确认解除行为的效力。当事人一方未通知对方，直接以提起诉讼或者申请仲裁的方式依法主张解除合同，人民法院或者仲裁机构确认该主张的，合同自起诉状副本或者仲裁申请书副本送达对方时解除。"由此可知，合同解除权属于形成权，以单方的意思表示即可使法律关系发生变更，无须提起变更之诉。因此，原告起诉要求解除合同的，实际上属于确认之诉。依据合同解除权的运行原理，本案中合同应当于解除通知到达乙公司时解除，因此选项A和选项C的说法正确，选项B的说法错误。诉的预备合并是指当事人向法院提出一个在先之诉，为预防在先之诉无理由时而向法院提出一个在后之诉，当法院认为在先顺序的诉无理由时，由法院就后位之诉再进行审理；而当在先之诉有理由时，后位之诉自然消灭的情况。主位请求与备位请求互相排斥，但又存在牵连关系，为了诉讼经济和避免矛盾裁判，在当事人提出备位请求时，法院应当将主位请求与备位请求一并审理。本案中，乙公司在上诉状中提出，即使合同解除，甲公司也应当返还商品，乙公司的这一请求与反对合同解除为排斥关系，是为了预防反对合同解除请求不被支持时而提出的后位请求，因此该项请求构成诉讼请求的预备合并，法院应当一并审理，因此选项D的说法正确。

答案：ACD

39. 甲对乙享有500万元债权，丙提供担保。乙到期未履行，甲起诉乙还钱，法院两审终审判决乙返还500万元。甲没有申请执行，向法院起诉丙承担保证责任，丙提出反诉，主张撤销前项判决，并提出解除担保合同。此时法院应当如何处理？（2023年真题网络回忆版，单选）

A. 两项反诉均受理

B. 两项反诉均不受理

C. 受理撤销前项判决之诉，不受理解除合同之诉

D. 受理解除合同之诉，不受理撤销前项判决之诉

【考点】 反诉

【解题思路与方法分析】 丙提出两项主张：一是撤销前项判决，二是解除担保合同，应当分别予以分析。就撤销前项判决而言，其应当通过再审或者第三人撤销之诉完成，而不

允许直接以反诉的方式要求撤销生效判决的判项，法院据此不应受理丙提出的撤销前项判决之诉。就解除担保合同而言，其在法庭辩论终结前由被告向原告提出，且属于与本诉基于同一法律关系（担保合同法律关系）而产生的独立反请求，即主体同一、请求独立并且具备牵连关系，因此其满足反诉的构成要件而应当予以受理，选项D正确，选项A、B、C错误。

答案：D

40. 以下有关反诉的判断中，说法正确的有？（金题，多选）

A. 甲公司的股东韩某认为公司执行董事曾某将原本属于甲公司的交易机会输送给其女儿的公司，在内部救济无果的情况下，韩某为维护甲公司的利益，将曾某诉至法院，法院受理韩某的起诉后，曾某将甲公司诉至法院，主张甲公司在本案中应当承担相应的责任，曾某的起诉构成反诉

B. 阿呆与M农产品有限公司（以下简称M公司）签订了一份板栗买卖合同，约定由M公司向阿呆供应唐山栗树湾的特级板栗300斤，阿呆须向M公司支付货款5000元。M公司向阿呆交付300斤板栗后，阿呆仅支付了3000元货款，M公司在催促无果的情形下将阿呆诉至法院，要求其支付剩余货款2000元。法院立案受理M公司的起诉后，阿呆对M公司提起了诉讼，称M公司供应的板栗根本不是合同中约定的品种，致使阿呆用该批板栗制作的板栗饼和板栗蛋糕因质量不合格而被买家全部退回，因此要求M公司赔偿自己所遭受的经济损失和商誉损失。阿呆的起诉构成反诉

C. 阿毛与二狗是蓝翔技校的同学，后因借款纠纷诉至法院，阿毛请求法院判令二狗返还借款5万元，并提交了有二狗签名的借条作为证据，法院受理案件后，二狗提出其早就把钱还给阿毛了，只不过当时阿毛谎称借条遗失而未能将借条收回，请求法院确认自己已经还钱，二狗的主张构成反诉

D. 为了应对雾霾，黄三准备在新房里安装一套新风系统，遂与F公司签订了一份合同，约定由F公司包工包料为其设计并安装一套最先进的空气净化新风系统，黄三在完工后一次性支付价款10万元。F公司将新风系统安装完毕后，黄三一直拖欠3万余元的款项没有支付，F公司遂将黄三诉至法院，要求其依约支付尾款。法院受理案件后，黄三称F公司在设计和安装新风系统时曾因资金周转不灵而向自己借了4万元用于购买设备，但一直没有还款，因此请求法院判令F公司向其返还借款4万元。黄三的起诉构成反诉

【考点】 反诉的识别

【解题思路与方法分析】 本题考查反诉的识别，涉及反诉的构成要件以及反诉与反驳的区分。成立反诉须同时满足几项条件：主体同一、管辖同一、程序同一、目的对抗、牵连关系、请求独立。依据《九民纪要》[1]的规定，股东依法提起股东代表诉讼后，被告以原告股东恶意起诉侵犯其合法权益为由提起反诉的，人民法院应予受理。被告以公司在案涉纠纷中应当承担侵权或者违约等责任为由对公司提出的反诉，因不符合反诉的要件（主体不同一），人民法院应当裁定不予受理；已经受理的，裁定驳回起诉。选项A中甲公司在韩某提起的股东代表诉讼中是第三人，而反诉的被告只能是本诉的原告，因此主体不同一，曾某的起诉不构成反诉。选项C中二狗的主张并不构成一个独立的诉，若本诉不存在，二狗的主张无法构成独立的诉，因此属于反驳而非反诉。选项B和选项D均符合反诉的构成条件，其中对牵连关系的判断是难点：选项B是基于同一法律关系产生的目的对抗的不同的诉讼请

[1]《全国法院民商事审判工作会议纪要》，以下简称《九民纪要》。

求；选项D是基于相牵连的不同法律关系而产生的目的对抗的不同的诉讼请求，诉讼请求之间具有因果关系。

【破题指南】成立反诉必须同时满足以下几项条件：（1）主体特定性，即反诉的原告是本诉的被告，反诉的被告是本诉的原告。（2）目的对抗性，被告提出反诉的目的在于抵消或者吞并本诉原告的全部或者部分诉讼请求。（3）请求的独立性，即使本诉的原告撤回了本诉，也不影响反诉的效力。（4）程序的同一性，反诉与本诉应当适用的程序必须属于同一种类。（5）存在牵连关系，牵连关系并不要求本诉与反诉之间必须基于同一法律关系，牵连关系的表现形式有三种，满足其一即可：基于相同的法律关系；或者诉讼请求之间具有因果关系；或者基于相同的事实。（6）管辖同一，反诉应当向受理本诉的法院提起。反诉与反驳之间最大的区别就在于请求是否具有独立性，反诉是一个独立的诉，因此被告的反主张必须满足请求的独立性才可能构成反诉，否则可能属于反驳，甚至什么都不是。

【解题窍门】识别反诉的从易到难“三步法”：（1）主体是否同一→（2）请求是否独立→（3）是否具备牵连关系。

【实体链接】股东代表诉讼中被告可以提出反诉，但理由须正确：（1）被告以原告恶意起诉侵害其合法权益为由起诉的，因为主体同一，可以构成反诉；（2）被告以公司在案件中也应承担相应责任为由起诉的，因为主体不同一，不构成反诉。

答案：BD

第四章　主管与管辖

考点提示

主管：法院的受案范围（链接起诉条件）
级别管辖：中级法院管辖的案件；互联网法院
一般地域管辖：原告就被告；被告就原告的例外情形
特殊地域管辖：合同纠纷；侵权纠纷；公司诉讼
专属管辖：不动产物权纠纷＋四种特殊合同（农建房政）；遗产继承纠纷
协议管辖：适用条件；对消费者的倾斜保护
裁定管辖：指定管辖；移送管辖；管辖权转移
管辖权异议与应诉管辖

【知识点激活】

1. 管辖的“3＋1”结构：3大类管辖（法定管辖、协议管辖、裁定管辖）＋1种救济机制（管辖权异议）。

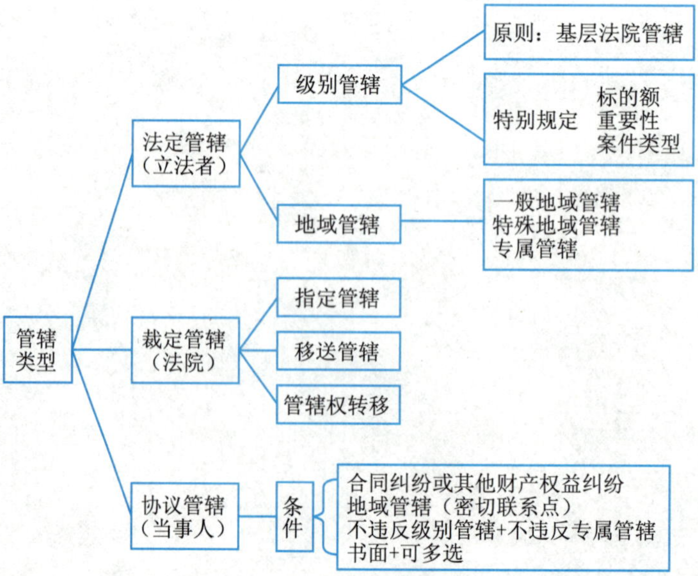

2. 管辖恒定：管辖权的确定以原告起诉时为准，诉讼过程中当事人住所地、经常居住地变化，或者行政区划变动的，不影响案件的管辖。

3. 一般涉外案件仍由基层人民法院管辖，重大涉外案件由中级人民法院管辖。只有最高人民法院才能“想管谁就管谁”，高级人民法院无此权限。

4. 夫妻双方均离开住所的离婚案件，仍旧原告就被告；仅被告一方离开住所地的离婚案件，原、被告住所地法院都有管辖权。

5. 当事人双方均人身不自由（被监禁或被采取强制性教育措施）的案件，仍旧原告就被告；仅被告人身不自由的案件，被告就原告。

6. 对下落不明、宣告失踪、不在中国领域内居住的人提起的身份关系诉讼，被告就原告；财产关系诉讼，仍旧原告就被告。

7. 网购合同纠纷的管辖法院是合同履行地或被告住所地。在确定合同履行地时，有约定的约定优先，没有约定的看交付标的物的方式。信息网络虚拟交付的——买受人住所地 + 被告住所地；其他方式交付的——收货地 + 被告住所地。

8. 北京、杭州、广州的互联网法院相当于基层法院，集中管辖所在辖区内发生在网络空间中的纠纷，各阶段均以线上进行为原则。

9. 产品质量侵权案件中，产品制造地、产品销售地、服务提供地、侵权行为地和被告住所地法院均有管辖权。

10. 公司诉讼由公司住所地法院管辖：公司设立纠纷；确认股东资格纠纷；分配利润纠纷；公司解散纠纷；股东名册记载纠纷；请求变更公司登记纠纷；股东知情权纠纷；公司决议纠纷；公司合并纠纷；公司分立纠纷；公司减资纠纷；公司增资纠纷等。

11. 海难救助费用诉讼、共同海损诉讼中，被告住所地法院没有管辖权。

12. 除了不动产物权纠纷外，四种特殊的合同纠纷也由不动产所在地法院专属管辖：农村土地承包经营合同纠纷、建设工程施工合同纠纷、房屋租赁合同纠纷、政策性房屋买卖合同纠纷（“农建房政”）。

13. 协议管辖：财产纠纷 + 书面 + 非专属地域管辖 + 可多选 + 实际联系原则 + 对消费者的倾斜保护。

14. 移送管辖：受理后、无到有、限一次。

15. 管辖权转移“上向下移”的条件：确有必要并且报请上级法院批准。具体情形：破产程序中有关债务人的诉讼案件；当事人人数众多且不方便诉讼的案件；最高人民法院确定的其他类型案件。

16. 所有的第三人（有独三和无独三）均无权提出管辖权异议。管辖权异议的裁定可以上诉、不得再审。

17. 应诉管辖和协议管辖均不得违反级别管辖和专属管辖的规定。

18. 最高法指导案例第 25 号（保险人代位求偿权纠纷）：因第三者对保险标的的损害造成保险事故，保险人向被保险人赔偿保险金后，代位行使被保险人对第三者请求赔偿的权利而提起诉讼的，应当根据保险人所代位的被保险人与第三者之间的法律关系，而不应当根据保险合同法律关系确定管辖法院。第三者侵害被保险人合法权益的，由侵权行为地或者被告住所地法院管辖。第三者实施了道路交通侵权行为，造成保险事故，被保险人对第三者有侵权损害赔偿请求权；保险人行使代位权起诉第三者的，应当由侵权行为地或者被告住所地法院管辖。

41. 2008 年 7 月，家住 A 省的陈大因赡养费纠纷，将家住 B 省甲县的儿子陈小诉至甲县法院，该法院受理了此案。2008 年 8 月，经政府正式批准，陈小居住的甲县所属区域划归乙县管辖。甲县法院以管辖区域变化对该案不再具

有管辖权为由，将该案移送至乙县法院。乙县法院则根据管辖恒定原则，将案件送还至甲县法院。下列哪些说法是正确的？（2009 年卷三第 80 题，多选）

A. 乙县法院对该案没有管辖权

B. 甲县法院的移送管辖是错误的

C. 乙县法院不得将该案送还甲县法院

D. 甲县法院对该案没有管辖权

【考点】 管辖恒定

【解题思路与方法分析】 管辖权的确定以原告起诉时为准，有管辖权的法院受理案件后，不得以行政区域变更为由，将案件移送给变更后有管辖权的法院。本案属于赡养费纠纷，应当“原告就被告”，即由被告住所地的甲县法院管辖，虽然在案件受理后陈小居住的甲县所属区域划归乙县管辖，但此时应当管辖恒定，仍然由甲县法院管辖该案。因此，乙县法院没有管辖权，甲县法院将案件移送给乙县法院的做法是错误的，选项 A 和选项 B 的说法正确，选项 D 的说法错误。受移送的法院认为受移送的案件依照规定不属于本院管辖的，应当报请上级人民法院指定管辖，不得再自行移送。因此，本案中虽然乙县法院没有管辖权，但是它接到移送的案件后应当报请上级法院指定管辖，而不得再次自行移送，选项 C 的说法正确。

【避坑秘笈】（1）法院受理案件后，不因当事人住所地、经常居住地或行政区划的变更而改变管辖。（2）受移送的法院认为自己也没有管辖权的，不得再次移送给其他法院，也不得将案件退回，此时应报请上级法院指定管辖（移送管辖限一次）。

答案：ABC

42. 某省甲市 A 区法院受理一起保管合同纠纷案件，根据被告管辖权异议，A 区法院将案件移送该省乙市 B 区法院审理。乙市 B 区法院经审查认为，A 区法院移送错误，本案应归甲市 A 区法院管辖，发生争议。关于乙市 B 区法院的做法，下列哪一选项是正确的？（2010 年卷三第 39 题，单选）

A. 将案件退回甲市 A 区法院

B. 将案件移送同级第三方法院管辖

C. 报请乙市中级法院指定管辖

D. 与甲市 A 区法院协商不成，报请该省高级法院指定管辖

【考点】 移送管辖与指定管辖

【解题思路与方法分析】 法院发现受理的案件不属于本院管辖的，应当移送有管辖权的法院，受移送的法院应当受理。受移送的法院认为受移送的案件依照规定不属于本院管辖的，应当报请上级法院指定管辖，不得再自行移送。乙市 B 区法院作为受移送的法院，认为自己对案件也没有管辖权，但此时不得再次移送或退回案件，因此选项 A 和选项 B 的说法均错误。法院之间因管辖权发生争议的，应由争议双方协商解决；协商解决不了的，报请它们的共同上级法院指定管辖。甲市 A 区法院和乙市 B 区法院都认为自己对案件没有管辖权，即存在管辖权争议（相互推诿），此时应当协商前置，协商不成的，报请二者共同的上级法院即省高级人民法院指定管辖，因此选项 C 的说法错误，不符合“共同上级”的要求，选项 D 的说法正确，当选。

【破题指南】管辖权争议是指两个法院争夺或推诿案件的管辖权，此时应当协商前置，协商不成的，报请共同的上级法院指定管辖。“共同的上级法院”是指：双方为同属一个地、市辖区的基层人民法院的，由该地、市的中级人民法院指定管辖；同属一个省、自治区、直辖市的两个法院的，由该省、自治区、直辖市的高级人民法院指定管辖；双方为跨省、自治区、直辖市的法院，高级人民法院协商不成的，由最高人民法院指定管辖。

答案：D

43. 红光公司起诉蓝光公司合同纠纷一案，A市B区法院受理后，蓝光公司提出管辖权异议，认为本案应当由A市中级法院管辖。B区法院裁定驳回蓝光公司异议，蓝光公司提起上诉。此时，红光公司向B区法院申请撤诉，获准。关于本案，下列哪一选项是正确的？（2010年卷三第50题，单选）

A. B区法院裁定准予撤诉是错误的，因为蓝光公司已经提起上诉

B. 红光公司应当向A市中级法院申请撤诉，并由其裁定是否准予撤诉

C. B区法院应当待A市中级法院就蓝光公司的上诉作出裁定后，再裁定是否准予撤诉

D. B区法院裁定准予撤诉后，二审法院不再对管辖权异议的上诉进行审查

【考点】 管辖权异议裁定作出前原告申请撤诉的处理

【解题思路与方法分析】 本题的考点较为单一，依据《最高人民法院关于审理民事级别管辖异议案件若干问题的规定》第2条的规定，在管辖权异议裁定作出前，原告申请撤回起诉，受诉人民法院作出准予撤回起诉裁定的，对管辖权异议不再审查，并在裁定书中一并写明。同理，本题中蓝光公司对法院驳回管辖权异议的裁定不服而提起上诉，但此时原审原告红光公司向法院申请撤回起诉并获准许，这意味着该诉讼已经不存在了，当然也就没有必要再处理管辖权的问题。换言之，管辖的确定以案件存在为前提，一旦准许撤诉，案件不存在了，就没有必要再去审查管辖权的问题了，因此选项D的说法正确。

答案：D

44. 根据《民事诉讼法》和相关司法解释，关于中级法院，下列哪一表述是正确的？（2011年卷三第39题，单选）

A. 既可受理一审涉外案件，也可受理一审非涉外案件

B. 审理案件组成合议庭时，均不可邀请陪审员参加

C. 审理案件均须以开庭审理的方式进行

D. 对案件所作出的判决均为生效判决

【考点】 中级人民法院审理案件的相关规定

【解题思路与方法分析】 中级人民法院管辖的案件可以分为三类：（1）重大涉外案件；（2）在本辖区有重大影响的案件；（3）最高人民法院确定由中级人民法院管辖的案件。由此可知，中级人民法院管辖的案件并不限于重大涉外案件，也可以管辖非涉外案件，因此选项A的说法正确。能否适用陪审制，取决于案件的审级和程序类型，与法院级别的高低没有必然关联。中级人民法院在用一审普通程序审理诉讼案件时，既可以用单一式合议制也可以用陪审制，但中级人民法院审理二审案件时不得用陪审制，因此选项B的说法错误。中级人民法院作为一审法院审理诉讼案件时，必须开庭审理案件，但若作为二审法院，原则上应当开庭审理，但符合法定情形时，可以不开庭审理，因此选项C的说法错误。中级人民法院不仅审理上诉案件，也管辖法定种类的一审案件，其审理第一审民事案件时所作出的判决不是生效判决，是可以上诉的，因此选项D的说法错误。

【避坑秘笈】中级人民法院既可以作为一审法院，也可以作为二审法院，在审级不同的情形下，其审判组织形式、审理方式以及裁判效力等均可能有所不同，不能仅仅依据法院的级别作出判断。（1）各级人民法院在适用一审普通程序审理诉讼案件时，都可以用陪审制。（2）中级人民法院管辖的案件不限于重大涉外案件。（3）法院审理一审诉讼案件时，应当开庭审理；审理二审案件时，以开庭审理为原则、不开庭审理为例外，但诉讼案件均不得书面审理。

答案：A

45. 根据《民事诉讼法》以及相关司法解释，关于离婚诉讼，下列哪些选项是正确的？（2011年卷三第77题，多选）

A. 被告下落不明的，案件由原告住所地法院管辖

B. 一方当事人死亡的，诉讼终结

C. 判决生效后，不允许当事人申请再审

D. 原则上不公开审理，因其属于法定不公开审理案件范围

【考点】 离婚诉讼的特殊性

【解题思路与方法分析】 对下落不明或者宣告失踪的人提起的有关身份关系的诉讼，由原告住所地法院管辖；原告住所地与经常居住地不一致的，由原告经常居住地法院管辖。离婚诉讼的被告下落不明的，属于被告下落不明的身份关系案件，应当“被告就原告”，因此选项A的说法正确。离婚案件中一方当事人死亡的，诉讼没有必要继续进行，法院应裁定诉讼终结，因此选项B的说法正确。离婚案件的判决生效后，当事人不能对婚姻关系部分申请再审，但当事人就离婚案件中的财产分割问题申请再审的，如涉及判决中已分割的财产，法院应依法进行审查，符合再审条件的，应立案审理；如涉及判决中未作处理的夫妻共同财产，应告知当事人另行起诉。换言之，并非涉及离婚的所有案件都不能申请再审，而是针对解除婚姻关系的部分不适用再审，因此选项C的说法错误。离婚案件属于依申请可以不公开审理的案件，因此选项D的说法错误。

【避坑秘笈】 本题考查离婚案件的特殊性，综合性较强，大家须全面把握离婚案件在管辖、审理方式、调解、再审、司法协助等诸多方面的特殊性。（1）对被告下落不明的身份关系案件应“被告就原告”，但财产关系案件仍旧是“原告就被告”。（2）离婚案件并非完全不能再审，其中解除婚姻关系的部分不得再审，但财产分割问题可以再审。

答案：AB

46. 根据《民事诉讼法》和司法解释的相关规定，关于级别管辖，下列哪些表述是正确的？（2012年卷三第78题，多选）

A. 级别管辖不适用管辖权异议制度

B. 案件被移送管辖有可能是因为受诉法院违反了级别管辖的规定而发生的

C. 管辖权转移制度是对级别管辖制度的变通和个别的调整

D. 当事人可以通过协议变更案件的级别管辖

【考点】 级别管辖与相关制度的关系

【解题思路与方法分析】 级别管辖是指按照一定标准，划分上下级法院之间受理第一审民事案件的分工和权限。当事人只能对第一审民事案件提出管辖权异议，异议的对象既包括级别管辖，也包括地域管辖。换言之，当事人既可以提出级别管辖异议，也可以提出地域管辖异议，因此选项A的说法错误。当事人未依法提出管辖权异议，但受诉法院发现自己没有级别管辖权的，应当将案件移送给有管辖权的法院审理。移送管辖通常发生在同级法院之间，但有时也发生在上下级法院之间，因此选项B的说法正确。管辖权转移在上下级法院之间进行，包括“上向下移”和“下向上移”，管辖权转移属于裁定管辖，是对基本管辖的变通和微调，因此选项C的说法正确。为了避免审级关系混乱，协议管辖不得违反级别管辖和专属管辖的规定，因此选项D的说法错误。

【避坑秘笈】（1）管辖权异议的对象包括级别管辖和地域管辖。（2）移送管辖的功能是纠错，通常发生在同级法院之间，也可能发生在上下级法院之间。当级别管辖错误时，纵向移送；当地域管辖错误时，横向移送。（3）管辖权转移的功能是变通或微调级别管辖，只能发生在上下级法院之间，包括“上向下移”和“下向上移”。（4）级别管辖和专属管辖属于法律的强制性规定，因此协议管辖、应诉管

辖和管辖恒定均不能违反级别管辖和专属管辖的规定。

答案：BC

47. 关于管辖制度的表述，下列哪些选项是不正确的？（2013 年卷三第 79 题，多选）

A. 对下落不明或者宣告失踪的人提起的民事诉讼，均应由原告住所地法院管辖

B. 因共同海损或者其他海损事故请求损害赔偿提起的诉讼，被告住所地法院享有管辖权

C. 甲区法院受理某技术转让合同纠纷案后，发现自己没有级别管辖权，将案件移送至甲市中院审理，这属于管辖权的转移

D. 当事人可以书面约定纠纷的管辖法院，这属于选择管辖

【考点】 管辖制度的综合考查

【解题思路与方法分析】 对下落不明或者宣告失踪的人提起的有关身份关系的诉讼，由原告住所地法院管辖。并非所有被告下落不明或宣告失踪的案件都“被告就原告”，而是取决于案件性质，如果是身份关系纠纷则“被告就原告”；如果是财产纠纷则仍旧“原告就被告”。选项 A 忽略了案件性质，因此说法错误。因共同海损提起的诉讼，由船舶最先到达地、共同海损理算地或者航程终止地的法院管辖，该类案件被告住所地法院没有管辖权，选项 B 的说法错误。法院发现受理的案件不属于本院管辖的，应当移送有管辖权的法院，受移送的法院应当受理。选项 C 中甲区法院在受理案件后发现自己没有管辖权，于是将案件移送给它认为有管辖权的甲市中院，这是以纠错为目的的移送管辖，而不是管辖权转移。移送管辖和管辖权转移都有可能发生在上下级法院之间，但二者的性质和功能完全不同，因此选项 C 的说法错误。选项 D 中以书面形式约定纠纷管辖法院的情况属于协议管辖，而不是选择管辖，各位小迷糊切勿混淆“协议管辖”与“选择管辖”这两个不同的概念。选择管辖属于法定管辖的一种，是指两个以上法院都有管辖权的诉讼，原告可以向其中一个法院起诉，因此选项 D 的说法错误。

【破题指南】（1）遇到三种特殊被告（被告下落不明、宣告失踪或者不在中国领域内居住）时，要先看案件的性质，只有身份关系纠纷才是“被告就原告”。（2）共同海损案件、海难救助费用案件中，被告住所地法院没有管辖权。（3）选择管辖与协议管辖是两个性质不同的概念，选择管辖属于法定管辖，选择的范围是法定的管辖法院；协议管辖的范围是与争议有实际联系的法院。

—	移送管辖	管辖权转移
功能	纠错	微调和变通级别管辖
性质	移送的仅仅是案件	移送的不仅仅是案件，更主要的是移送了案件的管辖权
主体	大多数发生在同级法院之间，也可能发生在不同级别法院之间	只能发生在上下级法院之间
后果	移送管辖后，受移送法院认为自己也没有管辖权的，报请上级法院指定管辖，不得再次移送	上级法院认为错误的，可以直接撤销下级法院的转移裁定
相同点	均属于裁定管辖的具体类型，文书为裁定书	

答案：ABCD

48. 关于管辖，下列哪一表述是正确的？（2014 年卷三第 39 题，单选）

A. 军人与非军人之间的民事诉讼，都应由军事法院管辖，体现了专门管辖的原则

B. 中外合资企业与外国公司之间的合同纠纷，应由中国法院管辖，体现了维护司法主权的原则

C. 最高法院通过司法解释授予部分基层法院专利纠纷案件初审管辖权，体现了平衡法院案件负担的原则

D. 不动产纠纷由不动产所在地法院管辖，体现了管辖恒定的原则

【考点】 管辖制度的综合考查

【解题思路与方法分析】 选项A考查作为专门法院的军事法院的管辖范围，依据《民诉法解释》的规定，双方当事人均为军人或者军队单位的案件，由军事法院管辖，该选项中军人与非军人之间的民事诉讼，不适用军事法院专门管辖，选项A的说法错误。因在中国履行中外合资经营企业合同、中外合作经营企业合同、中外合作勘探开发自然资源合同发生纠纷提起的诉讼，由中国法院专属管辖。但并非中外合资企业与其他主体之间的纠纷均由中国法院专属管辖，只有因上述三种涉外合同本身所引发的纠纷，才由中国法院专属管辖，因此选项B的说法错误。最高人民法院的相关司法解释使得基层人民法院有权管辖部分第一审专利纠纷案件，这是为了平衡不同级别人民法院之间的案件负荷，体现了平衡法院案件负担的原则，选项C的说法正确，当选。不动产纠纷由不动产所在地的人民法院专属管辖，其立法基础是便于法院调查了解案件、便于当事人参加诉讼，即“两便原则”，与管辖权恒定并无关联，因此选项D的说法错误。

答案：C

49. 根据《民事诉讼法》和相关司法解释的规定，法院的下列哪些做法是违法的？（2014年卷三第78题，多选）

A. 在一起借款纠纷中，原告张海起诉被告李河时，李河居住在甲市A区。A区法院受理案件后，李河搬到甲市D区居住，该法院知悉后将案件移送D区法院

B. 王丹在乙市B区被黄玫打伤，以为黄玫居住乙市B区，而向该区法院提起侵权诉讼。乙市B区法院受理后，查明黄玫的居住地是乙市C区，遂将案件移送乙市C区法院

C. 丙省高院规定，本省中院受理诉讼标的额1000万元至5000万元的财产案件。丙省E市中院受理一起标的额为5005万元的案件后，向丙省高院报请审理该案

D. 居住地为丁市H区的孙溪要求居住地为丁市G区的赵山依约在丁市K区履行合同。后因赵山下落不明，孙溪以赵山为被告向丁市H区法院提起违约诉讼，该法院以本院无管辖权为由裁定不予受理

【考点】 管辖制度的综合考查

【解题思路与方法分析】 本题采用“选项案例化”的命题方式，大家需分析四种不同的情形。依据管辖恒定的要求，案件受理后，受诉法院的管辖权不受当事人住所地、经常居住地变更的影响；有管辖权的法院受理案件后，不得以行政区域变更为由，将案件移送给变更后有管辖权的法院。选项A中，被告李河住所地的变更发生在法院立案受理之后，此时应当管辖恒定，仍应由A区法院管辖而不得移送给其他法院，因此选项A中法院的做法错误。选项B属于人身侵权纠纷，侵权案件应当由侵权行为地或被告住所地法院管辖，其中侵权行为地包括行为实施地和结果发生地，本案中侵权行为地的B区法院和被告住所地的C区法院均有管辖权，原告王丹可以选择向其中一个法院起诉即选择管辖。因此，在B区法院本身享有管辖权的情况下，不能将案件移送给其他有管辖权的法院，选项B中法院移送管辖的做法错误。我国《民事诉讼法》是根据案件的性质、繁简程度和案件影响的大小来确定级别管辖的，在审判实务中，争议标的金额的大小也是确定级别管辖的重要依据。但各地法院确定级别管辖争议标的数额的标准应依据最

高法颁布的司法解释，省高院无权对此进行规定。选项C中，丙省E市中院根据丙省高院的规定来确定级别管辖争议标的数额的做法违法。此外，依据2021年《最高人民法院关于调整中级人民法院管辖第一审民事案件标准的通知》的规定，当事人住所地均在或者均不在受理法院所处省级行政辖区的，中级法院管辖诉讼标的额5亿元以上的第一审民事案件。当事人一方住所地不在受理法院所处省级行政辖区的，中级法院管辖诉讼标的额1亿元以上的第一审民事案件。因此，丙省E市中院向丙省高院报请审理该案的做法违法，选项C的做法错误。选项D为合同纠纷，合同纠纷的管辖法院是合同履行地或被告住所地，对被告下落不明的合同纠纷仍然"原告就被告"，因此本案的管辖法院是K区法院（合同履行地）和G区法院（被告住所地），H区法院作为原告住所地法院对该案没有管辖权，法院在立案受理前就发现自己没有管辖权的，应当告知当事人向有管辖权的法院起诉，当事人坚持起诉的，裁定不予受理，选项D中H区法院的做法合法。

答案：ABC

50. A市东区居民朱某（男）与A市西县刘某结婚，婚后双方住A市东区。一年后，公司安排刘某赴A市南县分公司工作。三年之后，因感情不和朱某向A市东区法院起诉离婚。东区法院受理后，发现刘某经常居住地在南县，其对该案无管辖权，遂裁定将案件移送南县法院。南县法院收到案件后，认为无管辖权，将案件移送刘某户籍所在地西县法院。西县法院收到案件后也认为无管辖权。关于本案的管辖问题，下列哪些说法是正确的？（2016年卷三第77题，多选）

A. 东区法院有管辖权

B. 南县法院有管辖权

C. 西县法院有管辖权

D. 西县法院认为自己没有管辖权，应当裁定移送有管辖权的法院

【考点】 离婚案件的地域管辖及移送管辖

【解题思路与方法分析】 依据《民诉法解释》第12条第1款的规定，夫妻一方离开住所地超过一年，另一方起诉离婚的案件，可以由原告住所地人民法院管辖。本题中，原告朱某并未离开住所地，而被告刘某已经离开住所地超过一年，该类案件既可以由原告住所地法院管辖，也可以由被告住所地法院管辖。被告住所地与经常居住地不一致的，由经常居住地人民法院管辖。因此，本案可以由原告朱某住所地法院即东区法院管辖或被告刘某经常居住地法院即南县法院管辖，选项A和选项B均正确，当选；选项C错误。移送管辖只能进行一次，受移送的法院如果认为自己对案件也没有管辖权，只能报请上级法院指定管辖，而不能再次移送，选项D错误。

【避坑秘笈】（1）夫妻双方都离开住所地超过一年的离婚案件，仍然"原告就被告"；仅被告一方离开住所地超过一年的离婚案件，可以"被告就原告"，因此原告住所地和被告住所地法院都有管辖权。（2）被告住所地与经常居住地不一致的，以被告经常居住地为准。（3）移送管辖"限一次"，受移送的法院不得再次移送，只能报请上级法院指定管辖。

答案：AB

51. 法院受理案件后，被告提出管辖异议，依据法律和司法解释规定，其可以采取下列哪些救济措施？（2016年卷三第78题，多选）

A. 向受诉法院提出管辖权异议，要求受诉法院对管辖权的归属进行审查

B. 向受诉法院的上级法院提出异议，要求上级法院对案件的管辖权进行审查

C. 在法院对管辖异议驳回的情况下，可以对该裁定提起上诉

D. 在法院对案件审理终结后，可以以管辖错误作为法定理由申请再审

【考点】 管辖权异议的救济机制

【解题思路与方法分析】 依据《民事诉讼法》第 130 条第 1 款的规定，人民法院受理案件后，当事人对管辖权有异议的，应当在提交答辩状期间提出。人民法院对当事人提出的异议，应当审查。异议成立的，裁定将案件移送有管辖权的人民法院；异议不成立的，裁定驳回。依此，管辖权异议应当向受诉法院提出，被告有权要求受诉法院对管辖权的归属进行审查，选项 A 的说法正确，选项 B 的说法错误。驳回管辖权异议的裁定可以上诉，选项 C 的说法正确。2012 年修订《民事诉讼法》后，管辖错误早已不再是申请再审的法定事由，因此当事人不能以管辖错误为由申请再审，管辖权异议的裁定可以上诉、不能再审，选项 D 的说法错误。

答案：AC

52. 住所在 A 市 B 区的甲公司与住所在 A 市 C 区的乙公司签订了一份买卖合同，约定履行地为 D 县。合同签订后尚未履行，因货款支付方式发生争议，乙公司诉至 D 县法院。甲公司就争议的付款方式提交了答辩状。经审理，法院判决甲公司败诉。甲公司不服，以一审法院无管辖权为由提起上诉，要求二审法院撤销一审判决，驳回起诉。关于本案，下列哪一表述是正确的？（2017 年卷三第 36 题，单选）

A. D 县法院有管辖权，因 D 县是双方约定的合同履行地

B. 二审法院对上诉人提出的管辖权异议不予审查，裁定驳回异议

C. 二审法院应裁定撤销一审判决，发回一审法院重审

D. 二审法院应裁定撤销一审判决，裁定将案件移送有管辖权的法院审理

【考点】 应诉管辖

【解题思路与方法分析】 合同纠纷应当由合同履行地或被告住所地法院管辖；合同没有实际履行，当事人双方住所地都不在合同约定的履行地的，由被告住所地法院管辖。本案中的合同没有实际履行，且约定的合同履行地 D 县与原告住所地和被告住所地均不重合，因此本案的管辖法院只有被告甲公司住所地的法院即 B 区法院，选项 A 错在了后半句，本案中 D 县法院获得管辖权是因为成立了应诉管辖，而并非因为其是约定履行地。该种选项非常狡猾，正确的结论搭配了一个错误的原因，大家要谨防“掉坑”。当事人未提出管辖异议，就案件实体内容进行答辩、陈述或者反诉的，视为受诉法院有管辖权，但违反级别管辖或专属管辖的除外。本案中原告乙公司向 D 县法院起诉，D 县法院原本没有管辖权，但被告甲公司没有在法定期限内提出管辖权异议，并针对付款方式的问题提交了答辩状，属于应诉答辩的行为，此时构成应诉管辖，视为 D 县法院有管辖权。甲公司在一审判决作出后才提出管辖权异议，此时已经成立应诉管辖，D 县法院获得了管辖权。因此，二审法院对甲公司的异议不予审查，裁定驳回，选项 B 的说法正确，当选。

【解题窍门】 有约定履行地但合同没有实际履行的：（1）如果双方当事人的住所地都不在合同约定的履行地，则只能由被告住所地法院管辖；（2）如果合同约定的履行地与原告或被告中任何一方的住所地相同，则该约定履行地和被告住所地法院均有管辖权。

答案：B

53. 韩某发现购买的九都公司产品存在质量问题，于是起诉至法院要求赔偿损失，九都公司一审败诉后提起上诉。在二审中，九都公司提出管辖权异议。对于该管辖权异议的处理，下列哪一说法是正确的？（2018 年真题网络回忆版，单选）

A. 如果管辖权异议成立，二审法院应当裁定撤销原判决，驳回韩某的起诉

B. 如果管辖权异议成立，二审法院应当裁定撤销原判决，移送管辖

C. 二审法院不予审查管辖权异议

D. 如果管辖权异议成立，二审法院应当裁定撤销原判决，发回重审

【考点】 管辖权异议的提出时间

【解题思路与方法分析】 依据《民诉法解释》的规定，被告应当在一审答辩期限届满前提出管辖权异议，当事人在一审提交答辩状期间未提出管辖权异议，在二审或者再审发回重审时提出管辖权异议的，人民法院不予审查。因此选项C的说法正确，当选。本题的原型是最高法指导案例第56号“韩凤彬诉内蒙古九郡药业有限责任公司等产品责任纠纷管辖权异议案”，按照该案的裁判要点，当事人在一审提交答辩状期间未提出管辖异议，在二审或者再审发回重审时提出管辖异议的，人民法院不予审查。大家须注意所有与民事诉讼法相关的最高法指导案例和最高检指导案例，相关案件的裁判要点在精讲书中均有讲授。

答案：C

54. 甲将乙公司和丙公司诉至法院，一审法院以丙公司不是适格被告为由判决驳回了甲对丙公司的诉讼请求，后甲不服上诉至二审法院。此时乙公司以丙公司不是适格被告但案件却由丙公司住所地法院管辖为由提出管辖权异议，以下说法中正确的是？（2019年真题网络回忆版，单选）

A. 二审法院不予审查管辖权异议

B. 二审法院应当裁定撤销原判，将案件发回一审法院

C. 二审法院应当将案件移送给有管辖权的法院

D. 二审法院应当裁定撤销原判，驳回甲的起诉

【考点】 管辖权异议的提出时间

【解题思路与方法分析】 民事诉讼原告起诉时列明多个被告，因其中一个被告的住所地在受理案件的法院辖区内，故受理案件的法院可以依据被告住所地确定管辖权。其他被告如果认为受理案件的法院没有管辖权，应当在一审答辩期限内提出管辖权异议，未在此期间提出异议的，因案件已经进入实体审理阶段，管辖权已经确定。即使受理案件的法院辖区内的被告不是案件的适格被告，法院可判决驳回原告对该被告的请求，但并不影响案件的实体审理，无须再移送管辖。因此，本案中乙公司在二审中才提出管辖权异议，二审法院不予审查管辖权异议，更不会移送管辖，选项A的说法正确，当选。

【原理精炼】 法院判断管辖法院的时间节点是原告起诉时的状态，起诉条件中仅要求被告明确，而不要求被告正确，因此在起诉时明确的被告的住所地法院均有管辖权。虽然在之后审理的过程中，某些被告被认定为不正确（不适格）的被告，但这也只是不符合胜诉条件，而不会回溯性的影响之前管辖法院的正确性。

答案：A

55. 最高人民法院确定了某法院的级别管辖金额，原告在庭审过程中增加诉讼请求金额致使其不符合一审级别管辖的范围。关于本案的处理方式，下列说法中正确的有？（2020年真题网络回忆版，单选）

A. 由于案件已经开庭，因此不受理被告提出的管辖权异议

B. 被告可以提出管辖权异议，但由于法院受理时有管辖权，应继续审理本案

C. 告知原告不得增加诉讼请求金额

D. 应受理被告提出的管辖权异议，审查管辖权异议后异议成立的，将案件移送管辖

【考点】 级别管辖与管辖权异议

【解题思路与方法分析】 在一审法庭辩论终结前，当事人可以增加诉讼请求，因此本案中当事人有权在开庭过程中增加诉讼请求金额，选项C的说法错误。依据《最高人民法院关于审理民事级别管辖异议案件若干问题的规定》第1条和第3条的规定，提交答辩状期间届满后，原告增加诉讼请求金额致使案件标的额超过受诉人民法院级别管辖标准，被告提出管辖权异议，请求由上级人民法院管辖的，人民法院应当依法审查并作出裁定：异议不成立的，裁定驳回；异议成立的，裁定移送有管辖权的人民法院。依此，本案虽然已经开庭，但被告仍然有权提出管辖权异议，选项A的说法错误。法院审查后异议成立的，应当裁定移送管辖，选项B的说法错误，选项D的说法正确。

【避坑秘笈】（1）被告原则上应当在提交答辩状期间届满前提出管辖权异议，但有例外：①提交答辩状期间届满后，因为原告变更诉讼请求导致管辖发生变化的，被告可以提出管辖权异议。②提交答辩状期间届满后，原告增加诉讼请求金额致使案件标的额超过受诉法院级别管辖标准，被告可以提出管辖权异议。（2）移送管辖的前提条件是法院立案错误，原则上法院有错才纠错、纠错才移送，没错不纠错，不纠错就不会适用移送管辖。但如果违反了级别管辖或专属管辖的规定，即使法院不存在立案错误，仍然要通过移送管辖的方式让案件回到正确的管辖法院。（3）应诉管辖、协议管辖和管辖恒定，均不得违反级别管辖和专属管辖的规定。

答案：D

56. 住所地位于甲市的A将自己的玉石借给住所地位于乙市的B进行展览，住所地位于丙市的C不知玉石是A的，以20万元的价格从B处将该玉石买下。B对A谎称以15万元的价格将玉石卖出，后来A得知B实际上是以20万元的价格出售的玉石，于是诉至法院要求B返还差额5万元。本案的管辖法院是？（2020年真题网络回忆版，单选）

A. 甲市法院

B. 乙市法院

C. 丙市法院

D. 甲市法院和乙市法院均有管辖权

【考点】 一般地域管辖

【解题思路与方法分析】 本题有点“脑筋急转弯”的感觉，案情并不复杂，需要首先确定请求权基础（先定性）。B对玉石无权处分，C作为善意第三人取得了玉石，之后A要求B将无权处分玉石所得的价款返还给自己。本案的请求权基础是不当得利返还请求权，不属于特殊地域管辖的适用范围，而应当适用一般地域管辖的规则即“原告就被告”。因此本案的管辖法院为被告住所地法院，本案被告为B，故乙市法院有管辖权，选项B的说法正确。

【原理提炼】“先定性、找规范、得答案”：无论是客观题抑或主观题，准确判断管辖法院的前提条件是能够对案件准确定性（请求权基础），只有定性准确，才能找到对应的法律规范。不当得利、无因管理所引发的诉讼，适用一般地域管辖的规则，即“原告就被告”。

答案：B

57. A区的甲与B区的乙签订合同后，又签订了一份补充协议，协议约定发生纠纷时由合同履行地的C区法院管辖。后经乙同意，甲将合同转让给D区的丙，但丙对补充协议毫不知情。乙与丙约定发生纠纷时由D区法院管辖。后丙诉请乙履行合同，乙主张转让合同无效，该案应当由哪个法院管辖？（2021年真题网络回忆版，单选）

A. A区法院

B. B区法院

C. C区法院

D. D 区法院

【考点】 协议管辖的效力

【解题思路与方法分析】《民诉法解释》第 33 条规定："合同转让的，合同的管辖协议对合同受让人有效，但转让时受让人不知道有管辖协议，或者转让协议另有约定且原合同相对人同意的除外。"由于丙对补充协议毫不知情，因此甲与乙签订的管辖协议对丙没有约束力，按照乙与丙新达成的管辖协议，案件应当由 D 区法院管辖。

答案：D

58. 甲因专利纠纷向 A 区法院申请诉前证据保全，之后向 B 区法院起诉。B 区法院立案受理后，认为管辖错误，将案件移送至 A 区法院，A 区法院认为自己没有管辖权。请问此时法院应当如何处理？（2021 年真题网络回忆版，单选）

A. 将案件退回给 B 区法院

B. 将案件移送给其认为有管辖权的法院

C. 报请上级法院指定管辖

D. 由于 A 区法院已经采取证据保全措施，故甲的起诉只能由 A 区法院管辖

【考点】 移送管辖

【解题思路与方法分析】 同一案件移送管辖限一次，受移送法院认为自己没有管辖权的，应当报请上级法院指定管辖，因此选项 C 的说法正确，选项 A 和选项 B 的说法错误。采取诉前保全措施的法院并不会因为采取保全措施而取得案件的管辖权，起诉时应当找对案件有管辖权的法院，选项 D 的说法错误。

答案：C

59. 张某借给王某 100 万元并签订了借款合同，约定发生纠纷时由王某住所地的甲区法院管辖。张某与赵某签订了保证合同，约定发生纠纷时由赵某住所地的乙区法院管辖。后来王某还不上钱，张某准备起诉，下列说法中正确的有？（2021 年真题网络回忆版，多选）

A. 在甲区法院起诉王某

B. 在甲区法院起诉王某和赵某

C. 在乙区法院起诉赵某

D. 在乙法院起诉王某和赵某

【考点】 保证关系中当事人和管辖法院的确定

【解题思路与方法分析】《民法典》第 686 条规定："保证的方式包括一般保证和连带责任保证。当事人在保证合同中对保证方式没有约定或者约定不明确的，按照一般保证承担保证责任。"本案中没有明确约定担保方式，故为一般保证。在一般保证中，必须将债务人作为被告且不能单独起诉一般保证人。《最高人民法院关于适用〈中华人民共和国民法典〉有关担保制度的解释》第 21 条第 2 款规定："债权人一并起诉债务人和担保人的，应当根据主合同确定管辖法院。"依此，本案中主合同和担保合同选择的管辖法院不一致的，应当根据主合同确定案件管辖，因此选项 A 和选项 B 正确，选项 C 和选项 D 错误。

【避坑秘笈】（1）当事人对保证形式没有明确约定的，视为一般保证。（2）一般保证人享有先诉抗辩权，因此债权人不能只起诉一般保证人，其可以只起诉债务人（被保证人），或者将债务人和一般保证人作为共同被告。（3）主合同或者担保合同约定了仲裁条款的，法院对约定仲裁条款的合同当事人之间的纠纷无管辖权。债权人一并起诉债务人和担保人的，应当根据主合同确定管辖法院。债权人依法可以单独起诉担保人且仅起诉担保人的，应当根据担保合同确定管辖法院。

答案：AB

60. 住所地在甲市的 A 公司授权同在甲市的 B 公司排他专利，约定发生纠纷提交乙市 A 区法院管辖。后 A 公司在乙市知识产权法院起诉 B 公司，称 B 公司擅自授权 C 公司使用其专利。

针对该案，下列说法中正确的是？（2021 年真题网络回忆版，单选）

A. 甲市各级法院无权管辖

B. 按管辖协议由乙市 A 区法院管辖

C. 按管辖协议由乙市的知识产权法院管辖

D. 管辖协议因违反法律规定而无效

【考点】 协议管辖

【解题思路与方法分析】《最高人民法院关于北京、上海、广州知识产权法院案件管辖的规定》第 1 条规定："知识产权法院管辖所在市辖区内的下列第一审案件：（一）专利、植物新品种、集成电路布图设计、技术秘密、计算机软件民事和行政案件；（二）对国务院部门或者县级以上地方人民政府所作的涉及著作权、商标、不正当竞争等行政行为提起诉讼的行政案件；（三）涉及驰名商标认定的民事案件。"本案所在市辖区为甲市，因此不能由乙市知识产权法院管辖，选项 C 错误。当事人达成的管辖协议中选择的法院需与案件有实际联系，住所地在甲市的 A 公司授权同在甲市的 B 公司排他专利，其选择的乙市 A 区法院与案件无实际联系，因此本案管辖协议无效。乙市 A 区法院无管辖权，本案应当由甲市法院管辖，因此选项 D 正确，选项 A 和选项 B 错误。

答案：D

61. 最高人民法院规定，在 W 省标的金额超过 5000 万元的案件由中级法院管辖。甲公司向 W 省 F 市 A 区法院提起诉讼，要求乙公司支付拖欠的货款 4800 万元。法庭辩论终结后，合议庭经过评议一致同意支持甲公司的诉讼请求。在主审法官撰写判决书的过程中，甲公司将诉讼请求变更为支付货款及违约金 5100 万元。A 区法院应当如何处理？（2021 年真题网络回忆版，单选）

A. 再次开庭对违约金的相关主张进行审理

B. 将案件移送 F 市中级人民法院

C. 告知乙公司可以提出级别管辖异议

D. 作出支持给付货款 4800 万元的判决并送达双方当事人

【考点】 变更诉讼请求与管辖法院的确定

【解题思路与方法分析】 本题表面上看起来考查的是管辖与管辖权异议，实质上考查的是增加、变更诉讼请求的时间。《民诉法解释》第 232 条规定："在案件受理后，法庭辩论结束前，原告增加诉讼请求，被告提出反诉，第三人提出与本案有关的诉讼请求，可以合并审理的，人民法院应当合并审理。"因此，当事人须在法庭辩论终结前增加、变更诉讼请求，而本案中甲公司在法庭辩论终结后才增加、变更诉讼请求的，法院不予准许。因此，法院应当直接按照原告之前的诉讼请求，依据合议庭的评议结果，判令被告向原告支付拖欠的货款 4800 万元。选项 D 的说法正确，当选。

答案：D

62. A 县的甲公司与 B 县的乙公司签订了一份买卖合同，约定合同履行地为 C 县，因本合同所引发的纠纷一律提交守约方所在地的法院进行诉讼。后因合同履行发生争议，甲公司依据合同中的管辖协议向 A 县法院起诉，被告乙公司以自己是守约方为由提出管辖权异议，但甲公司声称自己才是守约方。关于本案的管辖法院，下列说法中正确的有？（2022 年真题网络回忆版，多选）

A. 双方当事人都可能是守约方，因此 A 县法院和 B 县法院均有管辖权

B. B 县法院有管辖权

C. A 县法院有管辖权

D. C 县法院有管辖权

【考点】 协议管辖的效力识别

【解题思路与方法分析】 双方当事人究

竟谁是守约方，需要法院经过实体审理方可作出判断，而无法在管辖权异议阶段予以确认。因此，本案中的协议管辖未能约定明确的法院，属于无效协议。《民诉法解释》第30条第1款规定："根据管辖协议，起诉时能够确定管辖法院的，从其约定；不能确定的，依照民事诉讼法的相关规定确定管辖。"依此，管辖协议无效的，应当适用合同纠纷的法定管辖规则，由合同履行地或被告住所地法院管辖。《民诉法解释》第18条第1款规定："合同约定履行地点的，以约定的履行地点为合同履行地。"因此，合同履行地的C县法院和被告住所地的B县法院均有管辖权。因此选项B和选项D正确。

【避坑秘笈】在合同纠纷中，对守约方的判断需要经过实体审理方能确定，因此法院无法在立案受理阶段对此进行识别，这导致协议管辖中未能约定明确的管辖法院，协议无效。当协议管辖无效时，适用法定管辖的规则即可。合同纠纷中当事人有约定履行地的，以约定为准，此乃"约定为王"。

答案：BD

63. 素文公司与宇威公司发生纠纷，诉至甲市乙区法院，宇威公司提出管辖权异议，乙区法院裁定驳回。宇威公司对此不服，遂不到庭，法院作出缺席判决。之后宇威公司上诉至甲市中级人民法院，经审查，两公司确实存在协议管辖，约定发生纠纷时应由丙市丁区法院管辖。关于本案，下列选项中说法正确的有？（2022年真题网络回忆版，单选）

A. 裁定撤销一审判决，移送至丙市丁区法院审理

B. 裁定撤销一审判决，发回甲市乙区法院重审

C. 二审法院继续审理，依法裁判

D. 裁定撤销一审判决，移送丙市中级法院审理

【考点】 协议管辖

【解题思路与方法分析】《民诉法解释》第329条规定："人民法院依照第二审程序审理案件，认为第一审人民法院受理案件违反专属管辖规定的，应当裁定撤销原裁判并移送有管辖权的人民法院。"本案中，一审法院违反的是协议管辖，而并不是专属管辖，因此二审法院应当继续审理，作出裁判，选项C的说法正确，当选。

答案：C

64. A市B区的甲和C市D区的乙签订合同一份，没有约定合同履行地，也没有约定发生争议时的解决方式。后甲未依约向乙支付10000元，乙对甲提起诉讼。针对本案，有管辖权的法院是？（2022年真题网络回忆版，多选）

A. A市B区法院

B. C市D区法院

C. A市中级法院

D. C市中级法院

【考点】 合同纠纷的管辖法院

【解题思路与方法分析】 本案属于合同纠纷，依据《民事诉讼法》第24条的规定，因合同纠纷提起的诉讼，由被告住所地或者合同履行地人民法院管辖。《民诉法解释》第18条规定，合同约定履行地点的，以约定的履行地点为合同履行地。合同对履行地点没有约定或者约定不明确，争议标的为给付货币的，接收货币一方所在地为合同履行地；交付不动产的，不动产所在地为合同履行地；其他标的，履行义务一方所在地为合同履行地。即时结清的合同，交易行为地为合同履行地。本案中，当事人对合同的履行地点没有约定，且争议标的为给付货币，应当以接收货币一方所在地为合同履行地，乙作为接受货币的一方，其住所地C市D区法院有管辖权。此外，作为被告的甲的住所地A市B区法院同样有管辖权。此外，本案的诉讼标的额较小，为10000

元，应当由基层法院管辖。综上，本案有管辖权的法院为A市B区法院和C市D区法院。

答案：AB

65. 甲、乙、丙三人在M区注册成立S公司，公司章程中约定“与S公司相关的诉讼均由A法院管辖”。之后丙将股权转让给丁（住所地在C区），丙与丁约定该股权转让协议所涉及的一切纠纷均由B法院管辖。之后丁以甲和乙未经自己同意就召开股东会改变公司经营范围为由，申请法院撤销该股东会决议。此时该如何确定管辖法院？（2023年真题网络回忆版，单选）

A. 公司注册地的M区法院

B. 公司章程中约定的A法院

C. 丙与丁约定的B法院

D. 丁住所地的C法院

【考点】 公司诉讼的管辖法院

【解题思路与方法分析】 本题改编自“冀中能源峰峰集团有限公司、山东泰山能源有限责任公司合同纠纷案［最高人民法院（2019）最高法民辖终458号］”，在该案中法院认为“公司诉讼的管辖属于特殊地域管辖，根据《民事诉讼法》第34条[1]的规定，除级别管辖或者专属管辖不能以协议方式约定外，属于特殊地域管辖的纠纷并不排斥协议管辖。因此，在案涉《协议书》已协议约定管辖法院的情况下，峰峰集团公司关于本案应适用《民事诉讼法》第26条[2]规定的主张不能成立。综上可知，《民事诉讼法》第26条和《民诉法解释》第22条是关于特殊地域管辖的规定，不同于《民事诉讼法》第33条[3]规定的专属管辖，特殊地域管辖不能排除协议管辖。《民事诉讼法》第27条中规定的由公司住所地法院管辖的公司诉讼，属于特殊地域管辖的规定，不同于专属管辖，特殊地域管辖不能排除协议管辖。就此类公司诉讼约定了协议管辖条款的，应据此确定管辖法院。”本案中，丁起诉的目的是撤销有关改变公司经营范围的股东会决议，而与丙、丁之间的股权转让无关，因此应当由公司章程中约定的A法院管辖，选项B正确。

答案：B

66. 甲市A区的李某和王某婚后因感情不和协议离婚，约定在C区银行的50万元存款和位于D区价值100万元的房屋归李某所有。后王某离开甲市，将户口迁到乙市D区。半年后，王某得知李某婚内出轨，提出重新分割夫妻共同财产，李某拒绝，王某对此提起诉讼。该案的管辖法院是？（2023年真题网络回忆版，单选）

A. 甲市A区法院

B. 甲市B区法院

C. 甲市C区法院

D. 乙市D区法院

【考点】 地域管辖

【解题思路与方法分析】 本案为离婚后的财产分割诉讼，其应当适用一般地域管辖的规则，即“原告就被告”，由被告住所地法院管辖。本案中被告的住所地为李某所在的甲市A区，因此甲市A区法院对于本案有管辖权，选项A正确。

答案：A

67. 以下有关案件地域管辖的判断中，正确的是？（金题，多选）

A. 住所地为贵阳市B区的张先生，在“淘宝网”的“舞动心情”店铺购买了一套拉丁舞在线视频课程，后因视频非常不清晰且经常中断，张先生将卖家诉至法院并要求其承担违约责任，本案应当由被告住所地法院管辖

B. 2023年8月，郝某为自己购买了一份

[1] 对应《民事诉讼法》（2023年修正）第35条。
[2] 对应《民事诉讼法》（2023年修正）第27条。
[3] 对应《民事诉讼法》（2023年修正）第34条。

某保险公司的健康险，后因赔付医疗费等事项发生争议，遂将某保险公司诉至法院，要求其承担违约责任，本案可以由郝某住所地或保险公司住所地法院管辖

C. 因股东名册记载、请求变更公司登记、股东知情权、公司决议、公司合并、公司分立、公司减资、公司增资等纠纷提起的诉讼，由公司住所地法院管辖

D. 某网站的网络信息平台上有一篇关于歌星方某个人生活不检点的文章，方某以该网站侵害其名誉权为由将之诉至法院，要求网站承担侵权损害赔偿责任并公开赔礼道歉。被告住所地、被诉侵权行为的计算机等信息设备所在地、方某住所地法院，对本案均享有管辖权

【考点】　地域管辖

【解题思路与方法分析】《民诉法解释》明晰了网购合同中履行地的确定方式，其中第20条规定："以信息网络方式订立的买卖合同，通过信息网络交付标的的，以买受人住所地为合同履行地；通过其他方式交付标的的，收货地为合同履行地。合同对履行地有约定的，从其约定。"本案属于通过信息网络交付标的的情形，应当由被告住所地或买受人张某的住所地法院管辖，因此选项A的说法错误。人身保险合同纠纷所引发的诉讼，可以由被保险人住所地法院管辖，因此选项B的说法正确。《公司法》意义上的公司诉讼，应当由公司住所地法院管辖，因此选项C中有关公司诉讼地域管辖的说法正确。侵权之诉由侵权行为地（包括行为实施地和结果发生地）和被告住所地法院管辖，信息网络侵权行为实施地包括实施被诉侵权行为的计算机等信息设备所在地，侵权结果发生地包括被侵权人住所地，因此选项D的说法正确。

【解题窍门】网购合同纠纷中合同履行地的确定：有约定的，约定优先；没有约定的，取决于交付标的的方式：（1）通过信息网络虚拟交付标的的——买受人住所地法院＋被告住所地法院；（2）以其他方式交付标的的——收货地法院＋被告住所地法院。如果原告起诉的地方在北京、广州或杭州，则应当由该地的互联网法院集中管辖。

答案：BCD

68. 下列案件中，原告住所地人民法院享有管辖权的是？（金题，单选）

A. 住所地在上海的退休老人赵某，将自己的儿子赵小毛和女儿赵小草诉至法院，要求二人依法支付赡养费，赵小毛和赵小草的住所地均为北京市海淀区

B. 住所地为南京的黄某和刘某于2016年3月登记结婚，婚后黄某一直在杭州打工，刘某则留在南京经营一家食品店。因无法忍受长期分居的生活，黄某在2021年9月向法院起诉离婚

C. 曾某将下落不明的姜某诉至法院，要求姜某依据二人原先签订的零配件买卖合同承担相应的违约责任

D. 宋某将正被监禁的范某诉至法院，要求其返还借款12000元

【考点】　地域管辖

【解题思路与方法分析】　追索赡养费、抚养费、扶养费案件的几个被告住所地不在同一辖区的，可以由原告住所地法院管辖。选项A中，两个被告的住所地在同一辖区，因此不符合该条的适用情形，仍然"原告就被告"。夫妻一方离开住所地超过一年，另一方起诉离婚的案件，可以由原告住所地法院管辖。选项B中，提起离婚诉讼的是离开住所地的一方黄某，因此仍旧为"原告就被告"。对下落不明的人提起的身份关系诉讼，适用"被告就原告"，但选项C属于合同纠纷，因此仍然"原告就被告"。对被监禁的人提起的诉讼，由原告住所地法院管辖，因此选项D正确，当选。

【躲坑秘笈】（1）追索赡养费、抚养费、扶养费的案件，如果只有一个被告或者几个被

告住所地在同一辖区的，只能“原告就被告”。(2) 对宣告失踪、下落不明的人起诉，在判断管辖时要先看案件的性质，只有身份关系诉讼才是“被告就原告”，财产关系诉讼仍旧是“原告就被告”。(3) 双方当事人均被监禁的案件，仍然“原告就被告”；但仅被告一方被监禁的案件，则“被告就原告”。

答案：D

69. 以下有关民事诉讼案件地域管辖的判断中，不正确的是？（金题，多选）

A. 王梦是某大学二年级的学生，一日其在甲商场购买了一个电热速烧壶，由于产品质量不合格，王梦在使用该壶的过程中该壶突然发生爆炸，致使王梦的右手和右脚均被严重烫伤。王梦欲以人身侵权为由将生产厂家诉至法院，有权管辖该案的法院有速烧壶制造地法院、速烧壶销售地法院、侵权行为地法院以及原告住所地法院

B. “超人”货物运输公司为其运输中的一批活性炭购买了运输险，后因保险合同的履行发生纠纷，若运输公司欲将保险公司诉至法院，则可以选择向保险公司住所地、运输起始地、运输目的地、保险事故发生地的法院提起诉讼

C. 因公司设立纠纷、确认股东资格纠纷、分配利润纠纷、公司解散纠纷而引发的民事诉讼，由公司住所地或被告住所地法院管辖

D. 海难救助费用案件、共同海损诉讼、海损事故损害赔偿纠纷均由海事法院管辖，且被告住所地法院不享有管辖权

【考点】 地域管辖

【解题思路与方法分析】 因产品质量不合格造成他人财产、人身损害提起的诉讼，产品制造地、产品销售地、侵权行为地和被告住所地法院均有管辖权，但原告住所地法院无管辖权，因此选项A的说法错误。如果保险标的物是运输工具或者运输中的货物，由被告住所地或者运输工具登记注册地、运输目的地、保险事故发生地的法院管辖，因此选项B的说法错误。因公司设立纠纷、确认股东资格纠纷、分配利润纠纷、公司解散纠纷而引发的民事诉讼，由公司住所地法院管辖，因此选项C的说法错误。海损事故损害赔偿纠纷案件中，被告住所地法院有管辖权，因此选项D的说法错误。

【避坑秘笈】 共同海损案件和海难救助费用案件中，被告住所地法院没有管辖权，但海损事故损害赔偿纠纷案件中，被告住所地法院有管辖权。

答案：ABCD

70. 2023年8月3日，兰州市民桑某在泰西百货兰州分店购买了一台空气净化器，商场的买卖合同中订有管辖协议的格式条款，其中约定如果因为空气净化器的买卖和使用发生争议而提起诉讼，由泰西百货总部住所地（北京）或空气净化器生产商住所地（广州）法院管辖。以下有关本案的说法中，正确的有？（金题，单选）

A. 买卖合同中的管辖协议条款约定了两个法院，因此该协议管辖无效

B. 泰西百货兰州分店使用格式条款与桑某订立管辖协议，因此该协议管辖无效

C. 若桑某在购买空气净化器时，商场对合同中的协议管辖条款进行了说明和提示，则管辖协议有效

D. 若桑某在购买空气净化器时，完全不知合同中有协议管辖条款，则法院应当依职权认定管辖协议无效

【考点】 协议管辖

【解题思路与方法分析】《民诉法解释》第30条第2款规定：“管辖协议约定两个以上与争议有实际联系的地点的人民法院管辖，原告可以向其中一个人民法院起诉。”由此可见，协议管辖是允许多选的，当事人可以选择任何

与纠纷有实际联系地方的法院管辖，多选不会影响协议管辖的效力，选项A的说法错误。使用格式条款订立管辖协议，并不必然导致管辖协议无效，因此选项B的说法错误。依据《民诉法解释》第31条的规定，经营者使用格式条款与消费者订立管辖协议，未采取合理方式提请消费者注意，消费者主张管辖协议无效的，人民法院应予支持。因此选项C的说法正确。选项D的说法错误，因为该种无效事由应当先由消费者主张，而不属于法院依职权认定的范畴。

【避坑秘笈】 经营者使用格式条款与消费者订立管辖协议，未采取合理方式提请消费者注意，消费者主张管辖协议无效的，人民法院应予支持。因此，采用格式条款订立的管辖协议并不必然无效，而是取决于经营者是否采取合理方式提请消费者注意，以及消费者是否主张管辖协议无效。该考点目前尚未进行过考查。

答案：C

71. 以下有关管辖制度的表述中，说法错误的有？（金题，多选）

A. 与中外合作经营企业所发生的纠纷，应当由中国法院管辖

B. 住所地在深圳市M区的退休老人刘某，将自己的两个儿子赵大炮和赵大刀诉至法院，要求二人依法支付赡养费，若赵大炮和赵大刀的住所地均为兰州市A区，则本案可以由M区法院或A区法院管辖

C. 住所地为上海市浦东区的董小姐，在天猫商城的“神奇法师”店铺购买了一套名为“洪荒之力”的减肥操线上视频课程，后因视频画面和音质均非常粗糙且课程并无减肥功效，董小姐将卖家诉至法院并要求其承担违约责任，本案应当由被告住所地法院管辖

D. 农村土地承包经营合同纠纷、建设工程施工合同纠纷、房屋买卖合同纠纷，由不动产所在地法院专属管辖

【考点】 管辖制度的综合考查

【解题思路与方法分析】 因在中华人民共和国履行的中外合资经营企业合同、中外合作经营企业合同、中外合作勘探开发自然资源合同发生纠纷提起的诉讼，由中华人民共和国人民法院管辖。换言之，只有在中国境内履行上述三种涉外合同本身所引发的纠纷，由中国法院专属管辖，而不是所有涉及上述三种企业的纠纷均由中国法院管辖，因此选项A的说法错误。选项B属于追索赡养费的案件，但由于两被告的住所地在同一辖区，应当“原告就被告”，因此原告住所地法院没有管辖权，选项B的说法错误。合同纠纷由被告住所地法院和合同履行地法院管辖，以信息网络方式订立的买卖合同，通过信息网络交付标的的，以买受人住所地为合同履行地；通过其他方式交付标的的，收货地为合同履行地。合同对履行地有约定的，从其约定。选项C属于网购合同纠纷且以信息网络方式交付标的，管辖法院应为被告住所地和合同履行地即买受人住所地，选项C的说法错误。并非所有的房屋买卖合同纠纷均适用不动产专属管辖的规定，而是限于政策性房屋买卖合同纠纷，选项D的说法错误。

【避坑秘笈】（1）不动产所在地法院专属管辖的案件包括两大类：一类是不动产物权纠纷；另一类是四种特殊的合同纠纷（“农建房政”）——农村土地承包经营合同纠纷、建设工程施工合同纠纷、房屋租赁合同纠纷、政策性房屋买卖合同纠纷。大家务必准确记忆这四种特殊的合同纠纷，这也是2021年主观题的考点之一。（2）政策性房屋买卖合同纠纷，由不动产所在地法院专属管辖；但普通的商品房买卖合同纠纷不适用专属管辖的规定，而是和普通合同纠纷一样，由合同履行地或被告住所地法院管辖。

答案：ABCD

72. 罗晓萌在甲市A区的大王超市购买了一个丁市P区生产的充电宝，在位于甲市B区的家中使用时，该充电宝突然爆炸并导致罗晓萌的手部皮肤严重烧伤。出院后，罗晓萌向P区法院提起了侵权损害赔偿诉讼，P区法院立案受理后认为该案应当由超市所在地的A区法院管辖，遂将案件移送给A区法院。A区法院认为自己对该案也没有管辖权，准备将案件移送给B区法院。关于本案，下列选项中正确的有？（金题，单选）

A. P区法院的移送行为违法，因此A区法院有权将案件移送给B区法院

B. A区法院应当报请上级法院指定管辖

C. 若P区法院受理了罗晓萌的起诉后，被告没有提出管辖权异议并应诉答辩，则视为P区法院对该案有管辖权

D. 若罗晓萌认为P区法院移送管辖的裁定违法，其可以对该裁定提出上诉

【考点】 裁定管辖的综合考查

【解题思路与方法分析】 本案属于产品质量侵权纠纷，应当由产品制造地、产品销售地、侵权行为地和被告住所地法院管辖，其中甲市A区法院属于产品销售地法院，丁市P区法院属于产品制造地法院，甲市B区法院属于侵权行为地法院，因此这三个法院对案件都有管辖权。移送管辖的前提条件是受诉法院没有管辖权，而P区法院作为有管辖权的法院，其移送管辖的做法错误，但受移送的法院不得再次移送，选项A的说法错在后半句。A区法院作为受移送的法院，如果认为自己也没有管辖权，不得再次移送，而是应当报请上级法院指定管辖，因此选项B的说法正确，当选。P区法院本身就对案件有管辖权，不存在应诉管辖和“视为”有管辖权的问题，因此选项C的说法错误。移送管辖的裁定不得上诉，可以上诉的裁定是不予受理、驳回起诉和管辖权异议，因此选项D的说法错误。

答案：B

73. 住所地在甲市A区的崔跃与住所地在甲市B区的刘旻，在甲市C区的一家咖啡厅签订了一份营业房租赁合同，约定由刘旻承租位于D区的营业房，租期为两年。后双方因租金支付问题发生争议，崔跃向甲市C区法院提起诉讼，要求刘旻按照合同约定支付所欠房租，C区法院立案受理了崔跃的起诉。以下有关本案的说法中正确的是？（金题，单选）

A. 刘旻有权在举证期限届满前向C区法院提出管辖权异议

B. 若C区法院驳回了刘旻的管辖权异议，刘旻有权对该裁定提出上诉

C. 若刘旻收到法院送达的起诉状副本后，在法定期限内提交了答辩状并按时参加了庭审，则C区法院对该案享有管辖权，但刘旻可以在判决生效后以管辖错误为由，向法院申请再审或向检察机关申诉

D. 若刘旻向C区法院提出了管辖权异议，但在法院作出裁定前崔跃申请撤回起诉，此时C区法院不应准许该撤诉申请，而应当在审查完管辖权异议申请之后，再作出相应的处理

【考点】 管辖权异议

【解题思路与方法分析】 提出管辖权异议的时间是答辩期间内，选项A的说法错误。《民事诉讼法》第130条第2款规定：“当事人未提出管辖异议，并应诉答辩或者提出反诉的，视为受诉人民法院有管辖权，但违反级别管辖和专属管辖规定的除外。”刘旻答辩的行为虽然能构成应诉答辩，但本案属于房屋租赁合同纠纷，应由不动产所在地法院专属管辖，应诉管辖不得对抗专属管辖的规定，所以C区法院对本案没有管辖权。此外，管辖错误不是申请再审的法定事由，选项C的说法错误。在管辖权异议裁定作出前，原告申请撤回起诉，受诉法院作出准许撤回起诉裁定的，对管辖权异议不再审查，并在裁定书中一并写明，选项D的说法错误。

答案：B

74. 下列情形中，法院的做法不符合《民事诉讼法》及相关司法解释规定的有？（金题，多选）

A. 柳潇潇与赵帅帅因同居发生了财产争议，二人约定将纠纷交由原告住所地法院即B区法院管辖，B区法院在收到起诉状后以管辖协议无效为由，裁定不予受理

B. 住所地在昆明市A区的甲公司与住所地在昆明市B区的袁鑫签订了一份政策性房屋买卖合同，房屋位于昆明市C区，后在合同履行过程中发生纠纷，袁鑫将甲公司诉至A区法院，A区法院在受理案件后将案件移送给C区法院

C. 方元与刘妮因长期感情不和，方元向法院提起离婚诉讼，起诉时刘妮居住在南京市A区，A区法院受理案件后，刘妮搬至南京市F区居住，A区法院得知该情况后将案件移送给F区法院

D. 韩小苗与张大树签订了一份长期的寿司供应合同，约定若发生争议提交原告住所地或合同履行地法院处理，后因寿司质量问题发生纷争，韩小苗将张大树诉至合同履行地法院，该法院以管辖协议无效为由不予受理

【考点】 管辖制度的综合考查

【解题思路与方法分析】 依据《民诉法解释》第34条的规定，当事人因同居或者在解除婚姻、收养关系后发生财产争议，约定管辖的，可以适用协议管辖的规则来确定管辖。因此选项A中柳潇潇与赵帅帅之间的管辖协议有效，法院裁定不予受理的做法错误。选项B中，政策性房屋买卖合同纠纷适用不动产专属管辖的规定，应当由不动产所在地法院专属管辖，因此A区法院在受理错误后将案件移送给C区法院的做法正确。选项C考查管辖恒定原则，在A区法院已经受理案件后，被告刘妮住所地的变化并不影响A区法院对案件行使管辖权，因此其将案件移送给F区法院的做法错误。选项D中，双方当事人选择了两个法院，《民诉法解释》第30条第2款规定，管辖协议约定两个以上与争议有实际联系的地点的人民法院管辖，原告可以向其中一个人民法院起诉。依此，协议管辖允许多选，选择两个或两个以上的法院不会影响管辖协议的效力，韩小苗与张大树的管辖协议有效，法院的做法错误。

答案：ACD

75. 发包人A公司（住所地为乙市Z区）与承包人B公司（住所地为甲市K区）在甲市M区签订了一份建设工程施工合同（工程所在地为甲市W区），之后因A公司未能按照合同约定支付相关费用，B公司将A公司诉至法院，要求A公司支付违约金786万元。法院受理B公司的起诉后，A公司主张B公司完成的建设工程不符合合同中约定的质量标准，要求B公司承担相应的违约责任。关于本案，下列选项中说法正确的有？（金题，单选）

A. B公司对A公司的起诉可以由M区法院或W区法院管辖

B. 如果A公司与B公司在建设工程施工合同中约定："因履行合同所引发的一切争议，均由原告住所地法院管辖"，则B公司对A公司的起诉应当由甲市K区法院管辖

C. 法院应当告知A公司另行起诉

D. A公司的主张构成反诉，法院可以将之合并审理

【考点】 专属管辖；协议管辖；反诉

【解题思路与方法分析】 建设工程施工合同纠纷只能由不动产所在地法院即甲市W区法院专属管辖，协议管辖不得违反专属管辖的规定，因此选项A和选项B的说法均错误。A公司的主张可以构成反诉，本诉与反诉的当事人同一，A公司的请求具有独立性，并且诉讼标的均为建设工程施工合同法律关系，符合反诉的条件，所以法院可以将A公

司的诉讼作为反诉合并审理，而无须另行起诉，选项C的说法错误，选项D的说法正确。

【避坑秘笈】《最高人民法院关于审理建设工程施工合同纠纷案件适用法律问题的解释(一)》第16条规定："发包人在承包人提起的建设工程施工合同纠纷案件中，以建设工程质量不符合合同约定或者法律规定为由，就承包人支付违约金或者赔偿修理、返工、改建的合理费用等损失提出反诉的，人民法院可以合并审理。"

答案：D

第五章 当事人与诉讼代理人

考点提示

当事人适格的判断
各类民商事案件中当事人诉讼地位的确定
共同诉讼：必要共同诉讼；普通共同诉讼
代表人诉讼：起诉时人数确定的；起诉时人数不确定的（裁判结果的预决效力）；证券纠纷代表人诉讼
诉讼第三人：有独立请求权的第三人；无独立请求权的第三人
第三人撤销之诉：起诉条件；管辖法院；审理程序；三撤与再审；三撤、执行异议、案外人再审的关系
民事公益诉讼：原告主体资格；管辖法院；和解与调解；公益诉权与私益诉权的关系；公益诉权主体相互间的关系；撤诉
诉讼代理人：法定代理人；委托代理人

【知识点激活】

1. 有民事权利能力，即有民事诉讼权利能力，自然人、法人和其他组织都具备民事诉讼权利能力。有民事行为能力即有民事诉讼行为能力，法人的诉讼权利能力和诉讼行为能力同时产生、同时消灭；自然人只有完全民事行为能力人才具有民事诉讼行为能力，无民事行为能力人和限制民事行为能力人没有民事诉讼行为能力。

2. 判断当事人是否适格的通常标准：当事人是否是所争议的民事法律关系（即本案诉讼标的）的主体。但在某些例外情形下，非民事法律关系或民事权利的主体，也可以作为适格当事人（诉讼担当）。

3. 个体工商户有字号的，以字号作为当事人；没有字号且登记的经营者与实际经营者不一致的，二者作为共同被告。未领取营业执照的个人合伙即使有字号，也是以全体合伙人作为共同当事人。

4. 挂靠关系中，当事人请求由挂靠人和被挂靠人承担民事责任的，二者才构成共同被告，即“原告怎么诉、被告怎么列”。

5. 劳务派遣关系中，被派遣的工作人员因执行工作任务造成他人损害的，以接受劳务派遣的用工单位为当事人。当事人主张劳务派遣单位承担责任的，该劳务派遣单位为共同被告。

6. 无、限人侵权案件：无、限人致他人损害的，行为人本人及其监护人构成共同被告；无、限人自己受害的，自己作为原告，其监护人是法定代理人。

7. 居委会、村委会和有独立财产的村民

小组，可以作为当事人。

8. 法律规定的机关和有关组织可以提起民事公益诉讼，不以存在实际损害为必须前提。检察机关作为公益诉讼人起诉的，是后顺位主体。法院认为原告的诉讼请求不足以救济社会公益的，可以释明其变更或增加诉讼请求。公益诉讼中禁止反诉、限制自认、限制撤诉。公益诉讼允许和解、调解，但达成协议后要“先公告、后审查”，并且当事人以达成和解协议为由申请撤诉的，法院不予准许。审理民事公益诉讼案件应当适用普通程序。受理公益诉讼不影响同一侵权行为的受害人依法提起私益诉讼。

9. 有独三参诉的方式只能是自己起诉(双重反对的独立之诉)，无独三与案件的处理结果有法律上的利害关系。法院不能追加有独三，但可以追加无独三。被判决承担责任的无独三享有上诉权（有责就有权，无责就无权）。

10. 有独立请求权的第三人参加诉讼后，原告申请撤诉，在法院准许撤诉后，有独立请求权的第三人作为另案原告，本诉的原告与被告作为另案被告，诉讼继续进行。

11. 第三人撤销之诉属于事后特殊救济机制，撤销对象包括生效的判决书、裁定书和调解书，管辖法院是作出原生效裁判的法院。第三人作为原告，原生效裁判的当事人作为被告，应当适用一审普通程序审理，受理第三人撤销之诉原则上不中止执行。三撤与再审竞合时，原则上再审吸收三撤，但涉及恶意诉讼的除外。三撤与案外人再审不可同时并用，可以先三撤、后执行异议；或者先执行异议、后案外人申请再审。

12. 在股东代表诉讼中，起诉的股东是原告，损害公司利益的主体是被告，公司是第三人。股东代表诉讼的胜诉利益归属于公司。

13. 三类主体可以作为委托代理人：律师、基层法律服务工作者；当事人的近亲属或工作人员；当事人所在社区、单位及有关团体推荐的公民。

14. 需要特别授权的事项：代为承认、放弃、变更诉讼请求，进行和解、调解，提起反诉或者上诉。仅写“全权代理”而无具体授权的，视为一般授权。

15. 人民检察院在履行职责中发现破坏生态环境和资源保护，食品药品安全领域侵害众多消费者合法权益，侵害英雄烈士等的姓名、肖像、名誉、荣誉等损害社会公共利益的行为，拟提起公益诉讼的，应当依法公告，公告期间为 30 日。人民法院审理人民检察院提起的第一审公益诉讼案件，适用人民陪审制。

76. 关于当事人能力与当事人适格的概念，下列哪些表述是正确的？（2012 年卷三第 81 题，多选）

A. 当事人能力又称当事人诉讼权利能力，当事人适格又称正当当事人

B. 有当事人能力的人一定是适格当事人

C. 适格当事人一定具有当事人能力

D. 当事人能力与当事人适格均由法律明确加以规定

【考点】 民事诉讼权利能力；当事人适格

【解题思路与方法分析】 当事人能力，又称诉讼权利能力或者当事人诉讼权利能力，是指民事诉讼当事人享有民事诉讼权利和承担民事诉讼义务所必需的诉讼法上的资格。当事人适格，又称正当当事人，是指对于具体的诉讼，有作为本案当事人起诉或者应诉的资格。因此，选项 A 的说法正确。当事人适格与当事人能力的主要区别在于：当事人能力是抽象的诉讼当事人资格，与具体的诉讼无关，只要有民事权利能力就有当事人能力；而当事人适格则是作为具体诉讼的当事人资格，若想判断当事人是否适格，只能将当事人与具体诉讼相联系进行判断。由此可知，当事人能力是当事人

适格的前提，适格的当事人一定具有当事人能力，但具有当事人能力的主体不一定是具体案件的适格当事人。因此，选项B的说法错误，选项C的说法正确。判断当事人是否适格的通常标准，是当事人是否是所争议的民事法律关系（即本案诉讼标的）的主体，但在某些例外情形下，非民事法律关系或民事权利的主体也可以作为适格当事人，此乃诉讼担当的情形。例外情况的判断标准主要可以分为：（1）根据当事人意思或者法律规定，对他人的民事法律关系或民事权利具有管理权的人或组织；（2）在确认之诉中，对诉讼标的有确认利益的人或者组织。由于当事人适格的判断标准多样，并非仅由法律规定。因此，选项D的说法错误。

答案：AC

77. 程某诉刘某借款诉讼过程中，程某将对刘某因该借款而形成的债权转让给了谢某。依据相关规定，下列哪些选项是正确的？（2016年卷三第79题，多选）

A. 如程某撤诉，法院可以准许其撤诉

B. 如谢某申请以无独立请求权第三人身份参加诉讼，法院可予以准许

C. 如谢某申请替代程某诉讼地位的，法院可以根据案件的具体情况决定是否准许

D. 如法院不予准许谢某申请替代程某诉讼地位的，可以追加谢某为无独立请求权的第三人

【考点】 变更当事人

【解题思路与方法分析】 依据《民诉法解释》第249条和第250条的规定，在诉讼中，争议的民事权利义务转移的，不影响当事人的诉讼主体资格和诉讼地位。人民法院作出的发生法律效力的判决、裁定对受让人具有拘束力。受让人申请以无独立请求权的第三人身份参加诉讼的，人民法院可予准许。受让人申请替代当事人承担诉讼的，人民法院可以根据案件的具体情况决定是否准许；不予准许的，可以追加其为无独立请求权的第三人。若人民法院准许受让人替代当事人承担诉讼的，裁定变更当事人。变更当事人后，诉讼程序以受让人为当事人继续进行，原当事人应当退出诉讼，原当事人已经完成的诉讼行为对受让人具有拘束力。由此可知：（1）民事实体权利义务的转移，原则上不影响当事人的诉讼地位（当事人恒定），仍然由出让人作为当事人继续进行诉讼，但裁判结果对受让人具有拘束力。（2）受让人可以申请作为无独三。（3）受让人可以申请替代出让人作为当事人，但其只有申请权，是否准许由法院决定。如果准许，则裁定变更当事人，此时受让人变成了当事人，出让人退出诉讼；如果不准许，可以让受让人作为无独三。本案中，程某（出让人）将其对刘某的债权转让给了谢某，此时谢某为受让人，但程某的债权转移行为并不影响其当事人的诉讼主体资格和地位，因此其作为原告仍然享有撤诉申请权。因此，选项A的说法正确。谢某作为受让人，如果申请以无独三的身份参加诉讼的，法院可以准许。因此，选项B的说法正确。若谢某作为受让人申请替代当事人程某承担诉讼的，法院可以根据案件的具体情况决定是否准许。因此，选项C的说法正确。若法院不予准许受让人谢某申请替代程某的诉讼地位，则可以追加谢某为无独立请求权的第三人。因此，选项D的说法亦正确。

【避坑秘笈】 在诉讼中，当事人转让民事实体权利义务的，原则上不影响出让人的诉讼地位，仍旧由出让人作为诉讼当事人继续进行诉讼，但最终的裁判结果对受让人具有拘束力。受让人可以申请作为无独三，也可以申请替代出让人作为当事人，但其仅有申请权，最终是否准许由法院说了算。如果法院准许裁定变更当事人的，则出让人退出诉讼，受让人获得当事人的地位，但出让人退出诉讼前完成的诉讼行为对受让人有拘束力。简言之，无论受

让人想做什么人，都只有申请权，最终法院说了算；无论受让人是否参诉，最终的裁判结果对受让人都有拘束力。受让人的三种可能结局：（1）一切照旧，受让人完全不参诉（当事人恒定）；（2）受让人替代出让人变更为新的当事人；（3）受让人作为无独三。

答案：ABCD

78. 甲公司与乙公司因合同纠纷诉至法院，在二审过程中，甲公司与丙公司合并成丁公司。关于本案，下列说法中正确的有？（2021年真题网络回忆版，不定项）

A. 法院对甲公司与乙公司诉讼所作的一审判决，对丁公司具有拘束力

B. 乙公司无权要求法院追加丁公司作为当事人参加诉讼

C. 如果丁公司作为当事人参加诉讼，已经进行的诉讼对丁公司有拘束力

D. 法院可以依职权决定丁公司作为当事人参加诉讼

【考点】 企业合并分立与当事人变更

【解题思路与方法分析】《民诉法解释》第63条规定，企业法人合并的，因合并前的民事活动发生的纠纷，以合并后的企业为当事人。本题中甲公司与丙公司的合并虽然发生在二审过程中，但仍然可以适用该规定，因此法院的一审判决对合并后的丁公司具有拘束力。选项A和选项D的说法正确。乙公司作为原审被告，可以申请法院将合并后的丁公司作为当事人参诉。选项B的说法错误。丁公司参诉前，甲公司已经完成的诉讼行为对丁公司当然有拘束力，这也是为了保护对方当事人的信赖利益。选项C的说法正确。

答案：ACD

79. 某村民小组在购买鱼饲料的过程中与卖方发生合同纠纷，并希望通过诉讼来追究卖方的违约责任。关于本案，以下有关当事人诉讼主体资格的说法中正确的有？（金题，单选）

A. 若该村民小组有独立财产，则其可以自己的名义作为原告提起诉讼

B. 村民小组不具备民事诉讼主体资格，应当由设立该村民小组的村民委员会作为原告提起诉讼

C. 村民小组具备民事诉讼主体资格，但在提起诉讼时，应当与设立该村民小组的村民委员会作为共同原告

D. 村民小组不具备民事诉讼权利能力，因此不能作为本案中的当事人

【考点】 当事人的诉讼主体资格

【解题思路与方法分析】《民诉法解释》第68条规定："居民委员会、村民委员会或者村民小组与他人发生民事纠纷的，居民委员会、村民委员会或者有独立财产的村民小组为当事人。"由此可见，村民小组是否具备当事人主体资格，取决于其是否有独立财产，有独立财产的村民小组能够成为民事诉讼主体，在诉讼中既可以作为原告，也可以作为被告。因此，选项A的说法正确，当选。

答案：A

80. 甲在丽都酒店就餐，顾客乙因地板湿滑不慎滑倒，将热汤洒到甲身上，甲被烫伤。甲拟向法院提起诉讼。关于本案当事人的确定，下列哪一说法是正确的？（2010年卷三第46题，单选）

A. 甲起诉丽都酒店，乙是第三人

B. 甲起诉乙，丽都酒店是第三人

C. 甲起诉，只能以乙或丽都酒店为单一被告

D. 甲起诉丽都酒店，乙是共同被告

【考点】 安保义务人的诉讼地位

【解题思路与方法分析】《民法典》第1198条规定，宾馆、商场、银行、车站、机场、体育场馆、娱乐场所等经营场所、公共场所的经营者、管理者或者群众性活动的组织

者，未尽到安全保障义务，造成他人损害的，应当承担侵权责任。因第三人的行为造成他人损害的，由第三人承担侵权责任；经营者、管理者或者组织者未尽到安全保障义务的，承担相应的补充责任。经营者、管理者或者组织者承担补充责任后，可以向第三人追偿。本题中，甲的烫伤是第三人乙直接造成的，但是乙之所以会滑倒将热汤洒到甲身上，是因为丽都酒店的地板湿滑，即丽都酒店作为安全保障义务人，没有尽到注意义务。权利人起诉丽都酒店的，乙应当作为共同被告。换言之，甲受到第三人乙的损害，应当以第三人乙作为被告，但丽都酒店作为安保义务主体未能尽到注意义务而导致地面湿滑，丽都酒店因此构成共同被告，选项D的说法正确当选。

【解题窍门】当安保义务主体并非直接侵权行为人时（即第三人为直接侵权行为人），受害方有权选择是否将安保义务主体作为共同被告。简言之，此时两种诉法均正确：①只起诉直接侵权行为人（即第三人）；或者②将直接侵权行为人和安保义务主体作为共同被告。

【原理精炼】民事实体法的规定通常侧重实体责任的承担，但究竟是否真的承担实体责任，与能否作为适格被告，并非必然对应的关系。在判断当事人的诉讼地位时，不仅要考虑实体法的规定，还要考虑当事人的诉讼请求，以及民事诉讼的基本原理。

答案：D

81. 某企业使用霉变面粉加工馒头，潜在受害人不可确定。甲、乙、丙、丁等20多名受害者提起损害赔偿诉讼，但未能推选出诉讼代表人。法院建议由甲、乙作为诉讼代表人，但丙、丁等人反对。关于本案，下列哪一选项是正确的？（2011年卷三第48题，单选）

A. 丙、丁等人作为诉讼代表人参加诉讼

B. 丙、丁等人推选代表人参加诉讼

C. 诉讼代表人由法院指定

D. 在丙、丁等人不认可诉讼代表人情况下，本案裁判对丙、丁等人没有约束力

【考点】起诉时人数不确定的代表人诉讼

【解题思路与方法分析】题干中写明“潜在受害人不可确定”，由此可以判断本案为起诉时人数不确定的代表人诉讼，由普通共同诉讼构成。依据《民诉法解释》第77条的规定，在人数不确定的代表人诉讼中，诉讼代表人由当事人推选；当事人推选不出的，由人民法院提出人选与当事人协商；协商不成的，也可以由人民法院在起诉的当事人中指定代表人。由此可知，以普通共同诉讼为基础的代表人诉讼中，如果无法推举出诉讼代表人，由人民法院组织协商，若协商无果则由法院指定，但如果对人民法院最终指定的代表人也不满意，此时可以退出该代表人诉讼而另行起诉。本案中，当事人自行协商未果，应当由法院指定诉讼代表人。因此，选项C的说法正确，当选。人数不确定的代表人诉讼中，未登记参加代表人诉讼的权利人可以另行起诉；另行起诉，人民法院认定其请求成立的，裁定适用人民法院之前已作出的判决，因此本案的判决对丙、丁有预决效力，此乃起诉时人数不确定的代表人诉讼的裁判结果之扩张效力。因此，选项D的说法错误。

【避坑秘笈】法院针对起诉时人数不确定的代表人诉讼所作出的判决、裁定，对参加登记的全体权利人发生效力。对未参加登记的权利人具有预决效力，未参加登记的权利人在诉讼时效期间提起诉讼，法院认定其请求成立的，裁定适用该判决、裁定。

答案：C

82. 徐某开设打印设计中心并以自己名义登记领取了个体工商户营业执照，该中心未起字号。不久，徐某应征入伍，将该中心转让给同

学李某经营，未办理工商变更登记。后该中心承接广告公司业务，款项已收却未能按期交货，遭广告公司起诉。下列哪一选项是本案的适格被告？（2015 年卷三第 39 题，单选）

A. 李某

B. 李某和徐某

C. 李某和该中心

D. 李某、徐某和该中心

【考点】 个体工商户的诉讼地位

【解题思路与方法分析】 在诉讼中，个体工商户以营业执照上登记的经营者为当事人。有字号的，以营业执照上登记的字号为当事人，但应同时注明该字号经营者的基本信息。营业执照上登记的经营者与实际经营者不一致的，以登记的经营者和实际经营者为共同当事人。依此，在判断个体工商户的诉讼地位时，先看其有无字号，有字号的，以字号作为当事人；没有字号的，看实际经营者与登记的经营者是否一致，不一致的，二者构成共同被告。本案中的个体工商户没有字号，应当以经营者作为当事人，但登记的经营者（徐某）与实际经营者（李某）不一致，因此应当将徐某和李某二人列为共同被告，选项 B 的说法正确，当选。

【避坑秘笈】（1）判断个体工商户的诉讼地位时，先看其有没有字号，有字号的，只能以字号作为当事人；没有字号的，看登记的经营者与实际经营者是否一致，不一致的，二者构成共同被告。（2）切勿混淆个体工商户与个人合伙的不同规定，未领取营业执照的个人合伙无论有没有字号，都以全体合伙人作为共同被告，有字号的注明即可，但字号本身不是当事人。

答案：B

83. 韩某开了一家私房菜，起名“韩小宝特色美食”，领取了个体工商户的营业执照。韩某与刘某协商，由刘某实际经营餐馆。刘某在经营过程中与生鲜配送公司发生争执，准备提起诉讼。下列选项中，属于本案适格原告的有？（金题，单选）

A. “韩小宝特色美食”

B. 韩某

C. 刘某

D. 韩某和刘某

【考点】 适格原告的确定

【解题思路与方法分析】 依据《民诉法解释》第 59 条的规定，在诉讼中，个体工商户以营业执照上登记的经营者为当事人。有字号的，以营业执照上登记的字号为当事人，但应同时注明该字号经营者的基本信息。营业执照上登记的经营者与实际经营者不一致的，以登记的经营者和实际经营者为共同诉讼人。本案中，该个体工商户没有字号，登记的经营者是韩某，实际经营者是刘某，因此二者构成共同诉讼人。选项 D 的说法正确。

答案：D

84. 精神病人姜某冲入向阳幼儿园将入托的小明打伤，小明的父母与姜某的监护人朱某及向阳幼儿园协商赔偿事宜无果，拟向法院提起诉讼。关于本案当事人的确定，下列哪一选项是正确的？（2016 年卷三第 36 题，单选）

A. 姜某是被告，朱某是无独立请求权第三人

B. 姜某与朱某是共同被告，向阳幼儿园是无独立请求权第三人

C. 向阳幼儿园与姜某是共同被告

D. 姜某、朱某、向阳幼儿园是共同被告

【考点】 无独三与共同被告

【解题思路与方法分析】 本题考查具体案件中当事人的确定，主要涉及两大考点：一是无独三与共同被告的区分；二是无或限制民事行为能力人致人损害时的当事人确定。依据《民诉法解释》第 67 条的规定，无民事行为能力人、限制民事行为能力人造成他人损害的，

无民事行为能力人、限制民事行为能力人和其监护人为共同被告。本案中，受害人小明虽然是限制民事行为能力人，但具备民事诉讼权利能力，因此应当以小明作为原告，小明的父母在诉讼中是法定代理人而不是当事人。侵权行为的实施人为姜某，其作为无民事行为能力人，应当以行为人本人姜某及姜某的监护人朱某作为共同被告。此外，依据《民法典》第1201条的规定，无民事行为能力人或者限制民事行为能力人在幼儿园、学校或者其他教育机构学习、生活期间，受到幼儿园、学校或者其他教育机构以外的第三人人身损害的，由第三人承担侵权责任；幼儿园、学校或者其他教育机构未尽到管理职责的，承担相应的补充责任。幼儿园、学校或者其他教育机构承担补充责任后，可以向第三人追偿。依此，本案应当以姜某、朱某、向阳幼儿园作为共同被告，选项D的说法正确，当选。

【避坑秘笈】同学们需要综合运用《民法典》和《民事诉讼法》的相关知识，方能正确解题，该种实体法与程序法相结合的考法，是法考客观题和主观题的共通趋势。（1）无、限人致他人损害时，行为人本人及其监护人构成共同被告；但无、限人自己受害时，原告只有他自己，其监护人是法定代理人而不是当事人。（2）幼儿园作为教育机构，仅在未尽到管理职责时才承担补充责任，但幼儿园是否尽到了合理的管理职责、是否需要承担补充责任，这些都属于实体范畴的问题，起诉时在所不问。本案中原告主张要求幼儿园承担责任，因此就将幼儿园列为被告，至于其是否承担责任则属于实体审理之后的问题。换言之，幼儿园是否尽到了安保义务，与幼儿园可否作为被告是两个不同的问题，作为被告不等于必然承担民事实体责任。如果在诉讼中幼儿园可以证明自己已经尽到了合理的安保义务，那么幼儿园就是一个不承担实体责任的被告。

答案：D

85. 小桐是由菲特公司派遣到苏拉公司工作的人员，在一次完成苏拉公司分配的工作任务时，失误造成路人周某受伤，因赔偿问题周某起诉至法院。关于本案被告的确定，下列哪一选项是正确的？（2016年卷三第37题，单选）

A. 起诉苏拉公司时，应追加菲特公司为共同被告

B. 起诉苏拉公司时，应追加菲特公司为无独立请求权第三人

C. 起诉菲特公司时，应追加苏拉公司为共同被告

D. 起诉菲特公司时，应追加苏拉公司为无独立请求权第三人

【考点】 劳务派遣致人损害案件的当事人确定

【解题思路与方法分析】 依据《民诉法解释》第58条的规定，在劳务派遣期间，被派遣的工作人员因执行工作任务造成他人损害的，以接受劳务派遣的用工单位为当事人。当事人主张劳务派遣单位承担责任的，该劳务派遣单位为共同被告。依据《民法典》第1191条第2款的规定：“劳务派遣期间，被派遣的工作人员因执行工作任务造成他人损害的，由接受劳务派遣的用工单位承担侵权责任；劳务派遣单位有过错的，承担相应的责任。”本案中，小桐作为被派遣的工作人员，在实施工作行为时致他人损害，应当以接受劳务派遣的用工单位即苏拉公司为被告。依此，若周某选择起诉用工单位苏拉公司，在派遣单位菲特公司没有过错的情况下，不应将之追加为共同被告；若周某选择起诉派遣单位菲特公司，则应当追加用工单位苏拉公司作为共同被告，因此选项C的说法正确，当选。

【避坑秘笈】在劳务派遣关系中，存在着派遣单位（用人单位）和用工单位，实际接受劳务的是用工单位，因此劳务派遣致人损害时，由实际接受劳务的用工单位作为被告，用人单位仅承担过错范围内的相应责任。如果原

告只起诉用工单位的，原则上只以用工单位作为被告；但如果原告只起诉用人单位的，应当追加用工单位作为共同被告。

答案：C

86. 马迪由阳光劳务公司派往五湖公司担任驾驶员。因五湖公司经常要求加班，且不发加班费，马迪与五湖公司发生争议，向劳动争议仲裁委员会申请仲裁。关于本案仲裁当事人的确定，下列哪一表述是正确的？（2017 年卷三第 37 题，单选）

A. 马迪是申请人，五湖公司为被申请人

B. 马迪是申请人，五湖公司和阳光劳务公司为被申请人

C. 马迪是申请人，五湖公司为被申请人，阳光劳务公司可作为第三人参加诉讼

D. 马迪和阳光劳务公司为申请人，五湖公司为被申请人

【考点】 劳动争议仲裁当事人的确定

【解题思路与方法分析】 依据《劳动争议调解仲裁法》第 22 条第 2 款的规定，在劳动争议仲裁中，劳务派遣单位或者用工单位与劳动者发生劳动争议的，劳务派遣单位和用工单位为共同当事人。依此，马迪是申请人，劳务派遣单位阳光劳务公司和用工单位五湖公司共同作为被申请人。选项 B 的说法正确，当选。

【易错点提示】 本题考查的是劳务派遣引发的劳动争议仲裁中如何确定当事人，各位小糊涂切勿与劳务派遣引发的劳动诉讼中确定当事人的规则相混淆。

答案：B

87. 甲、乙、丙是普通共同诉讼的原告，诉讼进行的过程中，法院在双方当事人同意的情况下进行了调解，甲和乙均认可调解方案，但丙表示不同意调解方案，要求法院依法判决解决纠纷。法院应当如何处理本案？（2020 年真题网络回忆版，单选）

A. 制作调解书结案，但调解书对丙没有拘束力，应告知丙另行起诉

B. 对本案依法作出判决

C. 制作调解书结案，调解书对本案的所有当事人均有拘束力

D. 对甲和乙制作调解书结案，对丙的请求继续审理，依法判决

【考点】 普通共同诉讼的调解

【解题思路与方法分析】 本题考查普通共同诉讼中调解的效力。普通共同诉讼属于可分之诉，其中一人的诉讼行为，对其他共同诉讼人不产生拘束力。本题中，甲、乙、丙作为普通共同诉讼的共同原告，相互之间属于独立的可分之诉，因此甲和乙认可调解方案，并不会对丙产生拘束力。此时分别处理：对甲和乙采用调解结案的方式；对丙的诉讼请求继续审理，依法裁判，而无须丙另行起诉。因此，选项 A、B、C 的说法均错误，选项 D 的说法正确。

【破题指南】 本题看似考查法院调解，实则考查普通共同诉讼的内部关系，只要抓住普通共同诉讼的“可分性”（可分之诉），即可得到正确答案。对诉讼标的没有共同权利义务的，其中一人的诉讼行为对其他共同诉讼人不发生效力（参见《民事诉讼法》第 55 条第 2 款）。

答案：D

88. 王某有一套临街的高端公寓，出租给某公司白领赵某，双方在租赁合同中约定，房屋租赁期间产生的一切责任均由赵某承担。赵某是多肉植物爱好者，在阳台养了很多植物，小区物业多次提醒赵某不要在阳台养花，以免花盆掉落砸伤楼下的行人。某日九级大风，阳台上两个花盆坠落砸伤了楼下路过的邻居孟某。孟某准备通过诉讼来维护自身的合法权益，其应当以谁作为被告？（2020 年真题网络回忆版，单选）

A. 赵某为被告

B. 王某和赵某为共同被告

C. 物业公司为被告

D. 王某为被告

【考点】 当事人诉讼地位的确定

【解题思路与方法分析】 在确定当事人诉讼地位时需要先确定案件的请求权基础，依据《民法典》第1253条的规定，建筑物、构筑物或者其他设施及其搁置物、悬挂物发生脱落、坠落造成他人损害，所有人、管理人或者使用人不能证明自己没有过错的，应当承担侵权责任。因此，本案中应当以所有人王某和使用人赵某作为共同被告。选项B的说法正确。

【避坑秘笈】很多小迷糊会纠结，王某和赵某究竟有没有过错？实体责任的承担需要经过对案件的审理和举证、质证才能够判断，法院不可能在立案受理时就未卜先知，这再次体现了"要不要承担实体责任"与"能否作为适格被告"，是两个不同的问题。此外，王某和赵某在租赁合同中约定一切责任由赵某承担，依据合同相对性的原理，该约定只能拘束王某和赵某，而对合同之外的受害人孟某没有拘束力。

答案：B

89. 数百名投资者与甲公司发生投资纠纷，原告们选定王亮作为诉讼代表人参加案件的审理。庭审过程中，王亮与甲公司达成调解协议。对该调解协议，绝大部分投资者均同意，但投资者黄某要求通过判决的方式解决纠纷。关于本案，下列选项中说法正确的有？（2020年真题网络回忆版，单选）

A. 调解协议对全部当事人具有拘束力

B. 调解协议对黄某没有拘束力，黄某须另行起诉

C. 法院应当判决结案

D. 法院应当制作调解书，对黄某的部分继续审理

【考点】 代表人诉讼

【解题思路与方法分析】 本案属于普通共同诉讼转化的代表人诉讼，投资者相互之间属于可分之诉。但依据《最高人民法院关于证券纠纷代表人诉讼若干问题的规定》第21条的规定，人民法院准备制作调解书的，应当通知提出异议的原告，告知其可以在收到通知后10日内向人民法院提交退出调解的申请。未在上述期间内提交退出申请的原告，视为接受。申请退出的期间届满后，人民法院应当在10日内制作调解书。调解书经代表人和被告签收后，对被代表的原告发生效力。人民法院对申请退出原告的诉讼继续审理，并依法作出相应判决。由此可知，黄某如果不同意调解方案的，法院应当就其他投资者的部分制作调解书，就黄某的部分继续审理。选项D的说法正确。

答案：D

90. 甲、乙、丙三人一起打了丁，丁将甲和乙诉至法院要求其承担损害赔偿责任，但因为爱慕丙的女儿，故不起诉丙，法院应当如何处理丙？（2022年真题网络回忆版，单选）

A. 法院不追加丙为被告，告知丁可另行起诉

B. 法院不追加丙为被告，但丁不得要求甲和乙对丙的行为承担连带责任

C. 法院追加丙为第三人

D. 如果丁不同意追加丙为共同被告，法院应当裁定驳回起诉

【考点】 当事人诉讼地位的确定

【解题思路与方法分析】 甲、乙、丙三人一起打了丁，构成有意思联络的共同侵权，应承担连带责任，应当将甲、乙、丙三人作为必要共同被告，除非丁放弃对丙的实体权利。本案中，丁将甲和乙诉至法院要求其承担损害赔偿责任，法院本应追加丙为共同被告。但如果丁放弃对丙的实体权利，即不要求甲和乙对丙的行为承担连带责任，则法院可以不追加丙为被告。选项B的说法正确，当选。

答案：B

91. 就读高一的小张（17 岁）把同学小赵（16 岁）的眼睛打伤，小赵的父亲老赵多次找小张的父亲老张协商，均无果，遂诉至法院。开庭时，小张已满 18 周岁，就读高三，但没有任何财产。关于本案，下列选项中说法正确的有？（2022 年真题网络回忆版，多选）

A. 小赵是本案适格原告，老赵是其法定代理人

B. 老赵是本案适格原告

C. 老张是本案适格被告

D. 小张是本案适格被告，老张是其法定代理人

【考点】 无、限人侵权案件中当事人诉讼地位的确定

【解题思路与方法分析】《民诉法解释》第 67 条规定："无民事行为能力人、限制民事行为能力人造成他人损害的，无民事行为能力人、限制民事行为能力人和其监护人为共同被告。"本案中，加害方和受害方均为限制民事行为能力人，此时应当将小赵列为原告，老赵是其法定代理人，将小张及其监护人老张列为共同被告。侵权行为发生时行为人不满 18 周岁，在诉讼时已满 18 周岁并有经济能力的，应当承担侵权责任；行为人没有经济能力的，应当由原监护人承担侵权责任。本案中，虽然开庭时小张已满 18 周岁，但没有任何财产，因此仍应将其监护人老张列为共同被告。选项 A 和选项 C 的说法正确；选项 B 和选项 D 的说法错误。

【解题窍门】 在题目中看到未成年人或精神病人，立马定性涉及无、限人。在无、限人的侵权纠纷中，如果无、限人是受害方，原告是无、限人本人，其监护人仅是法定代理人而不是当事人。如果无、限人是加害方，则无、限人本人及其监护人是共同被告，此时监护人具备双重角色，其既是当事人（被告），又是无、限人的法定代理人。

答案：AC

92. 上市公司甲公司在公报中虚构业绩，导致大量投资者损失，某投保基金受易某等 80 名投资者的委托，提起特别代表人诉讼，法院依法认定了 5808 名投资者受到虚假陈述的影响，仅有郭某一人声明退出诉讼。关于本案判决对投资者的约束力，下列表述中正确的是？（2023 年真题网络回忆版，单选）

A. 如果代表人败诉，该判决约束易某等 80 名投资者，其他投资人可另行起诉

B. 如果代表人胜诉，该判决约束除郭某外的 5807 名投资者

C. 如果代表人胜诉，该判决约束全部投资者

D. 如果代表人败诉，该判决只约束投保基金，所有投资者均可另行起诉

【考点】 证券纠纷代表人诉讼

【解题思路与方法分析】《最高人民法院关于证券纠纷代表人诉讼若干问题的规定》第 34 条第 2 款规定："对于声明退出的投资者，人民法院不再将其登记为特别代表人诉讼的原告，该投资者可以另行起诉。"据此，本案代表人诉讼的审理结果对于法院依法认定的 5808 名投资者有约束力，但对于声明退出的郭某没有约束力，其可以另行起诉。选项 B 正确，选项 A、C、D 均错误。

【避坑秘笈】 两类证券代表人诉讼的比较

—	普通证券代表人诉讼	特别证券代表人诉讼
诉讼代表人	投资者	投资者保护机构
加入原则	"明示加入"规则：必须明确声明参加诉讼才能成为当事人	"默示加入"：法院认定投资者范围后，符合条件的投资者除非明确向法院声明退出诉讼，都自动具有当事人身份

续表

—	普通证券代表人诉讼	特别证券代表人诉讼
裁判效力	仅及于参加诉讼的当事人，没有参加诉讼的投资者可以另行起诉	对所有法院认定的投资者都有既判力，能够一次性解决纠纷

答案：B

93. 甲把一辆车卖给乙并完成交付，之后甲觉得价格太低想要反悔，就一直没有办理过户登记。某日，乙开车时丙突然横穿马路，乙为了躲避丙最终与丁相撞。交警认定丙承担70%的责任，乙承担30%的责任。丁索要赔偿未果，于是决定提起诉讼，应当以谁作为适格被告？（2023年真题网络回忆版，单选）

A. 甲、乙和丙

B. 乙和丙

C. 丙

D. 甲和乙

【考点】　当事人的确定

【解题思路与方法分析】　本案中，乙和丙对丁的人身损害承担按份责任，因此被侵权人丁可以将乙和丙作为共同被告。此外，甲把车卖给乙，虽然没有办理过户登记，但物权已经变动，且甲对于侵权纠纷的发生并无过错，因此甲不是本案的适格被告，选项B正确，当选。

答案：B

94. 以下有关民事诉讼主体资格的表述中，不符合法律规定的有？（金题，多选）

A. 心美巧克力专卖店挂靠在M食品公司，并以M食品公司的名义从事生产经营活动。在心美巧克力专卖店购买了两盒太妃糖的张某，欲以食品质量不合格为由向法院起诉，要求卖方承担违约责任，则其应当将心美巧克力专卖店和M食品公司列为共同被告

B. 退休职工老王在某大学附近开了一家“红霞小吃铺”，并依法领取了个体工商户营业执照，若某位顾客因为食用了小吃铺的面条而导致食物中毒，则应当将老王作为被告；如果“红霞小吃铺”是依法登记的字号，则应当在起诉状上注明该字号

C. 黄某与汪某之间的借款合同纠纷，经居民委员会的相关人员调解后达成人民调解协议，但汪某未在协议约定的期限内履行调解协议中确定的义务，黄某遂决定向法院起诉，此时其可以将汪某和人民调解组织作为共同被告

D. 某小学一年级学生阿毛（7周岁），在课间玩耍时将同桌阿丽（6周岁）推倒，导致阿丽的小腿骨裂，阿丽若想起诉追究阿毛的侵权损害赔偿责任，则应当以阿毛和其监护人作为共同被告

【考点】　当事人的确定

【解题思路与方法分析】　依据《民诉法解释》第54条的规定，以挂靠形式从事民事活动，当事人请求由挂靠人和被挂靠人依法承担民事责任的，该挂靠人和被挂靠人为共同诉讼人。由此可见，挂靠人与被挂靠人是否作为共同诉讼人，取决于当事人的选择。因此，选项A的说法错误。在诉讼中，个体工商户以营业执照上登记的经营者为当事人。有字号的，以营业执照上登记的字号为当事人，但应同时注明该字号经营者的基本信息。因此，如果“红霞小吃铺”是依法登记的字号，则应当以该字号作为当事人。选项B的说法错误。选项C涉及人民调解协议案件如何确定当事人的问题，该考点在2017年第一次考查。依据《民诉法解释》第61条的规定，当事人之间的纠纷经人民调解委员会调解达成协议后，一方当事人不履行调解协议，另一方当事人向人民法院起诉的，应以对方当事人为被告，而人民调解组织并不是纠纷当事人，亦无直接利害关

系。因此，选项C的说法错误，此时被告应当是汪某。无民事行为能力人、限制民事行为能力人造成他人损害的，无民事行为能力人、限制民事行为能力人和其监护人为共同被告。因此，选项D的说法正确。

【破题指南】(1) 在挂靠关系中，是否将挂靠人和被挂靠人作为共同被告，取决于原告的意思和选择。(2) 要注意区分个体工商户与个人合伙：个体工商户有字号的，以营业执照上登记的字号为当事人；而未领取营业执照的个人合伙有字号的，应在法律文书中注明登记的字号，但该字号不具有当事人资格，当事人仍然是全体合伙人。

答案：ABC

95. “香再来”食品加工厂使用化学物质制作香菇豆干并在A省多个市县进行销售，购买者和受害者难以确定。甲、乙、丙等50多名食用者向M市中级人民法院提起损害赔偿诉讼，但因意见不一致，未能协商推选出诉讼代表人，之后法院指定由甲和丙作为诉讼代表人。关于本案，下列说法中正确的有？（金题，单选）

A. 若50多名起诉者中有6名不同意甲和丙作为诉讼代表人，则这6人应当亲自参加诉讼

B. 法院受理该案件后，发出公告，通知权利人向法院登记，登记权利的人应当证明其与对方当事人的法律关系和所遭受的损害，否则不予登记

C. 甲和丙委托诉讼代理人、进行和解、承认对方的诉讼请求、提出上诉，均须经过被代表当事人的同意

D. 如果在法院对该50余人的起诉作出生效判决后，购买过该种豆干但未登记权利的周明向M市中级人民法院起诉主张损害赔偿，法院审查后认定其请求成立的，判决适用法院已作出的生效判决

【考点】 起诉时人数不确定的代表人诉讼

【解题思路与方法分析】 本案属于普通共同诉讼构成的代表人诉讼，是可分之诉，因此不认可诉讼代表人的这6名起诉者可以另行起诉，而不是必须亲自参诉。必要共同诉讼构成的代表人诉讼中，不认可诉讼代表人的当事人才是应当亲自参诉，因为必要共同诉讼属于不可分之诉。选项A的说法错误。依据《民诉法解释》第79条和第80条的规定，受理起诉时人数不确定的代表人诉讼，人民法院可以发出公告，通知权利人向人民法院登记。公告期间根据案件的具体情况确定，但不得少于30日。依法向人民法院登记的权利人，应当证明其与对方当事人的法律关系和所受到的损害。证明不了的，不予登记，权利人可以另行起诉。本案属于起诉时人数不确定的代表人诉讼，因此有公告和权利登记的环节。选项B的说法正确，当选。代表人的诉讼行为对其所代表的当事人发生效力，但代表人变更、放弃诉讼请求或者承认对方当事人的诉讼请求，进行和解，必须经被代表的当事人同意。因此，诉讼代表人本身作为当事人，其委托诉讼代理人、提出上诉无须经过其他被代表当事人的同意。选项C的说法错误。法院的裁判在登记的范围内执行，未参加登记的权利人提起诉讼，法院认定其请求成立的，裁定适用人民法院已作出的判决、裁定。选项D中应当用“裁定适用”而不是“判决适用”。

【原理精炼】起诉时人数不确定的代表人诉讼，其裁判结果对后诉具有预决效力，从而节约司法资源并保障同案同判。

答案：B

96. 关于无独立请求权第三人，下列哪些说法是错误的？（2011年卷三第80题，多选）

A. 无独立请求权第三人在诉讼中有自己独立的诉讼地位

B. 无独立请求权第三人有权提出管辖

异议

C. 一审判决没有判决无独立请求权第三人承担民事责任的，无独立请求权的第三人不可以作为上诉人或被上诉人

D. 无独立请求权第三人有权申请参加诉讼和参加案件的调解活动，与案件原、被告达成调解协议

【考点】 无独立请求权的第三人

【解题思路与方法分析】 无独立请求权的第三人是广义上的当事人，具有自己独立的诉讼地位。选项A的说法正确。在诉讼中，无独立请求权的第三人享有当事人的诉讼权利和诉讼义务，但在一审诉讼中，无独立请求权的第三人无权提出管辖异议，无权放弃、变更诉讼请求或者申请撤诉，被判决承担民事责任的无独立请求权的第三人，有权提起上诉。依此，无独立请求权的第三人无权提出管辖权异议。选项B的说法错误。一审判决没有要求其承担民事责任的无独立请求权的第三人，无权提出上诉，但是其可以作为被上诉人参加到二审程序中。简言之，无独立请求权的第三人能否作为上诉人，取决于其是否被判决承担责任，但无论是否承担责任，都不影响无独立请求权的第三人作为被上诉人。选项C的说法错误。无独立请求权的第三人作为当事人，当然有权申请参加调解并与本诉当事人达成调解协议，如果法院调解需要确定无独立请求权的第三人承担义务的，应经第三人的同意，调解书应当同时送达第三人。第三人在调解书送达前反悔的，法院应当及时判决。选项D的说法正确。

【破题指南】（1）在一审判决结案的情况下，无独三是否享有上诉权取决于一审法院是否判决其承担责任，“有责才有权、无责就无权”。（2）在调解结案的情况下，如果调解书要求无独三承担责任，那么无独三拒签调解书的，调解书不生效。（3）无论是否承担责任，都不影响无独三作为被上诉人。（4）广义的当事人，除了原告和被告之外，还包括诉讼第三人、共同诉讼人和诉讼代表人，因此无论是有独三还是无独三，均享有当事人的诉讼地位，虽然无独三的诉讼权利较为有限，但并不影响其作为当事人的独立诉讼地位。

答案：BC

97. 赵某与刘某将共有商铺出租给陈某。刘某瞒着赵某，与陈某签订房屋买卖合同，将商铺转让给陈某，后因该合同履行发生纠纷，刘某将陈某诉至法院。赵某得知后，坚决不同意刘某将商铺让与陈某。关于本案相关人的诉讼地位，下列哪一说法是正确的？（2015年卷三第38题，单选）

A. 法院应依职权追加赵某为共同原告

B. 赵某应以刘某侵权起诉，陈某为无独立请求权第三人

C. 赵某应作为无独立请求权第三人

D. 赵某应作为有独立请求权第三人

【考点】 有独三与共同原告的区分

【解题思路与方法分析】 本案的诉讼标的为房屋买卖合同（商铺转让合同）法律关系，其中刘某为原告，陈某为被告。赵某并非上述合同法律关系的当事人，而是基于对商铺的所有权主张权利，其依据的是共有权。赵某作为商铺的共有人，坚决不同意刘某将商铺让与陈某，因此提出了既不同意本诉原告主张，也不同意本诉被告主张的“双重反对”之诉，赵某应当是有独三，而不是共同诉讼当事人。选项D的说法正确，当选。

【避坑秘笈】本题的难点在于有独三与共同诉讼原告的区分，有的小迷糊可能因为赵某与刘某的共有权关系而错选A选项，避免该种错误的办法就是在解题前先厘清案例中所涉及的法律关系。本题所涉法律关系有二：一是刘某与陈某之间的商铺转让合同法律关系；二是赵某与刘某对商铺的共有权法律关系。本案中赵某的主张既不同于本诉的原告刘某，也不

同于本诉的被告陈某，而是提出了既反对本诉原告，又反对本诉被告的独立的诉讼主张，因此赵某是有独三，而不是共同诉讼的原告。有独三的特点是“双重反对”；共同诉讼人的特点是“一致对外”。

答案：D

98. 李立与陈山就财产权属发生争议提起确权诉讼。案外人王强得知此事，提起诉讼主张该财产的部分产权，法院同意王强参加诉讼。诉讼中，李立经法院同意撤回起诉。关于该案，下列哪些选项是正确的？（2017 年卷三第 78 题，多选）

A. 王强是有独立请求权的第三人

B. 王强是必要的共同诉讼人

C. 李立撤回起诉后，法院应裁定终结诉讼

D. 李立撤回起诉后，法院应以王强为原告、李立和陈山为被告另案处理，诉讼继续进行

【考点】 有独三参加之诉与本诉的关系

【解题思路与方法分析】 首先需要确定案外人王强的诉讼地位。本案中，李立与陈山之间的诉讼标的是财产权属法律关系，案外人王强对该财产主张部分产权，属于提出了独立的请求，因此王强是有独三。选项 A 的说法正确，选项 B 的说法错误。依据《民诉法解释》第 237 条的规定，有独三参加诉讼后，原告申请撤诉，人民法院在准许原告撤诉后，有独三作为另案原告，原案原告、被告作为另案被告，诉讼继续进行。有独三的参加之诉是一个独立的诉，李立作为本诉的原告，其撤回本诉后，不影响王强的参加之诉继续进行，此时应当以有独三王强作为原告，以本诉的原告和被告作为共同被告，诉讼继续进行即可。选项 C 的说法错误，选项 D 的说法正确。

【破题指南】（1）有独三的特点是既反对本诉原告，又反对本诉被告，即“双重反对”；共同诉讼人的特点是与被告一方或原告一方“一致对外”。（2）有独三的参加之诉具有独立性，其作为一个独立的诉，不受本诉撤诉的影响。换言之，本诉的撤回并不影响有独三参加之诉的继续进行。

答案：AD

99. 万晟公司经营良好，但近几年没有给股东分红，股东范某对此极为不满。万晟公司的董事长李某和与万晟公司有长期生意往来的正大公司执行董事柳某是亲家，万晟公司多次将产品以极低的价格出售给正大公司。范某要求监事会维护公司的利益，监事会始终不予回应。关于本案，下列选项中说法正确的有？（2019 年真题网络回忆版，多选）

A. 范某可以提起股东代表诉讼，万晟公司应列为第三人

B. 范某可以李某和监事会作为共同被告提起诉讼

C. 范某可以提起股东代表诉讼，万晟公司应作为被告

D. 范某提起股东代表诉讼后，公司其他股东以相同的理由和诉讼请求申请参加诉讼的，应列为共同原告

【考点】 股东代表诉讼中当事人诉讼地位的确定

【解题思路与方法分析】 本题中股东范某在穷尽公司内部救济后提起了股东代表诉讼，旨在维护万晟公司的合法权益。依据《公司法》及相关司法解释的规定，在股东代表诉讼中，起诉的股东是原告，损害公司利益的主体为被告，公司为第三人。本题中，范某是原告，李某是被告，万晟公司是第三人。选项 A 的说法正确，选项 B 和选项 C 的说法错误。公司其他股东以相同的诉讼请求申请参诉的，属于“一致对外”的关系，应列为共同原告。选项 D 的说法正确。

答案：AD

100. 关于第三人撤销之诉，下列哪一说法是正确的？（2014 年卷三第 41 题，单选）

A. 法院受理第三人撤销之诉后，应中止原裁判的执行

B. 第三人撤销之诉是确认原审裁判错误的确认之诉

C. 第三人撤销之诉由原审法院的上一级法院管辖，但当事人一方人数众多或者双方当事人为公民的案件，应由原审法院管辖

D. 第三人撤销之诉的客体包括生效的民事判决、裁定和调解书

【考点】 第三人撤销之诉

【解题思路与方法分析】 我国在 2012 年全面修订《民事诉讼法》时，首次确立了第三人撤销之诉制度。依据《民事诉讼法》第 59 条第 3 款的规定，有独立请求权的第三人或无独立请求权的第三人，因不能归责于本人的事由未参加诉讼，但有证据证明发生法律效力的判决、裁定、调解书的部分或者全部内容错误，损害其民事权益的，可以自知道或者应当知道其民事权益受到损害之日起 6 个月内，向作出该判决、裁定、调解书的人民法院提起诉讼。人民法院经审理，诉讼请求成立的，应当改变或者撤销原判决、裁定、调解书；诉讼请求不成立的，驳回诉讼请求。在此基础上，《民诉法解释》对第三人撤销之诉进行了专章规定（第十四章），对相关规则和程序进行了细化规定。《民诉法解释》第 297 条规定，法院受理第三人撤销之诉，原则上不影响原裁判的执行，如果原告提供相应担保，请求中止执行的，法院可以准许。因此，选项 A 的说法错误。按照诉的分类，第三人撤销之诉属于形成之诉（变更之诉）。因此，选项 B 的说法错误。第三人撤销之诉应当向作出原生效判决、裁定、调解书的人民法院提出，而并非其上一级人民法院，因为作出原生效裁判的人民法院作为终局法院，最了解案件的具体情况，更便于判断是否需要撤销。因此，选项 C 的说法错误，故意混淆了当事人申请再审的管辖法院与第三人撤销之诉的管辖法院。第三人撤销之诉的适用对象包括已经发生法律效力的判决、裁定、调解书。因此，选项 D 的说法正确，当选。

【破题指南】（1）第三人撤销之诉属于变更之诉，是对案外第三人的事后救济机制。（2）谁作出原生效裁判，谁负责管辖三撤。（3）法院受理三撤后，原则上不中止执行；就算原告提供担保请求中止，法院也只是“可以”准许。

答案：D

101. 丙公司因法院对甲公司诉乙公司工程施工合同案的一审判决（未提起上诉）损害其合法权益，向 A 市 B 县法院提起撤销诉讼。案件审理中，检察院提起抗诉，A 市中级法院对该案进行再审，B 县法院裁定将撤销诉讼并入再审程序。关于中级法院对丙公司提出的撤销诉讼请求的处理，下列哪一表述是正确的？（2017 年卷三第 38 题，单选）

A. 将丙公司提出的诉讼请求一并审理，作出判决

B. 根据自愿原则进行调解，调解不成的，告知丙公司另行起诉

C. 根据自愿原则进行调解，调解不成的，裁定撤销原判发回重审

D. 根据自愿原则进行调解，调解不成的，恢复第三人撤销诉讼程序

【考点】 第三人撤销之诉与再审的关系

【解题思路与方法分析】 本题考查三撤与再审竞合时的处理方式。在审理三撤期间，法院对生效判决、裁定、调解书裁定再审的，受理三撤的法院应当裁定将第三人的诉讼请求并入再审程序。按照第一审程序审理的，法院应当对第三人的诉讼请求一并审理，所作的判决可以上诉；按照第二审程序审理的，法院可以调解，调解达不成协议的，应当裁定撤销原

判决、裁定、调解书，发回一审法院重审，重审时应当列明第三人。本题中丙公司提起的是第三人撤销之诉，在三撤审理过程中，法院因检察机关抗诉而启动再审，此时由原审法院的上级法院作为再审法院，属于提审，因此应当适用二审程序再审。三撤与再审竞合时，原则上应当由再审吸收三撤，本案属于按照二审程序再审的情形，对丙公司提出的撤销之诉的诉讼请求，法院应当调解先行，调解不成的，裁定撤销原判，发回一审法院重审，否则就剥夺了丙公司的审级利益。因此，选项C的说法正确，当选。

【避坑秘笈】（1）再审与三撤均涉及原生效裁判的正确性，因此存在功能重叠，不能同时并用。而再审的救济更为完整和全面，因此原则上再审吸收三撤（“大鱼吃小鱼”）。（2）如果再审法院是原审法院或与原审法院同级的法院，则依照原生效裁判的审级确定程序，可能适用一审程序，也可能适用二审程序。如果再审审理法院是上级法院或最高人民法院，一律适用二审程序再审。本题中原生效裁判虽然是一审生效的，但再审是因抗诉启动的，再审法院属于原审法院的上级法院，此时应当适用二审程序再审。（3）三撤并入再审后，要接着判断用什么程序再审——如果适用一审程序再审的，法院应当对第三人的诉讼请求一并审理，所作的判决可以上诉；如果适用二审程序再审的，法院调解先行，调解不成的，裁定撤销原判决、裁定调解书，发回一审法院重审，重审时应当列明第三人。

【解题窍门】一旦再审吸收三撤，就需要看用什么程序再审：（1）如果用一审程序再审，则直接将吸收的第三人列为诉讼中的第三人，程序就回到了第一次救济的正常状态。（2）如果用二审程序再审，则调解先行，调解不成的，撤销原判、发回一审法院重审，重审时才能将吸收的第三人列为诉讼中的第三人，否则就剥夺了第三人的上诉权和审级利益。

答案：C

102. 甲对乙有20万元债权到期，乙对丙有20万元债权。甲对丙提起代位权诉讼，法院依法将乙列为第三人。诉讼中甲、丙达成调解协议，约定丙将一条价值20万元的手链交付给甲，用于清偿该笔债务，法院依法制作调解书送达当事人。丁主张该手链是自己的，欲提出第三人撤销之诉，下列关于本案当事人的表述中正确的有？（2019年真题网络回忆版，单选）

A. 甲、乙、丙为被告

B. 甲、丙为被告，乙是第三人

C. 甲、乙是被告，丙为第三人

D. 甲为被告，乙和丙是第三人

【考点】 第三人撤销之诉中当事人的诉讼地位

【解题思路与方法分析】 在代位权诉讼中，债权人是原告，次债务人是被告，债务人可以列为无独三。《民诉法解释》第296条规定，第三人提起撤销之诉，人民法院应当将该第三人列为原告，生效判决、裁定、调解书的当事人列为被告，但生效判决、裁定、调解书中没有承担责任的无独立请求权的第三人列为第三人。本案中，丁准备提起第三人撤销之诉，撤销甲与丙之间的生效调解书，因此丁是第三人撤销之诉的原告，甲和丙是共同被告，而乙在原案中属于不承担责任的无独三，因此在第三人撤销之诉中仍然列为无独三。选项B的说法正确，当选。

答案：B

103. 甲与乙买卖合同诉讼的判决生效后，案外人丙提起第三人撤销之诉，请求法院撤销甲与乙的生效判决。法院审理后，认为该判决中原告甲的证据是伪造的，但是丙无法证明甲与乙的生效判决侵害了自己的权益。法院应当如

何处理本案？（2020 年真题网络回忆版，单选）

A. 裁定驳回起诉

B. 判决驳回诉讼请求

C. 裁定撤销原判

D. 判决撤销原判

【考点】　第三人撤销之诉的起诉条件

【解题思路与方法分析】《民诉法解释》第 290 条规定："第三人对已经发生法律效力的判决、裁定、调解书提起撤销之诉的，应当自知道或者应当知道其民事权益受到损害之日起六个月内，向作出生效判决、裁定、调解书的人民法院提出，并应当提供存在下列情形的证据材料：（一）因不能归责于本人的事由未参加诉讼；（二）发生法律效力的判决、裁定、调解书的全部或者部分内容错误；（三）发生法律效力的判决、裁定、调解书内容错误损害其民事权益。"故提供证据证明"发生法律效力的判决、裁定、调解书内容错误损害其民事权益"是第三人撤销之诉的受理条件，本题中第三人丙无法证明甲与乙的生效判决侵害了其合法权益，因此不满足第三人撤销之诉的受理条件。法院在立案受理后才发现不符合起诉条件的，应当裁定驳回起诉。选项 A 正确，当选。

【破题指南】本题考查的是第三人撤销之诉的起诉条件，略微有点儿"绕"。第三人撤销之诉的制度功能是救济案外第三人的合法权益，因此第三人若想救济自身的合法权益，必须证明原生效裁判存在错误且侵害了其合法权益。如果不能证明原生效裁判侵害了自己的合法权益，就不符合第三人撤销之诉的制度功能。至于法院发现原告伪造证据的问题，法院可以通过自行启动再审的方式纠错，原审被告也可以原告伪造证据为由申请再审，而不是通过第三人撤销之诉来解决该问题。换言之，如果原生效裁判中的错误损害了案外第三人的合法权益，那么可以通过三撤来救济；但如果该错误并未损害案外第三人的权益，则不符合第三人撤销之诉的适用条件和制度功能，但可以通过再审等方式予以救济。

答案：A

104. 甲公司和乙公司因债权纠纷提起诉讼，法院判令甲公司将抵押的某地块土地使用权给乙公司抵偿债务。甲公司的大股东唐某（持股 50%）提出异议，认为该地块的所有权归自己所有，于是提起第三人撤销之诉。经查，在法院对甲、乙公司的诉讼作出判决之前，甲公司与唐某达成了该地块土地使用权的转让协议且双方已经履行交付完毕（转让价格符合市价）。关于本案，下列选项中说法正确的有？（2021 年真题网络回忆版，多选）

A. 唐某因自身原因没能参加原诉讼，不能提起第三人撤销之诉

B. 乙公司请求法院执行生效判决的，法院应予支持

C. 唐某可以另行起诉

D. 唐某无权提起第三人撤销之诉

【考点】　第三人撤销之诉的起诉条件

【解题思路与方法分析】　依据最高法指导案例第 148 号"高光诉三亚天通国际酒店有限公司、海南博超房地产开发有限公司等第三人撤销之诉案"的裁判要旨，公司股东对公司法人与他人之间的民事诉讼生效裁判不具有直接的利益关系，不符合《民事诉讼法》第 59 条规定的第三人条件，其以股东身份提起第三人撤销之诉的，人民法院不予受理。对于已经生效的公司对外诉讼的裁判文书，股东不具有提起第三人撤销之诉的主体资格，因此唐某无权提起第三人撤销之诉，而与是否因自身原因没能参加诉讼无关。选项 A 的说法错误，选项 D 的说法正确。本案判决已经生效，乙公司可以请求法院执行生效判决，法院受理三撤，原则上不中止执行。选项 B 的说法正确，选项 C 的说法错误。

答案：BD

105. 甲和乙因为一块玉石的所有权发生争议诉至法院，法院经过审理判决甲胜诉，乙不服提出上诉，二审法院维持原判。之后丙主张玉石是自己的，于是向法院提起第三人撤销之诉，此时乙向法院申请再审，法院裁定启动再审。关于本案，下列说法中正确的有？（2021年真题网络回忆版，单选）

A. 由于丙已经提起第三人撤销之诉，故法院不应再启动再审

B. 由于法院已经裁定启动再审，故应当将丙提起的第三人撤销之诉裁定终结

C. 丙提起的第三人撤销之诉和乙申请启动的再审程序各自独立运行，互不影响

D. 法院应当先行调解，调解不成的发回重审，重审时列明丙为第三人

【考点】 第三人撤销之诉与再审的关系

【解题思路与方法分析】《民诉法解释》第299条规定："第三人撤销之诉案件审理期间，人民法院对生效判决、裁定、调解书裁定再审的，受理第三人撤销之诉的人民法院应当裁定将第三人的诉讼请求并入再审程序。但有证据证明原审当事人之间恶意串通损害第三人合法权益的，人民法院应当先行审理第三人撤销之诉案件，裁定中止再审诉讼。"《民诉法解释》第300条规定："第三人诉讼请求并入再审程序审理的，按照下列情形分别处理：（一）按照第一审程序审理的，人民法院应当对第三人的诉讼请求一并审理，所作的判决可以上诉；（二）按照第二审程序审理的，人民法院可以调解，调解达不成协议的，应当裁定撤销原判决、裁定、调解书，发回一审法院重审，重审时应当列明第三人。"本案中并未提及恶意诉讼的问题，因此再审吸收三撤，三撤并入再审。本案属于二审审结的案件，再审应当适用二审程序审理，因此受理第三人撤销之诉的法院应当裁定将第三人的诉讼请求并入再审程序，且应当先行调解，调解不成的发回重审，重审时将吸收的第三人丙列为第三人。选项D的说法正确，当选。

【原理精炼】三撤与再审的功能重叠，因此不能同时并行。原则上再审吸收三撤，一旦再审吸收三撤之后，就要立马看用什么程序再审——如果用一审程序再审，直接将吸收的第三人列为诉讼中的第三人，程序就回到了正常救济状态。如果用二审程序再审，则调解先行，调解不成的撤销原判、发回重审，发回重审时才能将吸收的第三人列为诉讼中的第三人，否则就剥夺了其上诉权和审级利益。但如果有证据证明原审当事人之间恶意串通损害第三人合法权益的，则应当中止再审，先审三撤。

答案：D

106. 庄某到A超市购买面包，面包上没有贴食品标签，庄某起诉A超市索赔，法院判决庄某胜诉。判决生效后，面包的生产商B公司不服，于是提起第三人撤销之诉，A超市表示同意生产商B公司的主张。关于本案，下列选项中说法正确的有？（2022年真题网络回忆版，单选）

A. A超市可作为第三人撤销之诉的共同原告

B. A超市可作为第三人撤销之诉中的第三人

C. 法院应判决驳回B公司的诉讼请求

D. 法院应裁定驳回B公司的起诉

【考点】 第三人撤销之诉

【解题思路与方法分析】《民诉法解释》第296条规定："第三人提起撤销之诉，人民法院应当将该第三人列为原告，生效判决、裁定、调解书的当事人列为被告，但生效判决、裁定、调解书中没有承担责任的无独立请求权的第三人列为第三人。"本案中，A超市为生效判决的当事人，应当列为共同被告，无论A超市是否同意B公司的主张，均不影响其在第三人撤销之诉中的诉讼地位。选项A和选项

B的说法均错误。由于该面包上没有贴食品标签，法院判决庄某胜诉并无问题。换言之，原生效判决并不存在错误，因此不符合第三人撤销之诉的胜诉条件，法院应判决驳回B公司的诉讼请求。选项C的说法正确，当选。

【破题指南】（1）在第三人撤销之诉中，提起诉讼的主体是原告，原生效裁判的双方当事人为共同被告，无论原生效裁判的当事人是否同意三撤原告的主张，均不影响其共同被告的诉讼地位。（2）驳回起诉是因为不符合起诉条件，而判决驳回诉讼请求是因为不符合胜诉条件。如果原生效裁判不存在错误，则不符合第三人撤销之诉的胜诉条件。

答案：C

107. 甲与乙的诉讼经过两级法院审理作出终审判决，甲胜诉，判令玉器归甲所有。丙主张自己才是玉器的所有权人，向中级法院提起了撤销之诉，与此同时乙向高级法院申请再审，高院裁定再审。关于本案，下列说法中正确的有？（2022年真题网络回忆版，单选）

A. 中院应中止撤销之诉，高院先进行再审

B. 中院应裁定将撤销之诉并入再审

C. 高院裁定将撤销之诉并入再审

D. 高院应当裁定撤销原判，发回重审

【考点】 再审与三撤的关系

【解题思路与方法分析】《民诉法解释》第299条规定："第三人撤销之诉案件审理期间，人民法院对生效判决、裁定、调解书裁定再审的，受理第三人撤销之诉的人民法院应当裁定将第三人的诉讼请求并入再审程序。但有证据证明原审当事人之间恶意串通损害第三人合法权益的，人民法院应当先行审理第三人撤销之诉案件，裁定中止再审诉讼。"《民诉法解释》第300条规定："第三人诉讼请求并入再审程序审理的，按照下列情形分别处理：（一）按照第一审程序审理的，人民法院应当对第三人的诉讼请求一并审理，所作的判决可以上诉；（二）按照第二审程序审理的，人民法院可以调解，调解达不成协议的，应当裁定撤销原判决、裁定、调解书，发回一审法院重审，重审时应当列明第三人。"如果再审和三撤分属不同法院管辖，受理三撤的法院应作出裁定，将案件移送审理再审案件的法院。因此，选项B正确，当选。

【破题指南】 当再审与三撤竞合时，因为二者功能重叠而不能同时并用。原则上再审吸收三撤（"大鱼吃小鱼"），但如果涉及虚假诉讼的，则中止再审，先审三撤。若再审和三撤分属不同法院管辖，则应当由受理三撤的法院作出裁定，将案件移送审理再审的法院。

答案：B

108. 某企业违法排污引发沿岸居民患病，10位居民提起侵权诉讼。法院公告之后又有20人登记权利（合计30人）。法院经过审理判决企业赔付每位居民5万元。一个月后，住在河岸下游的陈某得知此事，遂诉至法院要求该企业赔偿十万元，法院没有支持陈某的请求。陈某于是提起第三人撤销之诉，要求撤销之前30位居民的生效判决。法院应当如何处理？（2023年真题网络回忆版，单选）

A. 不予受理

B. 驳回起诉

C. 判决撤销5万元的判决

D. 判决适用5万元的判决

【考点】 第三人撤销之诉的适用条件

【解题思路与方法分析】《民诉法解释》第295条规定："对下列情形提起第三人撤销之诉的，人民法院不予受理：……（三）民事诉讼法第五十七条规定的未参加登记的权利人对代表人诉讼案件的生效裁判……"本案为起诉时人数不确定的代表人诉讼，陈某作为未参加登记的权利人，其无权对代表人诉讼案件的生效裁判提起第三人撤销之诉，法院应当

裁定不予受理。选项A正确，当选。换言之，陈某属于“走错了路”，其不能剑走偏锋地提起第三人撤销之诉。

答案：A

109. 以下有关我国第三人撤销之诉制度的表述中，错误的有？（金题，多选）

A. 法院受理第三人撤销之诉后，应当中止原生效判决、裁定、调解书的执行，并组成合议庭开庭审理案件

B. 与婚姻关系有关的案件，不适用第三人撤销之诉制度

C. 第三人王某请求法院部分撤销黄某与范某之间关于钢铁买卖合同的生效判决书，并确认其民事权利的主张成立，法院审查后认为其撤销请求成立，但确认其民事权利的主张不成立，此时法院应当驳回王某的诉讼请求

D. 法院在审理第三人撤销之诉案件的过程中，对生效判决裁定再审，此时应当裁定将再审程序并入第三人撤销之诉中

【考点】 第三人撤销之诉

【解题思路与方法分析】 《民诉法解释》第297条规定：“受理第三人撤销之诉案件后，原告提供相应担保，请求中止执行的，人民法院可以准许。”因此，法院受理第三人撤销之诉原则上不影响原生效裁判的执行力。因此，选项A的说法错误。婚姻无效、撤销或者解除婚姻关系等判决、裁定、调解书中涉及身份关系的内容，不适用撤销之诉制度。因此，选项B的说法错误。依据《民诉法解释》第298条第1、2项的规定，第三人的撤销请求成立，但确认其全部或部分民事权利的主张不成立，或者未提出确认其民事权利请求的，撤销原判决、裁定、调解书内容的错误部分。选项C中的情形法院应当撤销原判决内容的错误部分。《民诉法解释》第299条规定了第三人撤销之诉与再审的关系：第三人撤销之诉案件审理期间，人民法院对生效判决、裁定、调解书裁定再审的，受理第三人撤销之诉的人民法院应当裁定将第三人的诉讼请求并入再审程序。但有证据证明原审当事人之间恶意串通损害第三人合法权益的，人民法院应当先行审理第三人撤销之诉案件，裁定中止再审诉讼。因此选项D的说法错误，当三撤与再审竞合时，原则上应当由再审吸收三撤，但涉及恶意诉讼的除外。

答案：ABCD

110. 以下有关我国第三人撤销之诉制度的表述中，不正确的有？（金题，多选）

A. 第三人赵翔请求法院部分撤销杨某与辛某之间关于宝石买卖合同的生效判决书，并确认其民事权利的主张成立，法院审查后认为其撤销请求成立，但确认其民事权利的主张不成立，此时法院应当驳回赵翔的诉讼请求

B. 有权提起第三人撤销之诉的主体限于有独立请求权的第三人，其提起撤销之诉的时限是自知道或者应当知道自身民事权益受到损害之日起一年内

C. 法院受理第三人撤销之诉后，应当中止原生效判决、裁定、调解书的执行，并组成合议庭开庭审理案件

D. 若第三人提起撤销之诉后，法院没有中止执行，则其可以提出执行异议，如果异议被法院裁定驳回，还可以申请再审

【考点】 第三人撤销之诉的综合考查

【解题思路与方法分析】 撤销的请求成立，但确认其全部或部分民事权利的主张不成立，或者未提出确认其民事权利请求的，撤销原判决、裁定、调解书内容的错误部分。此时应当撤销原判决中的错误部分。因此，选项A的说法错误。第三人撤销之诉的提起主体包括有独三和无独三，起诉时间是知道或应当知道其民事权益受到损害之日起6个月内。选项B的说法错误。法院审理三撤案件，应当组成合议庭开庭审理，但受理三撤案件原则上不中

止执行。选项C的前半句说法错误。在先三撤、后执行异议的情形下，执行异议被驳回的，第三人不得申请再审。换言之，三撤与案外人再审不得同时并用，否则将导致重叠救济、矛盾裁判。选项D的说法错误。

答案：ABCD

111. 根据2023年修改的《民事诉讼法》，关于公益诉讼的表述，下列哪一选项是错误的？（2013年卷三第35题改编，单选）

A. 公益诉讼规则的设立，体现了依法治国的法治理念

B. 公益诉讼的起诉主体只限于法律授权的机关或团体

C. 公益诉讼规则的设立，有利于保障我国经济社会全面协调发展

D. 公益诉讼的提起必须以存在实际损害为前提

【考点】 民事公益诉讼

【解题思路与方法分析】 我国在2012年全面修订《民事诉讼法》时，首次确立了民事公益诉讼制度。依据《民事诉讼法》第58条第1款的规定，对污染环境、侵害众多消费者合法权益等损害社会公共利益的行为，法律规定的机关和有关组织可以向人民法院提起诉讼。结合本题，所谓依法治国，就是广大人民群众在党的领导下，依照宪法和法律的规定，通过各种途径和形式管理国家事务、管理经济文化事业、管理社会事务，保证国家各项工作都依法进行，逐步实现社会主义民主的制度化、法律化，使这种制度和法律不因领导人的改变而改变，不因领导人看法和注意力的改变而改变。公益诉讼规则的设立，体现了依法治国的法治理念。因此，选项A的说法正确。公益诉讼的起诉主体只限于法律规定的机关和有关组织，公民个人无权提起民事公益诉讼。因此，选项B的说法正确。公益诉讼规则的创设，有利于保护我国的社会公共利益，自然有利于保障我国经济社会的全面协调发展、人与自然的和谐发展。因此，选项C的说法正确。民事公益诉讼的提起不以存在实际损害为前提，虽然没有公共利益受到侵害或减损的事实，但是社会公共利益存在受侵害的威胁或风险时，也可以提起公益诉讼。因此，选项D的说法错误。

【避坑秘笈】（1）提起民事公益诉讼并不以已经造成实际损害为必须前提；（2）公民个人无权提起民事公益诉讼。

答案：D

112. 某品牌手机生产商在手机出厂前预装众多程序，大幅侵占标明内存，某省消费者保护协会以侵害消费者知情权为由提起公益诉讼，法院受理了该案。下列哪一说法是正确的？（2015年卷三第35题，单选）

A. 本案应当由侵权行为地或者被告住所地中级法院管辖

B. 本案原告没有撤诉权

C. 本案当事人不可以和解，法院也不可以调解

D. 因该案已受理，购买该品牌手机的消费者甲若以前述理由诉请赔偿，法院不予受理

【考点】 消费民事公益诉讼的综合考查

【解题思路与方法分析】 本题是对民事公益诉讼程序设置的综合考查。《民诉法解释》对民事公益诉讼进行了专章规定，依据《民诉法解释》第283条第1款的规定，公益诉讼案件由侵权行为地或者被告住所地中级人民法院管辖，但法律、司法解释另有规定的除外。因此，选项A的说法正确。公益诉讼案件的原告在法庭辩论终结后申请撤诉的，法院不予准许。由此可见，法律并未完全剥夺公益诉讼原告的撤诉权，但限制了申请撤诉的时间和条件，即有条件的允许撤诉。因此，选项B的说法错误。对公益诉讼案件，当事人可以和解，法院可以调解。当事人达成和解或者调

解协议后，法院应当将和解或者调解协议进行公告，公告期间不得少于30日。公告期满后，法院经审查，和解或者调解协议不违反社会公共利益的，应当出具调解书；和解或者调解协议违反社会公共利益的，不予出具调解书，继续对案件进行审理并依法作出裁判。简言之，我国的公益诉讼既可以调解也可以和解，但达成协议后要“先公告、后审查”。因此，选项C的说法错误。民事公益诉权与私益诉权并行不悖，法院受理民事公益诉讼案件，不影响同一侵权行为的受害人依法提起私益诉讼。法院受理消费民事公益诉讼案件后，因同一侵权行为受到损害的消费者申请参加诉讼的，法院应当告知其依法主张权利。因此，选项D的说法错误。

【破题指南】（1）民事公益诉讼原则上由中级人民法院管辖，适用普通程序审理，应当适用陪审制。（2）公益诉讼中禁止反诉，可以有条件的撤诉。（3）民事公益诉讼可调解、可和解，但达成协议后要“先公告、后审查”。（4）民事公益诉权与私益诉权并行不悖，法院受理公益诉讼不影响相关主体依法提起民事私益诉讼，此乃“公益归公益、私益归私益”。

答案：A

113. A市某工厂长期违法排放污水，导致环境严重受损，甲环保组织因此向A市中级人民法院提起环境民事公益诉讼。人民法院开庭审理的过程中，因该工厂排污行为而遭受损失的张某也诉至法院，要求工厂承担损害赔偿责任。以下选项中说法正确的是？（2019年真题网络回忆版，单选）

A. 应当将张某列为共同原告

B. 告知张某另行起诉

C. 如果甲环保组织和张某均同意，可以将二者列为共同原告

D. 在人民法院对公益诉讼作出生效判决前，张某不得起诉

【考点】 民事公益诉讼与私益诉讼的关系

【解题思路与方法分析】 本题考查民事公益诉权与私益诉权之间的关系。《民诉法解释》第286条规定，人民法院受理公益诉讼案件，不影响同一侵权行为的受害人根据《民事诉讼法》第122条规定提起诉讼。依此可知，法院受理公益诉讼，并不影响实际遭受损害的公民个人提起民事私益诉讼。选项D的说法错误。公民个人无权提起民事公益诉讼，甲环保组织提起的民事公益诉讼与张某提起的民事私益诉讼无法合并审理，因此甲环保组织和张某不能作为共同原告，但张某可以另行提起民事私益诉讼。换言之，公民个人无法以任何形式成为公益诉讼的当事人。选项A和选项C的说法均错误，选项B的说法正确。

答案：B

114. 某工厂违法排放污水，造成河流严重污染，绿友环保组织对该工厂提起环境公益诉讼，要求其赔偿100万元。法官经过审查发现100万元远远不够恢复治理河流的费用，建议绿友环保组织增加赔偿金额至1000万元。经过审理，一审法院判决绿友环保组织胜诉。关于本案，下列选项中说法正确的有？（2021年真题网络回忆版，单选）

A. 公益诉讼案件一审终审，不得上诉

B. 绿友环保组织起诉前，要先通知市环保局

C. 法官建议将诉讼请求的具体金额从100万元改成1000万元，违反了处分原则

D. 本案管辖法院为中级法院

【考点】 民事公益诉讼

【解题思路与方法分析】 两审终审制是我国民事诉讼的基本制度，公益诉讼案件两审终审。因此，选项A的说法错误。依据《民诉法解释》第284条的规定，法院受理公益诉

讼案件后，应当在10日内书面告知相关行政主管部门，而绿友环保组织在起诉前是无须通知环保局的。因此，选项B的说法没有法律依据。在公益诉讼中，如果法院认为原告的诉讼请求不足以救济社会公共利益所遭受的损害，可以释明原告增加或变更诉讼请求，此时法院进行释明的正当性基础是倾斜保护社会公共利益，因此不违反处分原则。选项C的说法错误。民事公益诉讼由侵权行为地或者被告住所地中级法院管辖，即中院管辖为原则、基层法院管辖为例外。因此，选项D的说法正确。

【原理精炼】当案件涉及国家利益、社会公共利益或公序良俗（身份关系）时，法院的职权主义色彩会增强，当事人的处分权受限。

答案：D

115. 汉江石油分公司在L市造成环境污染，环保机构准备提起民事公益诉讼。下列说法中错误的有？（2022年真题网络回忆版，多选）

A. 可以由L市中级法院管辖

B. 汉江石油分公司不能作为被告

C. 国外某环保协会可以提起民事公益诉讼

D. L市某县的环保协会可以提起民事公益诉讼

【考点】 民事公益诉讼

【解题思路与方法分析】《最高人民法院关于审理环境民事公益诉讼案件适用法律若干问题的解释》第6条规定，第一审环境民事公益诉讼案件由污染环境、破坏生态行为发生地、损害结果地或者被告住所地的中级以上人民法院管辖。中级人民法院认为确有必要的，可以在报请高级人民法院批准后，裁定将本院管辖的第一审环境民事公益诉讼案件交由基层人民法院审理。因此，民事公益诉讼原则上由中级法院管辖。选项A的说法正确。汉江石油分公司属于其他组织，具备诉讼权利能力，可以作为被告。选项B的说法错误。对污染环境、破坏生态，损害社会公共利益的行为，符合下列条件的社会组织可以向人民法院提起诉讼：依法在设区的市级以上人民政府民政部门登记；且专门从事环境保护公益活动连续5年以上且无违法记录。因此选项C和选项D的说法均错误。

答案：BCD

116. 以下有关民事公益诉讼原告主体资格的说法中，不正确的有？（金题，多选）

A. 法院受理民事公益诉讼案件后，其他依法享有起诉权的机关和有关组织，可以在法庭辩论终结前向法院申请参加诉讼，法院可以将其列为共同原告

B. 广西某市的四家化工厂，长期在深夜违规排放工业废气和废渣，导致当地的水流和空气遭受严重污染，该市的环保联合会遂提起环境民事公益诉讼，在法院受理该起诉并作出生效判决后，其他依法享有原告资格的机关或有关组织若对裁判结果不满，可以针对该环境侵权行为另行提起公益诉讼

C. 检察机关可以支持相关的行政机关或社会组织提起民事公益诉讼，这体现了民事检察监督基本原则

D. 民事权益遭受损害的公民，可以向法院申请参加环境民事公益诉讼，也可以依法提起私益诉讼

【考点】 民事公益诉讼的综合考查

【解题思路与方法分析】 法院受理公益诉讼案件后，依法可以提起诉讼的其他机关和有关组织，可以在开庭前向法院申请参加诉讼。法院准许参加诉讼的，列为共同原告。因此，选项A的说法错误。其他适格原告应当在开庭前申请参诉，而不是法庭辩论终结前。公益诉讼案件的裁判发生法律效力后，其他依法具有原告资格的机关和有关组织就同一侵权行为另行提起公益诉讼的，法院裁定不予受理，

但法律、司法解释另有规定的除外。因此，选项B的说法错误，否则将违反一事不再理的要求。检察机关可以支持提起民事公益诉讼，但该种行为与民事检察监督原则无关，该项基本原则的功能是监督法院行使职权的合法性，而对公益诉讼支持起诉的目的是保护社会公共利益。因此，选项C的说法错误。《最高人民法院关于审理环境民事公益诉讼案件适用法律若干问题的解释》第10条第3款规定："公民、法人和其他组织以人身、财产受到损害为由申请参加诉讼的，告知其另行起诉。"第29条规定："法律规定的机关和社会组织提起环境民事公益诉讼的，不影响因同一污染环境、破坏生态行为受到人身、财产损害的公民、法人和其他组织依据民事诉讼法第一百二十二条的规定提起诉讼。"因此，选项D的前半句说法错误。公民个人无权申请参加民事公益诉讼，但有权提起民事私益诉讼。公益诉权与私益诉权二者并行不悖，提起公益诉讼并不影响实际遭受损害的公民个人提起私益诉讼。

【破题指南】检察机关在民事案件中有三种可能的角色，需结合具体情形予以角色定位：(1) 民事检察监督的主体；(2) 支持起诉的主体；(3) 民事公益诉讼起诉人。

答案：ABCD

117. 尝新食品有限责任公司生产了一款可作为代餐的果蔬汁，在P省十分畅销。2023年中秋节时，几个批次的果蔬汁因农残和添加剂严重超标，导致省内的几千名消费者出现了不同程度的食物中毒。针对此情况，P省消费者协会欲向法院提起民事公益诉讼。关于本案，下列选项中错误的有？（金题，多选）

A. 在P省消费者协会提起民事公益诉讼后，该省的检察机关可以作为共同原告

B. 法院在受理P省消费者协会的起诉后，应当公告案件的受理情况，并在立案之日起15日内书面告知相关的行政主管部门

C. 在诉讼进行过程中，若尝新食品公司提出反诉，法院不应受理

D. 法院受理P省消费者协会提起的公益诉讼案件后，因饮用该款果蔬汁而食物中毒的消费者李某仍有权依法提起民事私益诉讼

【考点】 消费民事公益诉讼的综合考查

【解题思路与方法分析】 检察机关在民事公益诉讼中属于后顺位主体，只有其他组织不起诉或者没有其他适格主体时，检察机关才能提起公益诉讼，本案中P省消协已经依法起诉，检察机关此时就不得起诉，也就不能作为共同原告，但可以支持消协起诉。因此，选项A的说法错误。法院受理消费民事公益诉讼案件后，应当公告案件受理情况，并在立案之日起10日内书面告知相关行政主管部门。因此，选项B说法错误。民事公益诉讼禁止反诉。因此，选项C的说法正确。法院受理公益诉讼案件，不影响同一侵权行为的受害人依法提起民事私益诉讼。换言之，民事公益诉讼与民事私益诉讼并行不悖，提起民事公益诉讼并不影响实际受害者提起民事私益诉讼。因此，选项D的说法正确。

【破题指南】检察机关有权提起民事公益诉讼，或者支持相关主体提起民事公益诉讼。检察机关若以公益诉讼起诉人的角色提起民事公益诉讼，须恪守后顺位的要求（诉前公告30日）：(1) 其他组织不起诉；或者 (2) 没有其他适格主体。其他适格主体一旦起诉，检察机关就不得起诉，亦不能作为共同原告，但可以支持起诉。

答案：AB

118. 2018年1月至2021年10月，王氏二兄弟在无营业执照、无危险废物经营许可证的情况下，擅自在租用的厂房从事废树脂桶和废油桶的清洗业务，导致该市的土壤和地下水遭受严重污染。为了维护社会公共利益，该市的环保组织"绿色小鸟"向法院提起了环境民事

公益诉讼。结合本案，以下说法中符合法律及司法解释规定的有？（金题，多选）

A. 由于本案涉及土壤污染、非法排污、因果关系、环境修复等诸多专业技术问题，“绿色小鸟”在庭审中可以向法院申请专家辅助人出庭，且专家辅助人的意见经过质证，可以作为认定案件事实的根据

B. 若法院认为“绿色小鸟”提出的诉讼请求不足以维护社会公共利益，则法院有权向其释明变更或增加诉讼请求

C. 该市的检察机关可以通过提供法律咨询、提交书面意见、协助调查取证等方式，支持“绿色小鸟”提起环境民事公益诉讼

D. 若“绿色小鸟”请求被告承担检验、鉴定费用，合理的律师费以及为诉讼支出的其他合理费用，法院不应支持

【考点】 环境民事公益诉讼

【解题思路与方法分析】《最高人民法院关于审理环境民事公益诉讼案件适用法律若干问题的解释》第15条规定：“当事人申请通知有专门知识的人出庭，就鉴定人作出的鉴定意见或者就因果关系、生态环境修复方式、生态环境修复费用以及生态环境受到损害至修复完成期间服务功能丧失导致的损失等专门性问题提出意见的，人民法院可以准许。前款规定的专家意见经质证，可以作为认定事实的根据。”因此，选项A的说法正确。法院认为原告提出的诉讼请求不足以保护社会公共利益的，可以向其释明变更或者增加停止侵害、恢复原状等诉讼请求，此时并不违反处分原则。因此，选项B的说法正确。依据《最高人民法院关于审理环境民事公益诉讼案件适用法律若干问题的解释》第11条的规定，检察机关可以通过提供法律咨询、提交书面意见、协助调查取证等方式支持社会组织依法提起环境民事公益诉讼。因此，选项C的说法正确。原告请求被告承担检验、鉴定费用，合理的律师费以及为诉讼支出的其他合理费用的，法院可以依法予以支持。因此，选项D的说法错误。

答案：ABC

119. 河北省纯星公司生产了一款名为“霾拜拜”的空气净化器，其在包装及机身上所标明的规格参数与实际净化能力严重不符，河北省消费者协会得知该情况后，以侵害众多消费者合法权益为由向法院提起公益诉讼，法院受理了该起诉。以下有关本案的说法中，正确的有？（金题，单选）

A. 本案的管辖法院应当是侵权行为地或被告住所地的基层人民法院

B. 在诉讼进行过程中，河北省消协有权与被告进行和解，若双方达成了和解协议，法院应当依据和解协议出具调解书

C. 法院受理起诉后，河北省消费者协会无权申请撤回起诉

D. 法院受理起诉后，购买该款空气净化器的消费者王三仍有权向法院提起诉讼，要求纯星公司予以赔偿

【考点】 消费民事公益诉讼

【解题思路与方法分析】 公益诉讼由侵权行为地或被告住所地的中级人民法院管辖，但法律、司法解释另有规定的除外。由此可知，民事公益诉讼以中院管辖为原则、基层法院管辖为例外。选项A的说法错误。依据《民诉法解释》第287条的规定，对公益诉讼案件，当事人可以和解，人民法院可以调解。当事人达成和解或者调解协议后，人民法院应当将和解或者调解协议进行公告。公告期间不得少于30日。公告期满后，人民法院经审查，和解或者调解协议不违反社会公共利益的，应当出具调解书；和解或者调解协议违反社会公共利益的，不予出具调解书，继续对案件进行审理并依法作出裁判。依此，公益诉讼中的和解须遵循特殊的要求，即达成和解协议后须首先进行公告，之后再由法院进行审查，而不能直接依据和解协议制作调解书。选项B的说法

错误。依据《民诉法解释》第288条规定，公益诉讼案件的原告在法庭辩论终结后申请撤诉的，人民法院不予准许。因此法律并未完全剥夺民事公益诉讼原告的撤诉权。选项C的说法错误。法院受理公益诉讼案件，不影响同一侵权行为的受害人依法提起私益诉讼。选项D的说法正确。

【避坑秘笈】（1）民事公益诉讼并不禁止调解与和解的适用，但在条件和程序上给予了更多限制，须“先公告、后审查”。（2）民事公益诉讼对撤诉的条件要求更高，当事人以达成和解协议为由申请撤诉的，不予准许。原则上需要诉讼请求已经全部实现，才能够申请撤诉。

答案：D

120. 关于法定诉讼代理人，下列哪些认识是正确的？（2011年卷三第82题，多选）

A. 代理权的取得不是根据其所代理的当事人的委托授权

B. 在诉讼中可以按照自己的意志代理被代理人实施所有诉讼行为

C. 在诉讼中死亡的，产生与当事人死亡同样的法律后果

D. 所代理的当事人在诉讼中取得行为能力的，法定诉讼代理人则自动转化为委托代理人

【考点】 法定代理人的综合考查

【解题思路与方法分析】 无诉讼行为能力人（无民事行为能力人和限制民事行为能力人）由他的监护人作为法定代理人代为诉讼。法定代理人之间互相推诿代理责任的，由法院指定其中一人代为诉讼。据此可知，法定代理人取得代理权并不是基于当事人的委托，而是依据法律的直接规定。因此，选项A的说法正确。法定代理人可以按照自己的意志代理被代理人实施所有诉讼行为，如起诉、应诉、放弃或变更诉讼请求、进行调解、提起反诉等。因此，选项B的说法正确。在诉讼中，法定代理人死亡的，其法定诉讼代理权消灭；但若当事人还活着的，则可根据法律的规定另行确定其他的法定代理人进行诉讼。因此，在诉讼中，法定代理人死亡与当事人死亡的法律后果是不同的。因此，选项C的说法错误。在诉讼过程中，若无诉讼行为能力的被代理人取得了诉讼行为能力，则导致法定代理人的代理权消灭，在没有当事人授权委托的情况下，其不能自动转化为委托代理人。因此，选项D的说法错误。

【破题指南】（1）法定代理人的代理权是依法律确定的，法定代理人参加诉讼不需要办理授权委托书。（2）法定代理人的代理权限很广，其可以按照自己的意志代理被代理人实施所有的诉讼行为，也应履行当事人所应承担的一切诉讼义务。法定代理人在诉讼中的行为应当视为当事人的行为，与当事人的行为具有同等法律效力。（3）法定代理人不是当事人，法定代理人只能以当事人的名义起诉和应诉，法院的裁判结果及于当事人而非法定代理人。（4）一旦监护权消灭，法定代理权亦随之消灭。

答案：AB

121. 某市法院受理了中国人郭某与外国人珍妮的离婚诉讼，郭某委托黄律师作为代理人，授权委托书中仅写明代理范围为“全权代理”。关于委托代理的表述，下列哪一选项是正确的？（2013年卷三第42题，单选）

A. 郭某已经委托了代理人，可以不出庭参加诉讼

B. 法院可以向黄律师送达诉讼文书，其签收行为有效

C. 黄律师可以代为放弃诉讼请求

D. 如果珍妮要委托代理人代为诉讼，必须委托中国公民

【考点】 涉外离婚诉讼的委托代理

【解题思路与方法分析】 本案为离婚诉讼，不同于其他案件，离婚案件要求本人亲自参与，因此即使有诉讼代理人，本人除不能表达意思的以外，仍应出庭。确因特殊情况无法出庭的，必须向法院提交书面意见。因此，选项A的说法错误。受送达人有诉讼代理人的，可以送交其代理人签收，属于直接送达。因此，选项B的说法正确。授权委托书必须载明委托事项和委托权限，委托权限分为一般授权与特别授权。诉讼代理人代为承认、放弃、变更诉讼请求，进行和解、调解，提起反诉或者上诉，必须有委托人的特别授权。据此可知，"代为放弃诉讼请求"的，必须经过特别授权。黄律师的授权委托书中仅写"全权代理"而无具体授权时，视为一般代理。因此，黄律师不可以代为放弃诉讼请求。选项C的说法错误。外国人、无国籍人、外国企业和组织在人民法院起诉、应诉，需要委托律师代理诉讼的，必须委托中华人民共和国的律师。换言之，外国人委托律师参加诉讼时只能委托中国的律师，但如果委托代理人是以其他身份（例如近亲属等身份）代理诉讼，则不受国籍的限制。因此，选项D的说法错误。

答案：B

122. 律师作为委托诉讼代理人参加诉讼，应向法院提交下列哪些材料？（2015年卷三第78题，多选）

A. 律师所在的律师事务所与当事人签订的协议书

B. 当事人的授权委托书

C. 律师的执业证

D. 律师事务所的证明

【考点】 委托律师代理诉讼所需提交的材料种类

【解题思路与方法分析】 依据《民诉法解释》第88条的规定，委托律师代理诉讼，需要提交授权委托书，并提供律师执业证和律所证明。因此，选项B、C、D均当选。律师与当事人签订的协议书，属于当事人与律所之间的权利义务关系凭证，与法院无关，无须提交。因此，选项A不当选。

答案：BCD

123. 王某与赵某系夫妻，一次外出进货时发生车祸，夫妻二人不幸身亡。二人育有四个孩子甲、乙、丙、丁，其中丁只有15岁。夫妻的遗产实际上由甲在使用。因对遗产分配情况不满意，乙、丙、丁对甲提起诉讼，丁对他们的分配方案都不满意。请问：如何确定丁的监护人？（2020年真题网络回忆版，单选）

A. 法院应指定甲、乙、丙以外的人作丁的监护人

B. 法院应指定甲作丁的监护人，同时作为丁的法定代理人参诉

C. 丁自己参诉，没有监护人

D. 丁可以委托丙作为自己的诉讼代理人

【考点】 监护人的确定

【解题思路与方法分析】《民法典》第27条规定："父母是未成年子女的监护人。未成年人的父母已经死亡或者没有监护能力的，由下列有监护能力的人按顺序担任监护人：（一）祖父母、外祖父母；（二）兄、姐；（三）其他愿意担任监护人的个人或者组织，但是须经未成年人住所地的居民委员会、村民委员会或者民政部门同意。"《民法典》第31条第2款规定："居民委员会、村民委员会、民政部门或者人民法院应当尊重被监护人的真实意愿，按照最有利于被监护人的原则在依法具有监护资格的人中指定监护人。"本案中，甲、乙、丙、丁作为继承人，相互之间存在利益冲突，甲、乙、丙均可能损害丁的合法权益，因此法院应当在甲、乙、丙之外指定丁的监护人。选项A正确，选项B错误。丁只有15岁，属于限制民事行为能力人，其不具备诉讼行为能力，因此不能自己参诉，亦无权委托诉讼代理人。选

项C和选项D的说法均错误。

答案：A

124. 下列主体中，可以委托其作为民事诉讼代理人的有？（金题，多选）

A. 周宇与胡旭房屋租赁合同纠纷诉讼中，周宇的岳父贾某，系市机床厂的退休工人

B. 致和公司与三番公司买卖合同纠纷诉讼中，致和公司的实习生何某，系某名牌大学法学院高才生

C. 梦幻网络公司与缥缈影视公司专利纠纷诉讼中，由中华全国专利代理人协会推荐的专利代理人黄某

D. 黄亮与范红离婚诉讼中，某基层法律服务所的法律工作人员廖某

【考点】 委托诉讼代理人的资格

【解题思路与方法分析】 2012年《民事诉讼法》的修正和《民诉法解释》的总体思路都是限制公民代理（尤其是非法有偿代理），同时扩张"近亲属"的范围。依据《民事诉讼法》第61条第2款的规定，可以被委托为诉讼代理人的有：律师、基层法律服务工作者；当事人的近亲属或者工作人员；当事人所在社区、单位以及有关社会团体推荐的公民。在此基础上，《民诉法解释》第84条至第87条进一步细化了上述主体的范围。《民诉法解释》第85条规定，与当事人有夫妻、直系血亲、三代以内旁系血亲、近姻亲关系以及其他有抚养、赡养关系的亲属，可以当事人近亲属的名义作为诉讼代理人。因此，选项A符合近姻亲的关系，贾某可以作为诉讼代理人。《民诉法解释》第86条规定，与当事人有合法劳动人事关系的职工，可以当事人工作人员的名义作为诉讼代理人。选项B中何某仅是实习生，因此不享有诉讼代理人资格。《民诉法解释》第87条第2款规定："专利代理人经中华全国专利代理人协会推荐，可以在专利纠纷案件中担任诉讼代理人。"因此，选项C中黄某可以作为诉讼代理人。选项D中的基层法律服务所工作人员属于基层法律服务工作者，廖某可以作为诉讼代理人。

答案：ACD

第六章 民事诉讼辅助和保障制度

考点提示

期间：法定期间与指定期间；可变期间与不可变期间；申请顺延期限
送达：直接送达；留置送达；电子送达的最新规定；委托送达；公告送达（30 日）
保全：诉前保全、诉中保全、执行前保全；财产保全、行为保全、证据保全
先予执行：适用条件；担保；救济机制
对妨害诉讼行为的强制措施：训诫；责令退出法庭；罚款；拘传；拘留

【知识点激活】

1. 指定期间均为可变期间，法定期间分为法定可变期间和法定不可变期间。上诉期是法定不可变期间。

2. 诉讼文书的在途时间不算在期限内，但人在途的期间要算。

3. 顺延期限需依申请，申请时间是障碍消除后的 10 日内，是否准许由法院决定。

4. 直接送达不要求必须送给受送达人本人，还可以送给与其同住的成年家属、指定的代收人等；直接送达的地点也不限于当事人的住所。离婚诉讼中不能将文书交给受送达人的配偶。

5. 完成留置送达的前提条件是见证，可以邀请见证人见证，也可以采用拍照、录像等电子设备的方式进行见证。调解书不能留置送达；支付令可以留置送达，但不能公告送达。

6. 在受送达人同意的情况下，各类诉讼文书都可以适用电子送达。电子送达判决书、裁定书、调解书的，受送达人提出需要纸质文书的，法院应当提供，但何时收到纸质文书，不影响电子送达的生效时间。

7. 公告送达的公告期为 30 日。

8. 诉前保全：起诉前 + 不立即申请保全将会导致合法权益遭受难以弥补的损害 + 依申请启动 + 应当提供担保 +30 日内起诉。

9. 行为保全的常见方式：知产领域的临时禁令；人身安全保护令。

10. 法院对抵押物、质押物、留置物可以采取财产保全措施，不影响抵押权人、质权人、留置权人的优先受偿权。被保全的担保财产原则上仍由担保物权人保管。

11. 执行前保全：法律文书生效后、执行程序启动前 + 可以不提供担保 + 履行期间届满后 5 日内申请执行。

12. 先予执行：情况紧急救命钱 + 依申请 + 诉中 + 担保的非必须性。

13. 诉前保全、仲裁前保全、仲裁中保全以及先予执行裁定，均只能依申请作出。

14. 训诫、责令退出法庭，由合议庭或者独任审判员决定；罚款、拘留、拘传须经院长批准，其中拘传用拘传票，罚款和拘留均用决定书。对罚款和拘留的决定不服的，可以向上一级法院申请复议，复议期间不停止执行。

125. 关于《民事诉讼法》规定的期间制度，下列哪一选项是正确的？（2012 年卷三第 38 题，单选）

A. 法定期间都属于绝对不可变期间

B. 涉外案件的审理不受案件审结期限的限制

C. 当事人从外地到法院参加诉讼的在途期间不包括在期间内

D. 当事人有正当理由耽误了期间，法院应当依职权为其延展期间

【考点】 期间

【解题思路与方法分析】 法定期间分为法定可变期间和法定不可变期间两种，并非所有的法定期间都绝对不可变，例如一审普通程序、简易程序的审限都属于法定期间，但都可以延长，因此选项 A 的说法错误。法院审理涉外案件不受民事诉讼法第一审审限和第二审审限的限制，因此选项 B 的说法正确。诉讼文书的在途期间不包括在期间内，应当注意在途期间不计算在期间内的只是诉讼文书的在途期间，而当事人完成诉讼行为的在途期间应当计入，因此选项 C 的说法错误。当事人因不可抗拒的事由或者其他正当理由耽误期限的，在障碍消除后的 10 日内，可以申请顺延期限，是否准许，由法院决定。在当事人耽误期限的情形下，当事人可以申请顺延期限，但不应由法院依职权主动顺延，因此选项 D 的说法错误。

【破题指南】（1）指定期间均为可变期间，法定期间分为法定可变期间与法定不可变期间两种。（2）期间的最后一日是节假日≠期间中经过了节假日。（3）期间不包括诉讼文书的在途时间，但要包括人的在途时间。（4）顺延期限只能依申请启动，法院不能依职权主动顺延期限。

答案：B

126. 张兄与张弟因遗产纠纷诉至法院，一审判决张兄胜诉。张弟不服，却在赴法院提交上诉状的路上被撞昏迷，待其经抢救苏醒时已超过上诉期限一天。对此，下列哪一说法是正确的？（2015 年卷三第 41 题，单选）

A. 法律上没有途径可对张弟上诉权予以补救

B. 因意外事故耽误上诉期限，法院应依职权决定顺延期限

C. 张弟可在清醒后 10 日内，申请顺延期限，是否准许，由法院决定

D. 上诉期限为法定期间，张弟提出顺延期限，法院不应准许

【考点】 期间的耽误与申请顺延

【解题思路与方法分析】 当事人因不可抗拒的事由或者其他正当理由耽误期限的，在障碍消除后的 10 日内，可以申请顺延期限，但是否同意，由法院决定。本案中张弟的情形属于因为不可抗拒的事由而耽误期限，因此其可以在苏醒后的 10 日内向法院申请顺延期限，是否同意，由法院决定。选项 C 的说法正确，选项 A 的说法错误，张弟申请法院顺延期限。选项 B 的说法错误，顺延期限只能依申请启动，法院没有依职权顺延的职责。上诉期间虽然属于法定不可变期间，但仍可以在满足法定条件和情形时申请顺延。换言之，申请顺延期限的制度可以适用于各种期限，可变期间与不可变期间在满足法定条件时，都可以申请顺延。法定不可变期间虽然可以申请顺延，但不能申请延长，因此选项 D 的说法错误。

【避坑秘笈】（1）申请顺延期限只能依申请启动。（2）申请顺延的时间是障碍消除后的 10 日内，当事人只有申请权，是否顺延由法院决定。（3）申请顺延期限≠申请延长期限。法定不可变期间不能申请延长，但符合

条件时可以申请顺延。

答案：C

127. 甲起诉要求与妻子乙离婚，法院经审理判决不予准许。书记员两次到甲住所送达判决书，甲均拒绝签收。书记员的下列哪一做法是正确的？（2009 年卷三第 43 题，单选）

A. 将判决书交给甲的妻子乙转交

B. 将判决书交给甲住所地居委会转交

C. 请甲住所地居委会主任到场见证并将判决书留在甲住所

D. 将判决书交给甲住所地派出所转交

【考点】　离婚案件的文书送达

【解题思路与方法分析】　直接送达，是指由法院的送达人员将需送达的诉讼文书、法律文书直接交给受送达人或他的成年家属、代收人的送达方式。但离婚案件中，不能将文书交给受送达人的配偶，因为此时二者已经“反目成仇”，变成对抗的双方当事人。选项 A 的说法错误。转交送达的受送达人仅限于三种主体：军人、被监禁的人、被采取强制性教育措施的人，因此本案不符合转交送达的适用条件。选项 B 和选项 D 的说法均错误。受送达人或者他的同住成年家属拒绝接收诉讼文书的，送达人应当邀请有关基层组织或者所在单位的代表到场，说明情况，在送达回证上记明拒收事由和日期，由送达人、见证人签名或者盖章，把诉讼文书留在受送达人的住所，即视为送达。本案中受送达人甲拒绝接收判决书的，书记员可以邀请居委会主任作为见证人来完成留置送达。选项 C 的说法正确。

【破题指南】（1）离婚诉讼中不能将法律文书交给受送达人的配偶，其虽然是成年家属，但不具有作为直接送达接收主体的资格。（2）转交送达只适用于三种人身不自由的人，即军人、被监禁的人、被采取强制性教育措施的人。（3）留置送达的完成以见证为前提，见证的方式有两种，一种是邀请见证人见证，另一种是通过拍照、录像等方式记录留置过程，择一即可。调解书不能留置送达。

答案：C

128. 关于法院的送达行为，下列哪一选项是正确的？（2013 年卷三第 39 题，单选）

A. 陈某以马某不具有选民资格向法院提起诉讼，由于马某拒不签收判决书，法院向其留置送达

B. 法院通过邮寄方式向葛某送达开庭传票，葛某未寄回送达回证，送达无效，应当重新送达

C. 法院在审理张某和赵某借款纠纷时，委托赵某所在学校代为送达起诉状副本和应诉通知

D. 经许某同意，法院用电子邮件方式向其送达证据保全裁定书

【考点】　送达

【解题思路与方法分析】　受送达人或者他的同住成年家属拒绝接收诉讼文书的，送达人可以邀请有关基层组织或者所在单位的代表到场，说明情况，在送达回证上记明拒收事由和日期，由送达人、见证人签名或者盖章，把诉讼文书留在受送达人的住所；也可以把诉讼文书留在受送达人的住所，并采用拍照、录像等方式记录送达过程，即视为送达。选项 A 中选民资格案件虽然属于特别程序，但同样可以留置送达，因此选项 A 的说法正确。邮寄送达的，以回执上注明的收件日期为送达日期，受送达人未寄回送达回证的，不影响送达的效力，因此选项 B 的说法错误。委托送达的受委托主体只能是人民法院，学校并非委托送达的主体，因此选项 C 的说法错误。依据《民事诉讼法》第 90 条第 1 款的规定：“经受送达人同意，人民法院可以采用能够确认其收悉的电子方式送达诉讼文书。通过电子方式送达的判决书、裁定书、调解书，受送达人提出需要纸质文书的，人民法院应当提供。”因此，经过受

送达人许某的同意，法院可以对其电子送达裁定书，选项D的说法正确。

【避坑秘笈】(1) 委托送达的受委托主体只能是法院。(2) 经过受送达人同意，各类诉讼文书均可适用电子送达，包括判决书、裁定书、调解书。如果电子送达判决书、裁定书、调解书，当事人要求提供纸质文书的，法院应当提供。但何时收到纸质文书，不影响电子送达的生效时间。

答案：AD（旧题新解）

129. 张某诉美国人海斯买卖合同一案，由于海斯在我国无住所，法院无法与其联系，遂要求张某提供双方的电子邮件地址，电子送达了诉讼文书，并在电子邮件中告知双方当事人在收到诉讼文书后予以回复，但开庭之前法院只收到张某的回复，一直未收到海斯的回复。后法院在海斯缺席的情况下，对案件作出判决，驳回张某的诉讼请求，并同样以电子送达的方式送达判决书。关于本案诉讼文书的电子送达，下列哪一做法是合法的？（2014 年卷三第 42 题，单选）

A. 向张某送达举证通知书

B. 向张某送达缺席判决书

C. 向海斯送达举证通知书

D. 向海斯送达缺席判决书

【考点】 电子送达的适用条件和范围

【解题思路与方法分析】 本案属于涉外诉讼，无论是国内诉讼还是涉外诉讼，都可以适用电子送达。《民事诉讼法》第 90 条规定："经受送达人同意，人民法院可以采用能够确认其收悉的电子方式送达诉讼文书。通过电子方式送达的判决书、裁定书、调解书，受送达人提出需要纸质文书的，人民法院应当提供。采用前款方式送达的，以送达信息到达受送达人特定系统的日期为送达日期"。依此，适用电子送达须以受送达人同意为前提，举证通知书和判决书均可电子送达，选项 A 和选项 B 均正确。未经海斯同意，不能对海斯适用电子送达，因此选项 C 和选项 D 均错误。2021 年修法后，本题的答案随之发生变化，因此从单选题变成了多选题。

答案：AB（旧题新解）

130. 某区法院通过电子邮件告知李红领取判决书，李红委托其诉讼代理人李欢代为领取。李欢到法院后发现判决己方败诉，表示不认可判决结果，拒绝签署送达回证。送达人员遂在送达回证上注明李欢拒收文书，并由相关见证人员签字。对于本案的送达方式，下列哪一说法是正确的？（2018 年真题网络回忆版，单选）

A. 构成留置送达

B. 构成直接送达

C. 构成委托送达

D. 构成电子送达

【考点】 送达方式的识别

【解题思路与方法分析】 法院直接送达的地点不限于当事人住所，法院可以在当事人住所地以外向当事人直接送达诉讼文书，当事人拒绝签署送达回证的，采用拍照、录像等方式记录送达过程即视为送达。审判人员、书记员应当在送达回证上注明送达情况并签名。法院直接送达诉讼文书的，可以通知当事人到法院领取。当事人到达法院但拒绝签署送达回证的，视为送达。审判人员、书记员应当在送达回证上注明送达情况并签名。因此，本案中委托代理人到法院但拒绝签收文书，由相关见证人员签字后，就属于完成了直接送达。选项 B 的说法正确，当选。

【破题指南】(1) 直接送达不要求必须送给受送达人本人，也不要求必须送到受送达人的住所。(2) 法院直接送达诉讼文书的，可以通知当事人到法院领取。当事人到达法院但拒绝签署送达回证的，视为送达。审判人员、书记员应当在送达回证上注明送达情况并签名。(3) 法院在定期宣判时，当事人拒不签收判决书、裁定书的，应视为送达，并在宣判笔录中记明。受送达人有诉讼代理人的，法院既可以向受送达人送达，也可以向诉讼代理人送达。

答案：B

131. 关于财产保全和先予执行，下列哪些选项是正确的？（2012 年卷三第 82 题，多选）

A. 二者的裁定都可以根据当事人的申请或法院依职权作出

B. 二者适用的案件范围相同

C. 当事人提出财产保全或先予执行的申请时，法院可以责令其提供担保，当事人拒绝提供担保的，驳回申请

D. 对财产保全和先予执行的裁定，当事人不可以上诉，但可以申请复议一次

【考点】 财产保全与先予执行的异同点

【解题思路与方法分析】 本题是对财产保全与先予执行的综合比较，包括二者的启动方式、适用范围、担保要求以及救济机制。首先，在启动方式上，财产保全分为诉前财产保全和诉中财产保全，其中诉前财产保全只能依据利害关系人的申请启动；而诉中财产保全可以由当事人申请，也可由法院依职权启动。先予执行的启动只能依据当事人的申请，法院不得依职权启动先予执行，因此选项 A 的说法错误。其次，在二者的适用范围方面，财产保全的范围只需限于诉讼请求的范围或与本案有关的财物即可，但先予执行的范围则有更多的限制条件，通常是为了满足相关主体的基本生活保障才可以申请先予执行，因此选项 B 的说法错误，先予执行的适用范围远小于财产保全的适用范围。再次，在担保要求方面，采取诉讼财产保全的法院可以责令提出担保，申请人不提供担保的，法院驳回申请；先予执行时，法院认为有必要让申请人提供担保的，可以责令申请人提出担保，申请人不提供的，法院驳回申请，因此选项 C 的说法正确。此外，在裁定的效力及其救济机制方面，当事人对财产保全或者先予执行的裁定不服的，可以申请作出裁定的法院复议一次，但复议期间不停止裁定的执行，因此选项 D 的说法正确。

【破题指南】（1）诉前财产保全和先予执行都只能依申请启动；诉中财产保全可以依申请启动，也可以依职权启动。（2）财产保全可以发生在诉前、诉中以及执行前，但先予执行只能发生在诉中。（3）财产保全的适用范围较广，但先予执行的适用范围非常有限，仅限于情况紧急要“救命钱”。（4）诉前财产保全应当提供担保，诉中财产保全和先予执行可以提供担保。（5）保全和先予执行均用裁定，不服该裁定可以申请本院复议一次，但复议期间不停止裁定的执行。保全或先予执行错误的，可以要求损害赔偿。

答案：CD

132. 李根诉刘江借款纠纷一案在法院审理，李根申请财产保全，要求法院扣押刘江向某小额贷款公司贷款时质押给该公司的两块名表。法院批准了该申请，并在没有征得该公司同意的情况下采取保全措施。对此，下列哪些选项是错误的？（2015 年卷三第 80 题，多选）

A. 一般情况下，某小额贷款公司保管的两块名表应交由法院保管

B. 某小额贷款公司因法院采取保全措施而丧失了对两块名表的质权

C. 某小额贷款公司因法院采取保全措施而丧失了对两块名表的优先受偿权

D. 法院可以不经某小额贷款公司同意对其保管的两块名表采取保全措施

【考点】 诉讼中财产保全

【解题思路与方法分析】 查封、扣押、冻结担保物权人占有的担保财产，一般由担保物权人保管；由法院保管的，依据《民诉法解释》第 154 条的规定，质权、留置权不因采取保全措施而消灭。因此，本题中对担保物权人

占有的担保财产采取保全措施，应当由担保物权人即债权人保管，即该手表应当由担保物权人即小额贷款公司保管，而无须将之交给法院保管，选项 A 的说法错误。依据《民诉法解释》第 157 条的规定，法院对抵押物、质押物、留置物可以采取财产保全措施，但不影响抵押权人、质权人、留置权人的优先受偿权。因此选项 B 和选项 C 的说法均错误。法院对名表采取保全措施不需要经过担保物权人的同意，选项 D 的说法正确。

【破题指南】（1）法院对抵押物、质押物、留置物采取财产保全措施的，并不影响担保物权人的优先受偿权。（2）查封、扣押、冻结担保物权人占有的担保财产，原则上由担保物权人保管，而非由法院保管。

答案：ABC

133. 甲公司生产的“晴天牌”空气清新器销量占据市场第一，乙公司见状，将自己生产的同类型产品注册成“清天牌”，并全面仿照甲公司产品，使消费者难以区分。为此，甲公司欲起诉乙公司侵权，同时拟申请诉前禁令，禁止乙公司销售该产品。关于诉前保全，下列哪些选项是正确的？（2015 年卷三第 81 题，多选）

A. 甲公司可向有管辖权的法院申请采取保全措施，并应当提供担保

B. 甲公司可向被申请人住所地法院申请采取保全措施，法院受理后，须在 48 小时内作出裁定

C. 甲公司可向有管辖权的法院申请采取保全措施，并应当在 30 天内起诉

D. 甲公司如未在规定期限内起诉，保全措施自动解除

【考点】 诉前行为保全

【解题思路与方法分析】 依据《民事诉讼法》第 104 条的规定，利害关系人因情况紧急，不立即申请保全将会使其合法权益受到难以弥补的损害的，可以在提起诉讼前向被保全财产所在地、被申请人住所地或者对案件有管辖权的人民法院申请采取诉前保全措施。本题中的诉前禁令属于诉前行为保全，申请诉前保全的，申请人应当提供担保，不提供担保的，裁定驳回申请，因此选项 A 的说法正确。诉前保全均属于情况紧急的情形，法院应当在 48 小时内作出裁定，因此选项 B 的说法正确。采取诉前保全措施后，申请人应当在 30 日内提起诉讼或申请仲裁，否则法院应当裁定解除保全，因此选项 C 的说法正确。在符合保全解除的法定情形时，保全措施不会自动解除，仍然需要法院作出解除裁定，因此选项 D 的说法错误。

【避坑秘笈】（1）诉前保全只能依申请启动，申请人应当提供担保。法院对诉前保全申请应当在 48 小时内作出裁定。（2）采取诉前保全措施后，申请人应当在 30 日内提起诉讼或申请仲裁，否则法院裁定解除保全措施。（3）当出现应当解除保全的法定情形时，保全措施不会自动解除，须由法院作出裁定予以解除。

答案：ABC

134. 李某与温某之间债权债务纠纷经甲市 M 区法院审理作出一审判决，要求温某在判决生效后 15 日内偿还对李某的欠款。双方均未提起上诉。判决履行期内，李某发现温某正在转移财产，温某位于甲市 N 区有可供执行的房屋一套，故欲申请法院对该房屋采取保全措施。关于本案，下列哪一选项是正确的？（2016 年卷三第 43 题，单选）

A. 此时案件已经审理结束且未进入执行阶段，李某不能申请法院采取保全措施

B. 李某只能向作出判决的甲市 M 区法院申请保全

C. 李某可向甲市 M 区法院或甲市 N 区法院申请保全

D. 李某申请保全后，其在生效判决书指

定的履行期间届满后 15 日内不申请执行的，法院应当解除保全措施

【考点】 执行前保全

【解题思路与方法分析】《民诉法解释》在第 163 条规定了执行前保全。法律文书生效后，进入执行程序前，债权人因对方当事人转移财产等紧急情况，不申请保全将可能导致生效法律文书不能执行或者难以执行的，可以向执行法院申请采取保全措施。债权人在法律文书指定的履行期间届满后 5 日内不申请执行的，法院应当解除保全。本案中，在法律文书生效后，进入执行程序前，温某有转移财产的行为，此时债权人李某有权申请采取执行前保全措施，因此选项 A 的说法错误。执行前保全的管辖法院是执行法院，执行法院即一审法院或与其同级的被执行财产所在地法院，因此甲市 M 区法院或甲市 N 区法院均有管辖权，选项 B 的说法错在了“只能”二字，选项 C 的说法正确。李某申请保全后，其在生效判决书指定的履行期间届满后 5 日内不申请执行的，法院应当解除保全措施，选项 D 的说法错误，应当是“5 日”而非“15 日”。

【避坑秘笈】（1）执行前保全发生在法律文书生效后、进入执行程序之前（履行期限尚未届满），申请人可以不提供担保。（2）执行前保全的管辖法院是执行法院（“近水楼台先得月”）。（3）法院采取执行前保全措施后，债权人应当在履行期限届满后的 5 日内申请执行，否则法院将裁定解除保全措施。

答案：C

135. 在甲与乙的合同纠纷中，甲向财产所在地的 A 区法院申请诉前保全，之后又向被告住所地的 B 区法院起诉。关于本案，下列说法中正确的是？（2019 年真题网络回忆版，多选）

A. B 区法院应当将材料移送给 A 区法院

B. A 区法院应当将材料移送给 B 区法院

C. 诉前保全的裁定视为 B 区法院作出的裁定

D. 甲只能向 A 区法院起诉

【考点】 诉前保全

【解题思路与方法分析】 依据《民诉法解释》第 160 条的规定：“当事人向采取诉前保全措施以外的其他有管辖权的人民法院起诉的，采取诉前保全措施的人民法院应当将保全手续移送受理案件的人民法院。诉前保全的裁定视为受移送人民法院作出的裁定。”本案中，A 区法院应当将保全手续移送 B 区法院，诉前保全裁定视为 B 区法院作出的裁定，因此选项 B 和选项 C 的说法正确，选项 A 和选项 D 的说法错误。

【破题指南】当采取诉前保全措施的法院，与最终受理起诉的法院不一致时——谁最终受理起诉，谁就获得了之前的一切。

答案：BC

136. 范晓明从事个体运输业务，在行车过程中，因闯红灯将正常过马路的谢丽撞伤并住院治疗。在谢丽住院期间，因范晓明拒不垫付医疗费，谢丽将范晓明诉至法院。关于本案，谢丽可以向法院申请采取下列哪些措施？（2019 年真题网络回忆版，多选）

A. 申请对范晓明采取强制措施

B. 申请公开审理

C. 申请先予执行

D. 申请财产保全

【考点】 诉讼辅助和保障措施的综合考查

【解题思路与方法分析】 民事诉讼以“公开审理为原则，不公开审理为例外”，本案并不存在不公开审理的特殊情形，因此应当公开审理，当事人无须提出申请。在民事诉讼中，强制措施仅仅适用于妨碍诉讼和执行的行为，在本案中范晓明并未实施妨碍诉讼或执行的行为，不能对其采取强制措施；且针对妨

碍诉讼和执行的行为适用强制措施的，应当由法院依职权采取，不存在当事人申请适用的问题，因此选项A和选项B的说法均错误。追索医疗费用属于“救命钱”，当事人可以在诉讼中申请先予执行，也可以申请财产保全，因此选项C和选项D的说法均正确。

答案：CD

137. 王某与胜达公司订立了商品房买卖合同，由王某购买位于甲市的房屋一套。后胜达公司拒绝交付房屋，王某根据买卖合同中的仲裁条款向设立在乙市的仲裁委员会申请仲裁，要求胜达公司依约交付房屋。在仲裁过程中，王某提出案件法律关系清楚，且自己结婚在即急需用房，于是申请先予执行。关于本案，下列选项中说法正确的有？（2020年真题网络回忆版，单选）

A. 王某无权申请先予执行

B. 王某应当向乙市仲裁委提出申请，由乙市仲裁委将申请转交法院

C. 王某应当向房屋所在地的基层人民法院申请先予执行

D. 王某应当向乙市仲裁委所在地的基层人民法院申请先予执行

【考点】 先予执行的适用条件

【解题思路与方法分析】 本题类似“脑筋急转弯”。首先，先予执行的适用范围是民事诉讼，在民商事仲裁中不适用先予执行。其次，先予执行的适用条件是情况紧急且急需“救命钱”，例如支付赡养费、扶养费、抚养费、抚恤金、医疗费用、劳动报酬、社会保险金等。本题中当事人着急用房结婚，显然不符合上述条件，因此王某无权申请先予执行，选项A的说法正确，选项B、C、D的说法均错误。

【原理精炼】先予执行适用于民事诉讼和劳动仲裁领域，体现了民事诉讼和劳动仲裁对弱势群体的倾斜保护。但民商事仲裁并不承载保护弱势群体的功能，因此在民商事仲裁领域不适用先予执行。

答案：A

138. 甲市A区的信审公司准备将乙市B区的大力公司诉至法院，要求其支付拖欠的材料款300万元。在起诉前，信审公司向甲市A区法院申请诉前保全，对大力公司在某银行的300万元存款进行了冻结。之后信审公司将大力公司诉至乙市B区法院，法院经审理支持了信审公司的诉讼请求。大力公司不服，提出上诉，乙市中级法院驳回上诉、维持原判决。关于本案，下列选项中说法正确的有？（2020年真题网络回忆版，多选）

A. 甲市A区法院无权管辖保全申请

B. 乙市B区法院受理起诉后，甲市A区法院应当将保全手续移交乙市B区法院

C. 判决生效后，信审公司可以向乙市B区法院申请执行

D. 判决生效后，信审公司可以向乙市中院申请执行

【考点】 保全

【解题思路与方法分析】 选项A考查诉前财产保全的管辖法院，诉前保全应当由被保全财产所在地、被申请人住所地以及对案件有管辖权的法院管辖。本案属于合同纠纷，管辖法院是合同履行地或被告住所地。本案中没有约定合同履行地，那么给付货币的，以接受货币一方作为合同履行地。本案中接受货币的一方为原告信审公司，因此信审公司所在地的甲市A区法院属于合同履行地，对诉前保全享有管辖权，选项A的说法错误。本案中，采取诉前保全措施的法院与最终受理起诉的法院不一致，因此采取诉前保全措施的甲市A区法院应当将保全手续移送给受理起诉的乙市B区法院，选项B的说法正确。选项C和选项D考查执行管辖法院，诉讼类案件中的执行根据，应当由一审法院或与其同级的被执行财产所在

地法院管辖，因此选项 C 的说法正确，选项 D 的说法错误。

答案：BC

139. 甲毕业后一直游手好闲没有工作，寄居在舅舅乙家，乙一直说甲是“吃软饭”，甲觉得自己受到侮辱，向法院申请禁止令要求乙不再辱骂自己，法院支持了甲的请求。乙觉得自己是正常的教育行为，乙应当如何寻求救济？（2021 年真题网络回忆版，单选）

A. 向作出禁止令的法院申请复议

B. 向作出禁止令的法院申请再审

C. 向上一级法院上诉

D. 向上一级法院申请再审

【考点】 行为保全裁定的救济机制

【解题思路与方法分析】《民诉法解释》第 171 条规定：“当事人对保全或者先予执行裁定不服的，可以自收到裁定书之日起五日内向作出裁定的人民法院申请复议。人民法院应当在收到复议申请后十日内审查。裁定正确的，驳回当事人的申请；裁定不当的，变更或者撤销原裁定。”本题的关键在于破题，甲向法院申请的禁止令就是行为保全，对保全裁定不服的，当事人可以向作出裁定的法院申请复议，因此选项 A 的说法正确。

答案：A

140. 刘某与赵某买卖合同纠纷一案，法院多次向赵某送达应诉通知书，赵某均不在家。通过向赵某的邻居了解情况，得知赵某因公出差已一年多未归。此时法院应采用何种方式向赵某进行送达？（2023 年真题网络回忆版，单选）

A. 邮寄送达

B. 电子送达

C. 公告送达

D. 留置送达

【考点】 送达

【解题思路与方法分析】《民事诉讼法》第 91 条规定，直接送达诉讼文书有困难的，可以委托其他人民法院代为送达，或者邮寄送达。在无法对赵某直接送达时，法院可以邮寄送达，选项 A 正确。《民事诉讼法》第 90 条规定，经受送达人同意，人民法院可以采用能够确认其收悉的电子方式送达诉讼文书。因此，对赵某适用电子送达的前提条件是赵某同意，题干中并无此信息，选项 B 错误。《民事诉讼法》第 95 条规定，受送达人下落不明，或者用本节规定的其他方式无法送达的，公告送达。据此，公告送达的前提条件是受送达人下落不明，或者用其他方式无法送达，本案不满足上述条件，选项 C 错误。《民事诉讼法》第 89 条规定：“受送达人或者他的同住成年家属拒绝接收诉讼文书的，送达人可以邀请有关基层组织或者所在单位的代表到场，说明情况，在送达回证上记明拒收事由和日期，由送达人、见证人签名或者盖章，把诉讼文书留在受送达人的住所；也可以把诉讼文书留在受送达人的住所，并采用拍照、录像等方式记录送达过程，即视为送达。”因此，留置送达的前提条件是受送达人或其同住成年家属拒绝接收诉讼文书，本案不满足这一条件，无法留置送达，选项 D 错误。

【避坑秘笈】（1）留置送达的前提条件是受送达人或其同住的成年家属拒收文书。（2）电子送达的前提条件是受送达人同意。（3）公告送达的适用条件是受送达人下落不明，或者穷尽了其他送达方式仍然无法送达（兜底方式）。

答案：A

141. 某甲对妻子某乙实施家暴，某乙向法院申请人身安全保护令。法院受理某乙的申请并发出保护令之后，某甲不服，某甲有何救济方式？（2023 年真题网络回忆版，单选）

A. 向上一级法院申请复议

B. 向本级法院申请复议

C. 提起诉讼撤销该保护令

D. 向上一级法院上诉

【解题思路与方法分析】《反家庭暴力法》第31条规定："申请人对驳回申请不服或者被申请人对人身安全保护令不服的，可以自裁定生效之日起五日内向作出裁定的人民法院申请复议一次。人民法院依法作出人身安全保护令的，复议期间不停止人身安全保护令的执行。"换言之，人身安全保护令属于行为保全的一种具体形式，保全的救济机制是本院复议，因此选项B正确，当选。

【避坑秘笈】只要能够快速破题，知道人身安全保护令属于行为保全的一种具体方式，就能够立马想到保全的救济机制是本院复议一次。

答案：B

142. H地的刘某创作了歌曲《撒狗粮》，B地的罗某、展某未经刘某同意演唱了该首歌曲，之后一炮而红并计划在C地开演唱会。刘某拟申请诉前禁令，关于本案，下列说法中错误的有？（金题，多选）

A. 刘某可以向B地的人民法院申请诉前禁令

B. 刘某应在申请诉前禁令后的30日内向人民法院提起诉讼

C. 刘某申请诉前禁令时应当提供担保，且应当提供相当于请求保全数额的担保

D. 罗某、展某可在收到保全裁定之日起5日内提出异议，收到异议后，人民法院应当撤销原裁定，禁令失效

【考点】 知识产权纠纷领域的行为保全

【解题思路与方法分析】《最高人民法院关于审查知识产权纠纷行为保全案件适用法律若干问题的规定》第3条规定："申请诉前行为保全，应当向被申请人住所地具有相应知识产权纠纷管辖权的人民法院或者对案件具有管辖权的人民法院提出。当事人约定仲裁的，应当向前款规定的人民法院申请行为保全。"因此B地作为被申请人住所地，相应的人民法院对该行为保全有管辖权，选项A的说法正确。《民事诉讼法》第104条第3款规定："申请人在人民法院采取保全措施后三十日内不依法提起诉讼或者申请仲裁的，人民法院应当解除保全。"选项B的说法正确。《民诉法解释》第152条第2款规定："利害关系人申请诉前保全的，应当提供担保。申请诉前财产保全的，应当提供相当于请求保全数额的担保；情况特殊的，人民法院可以酌情处理。申请诉前行为保全的，担保的数额由人民法院根据案件的具体情况决定。"故选项C前半句说法正确，后半句说法错误，行为保全并不要求提供等额担保。《民诉法解释》第171条规定："当事人对保全或者先予执行裁定不服的，可以自收到裁定书之日起五日内向作出裁定的人民法院申请复议。人民法院应当在收到复议申请后十日内审查。裁定正确的，驳回当事人的申请；裁定不当的，变更或者撤销原裁定。"故被申请人提出异议后，人民法院还需要进行审查，并不是直接裁定撤销。选项D的说法错误。

答案：CD

143. 张兴诉周政合同违约一案由A区法院作出一审判决，周政不服提起上诉，在一审法院将诉讼材料报送给二审法院之前，张兴发现周政有转移财产的行为。下列有关本案保全的说法中，正确的有？（金题，单选）

A. 张兴向一审法院提出申请，由一审法院裁定财产保全

B. 张兴向一审法院提出申请，一审法院将保全申请报送给二审法院裁定财产保全

C. 张兴向二审法院提出申请，由二审法院裁定财产保全

D. 张兴向二审法院提出申请，二审法院可以自己裁定财产保全，也可以指令一审法院裁定财产保全

【考点】　上诉期间的财产保全

【解题思路与方法分析】　对当事人不服一审判决提出上诉的案件，在第二审法院接到报送的案件之前，当事人有转移、隐匿、出卖或者毁损财产等行为，必须采取财产保全措施的，由第一审法院依当事人申请或依职权采取。第一审法院的保全裁定，应当及时报送第二审法院。本案的保全时间为在第一审法院将诉讼材料报送给第二审法院之前，此时案件仍然控制在第一审法院手里，因此应当向第一审法院提出保全申请，由第一审法院裁定保全，之后及时报送第二审法院，选项A的说法正确，当选。

答案：A

144. 王喜和董刚因著作权纠纷诉至法院，王喜在起诉状中标明了双方的电子邮箱地址，法院遂通过电子邮件的方式向双方送达了举证通知书和开庭通知书，并在电邮中告知双方当事人在收到通知书后予以回复。在开庭审理之前，法院收到了王喜的回复，但董刚一直未予回复。后在董刚缺席的情况下，法院对案件作出一审判决，要求董刚在20日内向王喜支付侵权损害赔偿金5万元并公开赔礼道歉。以下有关本案的说法中，错误的有？（金题，单选）

A. 法院可以用电子送达的方式向王喜送达举证通知书、开庭通知书以及判决书，但无权以电子送达的方式向董刚送达各项诉讼文书

B. 一审判决作出后，董刚不服欲提出上诉，但在去法院送交上诉状的路上突发心梗，待抢救苏醒时已经超过上诉期限4日，此时董刚可以在清醒后的15日内向法院申请顺延期限，是否准许，由法院裁定

C. 本案属于给付之诉，给付的内容包括金钱和行为

D. 一审判决作出后，王喜认为赔偿金数额过低遂提出上诉，在二审法院接到报送的案件之前，董刚有转移财产的行为，此时一审法院可以依据王喜的申请对董刚采取保全措施

【考点】　诉讼辅助和保障措施的综合考查

【解题思路与方法分析】　依据《民事诉讼法》第90条第1款的规定，经受送达人同意，法院可以采用能够确认其收悉的电子方式送达诉讼文书。通过电子方式送达的判决书、裁定书、调解书，受送达人提出需要纸质文书的，法院应当提供。由此可知，在受送达人同意的前提下，各类诉讼文书均可电子送达，选项A的说法正确。当事人因不可抗拒的事由或者其他正当理由耽误期限的，在障碍消除后的10日内，可以向法院申请顺延期限，是否准许，由法院决定。选项B中可以申请顺延期限的时间应是董刚清醒后的“10日”内，而非“15日”，且法院应当采用“决定”的方式，而非“裁定”，因此选项B的说法错误。本案属于给付金钱和行为的给付之诉，因此选项C的说法正确。对当事人不服一审判决提起上诉的案件，在第二审法院接到报送的案件之前，当事人有转移、隐匿、出卖或者毁损财产等行为，必须采取保全措施的，由第一审法院依当事人申请或者依职权采取。第一审法院的保全裁定，应当及时报送第二审法院。因此选项D的说法正确。

答案：B

145. 蒋铭与童磊之间的人身侵权损害赔偿纠纷，经过两级法院审理后作出了终审判决，要求童磊在判决生效后的30日内向蒋铭支付各项赔偿费用共计11万元。判决履行期限内，蒋铭发现童磊正在将自己名下的全部财产转移给其女友，遂申请法院对童磊的一块名表采取保全措施。关于本案，下列选项中不正确的有？（金题，多选）

A. 蒋铭提出保全申请后，应当在30日内向法院提供担保，担保数额应相当于手表的价值

B. 若童磊称该名表已经被质押给范某，则法院不得对该名表采取保全措施

C. 若童磊称该名表已经被质押给范某，法院仍有权对该名表采取保全措施，范某因此丧失了对该名表的优先受偿权

D. 若法院裁定准许了蒋铭的保全申请，则其应当在保全裁定作出之日起5日内向法院申请启动执行程序，否则法院裁定解除保全措施

【考点】 执行前保全

【解题思路与方法分析】 法律文书生效后，进入执行程序前，债权人因对方当事人转移财产等紧急情况，不申请保全将可能导致生效法律文书不能执行或者难以执行的，可以向执行法院申请采取保全措施。债权人在法律文书指定的履行期间届满后5日内不申请执行的，法院应当解除保全。本案即属于执行前保全，申请执行前保全可以不提供担保，因此选项A的说法没有法律依据，错误。法院对抵押物、质押物、留置物可以采取财产保全措施，但不影响抵押权人、质权人、留置权人的优先受偿权，因此法院对该块名表可以采取保全措施，并不影响范某的优先受偿权，选项B和选项C的说法均错误。法院裁定准许执行前保全的，应当在履行期限届满后的5日内申请执行，而不是裁定作出之日起5日内，选项D的说法错误。

答案：ABCD

146. 景小燕与王大江是大学同学，二人相恋五年后结婚并育有一子，后王大江因生意失败而长期酗酒，酒后经常殴打景小燕，景小燕不堪忍受丈夫的长期家暴，欲向人民法院提起离婚诉讼。结合上述情况，以下说法中正确的有？（金题，多选）

A. 在提起离婚诉讼前，景小燕可以先向其住所地的人民法院申请人身安全保护令

B. 人民法院受理景小燕的申请后，应当在72小时内作出决定，禁止王大江继续实施家庭暴力

C. 景小燕向人民法院提起离婚诉讼后，申请其子笨笨（5岁）出庭作证，欲证明王大江长期对自己实施家暴，笨笨的证言不具有证明力，因为其属于无民事行为能力人

D. 王大江在收到起诉状副本后，可以委托他的父亲王大海（60岁的退休工人）作为诉讼代理人，但王大江本人仍应出庭

【考点】 诉前行为保全（人身安全保护令）；离婚诉讼的特殊性

【解题思路与方法分析】 依据《反家庭暴力法》第23条第1款的规定："当事人因遭受家庭暴力或者面临家庭暴力的现实危险，向人民法院申请人身安全保护令的，人民法院应当受理。"《反家庭暴力法》第25条规定："人身安全保护令案件由申请人或者被申请人居住地、家庭暴力发生地的基层人民法院管辖。"因此选项A的说法正确。人身安全保护令由人民法院以裁定的形式作出，人民法院受理申请后，应当在72小时内作出人身安全保护令或者驳回申请。依此，选项B中人民法院应当以"裁定"的方式作出人身安全保护令，而非"决定"，选项B的说法错误。证人资格的有无与民事行为能力的状态无必然关联，只要能够正确表达意思的人都可以作证人，无民事行为能力人对与其年龄、智力相适应的事物，同样具备作证资格。因此选项C的说法错误。当事人可以委托其近亲属作为诉讼代理人，因此王大江的父亲可以作为诉讼代理人。但离婚案件有诉讼代理人的，本人除不能表达意思的以外，仍应出庭；确因特殊情况无法出庭的，必须向法院提交书面意见。因此选项D的说法正确。

【破题指南】行为保全的具体实现方式多种多样，例如在《反家庭暴力法》中，体现为人身安全保护令；在知识产权类法律规范中，体现为诉前禁令或诉中禁令（行为禁令/临时禁令）。

答案：AD

147. 田某拒不履行法院令其迁出钟某房屋的判决，因钟某已与他人签订租房合同，房屋无法交给承租人，使钟某遭受损失，钟某无奈之下向法院申请强制执行。法院受理后，责令田某15日内迁出房屋，但田某仍拒不履行。关于法院对田某可以采取的强制执行措施，下列哪些选项是正确的？（2016年卷三第84题，多选）

A. 罚款

B. 责令田某向钟某赔礼道歉

C. 责令田某双倍补偿钟某所受到的损失

D. 责令田某加倍支付以钟某所受损失为基数的同期银行利息

【考点】 对妨害执行行为的强制措施

【解题思路与方法分析】 本题考查拒不履行执行义务时法院的强制执行措施。依据《民事诉讼法》第114条第1款第6项的规定，拒不履行人民法院已生效判决、裁定的，人民法院可以根据情节轻重予以罚款、拘留；构成犯罪的，依法追究刑事责任。因此选项A的说法正确，选项B的说法错误。“迁出房屋”属于非金钱给付义务，依据《民诉法解释》第505条的规定：“被执行人未按判决、裁定和其他法律文书指定的期间履行非金钱给付义务的，无论是否已给申请执行人造成损失，都应当支付迟延履行金。已经造成损失的，双倍补偿申请执行人已经受到的损失；没有造成损失的，迟延履行金可以由人民法院根据具体案件情况决定。”因此选项C的说法正确，选项D的说法错误。

答案：AC

148. 许某诉葛某归还欠款10万元，由于没有书面凭证，双方就是否付款发生争议。法院明确传唤许某到庭，但一审开庭时许某表示自己太忙，只能委托律师王某参加庭审。法院决定7日后重新开庭，再次传唤许某，但7日后许某仍表示自己太忙，委托了律师王某参加。下列说法中正确的有？（2023年真题网络回忆版，单选）

A. 缺席判决，驳回许某的诉讼请求

B. 拘传许某

C. 认定许某对葛某未付款

D. 裁定按撤诉处理

【考点】 拘传的适用情形

【解题思路与方法分析】《民事诉讼法》第112条规定：“人民法院对必须到庭的被告，经两次传票传唤，无正当理由拒不到庭的，可以拘传。”《民诉法解释》第174条第2款规定：“人民法院对必须到庭才能查清案件基本事实的原告，经两次传票传唤，无正当理由拒不到庭的，可以拘传。”本案中，法院明确传唤许某到庭，且在许某未到庭后，法院决定重新开庭而再次传唤许某，这就表明法院认为许某属于不到庭就无法查清案情的原告。因此，在两次传唤许某而其无正当理由拒不到庭后，法院可以对许某进行拘传，选项B正确，选项A、C、D错误。

答案：B

149. 下列对妨害民事诉讼的强制措施的表述中，正确的有？（金题，多选）

A. 拘传的适用对象限于必须到庭的被告，法院无权拘传原告，而只能按撤诉处理

B. 王三与赵四恶意串通，虚构借贷纠纷并借助民事诉讼的方式来侵害案外人李麻子的合法权益，对此法院应当依据案件的具体情况，驳回其诉讼请求或予以罚款、拘留

C. 拘传、罚款、拘留须经法院院长批准，训诫、责令退出法庭由合议庭或者独任审判员决定

D. 法院在确定对个人或单位的罚款数额时，应当综合考虑相关妨害行为的性质、后果、具体情节、当地经济发展水平以及诉讼标的额等因素

【考点】 对妨害民事诉讼行为的强制措施

【解题思路与方法分析】《民诉法解释》第174条第2款规定："人民法院对必须到庭才能查清案件基本事实的原告，经两次传票传唤，无正当理由拒不到庭的，可以拘传。"因此，拘传的对象并不限于被告，对符合法定条件的原告也可以拘传，选项A的说法错误。《民事诉讼法》第115条第1款规定："当事人之间恶意串通，企图通过诉讼、调解等方式侵害国家利益、社会公共利益或者他人合法权益的，人民法院应当驳回其请求，并根据情节轻重予以罚款、拘留；构成犯罪的，依法追究刑事责任。"因此选项B的说法错误。拘传、罚款、拘留均须由法院院长批准，拘传用拘传票，罚款和拘留用决定书。训诫和责令退出法庭由合议庭或独任审判员决定。因此选项C的说法正确。《民诉法解释》第193条规定，人民法院对个人或者单位采取罚款措施时，应当根据其实施妨害民事诉讼行为的性质、情节、后果，当地的经济发展水平，以及诉讼标的额等因素，在民事诉讼法第118条第1款规定的限额内确定相应的罚款金额。因此选项D的说法正确。

【避坑秘笈】拘传的适用对象不限于被告，法院对必须到庭才能查清案件基本事实的原告，经两次传票传唤，无正当理由拒不到庭的，也可以拘传。拘传需用拘传票，并经法院院长批准。

答案：CD

第七章 法院调解

考点提示

法院调解的性质和适用范围
调解书的法律效力
调解书的补正
股东代表诉讼的调解
诉讼和解：法律效力；文书转化

【知识点激活】

1. 法院调解是法院行使审判权的方式之一，生效的调解书与判决书具有同等法律效力。法院调解与诉讼外调解存在本质区别。

2. 不得适用调解的情形：特别程序、督促程序、公示催告程序的案件；婚姻关系、身份关系确认案件以及其他依案件性质不能进行调解的案件；执行案件。

3. 确认婚姻效力的案件，婚姻效力部分不适用调解，但财产分割和子女抚养可以调解。离婚案件，应当调解。离婚案件原则上应由当事人亲自参加调解，确有困难无法亲自参加调解的，当事人应就离与不离问题出具书面意见。

4. 法院调解的过程和协议的内容均以不公开为原则、公开为例外，当事人同意的，可以公开调解的过程；涉及保护国家利益、社会公共利益和他人合法权益的，可以公开协议的内容。

5. 调解协议内容超出诉讼请求范围的，不违反处分原则，法院可以准许。

6. 在二审中达成调解协议的，必须制作调解书，调解书送达后，一审判决即视为撤销。

7. 两种特殊情形可以依据协议制作判决书：无民事行为能力人的离婚案件，法定代理人与对方达成协议要求发给判决书；涉外案件中的调解，当事人要求发给判决书。

8. 担保人拒签调解书的，不影响调解书生效，也不会因此免除其担保义务。

9. 股东代表诉讼的调解：公司是股东代表诉讼的最终受益人，为避免因原告股东与被告通过调解损害公司利益，法院应当审查调解协议是否为公司的意思。只有在调解协议经公司股东（大）会、董事会决议通过后，法院才能出具调解书予以确认。至于具体决议机关，取决于公司章程的规定。公司章程没有规定的，法院应当认定公司股东（大）会为决议机关。

150. 根据《民事诉讼法》及相关司法解释，关于法院调解，下列哪一选项是错误的?

(2011 年卷三第 42 题，单选)

A. 法院可以委托与当事人有特定关系的个人进行调解，达成协议的，法院应当依法予以确认

B. 当事人在诉讼中自行达成和解协议的，可以申请法院依法确认和解协议并制作调解书

C. 法院制作的调解书生效后都具有执行力

D. 法院调解书确定的担保条款的条件成就时，当事人申请执行的，法院应当依法执行

【考点】 法院调解的法律效力

【解题思路与方法分析】 法院进行调解，可以邀请有关单位和个人协助，被邀请的单位和个人，应当协助法院进行调解。经各方当事人同意，法院可以委托相关的单位或者个人对案件进行调解，达成调解协议后，法院应当依法予以确认。选项 A 的说法正确。当事人在诉讼过程中自行达成和解协议的，法院可以根据当事人的申请依法确认和解协议制作调解书。双方当事人申请庭外和解的期间，不计入审限。选项 B 的说法正确。具有给付内容的生效调解书具有强制执行力，不具有给付内容的生效调解书没有强制执行力。换言之，调解书具有法律效力不等于必然具有执行力，还需具有具体明确的可执行的内容。选项 C 的说法错误。调解协议约定一方提供担保或者案外人同意为当事人提供担保的，法院应当准许。担保人不签收调解书的，不影响调解书生效。调解书确定的担保条款条件成就时，或者承担民事责任的条件成就时，当事人申请执行的，法院应当依法执行。选项 D 的说法正确。

【避坑秘笈】(1) 达成诉讼和解协议后，原告可以撤回起诉，也可以请求法院依据诉讼和解协议制作调解书。(2) 生效的调解书与判决书具有同等法律效力，但并非生效的调解书均具有执行力，只有具有给付内容的生效调解书才有执行力。(3) 担保人拒签调解书的，不仅不影响调解书生效，也不会因此而免除其担保义务，当调解书确定的担保条款条件成就时，当事人可以申请强制执行调解书。换言之，担保人是否签收调解书，并不影响担保义务的成立。

答案：C

151. 依法治国要求树立法律权威，依法办事，因此在民事纠纷解决的过程中，各方主体都须遵守法律的规定。下列哪一行为违背了相关法律？(2014 年卷三第 36 题，单选)

A. 法院主动对确有错误的生效调解书启动再审

B. 派出所民警对民事纠纷进行调解

C. 法院为下落不明的被告指定代理人参加调解

D. 人民调解委员会主动调解当事人之间的民间纠纷

【考点】 各类调解的综合考查

【解题思路与方法分析】 调解书不得上诉，但可以再审。生效的调解书确有错误，需要再审的，法院可以自行启动再审，选项 A 的说法正确。派出所、人民调解委员会等有权对民事纠纷进行调解，该种调解属于诉外调解，选项 B 和选项 D 的说法均正确。被告下落不明时，应当适用公告送达并作出缺席判决，法院不能依职权为其指定代理人参加调解，选项 C 的说法错误。

【破题指南】(1) 调解书不能上诉，但是可以再审。(2) 民事调解分为诉讼调解和诉外调解，诉外调解包括人民调解、行业调解、行政调解等。诉讼调解与诉外调解存在本质差异，诉讼调解属于公力救济，是法院行使审判权的方式之一，生效的调解书与判决书具有同等法律效力。

答案：C

152. 关于法院制作的调解书，下列哪一说法是正确的？(2015 年卷三第 42 题，单选)

A. 经法院调解，老李和小李维持收养关系，可不制作调解书

B. 某夫妻解除婚姻关系的调解书生效后，一方以违反自愿为由可申请再审

C. 检察院对调解书的监督方式只能是提出检察建议

D. 执行过程中，达成和解协议的，法院可根据当事人的要求制作成调解书

【考点】 调解书与相关制度的关系

【解题思路与方法分析】 依据《民事诉讼法》第101条的规定："下列案件调解达成协议，人民法院可以不制作调解书：（一）调解和好的离婚案件；（二）调解维持收养关系的案件；（三）能够即时履行的案件；（四）其他不需要制作调解书的案件。对不需要制作调解书的协议，应当记入笔录，由双方当事人、审判人员、书记员签名或者盖章后，即具有法律效力。"依此，选项A属于调解维持收养关系的案件，可以不制作调解书，该选项说法正确。解除婚姻关系的判决书、调解书生效后，不得申请再审，因为婚姻关系一旦解除，就无法予以事后救济。选项B的说法错误。检察院认为生效调解书损害国家利益或社会公共利益的，有权通过抗诉或提出检察建议的方式启动再审，因此检察机关对调解书的监督手段包括抗诉和检察建议两种。选项C的说法错误。执行和解协议不具有强制执行力，也不能转化为调解书。选项D的说法错误。

【避坑秘笈】（1）前述可以不制作调解书的情形仅限于一审中调解结案的，二审中调解结案的，一律应当制作调解书，自调解书送达生效之日起，一审裁判就视为撤销。（2）离婚案件的解除婚姻关系部分不得再审。（3）检察机关对损害国家利益或社会公共利益的调解书可以进行监督，监督的手段包括抗诉和检察建议。（4）诉讼和解协议可以转化为调解书，但执行和解协议不能转化为调解书。（5）诉讼和解协议和执行和解协议都没有执行力。

答案：A

153. 甲公司因合同纠纷向法院提起诉讼，要求乙公司支付货款280万元。在法院的主持下，双方达成调解协议。协议约定：乙公司在调解书生效后10日内支付280万元本金，另支付利息5万元。为保证协议履行，双方约定由丙公司为乙公司提供担保，丙公司同意。法院据此制作调解书送达各方，但丙公司反悔拒绝签收。关于本案，下列哪一选项是正确的？（2016年卷三第42题，单选）

A. 调解协议内容尽管超出了当事人诉讼请求，但仍具有合法性

B. 丙公司反悔拒绝签收调解书，法院可以采取留置送达

C. 因丙公司反悔，调解书对其没有效力，但对甲公司、乙公司仍具有约束力

D. 因丙公司反悔，法院应当及时作出判决

【考点】 担保人拒收调解书的法律后果

【解题思路与方法分析】 调解协议内容超出诉讼请求范围的，法院可以准许，因为调解协议的内容范围是由当事人合意确定的，所以不仅不违反处分原则的要求，还恰恰体现了处分原则。选项A的说法正确。调解书不能留置送达，否则违反调解的自愿原则。选项B的说法错误。调解协议约定一方提供担保或者案外人同意为当事人提供担保的，法院应当准许。担保人不签收调解书的，不影响调解书生效。调解书确定的担保条款条件或者承担民事责任的条件成就时，当事人申请执行的，法院应当依法执行。本案中，调解协议的双方当事人是甲公司与乙公司，丙公司作为担保人，其并非调解协议的当事人，因此丙公司拒绝签收调解书的行为并不影响调解书生效，也不会因此免除丙公司的担保义务，选项C和选项D的说法均错误。

【避坑秘笈】(1) 判决结案时，法院不得超判或漏判，否则违反处分原则；调解结案时，调解协议的范围超出诉讼请求范围的，不违反处分原则。(2) 调解书不得留置送达、不得公告送达，但可以电子送达，也可以由指定的代收人签收。(3) 担保人并不是纠纷的当事人，因此担保人拒签调解书的，不影响调解书生效，也不会因此免除担保人的担保义务。换言之，担保人签收调解书，并不是承担担保义务的前提条件。

答案：A

154. 达善公司因合同纠纷向甲市 A 区法院起诉美国芙泽公司，经法院调解双方达成调解协议。关于本案的处理，下列哪些选项是正确的？(2016 年卷三第 85 题，多选)

A. 法院应当制作调解书

B. 法院调解书送达双方当事人后即发生法律效力

C. 当事人要求根据调解协议制作判决书的，法院应当予以准许

D. 法院可以将调解协议记入笔录，由双方签字即发生法律效力

【考点】 调解协议与调解书

【解题思路与方法分析】 一旦在题目中看到外国人或外国公司，马上想到可能属于涉外案件。本案属于涉外合同纠纷，不属于《民事诉讼法》第 101 条中规定的可以不制作调解书的情形，因此法院应当制作调解书。故选项 A 的说法正确。依据《民事诉讼法》第 100 条第 3 款的规定："调解书经双方当事人签收后，即具有法律效力。"送达的前提条件是签收，因此选项 B 中"送达"生效的说法正确。调解协议原则上不得转化为判决书，但依据《民诉法解释》第 528 条的规定："涉外民事诉讼中，经调解双方达成协议，应当制发调解书。当事人要求发给判决书的，可以依协议的内容制作判决书送达当事人。"本案属于涉外民事诉讼中的调解，因此选项 C 的说法正确。选项 D 中对生效时间的表述属于不需要制作调解书的情形，与本案的情形不符，因此选项 D 的说法错误。

【避坑秘笈】(1) 调解书的生效时间，法条的原文表述是双方签收生效，但送达双方生效的说法同样正确，因为送达调解书的前提是已经签收。(2) 原则上调解协议不能转化为判决书，但有两种例外情形：一是无民事行为能力人的离婚案件，法定代理人与对方达成协议要求发给判决书的，可根据协议内容制作判决书；二是涉外诉讼案件中的调解，当事人要求发给判决书的，可以依协议的内容制作判决书送达当事人。(3) 凡是在题目中看到一方当事人是外国人或外国公司的，立马可以定性属于涉外案件。

答案：ABC

155. 梁某起诉洪某离婚，诉讼中达成和解协议约定：双方解除婚姻关系，存款平分，位于 A 县和 B 县的两套住宅归洪某。法院依据该和解协议制作调解书并送达双方当事人，洪某发现调解书上原本归他的两套房产错写成双方各一套，洪某遂提出异议。关于本案，以下说法中正确的有？(2018 年真题网络回忆版，单选)

A. 法院审查后认为异议成立的，应依据和解协议的内容裁定补正调解书

B. 法院不能依据和解协议制作调解书，当事人可以适用法律错误为由申请再审

C. 因当事人对调解书内容提出异议，法院应及时判决

D. 因调解内容违反当事人意愿，当事人可以以违反自愿原则为由申请再审

【考点】 调解书的补正

【解题思路与方法分析】 当事人以民事调解书与调解协议的原意不一致为由提出异议，人民法院审查后认为异议成立的，应当根据调解协议裁定补正民事调解书的相关内容。

选项A的说法正确。当事人对调解书申请再审的法定事由只能是违反自愿原则或违反合法原则。选项B的说法错误。本案中人民法院已经调解结案并将调解书送达双方当事人，不可能再改为判决结案。选项C的说法错误。本案中，法院在依据调解协议制作调解书的过程中出现了类似于“笔误”的差错，但整个调解的过程以及调解协议的内容本身并未违反自愿原则。选项D的说法错误。

答案：A

156. 朱某起诉杨某离婚，经法院调解，双方同意离婚并达成协议，法院依据调解协议制作调解书。送达调解书时，朱某签收了调解书，杨某因有事未能签收。此时，签收调解书的朱某反悔，法院正确的处理方式是？（2019年真题网络回忆版，单选）

A. 根据案件事实及时制作判决书

B. 根据调解协议制作判决书

C. 朱某可以反悔，撤回起诉

D. 朱某不能反悔，法院应当继续向杨某送达调解书

【考点】 调解书的送达与生效

【解题思路与方法分析】《民诉法解释》第149条规定：“调解书需经当事人签收后才发生法律效力的，应当以最后收到调解书的当事人签收的日期为调解书生效日期。”本案中朱某已经签收调解书，因此不得反悔。杨某因故未能签收调解书，法院应当继续向杨某送达调解书，如果杨某签收调解书，则该调解书自杨某签收之日起生效，法院应告知朱某可以向法院申请再审。如果杨某拒签调解书，法院应当及时作出判决。因此选项A、B、C的说法均错误，选项D的说法正确。本题的陷阱在于：“调解书是否生效”与“签收方能否反悔”是两个不同的问题。任何一方当事人的签收行为都会对自己产生效力，不能随意反悔（禁反言）。调解书最终是否生效与签收方能否反悔，二者之间并无关联。

答案：D

第八章 民事诉讼证据与证明

考点提示

证据资格（证据能力）与证明力
证据的法定种类：当事人陈述；书证；物证；证人证言；鉴定意见；专家辅助人
证据的学理分类：本证与反证；直接证据与间接证据；原始证据与传来证据
免证事实：自认；预决事实
证明责任：行为意义上的证明责任；结果意义上的证明责任；各类民商事案件中证明责任的具体分配
证明标准：排除合理怀疑；高度盖然性；较大可能性
取证：法院依职权取证；法院依申请取证
举证：举证期限；逾期举证的法律后果
质证：公开质证为原则、不公开质证为例外
认证：私文书证的真实性；补强规则；文书提出命令；非法证据排除规则

【知识点激活】

1. 我国的法定证据种类（8 种）：当事人陈述；书证；物证；视听资料；电子数据；证人证言；鉴定意见；勘验笔录。

2. 电子数据：通过电子邮件、电子数据交换、网上聊天记录、博客、微博客、手机短信、电子签名、域名等形成或者存储在电子介质中的信息。存储在电子介质中的录音资料和影像资料，适用电子数据的规定。

3. 民事诉讼中单位和自然人都可以作证人，是否具备证人资格与民事行为能力状态之间没有必然关联。证人作证须签保证书，否则不得作证，但无民事行为能力人和限制民事行为能力人除外。证人作证以出庭作证为原则、不出庭作证为例外，作证费用的负担原则是“谁申请、谁垫付，谁败诉、谁最终承担”。

4. 两种情形下鉴定人应当出庭，否则鉴定意见不得作为定案依据，当事人可以要求返还鉴定费用，法院应当建议有关主管部门或者组织对拒不出庭作证的鉴定人予以处罚：（1）当事人对鉴定意见有异议。（2）法院认为鉴定人有必要出庭。

5. 鉴定人出庭的前置过滤装置：当事人提出书面异议→鉴定人书面答复→当事人仍有异议→通知当事人预交鉴定人出庭费用→通知鉴定人出庭。

6. 专家辅助人的费用由申请方当事人负担。专家辅助人可以对鉴定意见及其他专业问题发表意见；专家辅助人在法庭上就专业问题提出的意见，视为当事人的陈述。

7. 区分本证与反证的“三步法”：第一步，该证据的证明对象即待证事实是什么；第二步，该待证事实的法定证明责任主体是谁；第三步，该证据是由谁提出来的——若由法定承担证明责任的主体提出，是本证；若由不承担证明责任的主体提出，则是反证。

8. 委托代理人代为自认不需要特别授权，当事人委托诉讼代理人参加诉讼的，除授权委托书明确排除的事项外，诉讼代理人的自认视为当事人的自认。当事人在场对诉讼代理人的自认明确否认的，不视为自认。

9. 自认适用范围的限制：（1）法院依职权取证的情形不适用自认；（2）法院查明的事实与自认事实不符的，不构成自认。

10. 承担证明责任的主体只能是当事人，证明责任只能由法律或司法解释预先规定，不允许当事人约定或法院自由裁量。对案件中的同一事实，只有一方当事人负有证明责任，适用证明责任判案的前提是待证事实真伪不明。

11. 证明责任的基本理论：（1）行为意义上的证明责任：谁主张谁举证，当事人对自己主张的事实，有义务提供证据加以证明。（2）结果意义上的证明责任：如果当事人无法提供证据或提供的证据不充分，导致法官无法形成心证（即待证事实真伪不明），且法律上没有拟制、抵充、推定等特殊安排，那么作为穷尽一切手段之后的最后途径，法官可以用结果意义上的证明责任判案，即谁对该真伪不明的要件事实承担证明责任，谁就要承担不利的后果（败诉的风险）。

12. 因用人单位作出开除、除名、辞退、解除劳动合同、减少劳动报酬、计算劳动者工作年限等决定而发生劳动争议的，由用人单位负举证责任。

13. 环境侵权——倒置因果关系要件；建筑物、构筑物、悬挂物、搁置物、堆放物致害案件——倒置过错要件。适用过错推定的案件，就相当于倒置了过错要件。

14. 民事诉讼的证明标准以高度盖然性标准为原则、排除合理怀疑标准为例外。两类情形适用排除合理怀疑的标准：（1）当事人对欺诈、胁迫、恶意串通事实的证明。（2）对口头遗嘱或者赠与事实的证明。对程序性事项的证明，达到较大可能性的标准即可。

15. 法院依职权自行调取证据的范围：涉及可能损害国家利益、社会公共利益的；涉及身份关系的；涉及民事公益诉讼的；当事人有恶意串通损害他人合法权益可能的；涉及依职权追加当事人、中止诉讼、终结诉讼、回避等与实体争议无关的程序事项。法院依职权调取的证据不需要质证；法院依申请调取的证据视为申请方当事人提供的证据，依法进行质证。

16. 一审普通程序的举证期限不得少于15日，二审提供新证据的不得少于10日；传统型简易程序不得超过15日，小额诉讼程序一般不超过7日。因故意或重大过失逾期举证的，原则上不予采纳证据，但若该证据与案件基本事实有关，法院应当采纳并予以训诫、罚款。非因故意或重大过失逾期举证的，法院应当采纳并予以训诫。

17. 公开质证为原则、不公开质证为例外，不公开质证不等于不质证。涉及国家秘密、商业秘密和个人隐私或者法律规定的其他应当保密的证据，不公开质证。

18. 文书提出命令：书证、视听资料、电子数据＋举证期限届满前＋书面申请＋费用申请方承担＋无正当理由拒不提交则可以认定对方当事人主张的书证内容为真实。

19. 非法证据排除规则：以严重侵害他人合法权益、违反法律禁止性规定或者严重违背公序良俗的方法形成或者获取的证据，不得作为认定案件事实的根据。

157. 甲公司诉乙公司专利侵权，乙公司是否侵权成为焦点。经法院委托，丙鉴定中心出具了鉴定意见书，认定侵权。乙公司提出异议，并申请某大学燕教授出庭说明专业意见。关于鉴定的说法，下列哪一选项是正确的？（2013年卷三第50题，单选）

A. 丙鉴定中心在鉴定过程中可以询问当事人

B. 丙鉴定中心应当派员出庭，但有正当理由不能出庭的除外

C. 如果燕教授出庭，其诉讼地位是鉴定人

D. 燕教授出庭费用由乙公司垫付，最终由败诉方承担

【考点】鉴定人与专家辅助人

【解题思路与方法分析】丙鉴定中心作为鉴定人，有权了解进行鉴定所需要的案件材料，必要时可以询问当事人、证人。选项A的说法正确。当事人对鉴定意见有异议或者法院认为鉴定人有必要出庭的，鉴定人应当出庭作证。经法院通知，鉴定人拒不出庭作证的，鉴定意见不得作为认定事实的根据；支付鉴定费用的当事人可以要求返还鉴定费用。因此选项B的说法错误。在符合法定条件时，鉴定人必须出庭作证，否则就要承担不利后果。当事人可以申请法院通知有专门知识的人出庭，就鉴定人作出的鉴定意见或者专业问题提出意见。本题中燕教授的身份是“有专门知识的人”，即专家辅助人，而不是鉴定人，其作用是针对鉴定人作出的鉴定意见或者其他专业性问题发表意见。因此选项C的说法错误。专家辅助人的费用应当由申请方当事人自己负担，即“谁申请、谁承担”，而不同于证人作证费用的承担方式。因此选项D的说法错误。

【破题指南】证人VS鉴定人VS专家辅助人

—	证人	鉴定人	专家辅助人
功能	对事实问题发表意见（感知、记忆、表述）	对专业性问题提出鉴定意见	对鉴定意见及其他专业性问题发表意见
参诉方式	依申请或依职权通知	依申请或依职权	依申请
回避	不适用	适用	原则上不适用
费用	谁申请谁垫付、谁败诉谁最终承担	鉴定人出庭费原则上由异议方预交，败诉方最终承担	谁申请、谁承担
其他问题	保证书：不签不得作证且自行承担相关费用	鉴定人应当出庭的情形：当事人对鉴定意见有异议或法院认为有必要	专家辅助人对专业性问题发表的意见，视为当事人的陈述
	出庭作证为原则、不出庭作证为例外；无正当理由拒不出庭的，证人证言不得作为定案依据	不出庭的多重后果：鉴定意见不得作为定案依据＋要求返还鉴定费用＋法院司法建议	双方当事人申请的专家辅助人可以对质

答案：A

158. 在一起侵权诉讼中，原告申请由其弟袁某（某大学计算机系教授）作为专家辅助人出庭对专业技术问题予以说明。下列哪一表述是正确的？（2014年卷三第38题，单选）

A. 被告以袁某是原告的近亲属为由申请其回避，法院应批准

B. 袁某在庭上的陈述是一种法定证据

C. 被告可对袁某进行询问

D. 袁某出庭的费用，由败诉方当事人承担

【考点】 专家辅助人

【解题思路与方法分析】《民事诉讼法》第82条规定："当事人可以申请人民法院通知有专门知识的人出庭，就鉴定人作出的鉴定意见或者专业问题提出意见。"《民诉法解释》第122条第2款规定："具有专门知识的人在法庭上就专业问题提出的意见，视为当事人的陈述。"因此选项B的说法错误。民事诉讼中的专家辅助人原则上不适用回避，但检察机关的专家辅助人除外，因此本题中原告申请的专家辅助人不适用回避。选项A的说法错误。经法庭准许，当事人可以对出庭的具有专门知识的人进行询问。因此选项C的说法正确。专家辅助人的费用负担方式是"谁申请、谁承担"，而不同于证人作证费用的负担方式，因此袁某的出庭费用应当由申请方也就是原告承担。选项D的说法错误。

答案：C

159. 张某驾车与李某发生碰撞，交警赶到现场后用数码相机拍摄了碰撞情况，后李某提起诉讼，要求张某赔偿损失，并向法院提交了一张光盘，内附交警拍摄的照片。该照片属于下列哪一种证据？(2014年卷三第48题，单选)

A. 书证

B. 鉴定意见

C. 勘验笔录

D. 电子数据

【考点】 法定证据种类的识别

【解题思路与方法分析】 本题的难点在于视听资料与电子数据的区分。依据《民诉法解释》第116条的规定："视听资料包括录音资料和影像资料。电子数据是指通过电子邮件、电子数据交换、网上聊天记录、博客、微博客、手机短信、电子签名、域名等形成或者存储在电子介质中的信息。存储在电子介质中的录音资料和影像资料，适用电子数据的规定。"本题中，该照片形成于数码相机这一电子介质上，且读取该照片需要借助电子设备，因此属于电子数据，而非书证。选项D正确，当选。

答案：D

160. 张志军与邻居王昌因琐事发生争吵并相互殴打，之后，张志军诉至法院要求王昌赔偿医药费等损失共计3000元。在举证期限届满前，张志军向法院申请事发时在场的方强（26岁）、路芳（30岁）、蒋勇（13岁）出庭作证，法院准其请求。开庭时，法院要求上列证人签署保证书，方强签署了保证书，路芳拒签保证书，蒋勇未签署保证书。法院因此允许方强、蒋勇出庭作证，未允许路芳出庭作证。张志军在开庭时向法院提供了路芳的书面证言，法院对该证言不同意组织质证。关于本案，法院的下列哪些做法是合法的？(2015年卷三第79题，多选)

A. 批准张志军要求事发时在场人员出庭作证的申请

B. 允许蒋勇出庭作证

C. 不允许路芳出庭作证

D. 对路芳的证言不同意组织质证

【考点】 证人作证的保证书制度

【解题思路与方法分析】 依据《民诉法解释》第117条的规定，当事人申请证人出庭作证的，应当在举证期限届满前提出。符合法定情形时，人民法院可以依职权通知证人出庭作证。未经人民法院通知，证人不得出庭作证，但双方当事人同意并经人民法院准许的除外。依此，原告张志军有权申请法院通知证人出庭作证。选项A的说法正确。2019年《民事诉讼证据规定》第71条规定，人民法院应当要求证人在作证之前签署保证书，并在法庭上宣读保证书的内容，但无民事行为能力人和限制民事行为能力人作为证人的除外。证人拒绝签署或者宣读保证书的，不得作证，并自行

承担相关费用。本案中，蒋勇是限制民事行为能力人，不需要签署保证书，但其能够正确表达意思，具备证人能力和证人资格，因此人民法院允许其出庭作证的做法正确。选项B的说法正确。路芳应当签署保证书，但其拒绝签署，因此不得作证，既然路芳不具有证人资格，人民法院自然不应对其证言组织质证。选项C和选项D的说法均正确。

【破题指南】证人作证原则上必须签署并宣读保证书，但无民事行为能力人和限制民事行为能力人除外。证人拒绝签署或宣读保证书的，不得作证且费用自负。

答案：ABCD

161. 战某打电话向牟某借款5万元，并发短信提供账号，牟某当日即转款。之后，因战某拒不还款，牟某起诉要求战某偿还借款。在诉讼中，战某否认向牟某借款的事实，主张牟某转的款是为偿还之前向自己借的款，并向法院提交了证据；牟某也向法院提供了一些证据，以证明战某向其借款5万元的事实。关于这些证据的种类和类别的确定，下列哪一选项是正确的？（2016年卷三第39题，单选）

A. 牟某提供的银行转账凭证属于书证，该证据对借款事实而言是直接证据

B. 牟某提供的记载战某表示要向其借款5万元的手机短信属于电子数据，该证据对借款事实而言是间接证据

C. 牟某提供的记载战某表示要向其借款5万元的手机通话录音属于电子数据，该证据对借款事实而言是直接证据

D. 战某提供一份牟某书写的向其借款10万元的借条复印件，该证据对牟某主张战某借款的事实而言属于反证

【考点】 证据的法定种类与学理分类

【解题思路与方法分析】 直接证据，是指能够单独、直接证明待证事实的证据；间接证据，是指不能单独、直接证明待证事实，需要与其他证据相结合才能证明待证事实的证据。本案中，牟某提供的银行转账凭证属于书证，但对于借款事实而言属于间接证据，因为该证据只能证明发生过转账事实，但转账的原因多种多样，不限于借钱关系，可能是借、可能是还、还可能是赠与或转交等等。选项A的说法错误。牟某提供的手机短信属于形成或存储在电子介质中的信息，是电子数据；短信的内容是“要”借钱，不能单独、直接作为认定案件事实的依据，因此属于间接证据。故选项B的说法正确，选项C的说法错误。本证，是指对待证事实负有举证责任的一方当事人提出支持自己主张的证据；反证，是指对待证事实不负有举证责任的一方当事人提出反驳对方主张的证据，旨在推翻对方提出的事实。结合本案，选项D中的待证事实是“牟某主张战某借款的事实”，也即战某是否向牟某借款的事实，但战某提供了一份牟某书写的向其借款10万元的借条复印件，该证据只能证明牟某是否向战某借款，该事实并非待证事实。简言之，战某提供的证据与待证事实无关，不具备关联性，因此既不是本证也不是反证，选项D的说法错误。

【解题窍门】区分本证与反证的“三步法”

第一步：该证据的证明对象即待证事实是什么→第二步：该待证事实的法定证明责任主体应当是谁（法定应当由谁证明）→第三步：该证据实际上是由谁提出来的——若由法定承担证明责任的人提出，则是本证（证了法定该自己证的）；若由不承担证明责任的人提出，则是反证（证了法定无须自己证的）。

答案：B

162. 杨青（15岁）与何翔（14岁）两人经常嬉戏打闹，一次，杨青失手将何翔推倒，致何翔成了植物人。当时在场的还有何翔的弟弟何军（11岁）。法院审理时，何军以证人身份出庭。关于何军作证，下列哪些说法不能成

立？（2017年卷三第79题，多选）

A. 何军只有11岁，无诉讼行为能力，不具有证人资格，故不可作为证人

B. 何军是何翔的弟弟，应回避

C. 何军作为未成年人，其所有证言依法都不具有证明力

D. 何军作为何翔的弟弟，证言具有明显的倾向性，其证言不能单独作为认定案件事实的根据

【考点】 证人作证制度

【解题思路与方法分析】 证人资格的有无与其民事行为能力状态之间没有必然的对应关系，判断有无证人资格的标准是能否正确表达意思。待证事实与其年龄、智力状况或者精神健康状况相适应的无民事行为能力人和限制民事行为能力人，可以作为证人，因此何军不会因为没有诉讼行为能力而丧失证人资格。选项A的说法错误。证人具有不可替代性，因此证人不适用回避制度。选项B的说法错误。未成年人所作的与其年龄和智力水平不相当的证言，不能单独作为认定案件事实的依据，由此可见，未成年人的证言如果与其年龄和智力水平相符，则证明力不受影响；即使不相符，也只是需要补强而不会完全丧失证明力。选项C的说法错误。与案件一方当事人或者其代理人有利害关系的证人出具的证言，不能单独作为认定案件事实的依据，而需要进行补强。选项D的说法正确。

【破题指南】（1）证人资格的有无与民事诉讼行为能力的有无没有直接关联，无民事行为能力人和限制民事行为能力人只要了解案情、能够正确表达意思，都可以作证人。（2）证人具有不可替代性，因此不适用回避；角色冲突时，证人角色优先。（3）未成年人所作的证言，只有与其年龄和智力水平不相当的，才不能单独作为认定案件事实的依据。（4）与案件一方当事人或者其代理人有利害关系的证人出具的证言，无论该证言是有利于该当事人还是不利于该当事人，均需要补强。（5）不能单独作为定案依据≠不能作为定案依据。（6）刑事诉讼中证人作证费用不包括误工损失，民事诉讼中可主张误工损失。

答案：ABC

163. 邵某向董某借款，但未订立书面合同。后邵某长期不还款，董某约其面谈并私自将谈话过程录音。谈话中邵某承认借款20万元，利息已逾5万元，请求董某减免利息。董某遂即将该录音材料剪辑后作为主要证据，向法院起诉要求邵某还款。对于该录音材料的证据能力，下列哪一说法是正确的？（2018年真题网络回忆版，单选）

A. 形成未经对方同意，不具有证据能力

B. 形成系为妥协而作的和解，不具有证据能力

C. 符合法律规定，具有证据能力

D. 录音材料经过剪辑存在疑点，不具有证据能力

【考点】 证据能力

【解题思路与方法分析】 本题考查偷录录音的证据能力。证据能力又称证据资格，是指一定的事实材料作为诉讼证据的法律上的资格。同时满足“三性”的证据具有证据资格，即客观性、关联性、合法性，本题主要考查合法性的判断。依据民事诉讼非法证据排除规则的规定，以严重侵害他人合法权益、违反法律禁止性规定或者严重违背公序良俗的方法形成或者获取的证据，不得作为认定案件事实的根据。本案中偷录录音的行为，并不属于上述情形，因此符合证据“三性”中对合法性的要求。选项C的说法正确，当选。是否具备证据能力，与对方是否同意取证没有关系。选项A的说法错误。谈话中邵某承认借款20万元、利息已逾5万元，并请求董某减免利息，这些均属于对事实的陈述及主张，不涉及妥协和解。选项B的说法错误。依据补强规则，存有

疑点的视听资料、电子数据，以及无法与原件、原物核对的复印件、复制品，只是不能单独作为认定案件事实的依据，但并不会因此完全丧失证据资格。选项D的说法错误。

答案：C

164. 李美将王达诉至法院，称其在下班途中被骑着共享单车的王达撞伤，要求王达承担人身侵权损害赔偿责任。为了证明被撞事实的存在，李美申请法院通知目击了案发全过程的路人赵梦作为证人出庭。关于本案，下列选项中不正确的有？（金题，多选）

A. 李美应当在举证期限届满前7日向法院申请通知赵梦出庭作证

B. 赵梦的作证费用由法院先行垫付，由败诉方最终承担

C. 若赵梦因为健康原因未能出庭作证，其提供的书面证言不能单独作为认定案件事实的依据

D. 若赵梦拒绝签署保证书，则其提供的证言不能单独作为认定案件事实的依据

【考点】 证人作证制度

【解题思路与方法分析】 申请法院通知证人出庭的时间是举证期限届满前，而不要求前多少天。选项A的说法错误。证人的作证费用，由申请方垫付，败诉方最终承担，本案中赵梦是当事人申请出庭的，因此应当由申请方当事人垫付，败诉方最终承担。选项B的说法错误。证人作证以出庭作证为原则、不出庭作证为例外，以下情形经过法院准许可以不出庭作证：证人因健康原因不能出庭；因路途遥远，且交通不便不能出庭；因自然灾害等不可抗力不能出庭；其他有正当理由不能出庭的。赵梦因健康原因未出庭，属于法定可以不出庭的情形，因此其提供的书面证言的证明力不受影响，不需要补强。选项C的说法错误。证人作证应当签保证书，否则不得作证，如果赵梦拒签保证书，则丧失证人作证资格，其证言不得作为定案依据，而不是需要补强的问题。选项D的说法错误。

答案：ABCD

165. 狂狮传媒公司与泰祥建筑公司的建筑合同违约之诉中，狂狮传媒公司向法院申请对建筑材料及工程质量进行鉴定，以下有关本案的说法不正确的有？（金题，单选）

A. 若法院准许了狂狮传媒公司的鉴定申请，则其应当指定具备资格的鉴定人

B. 若泰祥建筑公司认为鉴定意见存在问题，则其可以在举证期限届满前申请两名具有专门知识的人出庭，对鉴定意见进行质证，并对其他专业问题提出意见

C. 若泰祥建筑公司申请某大学的建筑系教授黄某出庭对鉴定意见进行质证，则黄某在法庭上就专业问题提出的意见，视为当事人的陈述

D. 若狂狮传媒公司申请某建筑设计院的高级工程师范某出庭对案件中涉及的专业问题发表意见，则经过法庭准许，黄某与范某可以就案件中的有关问题进行对质

【考点】 鉴定制度的综合考查

【解题思路与方法分析】 鉴定的启动方式分为依当事人申请启动和法院依职权启动两种，不同的启动方式，决定了选定鉴定人的不同方式。《民诉法解释》第121条第2款规定："人民法院准许当事人鉴定申请的，应当组织双方当事人协商确定具备相应资格的鉴定人。当事人协商不成的，由人民法院指定。"因此选项A的说法错误，当选。依据《民诉法解释》第122条和第123条的规定，当事人可以在举证期限届满前申请一至二名具有专门知识的人出庭，代表当事人对鉴定意见进行质证，或者对案件事实所涉及的专业问题提出意见。具有专门知识的人在法庭上就专业问题提出的意见，视为当事人的陈述。经法庭准许，当事人可以对出庭的具有专门知识的人进行询

问，当事人各自申请的具有专门知识的人可以就案件中的有关问题进行对质。因此选项 B、C、D 的说法均正确。

答案：A

166. 下列关于证明的哪一表述是正确的？（2014 年卷三第 45 题，单选）

A. 经过公证的书证，其证明力一般大于传来证据和间接证据

B. 经验法则可验证的事实都不需要当事人证明

C. 在法国居住的雷诺委托赵律师代理在我国的民事诉讼，其授权委托书需要经法国公证机关证明，并经我国驻法国使领馆认证后，方发生效力

D. 证明责任是一种不利的后果，会随着诉讼的进行，在当事人之间来回移转

【考点】 证明相关制度的综合考查

【解题思路与方法分析】 本题同时考查了多项与证明相关的制度，包括证据的证明力、免证事实、证明责任等。书证是否经过公证，并不影响其与传来证据和间接证据之间证明力的大小关系。选项 A 的说法没有法律依据，不当选。此外需要注意的是，2019 年《民事诉讼证据规定》删除了原先关于证明力的最佳证据规则。经验法则主要有两类，一类是日常生活领域中一般人所知晓的，另一类是相关专业领域人士知晓的，因此选项 B 错在了“都”字上，不为一般人所知晓的经验法则需要证明。依据《民事诉讼法》第 275 条的规定：“在中华人民共和国领域内没有住所的外国人、无国籍人、外国企业和组织委托中华人民共和国律师或者其他人代理诉讼，从中华人民共和国领域外寄交或者托交的授权委托书，应当经所在国公证机关证明，并经中华人民共和国驻该国使领馆认证，或者履行中华人民共和国与该所在国订立的有关条约中规定的证明手续后，才具有效力。”因此选项 C 的说法正确。证明责任是一种不利的后果，由法律或司法解释预先规定，因此不存在证明责任在当事人之间来回转移的情况。选项 D 的说法错误。

【避坑秘笈】（1）经验法则能否成为证明对象不能一概而论，日常生活领域的经验法则为一般人所知晓，因此免证；但不为一般人所知晓的专门知识领域的经验法则应当加以证明。（2）证明责任具有法定性，证明责任由谁承担取决于法律和司法解释的预先规定，在诉讼中不存在证明责任在原告、被告之间转移的问题。

答案：C

167. 下列哪一情形可以产生自认的法律后果？（2015 年卷三第 40 题，单选）

A. 被告在答辩状中对原告主张的事实予以承认

B. 被告在诉讼调解过程中对原告主张的事实予以承认，但该调解最终未能成功

C. 被告认可其与原告存在收养关系

D. 被告承认原告主张的事实，但该事实与法院查明的事实不符

【考点】 自认的适用范围及其限制

【解题思路与方法分析】 自认的方式包括书面自认与口头自认、明示自认与默示自认，一方当事人在法庭审理中，或者在起诉状、答辩状等文书中，对于己不利的事实明确表示承认的，构成自认，对方当事人无须承担举证证明责任，法院可以直接将之作为裁判依据。选项 A 的说法正确。《民诉法解释》第 107 条规定：“在诉讼中，当事人为达成调解协议或者和解协议作出妥协而认可的事实，不得在后续的诉讼中作为对其不利的根据，但法律另有规定或者当事人均同意的除外。”因此选项 B 中的情形不产生自认的法律效力。对于涉及身份关系、国家利益、社会公共利益等应当由法院依职权调查的事实，不适用自认。选

项C中的收养关系属于身份关系，因此不适用自认。自认的事实与法院查明的事实不符的，法院不予确认。因此选项D中不会产生自认的法律效果。

【破题指南】2019年《民事诉讼证据规定》对自认制度的完善

自认的方式	明示自认或默示自认；口头自认或书面自认
适用范围	(1) 不适用自认：涉及身份关系、国家利益、社会公共利益等应由法院依职权调查的事实 (2) 自认的事实与法院查明的事实不符的，法院不予确认
妥协自认	原则上不得在后续诉讼中作为对其不利的根据，但法律另有规定或者当事人均同意的除外
撤回自认	法庭辩论终结前；对方当事人同意；或者不自愿（受胁迫或重大误解）
附条件的自认	一方当事人对于另一方当事人主张的于己不利的事实有所限制或者附加条件予以承认的，由法院综合案件情况决定是否构成自认
共同诉讼中的自认	(1) 普通共同诉讼中自认的独立性和可分性 (2) 必要共同诉讼中自认的牵连性和一体性

答案：A

168. 龙峰公司长期向敬业公司提供零部件，因产品滞销，敬业公司拖欠龙峰公司一年的货款。双方经过对账，通过书面形式确认敬业公司拖欠龙峰公司450万元货款。龙峰公司向法院提起诉讼并以“对账单”作为证据，敬业公司提出“对账单”不能作为证据。关于本案，下列选项中正确的是？（2018年真题网络回忆版，单选）

A. 法院应结合多方面证据予以综合判断，“对账单”没有证据能力，对法院没有拘束力

B. 敬业公司的书面确认货款构成自认

C. “对账单”可以作为证据

D. 敬业公司不得对自认的事实反悔

【考点】诉讼外自认

【解题思路与方法分析】敬业公司书面确认拖欠货款数额并形成“对账单”，这属于诉讼外的自认。诉讼中自认属于免证事实，但诉讼外自认不能直接构成免证事实，除非转化为诉讼中的自认。龙峰公司起诉后，敬业公司提出“对账单”不能作为证据，由此可知敬业公司的诉讼外自认未能转化为诉讼中的自认，不具有当然的免证效力，但并不影响“对账单”作为证据使用的资格。依此，选项A和选项B的说法均错误，不当选。选项C的说法正确，当选。诉讼外的自认，在诉讼中对当事人没有当然的拘束力，当事人可以反悔。选项D的说法错误，不当选。此外，即使是诉讼中的自认，也可以有条件地撤回。

【避坑秘笈】能否作为证据使用VS是否构成免证事实：诉讼外的自认虽然不当然具有免证效力，但不影响其可以作为证据使用。

答案：C

169. 下列各情形中，可以成立自认的有？（2020年真题网络回忆版，多选）

A. 被告向法庭提交了一份在诉讼前形成的书面材料，其中记载了其向原告借款20万元的事实以及借款的具体过程

B. 在庭审结束后，被告跟原告说：“我借了你5万元，的确是事实，但是在法庭上我就不承认，气死你。”

C. 被告在证据交换的过程中承认向原告借款5万元，但是主张已经还款。开庭时，原告不承认还款事实，被告说：“既然他不承认还款，那我也不承认借款。”

D. 原告主张被告向其借款5万元，庭审

中法官问被告是否借款5万元，被告说当时向好几个同事借款，已经记不清了，法官再次确认是否借款，被告仍表示记不清了

【考点】 自认的综合考查

【解题思路与方法分析】 2019年《民事诉讼证据规定》第3条规定："在诉讼过程中，一方当事人陈述的于己不利的事实，或者对于己不利的事实明确表示承认的，另一方当事人无需举证证明。在证据交换、询问、调查过程中，或者在起诉状、答辩状、代理词等书面材料中，当事人明确承认于己不利的事实的，适用前款规定。"选项A中，书面材料虽然形成在诉讼前即诉讼外的自认，但是由被告提交给法庭，使得诉讼外的自认转化为了诉讼中的自认。该选项有点儿"鸡贼"，很多同学可能误以为这是诉讼外的自认而漏选。选项B中，被告在庭审结束后做出承认，属于诉讼外的自认，因此不具备免证效力。2019年《民事诉讼证据规定》第9条第1款规定："有下列情形之一，当事人在法庭辩论终结前撤销自认的，人民法院应当准许：（一）经对方当事人同意的；（二）自认是在受胁迫或者重大误解情况下作出的。"选项C中，被告在证据交换阶段作出的自认，成立诉讼法意义上的自认，且不具备撤回自认的条件。2019年《民事诉讼证据规定》第4条规定："一方当事人对于另一方当事人主张的于己不利的事实既不承认也不否认，经审判人员说明并询问后，其仍然不明确表示肯定或者否定的，视为对该事实的承认。"因此选项D构成默示自认，正确当选。

答案：ACD

170. 下列各项情形中，不能产生自认法律后果的有？（金题，多选）

A. 被告王明承认其与小豆丁系父子关系

B. 被告潘华为与对方当事人达成和解协议而妥协作出自认，但和解最终未能成功

C. 在某起消费民事公益诉讼中，原告对相关事实的承认损害了社会公共利益

D. 被告刘小溪部分承认了原告所主张的事实，但该事实与法院查明的事实不符

【考点】 自认的适用范围

【解题思路与方法分析】《民诉法解释》第92条第2款和第3款规定："对于涉及身份关系、国家利益、社会公共利益等应当由人民法院依职权调查的事实，不适用前款自认的规定。自认的事实与查明的事实不符的，人民法院不予确认。"《消费民事公益诉讼司法解释》[1]第12条规定："原告在诉讼中承认对己方不利的事实，人民法院认为损害社会公共利益的，不予确认。"依此，选项A属于涉及身份关系的事实，不适用自认；选项C属于涉及社会公共利益的事项，不适用自认。选项D中自认事实与法院查明事实不符，不产生自认的法律效果。在诉讼中，当事人为达成调解协议或者和解协议作出妥协而认可的事实，不得在后续的诉讼中作为对其不利的根据，但法律另有规定或者当事人均同意的除外。因此选项B不产生自认的法律效果。

【原理精炼】 自认体现了处分原则，处分权的有限性，决定了自认的适用范围亦有限：(1) 法院依职权取证的事实，不适用自认；(2) 自认的事实与法院查明的事实不符的，不构成自认。

答案：ABCD

171. 关于证明责任，下列哪些说法是正确的？（2011年卷三第84题，多选）

A. 只有在待证事实处于真伪不明情况下，证明责任的后果才会出现

B. 对案件中的同一事实，只有一方当事人负有证明责任

---

〔1〕《最高人民法院关于审理消费民事公益诉讼案件适用法律若干问题的解释》。

C. 当事人对其主张的某一事实没有提供证据证明，必将承担败诉的后果

D. 证明责任的结果责任不会在原、被告间相互转移

【考点】 证明责任的基本理论

【解题思路与方法分析】 结果意义上的证明责任是一种不利的后果，这种后果只在作为裁判基础的法律要件事实处于真伪不明的状态时才发生作用。选项A的说法正确。证明责任的承担主体是当事人，且在针对单一诉讼请求时，证明责任只能由一方当事人承担，不可能由双方当事人共同承担。选项B的说法正确。当事人对自己的主张不能提供证据或提供证据后不能证明自己的主张，将可能导致诉讼结果的不利，而非必然要承担败诉的后果，属于一种败诉的风险。选项C的说法错误。证明责任的具有法定性，由何方当事人承担证明责任是由法律或司法解释预先确定的。证明责任的预先法定性，决定了在诉讼中不存在原告与被告之间相互转移证明责任的问题。因此选项D的说法正确。

【避坑秘笈】（1）证明责任的主体特定，仅限于当事人。（2）证明责任只能由法律和司法解释预先规定，不允许当事人约定或法院指定。（3）对案件中的同一事实，只有一方当事人负有证明责任；在诉讼中不存在证明责任在原、被告之间转移的问题。

【原理精炼】证明责任分为行为意义上的证明责任和结果意义上的证明责任：（1）行为意义上的证明责任：谁主张谁举证，当事人对自己主张的事实，有义务提供证据加以证明。（2）结果意义上的证明责任：如果当事人无法提供证据或提供的证据不充分，导致法官无法形成心证（即待证事实真伪不明），且法律上没有拟制、抵充、推定等特殊安排，那么作为穷尽一切手段之后的最后途径，法官可以用结果意义上的证明责任判案，即谁对该真伪不明的要件事实承担证明责任，谁就要承担不利的后果（败诉的风险）。

答案：ABD

172. 甲路过乙家门口，被乙叠放在门口的砖头砸伤，甲起诉要求乙赔偿。关于本案的证明责任分配，下列哪一说法是错误的？（2012年卷三第37题，单选）

A. 乙叠放砖头倒塌的事实，由原告甲承担证明责任

B. 甲受损害的事实，由原告甲承担证明责任

C. 甲所受损害是由于乙叠放砖头倒塌砸伤的事实，由原告甲承担证明责任

D. 乙有主观过错的事实，由原告甲承担证明责任

【考点】 搁置物致害案件的证明责任分配

【解题思路与方法分析】 在对具体案件中的证明责任进行分配时，应当首先确定案件的性质和类型，本题属于搁置物致害的侵权纠纷。在“定性”之后，需要确定该种侵权案件的归责原则，悬挂物、搁置物致害案件适用过错归责原则。最后一步要检查该种案件有没有举证责任倒置的特殊规定，依据《民法典》的规定，悬挂物、搁置物致害案件倒置过错要件。由此可知，本案中的过错要件倒置给被告证明，其他三个要件（即侵权行为、损害后果、因果关系）由原告证明。选项A中砖头倒塌属于侵权行为，应当由原告证明，说法正确。选项B中所受损害属于损害结果，应由原告证明，说法正确。选项C涉及因果关系要件，应由原告证明，说法正确。选项D中的过错应当由被告证明，说法错误。

【解题窍门】（1）分配证明责任的“三步法”

第一步——先定性：合同纠纷或侵权纠纷。

第二步——如果是侵权纠纷，看归责原则（过错归责与无过错归责）。

第三步——检查有无证明责任倒置的特殊规定；检查是否存在免证事实（预决事实、自认等）。

（2）举证责任特殊分配的常见情形整合

①环境侵权——倒置因果关系要件。

②建筑物、构筑物、悬挂物、搁置物、堆放物致害案件——倒置过错要件。

③一人有限责任公司的股东不能证明公司财产独立于股东自己的财产的，应当对公司债务承担连带责任（《公司法》第63条）。

④经营者提供的机动车、计算机、电视机、电冰箱、空调器、洗衣机等耐用商品或者装饰装修等服务，消费者自接受商品或者服务之日起六个月内发现瑕疵，发生争议的，由经营者承担有关瑕疵的举证责任（《消费者权益保护法》第23条第3款）。

⑤执行异议之诉：案外人应当就其对执行标的享有足以排除强制执行的民事权益承担举证证明责任。

⑥普通投资者与证券公司发生纠纷的，证券公司应当证明其行为符合法律、行政法规以及国务院证券监督管理机构的规定，不存在误导、欺诈等情形。证券公司不能证明的，应当承担相应的赔偿责任（《证券法》第89条第2款）。

答案：D

173. 刘月购买甲公司的化肥，使用后农作物生长异常。刘月向法院起诉，要求甲公司退款并赔偿损失。诉讼中甲公司否认刘月的损失是因其出售的化肥质量问题造成的，刘月向法院提供了本村吴某起诉甲公司损害赔偿案件的判决书，以证明甲公司出售的化肥有质量问题且与其所受损害有因果关系。关于本案刘月所受损害与使用甲公司化肥因果关系的证明责任分配，下列哪一选项是正确的？（2016年卷三第40题，单选）

A. 应由刘月负担有因果关系的证明责任

B. 应由甲公司负担无因果关系的证明责任

C. 应由法院依职权裁量分配证明责任

D. 应由双方当事人协商分担证明责任

【考点】 证明责任的分配与免证事实

【解题思路与方法分析】 本题考查具体案件中证明责任的分配，考生需要首先判定案件的性质和类型，之后再进一步确定该类案件的证明责任分配原则。本案属于产品质量侵权纠纷，该类案件适用无过错归责原则，没有举证责任倒置的规定，因此原告应当对三要件承担证明责任即侵权行为、损害后果、因果关系。但本案的特殊性在于，原告刘月向法院提供了本村吴某起诉甲公司损害赔偿案件的判决书，其中认定了因果关系的成立，这使得因果关系成为预决事实（已为法院发生效力的裁判所确认的基本事实），属于免证事实，因此免除了原告对因果关系要件的证明责任。选项A的说法错误。预决事实是相对免证事实，对方当事人可以举证推翻。因此选项B的说法正确，当选。证明责任具有法定性，只能由法律和司法解释预先规定，不允许当事人约定或法院裁量。因此选项C的说法错误。对案件中的同一事实，只有一方当事人负有证明责任。因此选项D的说法错误。

【破题指南】 本题的解题方法有两种：方法一是先确定案件性质和类型，再检索该类案件的证明责任分配原则。方法二是排除法，本题是单选题，考生可以运用证明责任的基本理论较为轻松地排除掉C和D两个选项，从而大大提升了解题的正确率。本题的难点在于很多同学未能识别出法院的生效判决书属于预决事实，从而忽略了因果关系的免证问题。

答案：B

174. 王某诉钱某返还借款案审理中，王某向法院提交了一份有钱某签名、内容为钱某向王某借款5万元的借条，证明借款的事实；钱某向法院提交了一份有王某签名、内容为王某收到钱某返还借款5万元并说明借条因王某过失已丢失的收条。经法院质证，双方当事人确定借条和收条所说的5万元是相对应的款项。关于本案，下列哪一选项是错误的？（2017年卷三第39题，单选）

A. 王某承担钱某向其借款事实的证明责任

B. 钱某自认了向王某借款的事实

C. 钱某提交的收条是案涉借款事实的反证

D. 钱某提交的收条是案涉还款事实的本证

【考点】 民事诉讼证明的综合考查

【解题思路与方法分析】 本题考查了证明责任的分配、自认以及本证与反证的区分等多个知识点。在对具体案件进行证明责任分配时，应当先“定性”，确定案件为合同纠纷还是侵权纠纷，本案为借款合同纠纷。合同纠纷的证明责任分配原则是“谁主张、谁举证”：主张合同关系成立并生效的一方当事人对合同订立和生效的事实承担举证责任；主张合同关系变更、解除、终止、撤销的一方当事人对引起合同关系变动的事实承担举证责任。结合本案，王某作为原告，其应当证明借款关系存在，因此王某须证明钱某向其借款这一事实。选项A的说法正确。钱某提交的收条证明了借款事实的存在，因此钱某自认了向王某借款的事实。选项B的说法正确。选项C和选项D考查本证与反证的区分，钱某提供的收条证明的是借款法律关系已经因为还款行为而消灭，对于法律关系消灭（已经还款）这一要件事实的法定证明责任主体是被告钱某，而该项证据恰好是钱某提出的，因此该收条属于本证。选项C的说法错误，选项D的说法正确。

【避坑秘笈】在借款合同纠纷中，原告（债权人）起诉被告（债务人）还钱的，原告应当提供证据证明被告借了钱；被告需要提供证据证明已经还钱。依此，当被告提供证据证明自己已经还钱时，相关证据属于本证；而当被告提供证据证明自己没有借钱时，相关证据属于反证。

答案：C

175. 薛某雇杨某料理家务。一天，杨某乘电梯去楼下扔掉厨房垃圾时，袋中的碎玻璃严重划伤电梯中的邻居乔某。乔某诉至法院，要求赔偿其各项损失3万元。关于本案，下列哪一说法是正确的？（2017年卷三第40题，单选）

A. 乔某应起诉杨某，并承担杨某主观有过错的证明责任

B. 乔某应起诉杨某，由杨某承担其主观无过错的证明责任

C. 乔某应起诉薛某，由薛某承担其主观无过错的证明责任

D. 乔某应起诉薛某，薛某主观是否有过错不是本案的证明对象

【考点】 侵权纠纷中证明责任的具体分配

【解题思路与方法分析】 本案中涉及三方主体：接受劳务主体薛某、提供劳务主体杨某、受害人乔某。依据《民法典》第1192条的规定，提供劳务一方因劳务造成他人损害，受害人提起诉讼的，以接受劳务一方为被告，因此乔某应当起诉接受劳务的薛某，而不应起诉提供劳务的杨某。选项A和选项B的说法均错误。在提供劳务致他人损害的案件中，雇主承担无过错责任，因此薛某作为接受劳务的一方，其主观形态在所不问，是否存在过错并不是证明对象。选项C的说法错误，选项D的说法正确，当选。

【避坑秘笈】在无过错归责的案件中，“过错”根本不是证明对象（不是待证的要件事实），原告不用证明被告有过错，被告也不用证明自己没有过错，即有没有过错在所不问。

答案：D

176. 高某系君盛公司员工，双方未签订书面劳动合同，后高某因受伤，再未到公司工作，公司也未出具解除劳动合同证明。后因解除劳动合同问题，高某提起仲裁，要求公司支付未签订的劳动合同的双倍工资差额，公司不服仲裁裁决提起诉讼。下列说法正确的是？（2018

年真题网络回忆版，单选）

A. 高某在仲裁时，未提供由君盛公司掌握管理的入职资料，应承担不利后果

B. 高某在诉讼中，应对提供由君盛公司掌握管理的工资清单承担举证责任

C. 君盛公司在仲裁时，未及时提供由其掌握管理的高某工资清单，应承担不利后果

D. 如君盛公司系小微企业，在诉讼时就无须对解除劳动合同时间承担举证责任

【考点】 劳动纠纷中证明责任的具体分配

【解题思路与方法分析】 按照劳动仲裁的相关规则，对于由用人单位掌握的入职资料，应当由用人单位承担证明责任，高某无须举证证明。选项A的说法错误，选项C的说法正确。在劳动诉讼中，因用人单位作出开除、除名辞退、解除劳动合同、减少劳动报酬、计算劳动者工作年限等决定而发生劳动争议的，由用人单位负举证责任。因此，对工资清单高某没有举证证明责任。选项B的说法错误。是否属于小微企业，都不影响证明责任的具体分配。选项D没有法律依据，因此不当选。换言之，在劳动仲裁和劳动诉讼的证明责任分配领域，都体现了对劳动者的倾斜保护，并且单位作为相关证据的保管者和控制者，更接近证据，更具备举证能力。

【原理精炼】立法者在分配证明责任时，通常会考虑以下因素：（1）谁作出积极行为，谁更易证明；（2）谁更专业、更有实力，谁更易证明；（3）谁更接近证据，谁更易证明。

答案：C

177. 甲因乙欠钱不还，将乙诉至法院，并向法院提交了当日的银行汇款记录作为乙欠款的证据，乙称该笔汇款是甲委托其购买手机所用。关于该银行汇款记录，下列说法中正确的是？（2019年真题网络回忆版，多选）

A. 汇款记录为直接证据

B. 借款事实由甲承担证明责任

C. 汇款记录为间接证据

D. 该笔款项用于购买手机由乙承担证明责任

【考点】 证据的学理分类；合同纠纷中证明责任的具体分配

【解题思路与方法分析】 银行汇款记录不能直接证明汇款的原因，因此属于间接证据。选项A的说法错误，选项C的说法正确。《民诉法解释》第91条规定："人民法院应当依照下列原则确定举证证明责任的承担，但法律另有规定的除外：（一）主张法律关系存在的当事人，应当对产生该法律关系的基本事实承担举证证明责任；（二）主张法律关系变更、消灭或者权利受到妨害的当事人，应当对该法律关系变更、消灭或者权利受到妨害的基本事实承担举证证明责任。"此乃"谁主张、谁举证"的证明责任分配规则，本案中借款法律关系成立并生效的证明责任应当由债权人甲承担，而主张汇款原因并非借款的证明责任由该事实的主张方乙承担，因此选项B和选项D的说法均正确。

答案：BCD

178. A村与甲公司签订了一份服务合同，由甲公司利用飞机为A村喷洒农药施肥，飞机每次飞行时都会途经何某的养鸡场。两个月后，何某发现自己饲养的鸡越来越瘦，认为是甲公司的飞机低空飞行产生了太大的噪音，影响鸡的生长，于是起诉要求甲公司承担赔偿责任。本案应当如何分配证明责任？（2020年真题网络回忆版，单选）

A. 甲公司是否存在主观过错，应当由何某承担证明责任

B. 甲公司是否存在主观过错，应当由甲公司承担证明责任

C. 何某的损失与飞机飞行噪音之间是否存在因果关系，应当由何某承担证明责任

D. 何某的损失与飞机飞行噪音之间是否

存在因果关系，应当由甲公司承担证明责任

【考点】 环境侵权纠纷的证明责任分配

【解题思路与方法分析】 本题考查环境侵权纠纷的证明责任分配，考生首先需要准确破题。噪声污染也属于环境污染行为的范畴，依据《民法典》第1229条和第1230条的规定，环境侵权纠纷适用无过错归责原则，且将因果关系要件倒置给被告，被告需要证明法定的减免责事由以及其行为与损害之间不存在因果关系。在无过错归责的案件中，过错根本不是证明对象，原告何某不用证明被告甲公司有过错，被告也不用证明自己没有过错。选项A和选项B的说法均错误。环境侵权纠纷将因果关系要件倒置给被告，因此原告何某不用证明损害后果与被告的行为之间存在因果关系，而是由被告甲公司证明原告的损失与飞机飞行噪音之间没有因果关系。选项C的说法错误，选项D的说法正确。

【破题指南】除了常见的空气污染、水污染、土壤污染等环境侵权行为外，光污染、噪声污染等也属于环境侵权。本题难度不大，关键在于正确破题（定性），这也再次凸显了法考改革后题目的灵活性和开放性。

答案：D

179. 下列各情形中，当事人要承担结果意义上的证明责任的有？（2020年真题网络回忆版，多选）

A. 某产品质量侵权案件，被告主张自己没有过错，向法院提交了相应的证据

B. 原告以审判长与被告存在股份股权关系为由申请审判长回避，向法院提交了相关证据

C. 某环境侵权纠纷中，被告主张自己的排污行为与损害后果之间没有因果关系，向法院提交了相关证据

D. 原告起诉被告要求返还借款1万元，被告主张原告已经免除了该笔债务并提供了相关证据

【考点】 证明责任的基本理论

【解题思路与方法分析】 证明责任分为行为意义上的证明责任和结果意义上的证明责任。所谓行为意义上的证明责任，是指当事人对自己主张的事实有义务提供证据加以证明；而结果意义上的证明责任，是指待证事实真伪不明时，由谁来承担不利的后果。选项A中，产品质量侵权纠纷适用无过错归责，过错根本不是证明对象，原告不用证明被告有错，被告也不用证明自己没错，因此双方当事人对此均不需要承担证明责任。选项B中，是否回避等程序性事项属于法院依职权调取证据的情形，所以当事人只有行为意义上的证明责任，就算当事人提供的证据不充分，法院也应当依职权主动调查收集相关证据。选项C中，环境侵权纠纷倒置因果关系要件，应当由被告证明因果关系不存在，如果该要件真伪不明，被告需要承担结果意义上的证明责任。选项D中，被告主张原告已经免除了自己的债务，即主张借款法律关系已经消灭，被告应当对该要件事实承担证明责任，若该事实真伪不明，被告需要承担结果意义上的证明责任。综上，选项C和选项D当选。

【原理精炼】当待证的要件事实真伪不明时，法院既不能拒绝裁判，又不能久拖不判。此时打破僵局的方法就是用结果意义上的证明责任判案——谁对该真伪不明的要件事实承担证明责任，就由谁承担不利的后果（败诉的风险）。

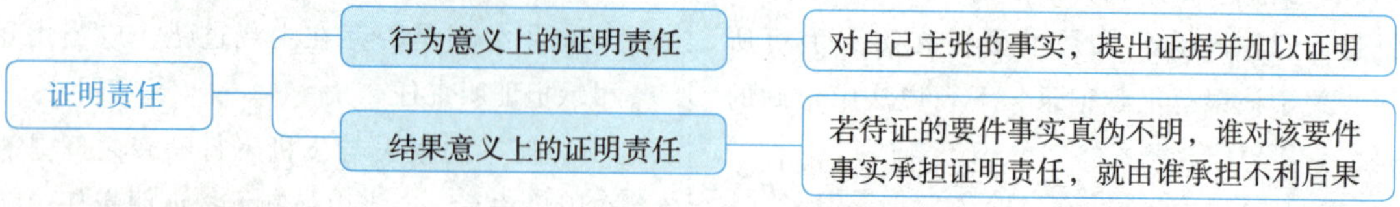

答案：CD

180. 甲起诉乙还钱，乙拿出有甲签名的还款凭据，甲主张该签名是伪造的。关于本案，下列选项中说法正确的有？（2021 年真题网络回忆版，多选）

A. 甲对还款凭证的真实性承担证明责任

B. 乙对还款凭证的真实性承担证明责任

C. 甲对签名是伪造的承担证明责任

D. 乙对签名是真实的承担证明责任

【考点】 私文书证真实性的证明责任

【解题思路与方法分析】 2019 年《民事诉讼证据规定》第 92 条第 1 款和第 2 款规定："私文书证的真实性，由主张以私文书证证明案件事实的当事人承担举证责任。私文书证由制作者或者其代理人签名、盖章或捺印的，推定为真实。"由此可知，私文书证内容的真实性和签章署名的真实性，均由引用方举证。乙作为还款凭证的提出主体，应当证明该凭证的真实性和签名的真实性。还款为借款法律关系消灭的事实，依据"谁主张，谁举证"的证明责任分配规则，应当由主张已经还款的乙对还款事实承担证明责任，因此选项 B 和选项 D 正确，选项 A 和选项 C 错误。

【避坑秘笈】私文书证的真实性和签章署名的真实性，均由引用方举证。

答案：BD

181. 某甲起诉某乙返还借款 20 万元，某乙向法院提供了某甲亲笔签名的收条的复印件，其中记载"已收到某乙返还的借款 20 万元整"。关于该收条复印件，下列说法中正确的有？（2021 年真题网络回忆版，多选）

A. 该收条是直接证据

B. 该收条没有证据能力

C. 该收条是反证

D. 该收条是本证

【考点】 证据能力；证据的学理分类

【解题思路与方法分析】 本案中的收条复印件，虽然属于传来证据，但可以作为直接证据，因为其内容能够单独直接证明待证事实，选项 A 的说法正确。证据能力又称为证据资格，是指一个材料能否在诉讼中作为证据使用，本案中的收条虽然是复印件，但不影响其证据资格，只是在证明力方面可能需要补强，选项 B 的说法错误。选项 C 和选项 D 考查本证和反证的区分，在借款法律关系中，是否已经返还借款的证明责任本身就分配给被告，而证据恰好是被告提供的，此乃"证了法定该他证的事"，因此收条属于本证，选项 C 的说法错误，选项 D 的说法正确。

【避坑秘笈】在借款法律关系中，原告需要证明被告借了钱，被告不用证明自己没有借款，但应当证明已经还钱。简言之，如果被告提供证据证明自己没有借钱，相关证据是反证；如果被告提供证据证明自己已经还钱，相关证据是本证。

答案：AD

182. 曾某起诉李某返还借款 9 万元，向法院提供了银行转账凭证；李某称曾某向自己支付 9 万元是讲座课酬，请求法院驳回原告的诉讼请求，并判令曾某依据授课服务协议的约定向自己赔偿 10 万元违约金。关于本案，下列选项中说法正确的有？（2021 年真题网络回忆版，多选）

A. 曾某提供的银行转账凭证是反证

B. 李某要求曾某支付 10 万元违约金的主张属于反诉

C. 法院应当审查是否存在授课服务协议

D. 李某应当对存在授课服务协议承担证明责任

【考点】 证据与证明的综合考查

【解题思路与方法分析】 本案中存在两个法律关系：一是曾某与李某的借款合同法律关系；二是曾某与李某的授课服务法律关系。在借款关系诉讼中，依据"谁主张、谁举证"的证明责任一般分配规则，原告曾某应当提供证据证明借款法律关系的成立，因此其提供的银行转账凭证属于本证，选项 A 的说法错误。李某要求曾某依据授课服务协议支付违约金，是一个独立的请求、独立的诉，因此属于反诉，选项 B 的说法正确。法院应当审查授课服务协议是否存在，这样才能处理反诉的请求，选项 C 的说法正确。李某作为反诉的原告，应当对授课服务协议的存在承担证明责任，选项 D 的说法正确。

答案：BCD

183. 甲起诉乙返还不当得利，乙向法院提交双方的借款合同，辩称甲转账给乙系返还之前的借款。甲称之前借款已经用现金返还，银行转账系错误操作，并提供了打印的银行转账记录。关于本案，下列选项中说法正确的有？（2022 年真题网络回忆版，单选）

A. 甲对银行转账系错误操作承担证明责任

B. 甲对乙不当得利承担证明责任

C. 乙对借款合同的真实性承担证明责任

D. 乙对甲还款承担证明责任

【考点】 证明责任的分配

【解题思路与方法分析】 由于甲向乙主张不当得利，按照“谁主张，谁举证”的证明责任分配的一般规则，甲应当对不当得利请求权的发生要件事实承担证明责任，不当得利的发生要件事实有四个：（1）甲有损失；（2）乙有获利；（3）甲的损失和乙的获利有因果关系；（4）乙的获利没有法律上的根据。因此，甲应当对上述四个要件事实承担证明责任。其中，甲主张的银行转账系错误操作之事实和乙主张的甲转账给乙系返还之前的借款之事实均为了说明要件事实“（4）乙的获利没有法律上的根据”。因此，这两项事实均应当由甲承担证明责任，选项 A 正确，选项 D 错误。此外，证明责任的适用对象为要件事实，而非请求权和证据的真实性，而选项 B 中所说的甲对乙不当得利承担证明责任，是指甲对不当得利请求权承担证明责任，其表述错误。同理，选项 C 中所说的乙对借款合同的真实性承担证明责任，是指乙对某一证据的真实性承担证明责任，其表述同样错误。

答案：A

184. 甲家门口堆放杂物，邻居乙的小孩路过甲家门口时被杂物砸伤。乙要求甲赔偿，甲拒绝，乙遂将甲诉至法院。本案中的证明责任应当如何分配？（2023 年真题网络回忆版，多选）

A. 甲应就损害事实承担举证责任

B. 乙应就损害事实承担举证责任

C. 乙应就甲主观有过错承担举证责任

D. 甲应就自己主观没有过错承担举证责任

【考点】 侵权纠纷的证明责任分配

【解题思路与方法分析】《民法典》第 1255 条规定：“堆放物倒塌、滚落或者滑落造成他人损害，堆放人不能证明自己没有过错的，应当承担侵权责任。”该类案件倒置过错要件的证明责任，应当由被告甲证明自己没有过错；而存在侵权行为、损害后果以及因果关系要件的证明责任仍然由原告乙承担。因此，选项 B 和选项 D 的说法正确。

答案：BD

185. 云松公司与海龙公司签订货物买卖合同，云松公司发货后，海龙公司不支付货款。云松公司将海龙公司诉至法院，请求支付货款 100 万元，并向法院提交了双方签订的买卖合同。海龙公司称已经支付了货款，并提供了电子对账单的打印件。但云松公司称该转账行为是海龙公司的关联公司凯德公司对其的借款，委托海龙公司转账而已。关于本案，以下说法中正确的有？（2023 年真题网络回忆版，多选）

A. 针对该转账行为是凯德公司对云松公司的借款，委托海龙公司转账的事实，由凯德公司承担证明责任

B. 打印出来的电子对账单是电子数据

C. 云松公司出具的买卖合同是本证

D. 海龙公司出具的电子对账单是本证

【考点】 证据与证明的综合考查

【解题思路与方法分析】 就转账行为是凯德公司对云松公司的借款，委托海龙公司转账的事实而言，其实质是为了证明被告未支付货款的事实。被告是否支付货款的事实属于导致借贷法律关系消灭的事实，该事实应当由主张已经支付货款的被告承担证明责任，选项A错误。电子对账单属于电子数据，即使打印出来仍然是电子数据，选项B正确。本证和反证的区分在于证明责任的负担，对于待证事实负担证明责任的一方为了证明该事实真实而提出的证据为本证，对于待证事实不负担证明责任的一方为了证明该事实不真实而提出的证据为反证。买卖合同是为了证明买卖合同法律关系的存在，是否存在买卖合同法律关系的事实应当由主张存在买卖合同法律关系的原告承担证明责任，而该买卖合同由原告云松公司提出，其应当为本证，因此选项C正确。电子对账单是为了证明已经支付货款的事实，是否支付货款的事实应当由主张已经支付货款的被告海龙公司承担证明责任，而该证据由海龙公司出具，其应当为本证，选项D正确。

答案：BCD

186. 关于民事诉讼案件的证明标准，下列选项中说法错误的有？（全题，多选）

A. 某遗产继承诉讼中，原告甲对存在有效遗嘱这一事实的证明需要达到排除合理怀疑的标准

B. 某买卖合同纠纷中，被告对其受到胁迫而签订合同这一事实的证明，需要达到高度盖然性的标准

C. 某第三人撤销之诉中，原告黄某对两被告之间恶意串通、虚构纠纷提起诉讼这一事实的证明，需要达到高度盖然性的标准

D. 法院在审理再审案件和民事公益诉讼案件时，应当采用排除合理怀疑的证明标准

【考点】 民事诉讼的证明标准

【解题思路与方法分析】 民事诉讼的证明标准以高度盖然性标准为原则，仅在两类情形下适用排除合理怀疑的证明标准：一是当事人对欺诈、胁迫、恶意串通事实的证明；二是对口头遗嘱或者赠与事实的证明。只有口头遗嘱的证明才须达到排除合理怀疑，而非所有遗嘱，因此选项A的说法错误。受胁迫而签订合同，属于当事人对胁迫事实的证明，应当达到排除合理怀疑的标准，选项B的说法错误。选项C涉及恶意串通事实的证明，同样需要达到排除合理怀疑的标准，选项C的说法错误。再审案件和公益诉讼案件原则上适用高度盖然性的证明标准，选项D的说法没有法律依据，错误。换言之，适用何种证明标准，取决于证明对象是什么，与案件类型或程序类型没有必然关联。

【破题指南】依据2019年《民事诉讼证据规定》的相关内容，民事诉讼的证明标准以高度盖然性标准为原则，但有两类例外：(1) 排除合理怀疑标准——对于欺诈、胁迫、恶意串通事实的证明，以及对于口头遗嘱或赠与事实的证明。(2) 较大可能性标准——与诉讼保全、回避等程序事项有关的事实，人民法院结合当事人的说明及相关证据，认为有关事实存在的可能性较大的，可以认定该事实存在。

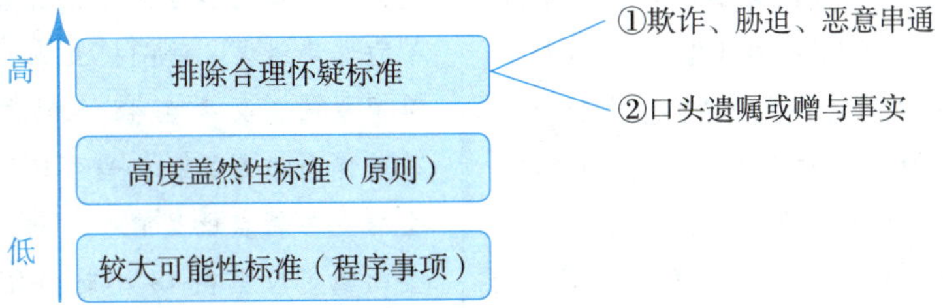

答案：ABCD

187. 大皮公司因买卖纠纷起诉小华公司，双方商定了25天的举证时限，法院认可。时限届满后，小华公司提出还有一份发货单没有提供，申请延长举证时限，被法院驳回。庭审时小华公司向法庭提交该发货单。尽管大皮公司反对，但法院在对小华公司予以罚款后仍对该证据进行质证。下列哪一诉讼行为不符合举证时限的相关规定？（2013年卷三第40题，单选）

A. 双方当事人协议确定举证时限

B. 双方确定了25天的举证时限

C. 小华公司在举证时限届满后申请延长举证时限

D. 法院不顾大皮公司反对，依然组织质证

【考点】 举证期限及逾期举证的法律后果

【解题思路与方法分析】 举证期限的确定方式有两种：一是由法院指定；二是当事人协商一致并经法院准许。依据《民诉法解释》第99条的规定，人民法院确定举证期限，第一审普通程序案件不得少于15日，因此选项A和选项B中的行为均正确合法。申请延长举证期限应当在举证期限届满前提出，选项C中的行为不合法。选项D涉及逾期举证的法律后果，当事人逾期提供证据的，法院应当责令其说明理由；拒不说明理由或者理由不成立的，法院根据不同的情形，可以不予采纳该证据，或者采纳该证据但予以训诫、罚款。因此法院在对小华公司予以罚款后仍旧组织质证的做法是合法的。

【破题指南】（1）举证期限可以由法院指定，也可以由双方当事人协商确定并经法院准许。（2）一审普通程序的举证期限不得少于15日，简易程序的举证期限不得超过15日，小额诉讼程序一般不超过7日。（3）逾期提交的证据不必然丧失证据资格，若因故意或重大过失迟延提交与案件基本事实有关的证据，应当采纳证据，但采纳的同时应当训诫、罚款；如果没有故意或重大过失，应当采纳证据，但同时要予以训诫。

举证期限	一审普通程序：不得少于15日
	二审中提供新证据的：不得少于10日
	简易程序：不得超过15日
	小额诉讼：一般不超过7日

答案：C

188. 甲县吴某与乙县宝丰公司在丙县签订了甜橙的买卖合同，货到后发现甜橙开始腐烂，未达到合同约定的质量标准。吴某退货无果，拟向法院起诉，为了证明甜橙的损坏状况，向法院申请诉前证据保全。关于诉前保全，下列哪一表述是正确的？（2013年卷三第46题，单选）

A. 吴某可以向甲、乙、丙县法院申请诉前证据保全

B. 法院应当在收到申请15日内裁定是否保全

C. 法院在保全证据时，可以主动采取行为保全措施，减少吴某的损失

D. 如果法院采取了证据保全措施，可以免除吴某对甜橙损坏状况提供证据的责任

【考点】 诉前证据保全

【解题思路与方法分析】 因情况紧急，在证据可能灭失或者以后难以取得的情况下，利害关系人可以在提起诉讼前向证据所在地、被申请人住所地或者对案件有管辖权的法院申请保全证据。结合本题，丙县是合同签订地，吴某不得向丙县法院申请诉前证据保全，选项A的说法错误。法院接受保全申请后，对于情况紧急的，必须在48小时内作出裁定；裁定采取保全措施的，应当立即开始执行。诉前保全的主要特点就是情况紧急，因此诉前证据保全的裁定应当在48小时内作出，选项B的说法错误。法院对于可能因当事人一方的行为或

者其他原因，使判决难以执行或者造成当事人其他损害的案件，根据对方当事人的申请，可以裁定对其财产进行保全、责令其作出一定行为或者禁止其作出一定行为；当事人没有提出申请的，法院在必要时也可以裁定采取保全措施。由此可知，诉前保全应当依据利害关系人申请作出，法院不得依职权作出，选项C的说法错误。有关证据被采取保全措施后，针对该证据能予以证明的争议法律关系中的相关事实，可以免除有关当事人提供证据的责任，这也恰是证据保全的法律效力，选项D的说法正确，当选。

答案：D

189. 高某诉张某合同纠纷案，终审高某败诉。高某向检察院反映，其在一审中提交了偷录双方谈判过程的录音带，其中有张某承认货物存在严重质量问题的陈述，足以推翻原判，但法院从未组织质证。对此，检察院提起抗诉。关于再审程序中证据的表述，下列哪些选项是正确的？（2013年卷三第85题，多选）

A. 再审质证应当由高某、张某和检察院共同进行

B. 该录音带属于电子数据，高某应当提交证据原件进行质证

C. 虽然该录音带系高某偷录，但仍可作为质证对象

D. 如再审法院认定该录音带涉及商业秘密，应当依职权决定不公开质证

【考点】 再审案件与质证

【解题思路与方法分析】 证据应当在法庭上出示，并由当事人互相质证，质证的主体只能是当事人，法院和检察院均不是质证的主体，因此选项A的说法错误。本案中的录音带属于视听资料，而非电子数据，因为没有形成或存储在电子介质上，选项B的说法错误。按照《民诉法解释》第106条对非法证据排除规则的规定，对以严重侵害他人合法权益、违反法律禁止性规定或者严重违背公序良俗的方法形成或者获取的证据，不得作为认定案件事实的根据。本案中，录音带虽系高某偷录，但没有违法或侵犯他人合法权益，因此可以作为质证对象，选项C的说法正确。涉及国家秘密、商业秘密、个人隐私或者法律规定应当保密的证据，不得公开质证，需要在法庭出示的，不得在公开开庭时出示，选项D的说法正确。

【避坑秘笈】（1）质证的主体只能是当事人，法院和检察院都不是质证主体。（2）并非所有的偷拍偷录证据都要适用非法证据排除规则，而是要看其是否以严重侵害他人合法权益、违反法律禁止性规定或者严重违背公序良俗的方法形成或者获取。（3）涉及商业秘密的证据，属于法定不公开质证的证据，但不公开质证不等于不质证。

答案：CD

190. 李某起诉王某要求返还10万元借款并支付利息5000元，并向法院提交了王某亲笔书写的借条。王某辩称，已还2万元，李某还出具了收条，但王某并未在法院要求的时间内提交证据。法院一审判决王某返还李某10万元并支付5000元利息，王某不服提起上诉，并称一审期间未找到收条，现找到了并提交法院。关于王某迟延提交收条的法律后果，下列哪一选项是正确的？（2016年卷三第41题，单选）

A. 因不属于新证据，法院不予采纳

B. 法院应采纳该证据，并对王某进行训诫

C. 如果李某同意，法院可以采纳该证据

D. 法院应当责令王某说明理由，视情况决定是否采纳该证据

【考点】 逾期举证的法律后果

【解题思路与方法分析】 当事人对自己提出的主张应当及时提供证据。当事人逾期提

供证据的，法院应当责令其说明理由；拒不说明理由或者理由不成立的，法院根据不同情形可以不予采纳该证据，或者采纳该证据但予以训诫、罚款。《民诉法解释》第102条规定，当事人因故意或者重大过失逾期提供的证据，人民法院不予采纳。但该证据与案件基本事实有关的，人民法院应当采纳，并依法予以训诫、罚款。当事人非因故意或者重大过失逾期提供的证据，人民法院应当采纳，并对当事人予以训诫。本案中，王某延迟提交收条的原因是“一审期间未找到”，从主观形态来看，不属于故意或重大过失，因此法院应当采纳该证据，并对王某予以训诫，选项B的说法正确，当选。

【破题指南】本题的解题关键点在于明晰王某逾期提交收条的原因，也即王某迟交收条是否存在故意或重大过失。大家须准确掌握不同情形下逾期举证的相应法律后果。

逾期举证的法律后果	视为未逾期	因客观原因或者对方当事人无异议
	故意或重大过失	原则上不予采纳＋与认定案件基本事实有关的：应当采纳但同时要训诫、罚款
	非故意或重大过失	采纳但同时训诫
	逾期举证的损失赔偿	法院可予支持必要费用

答案：B

191. 哥哥王文诉弟弟王武遗产继承一案，王文向法院提交了一份其父生前关于遗产分配方案的遗嘱复印件，遗嘱中有“本遗嘱的原件由王武负责保管”字样，并有王武的签名。王文在举证责任期间书面申请法院责令王武提交遗嘱原件，法院通知王武提交，但王武无正当理由拒绝提交。在此情况下，依据相关规定，下列哪些行为是合法的？（2016年卷三第80题，多选）

A. 王文可只向法院提交遗嘱的复印件

B. 法院可依法对王武进行拘留

C. 法院可认定王文所主张的该遗嘱能证明的事实为真实

D. 法院可根据王武的行为而判决支持王文的各项诉讼请求

【考点】 文书提出命令

【解题思路与方法分析】 本案中的遗嘱属于书证，依据《民事诉讼法》第73条的规定，书证应当提交原件，提交原件确有困难的，可以提交复制品。所谓“提交书证原件确有困难”包括以下情形：（1）书证原件遗失、灭失或者毁损的；（2）原件在对方当事人控制之下，经合法通知提交而拒不提交的；（3）原件在他人控制之下，而其有权不提交的；（4）原件因篇幅或者体积过大而不便提交的；（5）承担举证证明责任的当事人通过申请人民法院调查收集或者其他方式无法获得书证原件的。本案中，王文无法提交原件就属于上述情形（2），因此选项A的说法正确，当选。王武拒交书证的行为并不满足拘留的适用条件，选项B的说法错误。书证在对方当事人控制之下的，承担举证证明责任的当事人可以在举证期限届满前书面申请法院责令对方当事人提交。申请理由成立的，法院应当责令对方当事人提交，因提交书证所产生的费用，由申请人负担。对方当事人无正当理由拒不提交的，法院可以认定对方当事人所主张的书证内容为真实。本案中，王文在举证责任期间书面申请法院责令王武提交遗嘱原件，即向法院申请了文书提出命令，但法院通知王武提交后，王武无正当理由拒绝提交，因此法院可以认定王文申请所主张的书证内容为真实，选项C的说法正确。王武的拒交行为能够使王文所主张的遗嘱中证明的事实被认定为真实，但不能仅依此就判决支持王文的所有诉讼请求，因此选项 D 的说法错误。

【破题指南】文书提出命令制度

申请条件	原因：书证、视听资料、电子数据在对方当事人控制下
	申请主体：承担举证证明责任的当事人
	申请时间和方式：举证期限届满前+书面申请
处理方式	申请理由成立：法院应责令对方当事人提交，因提交书证所产生的费用由申请人负担
	对方当事人无正当理由拒不提交：法院可以认定申请人所主张的书证内容真实

答案：AC

192. 叶某诉汪某借款纠纷案，叶某向法院提交了一份内容为汪某向叶某借款 3 万元并收到该 3 万元的借条复印件，上有“本借条原件由汪某保管，借条复印件与借条原件具有同等效力”字样，并有汪某的署名。法院据此要求汪某提供借条原件，汪某以证明责任在原告为由拒不提供，后又称找不到借条原件。证人刘某作证称，他是汪某向叶某借款的中间人，汪某向叶某借款的事实确实存在；另外，汪某还告诉刘某，他在叶某起诉之后把借条原件烧毁，汪某在法院质证中也予以承认。在此情况下，下列哪些选项是正确的？（2017 年卷三第 80 题，多选）

A. 法院可根据叶某提交的借条复印件，结合刘某的证言对案涉借款事实进行审查判断

B. 叶某提交给法院的借条复印件是案涉借款事实的传来证据

C. 法院可认定汪某向叶某借款 3 万元的事实

D. 法院可对汪某进行罚款、拘留

【考点】 证明规则的综合性考查

【解题思路与方法分析】 本案中的借条属于书证，提交书证原则上应当提交原件，但提交原件确有困难的，可以提交复印件。本题中原告叶某之所以未能提供借条原件，是因为原件在对方当事人控制之下并且经法院合法通知提交而拒不提交，符合“提交原件确有困难”的情形，因此选项 A 的说法正确。所谓传来证据，是指经过复制、转述等中间传播环节的证据，借条的复印件属于传来证据，选项 B 的说法正确。对方当事人无正当理由拒不提交书证的，法院可以认定申请人所主张的书证内容为真实，因此法院可以认定汪某向叶某借款 3 万元这一事实，选项 C 的说法正确。持有书证的当事人以妨碍对方当事人使用为目的，毁灭有关书证或者实施其他致使书证不能使用行为的，法院可以依法对其处以罚款、拘留，选项 D 的说法正确。

答案：ABCD

193. 强兴公司开发的游戏软件屡遭盗版，遂派公司人员假扮消费者与盗版商磋商，并请公证处的工作人员用手机秘密拍摄了磋商的全过程。之后公证处制作了公证书，强兴公司据此向法院起诉索赔。以下有关该公证书的说法中正确的有？（2019 年真题网络回忆版，单选）

A. 假扮消费者有违公平原则，有损经济秩序，该公证书应当排除

B. 公证处只应当公证合法的法律行为，该公证书有瑕疵，应当排除

C. 该公证书属于原始证据

D. 该公证书属于书证

【考点】 证据的种类；证据能力

【解题思路与方法分析】 强兴公司派出工作人员假扮消费者与盗版商磋商并秘密拍摄磋商过程的行为并未严重侵犯他人合法权益，并没有被法律所禁止，且未严重违反公序良

俗，所以该秘密拍摄的录音录像不属于以非法方式收集的证据。公证处制作的公证书是对该取证行为以及所取得的录音录像这一证据进行监督和确认，属于传来证据，因此选项C错误。根据前述分析，强兴公司假扮消费者与盗版商进行磋商、秘密录像等方式并不属于非法收集证据，故该公证书所公证的录音录像内容以及取证过程不属于非法证据，无须排除，故选项A和选项B均错误。公证书通过其记载的内容和表达的思想证明案件事实，属于书证，因此选项D正确。

【破题指南】2018年和2019年均考查了偷拍偷录的证据的证据能力，偷拍偷录的证据只要没有违反法律的禁止性规定、没有严重侵害他人合法权益、没有严重违背社会公序良俗，那么通常都可以作为证据使用。本题改编自“北大方正与高术天力等计算机软件著作权纠纷案”。在该案中，北大方正集团公司、北京红楼计算机科学技术研究所为了取得被告北京高术天力科技有限公司、北京高术技术公司销售盗版软件的证据，派员工以个人的名义向被告购买了激光照排机，被告为其进行了安装，并应要求在原告自备的两台计算机内安装了盗版方正的RIP软件和方正文合软件，并提供了刻录有上述软件的光盘。公证机关对这次取证过程及证据进行了公证。北大方正集团公司、北京红楼计算机科学技术研究所于2001年9月联名起诉被告，要求判令其停止侵权、消除影响、公开赔礼道歉，并赔偿原告经济损失300万元。该案当时被媒体称为“全国最大的反盗版案”。最高人民法院的判决结果首次明确了知识产权诉讼中所谓“陷阱取证”的合法性问题。该案被视为解决计算机软件著作权侵权案件中取证难这一知识产权保护的典型问题的一个范例。最高人民法院终审认为，原告的取证方式不违反法律、法规的禁止性规定，其行为并未损害社会公共利益和他人的合法权益，而且采取该取证方式，有利于解决计算机软件著作权侵权案件取证难问题，起到威慑和遏制侵权行为的作用，也符合依法加强知识产权保护的法律精神。

答案：D

194. 甲向法院起诉乙归还350万元，向法院提交了借条，乙称借条是伪造的，向法院提交了转账凭证250万元，证明乙只借了250万元，其余的100万元是高利贷。关于本案，下列选项中说法正确的有？（2020年真题网络回忆版，多选）

A. 乙提供的转账凭证是反证

B. 甲应当申请法院鉴定借条的真伪，否则须承担不利的诉讼后果

C. 乙应当申请法院鉴定借条的真伪，否则须承担不利的诉讼后果

D. 甲提供的借条是本证

【考点】 证据的学理分类；证明责任

【解题思路与方式分析】 区分本证与反证的第一步是确定该证据的证明对象是什么，之后看看该要件事实法定应当由谁证，最后再看证据实际上是谁提供的——如果就是法定主体提出的，属于本证；如果不是法定主体提出的，属于反证。甲起诉乙返还借款，甲应当提供证据证明借款法律关系的成立，因此甲提交的借条属于本证。乙提交的转账凭证，并未否认甲主张的借款事实，但对甲主张的借款数额提出了反驳，即主张借款金额实际上是250万元。从乙反驳甲主张的借款数额的角度来看，乙提供的转账凭证属于反证；但对于乙主张借款金额为250万元、剩余部分是高利贷的事实，应当由乙对此事实承担举证证明责任，因此该转账凭证属于本证。简言之，乙主张了两项事实，因此其提交的转账凭证既是本证也是反证，选项A的说法错误。《民事诉讼证据规定》第31条第2款规定：“对需要鉴定的待证事实负有举证责任的当事人，在人民法院指定期间内无正当理由不提出鉴定申请或者不预

交鉴定费用，或者拒不提供相关材料，致使待证事实无法查明的，应当承担举证不能的法律后果。”本案中，应当由甲来证明借款关系的成立，因此应当由甲向法院申请鉴定借条的真伪，否则须承担不利的诉讼后果，选项B的说法正确，选项C的说法错误。

答案：BD

195. 甲向乙借款60万元，丙提供连带保证。借款到期后，甲只还了6万元，乙将甲和丙诉至法院，要求归还本金60万元及口头利息6万元。甲在一审中承认已偿还的6万元是利息，但到了二审又反悔不承认，丙始终不承认利息的存在。关于本案，下列说法中正确的有？（2021年真题网络回忆版，多选）

A. 甲因为自认，需要承担66万元的债务

B. 因为丙不承认，所以甲承担54万元的债务

C. 丙承担54万元的债务

D. 丙承担60万元的债务

【考点】 共同诉讼中的自认

【解题思路与方法分析】 2019年《民事诉讼证据规定》第6条规定：“普通共同诉讼中，共同诉讼人中一人或者数人作出的自认，对作出自认的当事人发生效力。必要共同诉讼中，共同诉讼人中一人或者数人作出自认而其他共同诉讼人予以否认的，不发生自认的效力。其他共同诉讼人既不承认也不否认，经审判人员说明并询问后仍然不明确表示意见的，视为全体共同诉讼人的自认。”本案中，甲和丙属于必要共同诉讼的共同被告，甲在一审中对利息予以自认，但丙始终予以否认，因此甲对利息的自认无法对甲和丙产生自认的法律效力。减去已经偿还的6万元，甲和丙对剩余54万元的债务承担责任，选项A和选项D的说法错误，选项B和选项C的说法正确。

【原理精炼】必要共同诉讼属于不可分之诉，因此必要共同诉讼中的自认具有一体性和牵连性。如果你的队友作出了自认，而你不反对或者不置可否，那么队友的自认会对你产生一并的拘束力；如果你的队友作出了自认，而你予以否认，那么队友的自认对你和他自己都没有拘束力。此乃“一荣俱荣、一损俱损”，要么全无，要么全有。

答案：BC

196. 甲在A超市购买了酸菜方便面，因方便面质量不达标，甲将A超市诉至法院，要求其承担违约责任。经A超市申请，法院通知方便面的制造商乙公司加入诉讼。乙公司在庭前向法院提交的书状中承认该批酸菜方便面质量不达标，A超市称自己对此不知情，法院反复询问，A超市始终不发表意见。关于本案，下列说法中正确的有？（2022年真题网络回忆版，多选）

A. A超市构成自认

B. 乙公司在庭前提交的书状不构成自认

C. 乙公司的自认对A超市没有拘束力

D. 乙公司的自认对A超市有拘束力

【考点】 自认

【解题思路与方法分析】 甲将A超市诉至法院，要求其承担违约责任，而制造商乙公司与甲不存在合同关系，因此制造商乙公司在本案中的诉讼地位为无独立请求权的第三人，而不是必要共同诉讼被告。自认的方式包括明示自认和默示自认，经过法院反复询问，A超市均不置可否，构成默示自认，选项A的说法正确。乙公司在庭前向法院提交的书状中承认该批酸菜方便面质量不达标，属于书面自认，选项B的说法错误。《民事诉讼证据规定》第6条规定：“普通共同诉讼中，共同诉讼人中一人或者数人作出的自认，对作出自认的当事人发生效力。必要共同诉讼中，共同诉讼人中一人或者数人作出自认而其他共同诉讼人予以否认的，不发生自认的效力。其他共同诉讼人既不承认也不否认，经审判人员说明并询问后

仍然不明确表示意见的，视为全体共同诉讼人的自认。”由于制造商乙公司在本案中的诉讼地位是无独立请求权的第三人，因此乙公司的自认对A超市没有拘束力，选项C的说法正确，选项D的说法错误。

【避坑秘笈】本案存在请求权基础的竞合，选择不同的请求权基础，会导致管辖法院、当事人诉讼地位、诉讼请求等有所不同。当甲提起违约之诉时，依据合同相对性的原理，被告只能是销售者A超市，而制造商乙公司可以作为无独三。当甲提起产品质量侵权之诉时，可以将销售者A超市和制造商乙公司作为共同被告（原告怎么诉、被告怎么列）。

答案：AC

197. 宦某诉F电玩公司产品质量纠纷一案中，宦某为了实现证据突袭的目的，没有在举证期限内向法院提交有关产品质量约定的补充合同，直到开庭审理时才向法院申请提交该证据。以下有关本案的说法中，正确的有？（金题，多选）

A. 如果F电玩公司对宦某逾期提供的证据无异议，则视为未逾期

B. 对宦某逾期提供的该项证据，法院不予采纳，但如果该补充合同与案件基本事实有关，法院应当采纳，并可以同时对宦某进行训诫、罚款

C. 宦某逾期举证的行为，违反了民事诉讼诚信原则的要求

D. 若F电玩公司要求宦某赔偿因逾期提交证据致使其增加的交通、误工等必要费用，法院应当予以支持

【考点】 逾期举证的法律后果

【解题思路与方法分析】 本案中宦某属于故意逾期举证的情形，当事人因客观原因逾期提供证据，或者对方当事人对逾期提供证据未提出异议的，视为未逾期。因此选项A的说法正确。当事人因故意或者重大过失逾期提供的证据，法院不予采纳。但该证据与案件基本事实有关的，法院应当采纳，并依法予以训诫、罚款。因此选项B的说法错误，法院应当同时给予训诫、罚款，而不是“可以”。当事人故意逾期举证的行为，不符合民事诉讼诚信原则的基本要求，选项C的说法正确，当选。当事人一方要求另一方赔偿因逾期提供证据致使其增加的交通、住宿、就餐、误工、证人出庭作证等必要费用的，法院可予支持。选项D中“应当”的说法错误。

答案：AC

198. 王五起诉韩林要求其支付拖欠的3个月房租共计1.5万元，王五向法院提交了双方签订的房屋租赁合同原件。韩林辩称，其已在一周前付清了全部房租且王五已经出具了收据，但韩林未能在法院确定的期限内提交相关证据。后一审法院判决韩林在7日内向王五支付房租及利息共计1.7万元。韩林不服提出上诉，在二审中其向法院提交了王五亲笔书写的收据，并称在一审中未能找到该证据而无法提交。关于本案，下列选项中正确的有？（金题，不定项）

A. 对于韩林逾期提交的收据，法院不予采纳

B. 对于韩林逾期提交的证据，法院可以根据王五的意见以及案件的具体情况，决定是否予以采纳

C. 对于韩林逾期提交的证据，法院应当予以采纳并对韩林进行罚款

D. 一审法院的判决违反了处分原则

【考点】 逾期举证的法律后果

【解题思路与方法分析】 本案中韩林逾期提交收据的原因是在一审中未能找到，不属于故意或重大过失，非因故意或重大过失而迟交证据的，法院应当采纳证据并同时予以训诫，因此选项A的说法错误。该种情形下法院应当采纳证据，而没有裁量权，选项B的说法

错误。在没有故意或重大过失而迟交证据的情况下，法院不得对当事人进行罚款，替代性的惩罚措施是训诫，选项C的说法错误。本案中原告的诉讼请求只主张了房租本金，但法院的判决增加了利息，这属于超出当事人诉讼请求进行裁判的“超判”行为，违反了处分原则，选项D的说法正确，当选。

答案：D

199. 以下有关举证期限的说法中，不符合《民事诉讼法》及相关司法解释规定的有？（金题，多选）

A. 在某甲与某乙买卖合同诉讼进行的过程中，法院依职权追加了某丙作为必要共同诉讼的共同原告，法院应当为某丙确定举证期限，但该举证期限不适用于某甲和某乙

B. 在股东甲诉A公司的利润分配诉讼中，A公司在答辩期内提出了管辖权异议，此时法院应当终止举证期限，如果法院经过审查裁定驳回了A公司的管辖权异议，则应当重新为A公司确定举证期限

C. 某甲与某乙的不当得利纠纷案，法院对下落不明的被告某乙进行公告送达，因此无须为某乙确定举证期限

D. 某甲与某乙的人身侵权纠纷，二审法院以一审法院的审判组织形式不合法为由将案件发回重审，此时第一审法院应当重新为当事人确定举证期限

【考点】 举证期限的具体规定

【解题思路与方法分析】 本题考查2019年《民事诉讼证据规定》对举证期限的确定和计算的规定。依据2019年《民事诉讼证据规定》第55条的规定，举证期限按照如下方式确定：（1）当事人依法提出管辖权异议的，举证期限中止，自驳回管辖权异议的裁定生效之日起恢复计算；（2）追加当事人、有独立请求权的第三人参加诉讼或者无独立请求权的第三人经人民法院通知参加诉讼的，人民法院应当依法为新参加诉讼的当事人确定举证期限，该举证期限适用于其他当事人；（3）发回重审的案件，第一审人民法院可以结合案件具体情况和发回重审的原因，酌情确定举证期限；（4）当事人增加、变更诉讼请求或者提出反诉的，人民法院应当根据案件具体情况重新确定举证期限；（5）公告送达的，举证期限自公告期届满之次日起计算。选项A中法院应当依法为新参加诉讼的当事人确定举证期限，但该举证期限也适用于其他当事人，选项A说法错误。选项B中举证期限应当恢复继续计算，而不是重新确定，因此选项B的说法错误。公告送达也需要为当事人确定举证期限，选项C的说法错误。发回重审的案件，一审法院可以结合案件具体情况和发回重审的原因，酌情确定举证期限，而不是应当重新确定举证期限，选项D的说法错误。

答案：ABCD

第九章 普通程序

考点提示

起诉条件与立案登记制；起诉的积极条件；起诉的消极条件（不予受理起诉的情形）
延期审理、诉讼中止、诉讼终结的适用情形识别
撤诉与缺席判决
法律文书与救济机制：判决、裁定、决定；复议、上诉、再审
既判力理论

【知识点激活】

1. 起诉的积极条件：适格的原告 + 明确的被告 + 符合主管和管辖的规定 + 有具体的诉讼请求和事实理由。

2. 法院不予受理起诉的情形：违反主管；违反管辖；违反“一事不再理”；违反“禁诉期”的限制。

3. 超过诉讼时效起诉的，法院应当受理，法院不得对诉讼时效问题进行释明，也不得主动适用诉讼时效的规定进行裁判。

4. 在审查起诉阶段，对于不符合起诉条件的，裁定不予受理；在受理案件后，对于不符合起诉条件的，裁定驳回起诉；对于丧失实体胜诉权的，判决驳回诉讼请求。

5. 追索赡养费、扶养费、抚养费案件的判决生效，因新情况、新理由，一方当事人再次起诉要求增加或减少费用的，法院应作为新案件受理。

6. 庭前会议不是每个案件的必经环节，其主要功能是明确当事人的争议焦点，为开庭审理做好准备。

7. 法院根据案件具体情况且征得当事人同意，可以将法庭调查与法庭辩论合并进行。

8. 缺席判决的适用对象不限于被告，还可能是原告、有独三、无独三、必要共同诉讼人。申请撤诉而未获准许的原告或有独三拒不出庭的，可以作出缺席判决。撤诉和按撤诉处理的适用对象限于原告或相当于原告地位的主体。

9. 无民事行为能力人的离婚诉讼，当事人的法定代理人应当到庭；法定代理人不能到庭的，法院应当在查清事实的基础上依法作出判决。

10. 延期审理用决定，且仅适用于开庭审理阶段；诉讼中止和诉讼终结用裁定，适用于程序的各阶段。

11. 诉讼中的评议原则与仲裁中的评议原则：均实行少数服从多数的原则，无法形成多数意见时，诉讼须报请审委会讨论决定，仲裁按首席仲裁员的意见作裁决。

12. 适用决定的主要情形：回避；拘留、

罚款；延期审理；申请法院顺延期限；诉讼费用的减、缓、免；法院自行启动再审。

13. 可以申请复议的法律文书：裁定类—保全（所有类型）、先予执行、执行管辖异议、执行行为异议；决定类—回避、拘留、罚款。小额诉讼中的管辖异议裁定、驳回起诉裁定，不得上诉。

14. 既可以上诉也可以再审的裁定：不予受理、驳回起诉。

15. 案由不是起诉状的法定必备内容，但是判决书的必备内容。

16. 诉讼中止与诉讼终结的区分诀窍：(1) 当事人的死亡时间（诉前死亡 VS 诉中死亡 VS 裁判生效后死亡）；(2) 案件类型（不可继承的身份关系 VS 可继承的财产关系）。

200. 关于民事起诉状应当包括的内容，下列哪些选项是正确的？（2011 年卷三第 79 题，多选）

A. 双方当事人的基本情况

B. 案由

C. 诉讼请求

D. 证据和证据来源

【考点】 民事起诉状的法定内容

【解题思路与方法分析】 依据《民事诉讼法》第 124 条的规定："起诉状应当记明下列事项：（一）原告的姓名、性别、年龄、民族、职业、工作单位、住所、联系方式，法人或者其他组织的名称、住所和法定代表人或者主要负责人的姓名、职务、联系方式；（二）被告的姓名、性别、工作单位、住所等信息，法人或者其他组织的名称、住所等信息；（三）诉讼请求和所根据的事实与理由；（四）证据和证据来源，证人姓名和住所。"由此可知，案由不是起诉状的必备内容，因为原告不一定具备专业的法律知识，但案由是判决书的必备内容，依此，本题的正确选项为 A、C、D。

答案：ACD

201. 关于民事案件的开庭审理，下列哪一选项是正确的？（2012 年卷三第 40 题，单选）

A. 开庭时由书记员核对当事人身份和宣布案由

B. 法院收集的证据是否需要进行质证，由法院决定

C. 合议庭评议实行少数服从多数，形成不了多数意见时，以审判长意见为准

D. 法院定期宣判的，法院应当在宣判后立即将判决书发给当事人

【考点】 开庭审理

【解题思路与方法分析】 开庭审理，是指法院在当事人和其他诉讼参与人的参加下，依照法定程序和方式，全面审查和认定案件事实并依法作出裁判的诉讼活动。适用普通程序开庭审理的案件，须严格按照法定的阶段和顺序进行。这些阶段包括庭审准备、宣布开庭、法庭调查、法庭辩论、合议庭评议、制作庭审笔录、宣判（当庭宣判或定期宣判）。结合本题，在宣布开庭阶段，应首先由书记员查明当事人和其他诉讼参与人是否到庭，宣布法庭纪律。其次由审判长亲自核对当事人，宣布案由，宣布审判人员、书记员名单，告知当事人有关的诉讼权利义务，询问当事人是否提出回避申请。因此，核对当事人身份并宣布案由是审判长的职责，而非书记员的职责，选项 A 的说法错误。法院收集的证据分为两类，一是法院依职权调取的证据，二是法院依申请调取的证据，其中法院依职权调取的证据不需要质证，法院依申请调取的证据应当质证，而不是由法院任意裁量，选项 B 的说法错误。合议庭评议时实行少数服从多数的原则，无法形成多数意见时，报请审委会讨论决定，而不是以审判长的意见为准，因此选项 C 的说法错误。当庭宣判的，应当在 10 日内发送判决书；定期宣判的，宣判后立即发给判决书，因此选项 D 的说法正确。

【避坑秘笈】(1) 由审判长核对当事人身

份并宣布开庭。(2)法院依申请调取的证据视为申请方当事人提供的证据，应当依法进行质证。(3)法院合议庭的评议规则与仲裁庭的评议规则有所不同，无法形成多数意见时，法院是提交审委会讨论决定，仲裁是以首席仲裁员的意见为准。(4)定期宣判的，宣判后应立即发给判决书。

答案：D

202. 关于民事诉讼的裁定，下列哪一选项是正确的？（2012 年卷三第 47 题，单选）

A. 裁定可以适用于不予受理、管辖权异议和驳回诉讼请求

B. 当事人有正当理由没有到庭的，法院应当裁定延期审理

C. 裁定的拘束力通常只及于当事人、诉讼参与人和审判人员

D. 当事人不服一审法院作出的裁定，可以向上一级法院提出上诉

【考点】 民事裁定

【解题思路与方法分析】 民事裁定，是指法院在审理民事案件时，对所发生的程序上应解决的事项所作出的具有法律意义的意思表示。依据我国《民事诉讼法》第 157 条第 1 款的规定，下列事项适用裁定：(1)不予受理；(2)对管辖权有异议的；(3)驳回起诉；(4)保全和先予执行；(5)准许或者不准许撤诉；(6)中止或者终结诉讼；(7)补正判决书中的笔误；(8)中止或者终结执行；(9)撤销或者不予执行仲裁裁决；(10)不予执行公证机关赋予强制执行效力的债权文书；(11)其他需要裁定解决的事项。结合本题，选项 A 的说法错误，驳回诉讼请求的原因是不符合实体上的胜诉条件，是对案件实体问题的处理，应当适用判决。当事人有正当理由未能到庭的，法院应当决定延期审理，选项 B 错在了“裁定”二字上，延期审理搭配的文书类型是“决定”。民事裁定具有法律上的拘束力，由于裁定是法院进行诉讼指挥的手段之一，作用于诉讼过程，因此裁定通常不涉及未参与诉讼的自然人、法人或者其他组织，也即民事裁定的法律拘束力通常限于当事人、诉讼参与人和审判人员，因此选项 C 的说法正确，当选。大部分的裁定实行一审终审，但当事人对不予受理、管辖权异议、驳回起诉的裁定，可以提起上诉，因此选项 D 的说法错误。此外需要注意的是，小额诉讼中驳回起诉和管辖权异议的裁定，一审终审，不得上诉。

答案：C

203. 执法为民是社会主义法治的本质要求，据此，法院和法官应在民事审判中遵守诉讼程序，履行释明义务。下列哪一审判行为符合执法为民的要求？（2013 年卷三第 36 题，单选）

A. 在李某诉赵某的欠款纠纷中，法官向赵某释明诉讼时效，建议赵某提出诉讼时效抗辩

B. 在张某追索赡养费的案件中，法官依职权作出先予执行裁定

C. 在杜某诉阎某的离婚案件中，法官向当事人释明可以同时提出离婚损害赔偿

D. 在罗某诉华兴公司房屋买卖合同纠纷中，法官主动走访现场，进行勘察，并据此支持了罗某的请求

【考点】 执法为民与法官职权范围

【解题思路与方法分析】《民诉法解释》第 219 条规定：“当事人超过诉讼时效期间起诉的，人民法院应予受理。受理后对方当事人提出诉讼时效抗辩，人民法院经审理认为抗辩事由成立的，判决驳回原告的诉讼请求。”由此可见，当事人自己未提出诉讼时效抗辩的，法院不应对诉讼时效问题进行释明及主动适用诉讼时效的规定进行裁判，选项 A 的做法错误。先予执行只能依申请启动，法院不能依职权作出先予执行的裁定，选项 B 错误。在离婚诉讼中，法院可以向无过错方当事人释明主张离婚

损害赔偿，法院的该种释明行为具备法律依据，属于合法行为，这也是为了保护离婚诉讼中的无过错方并便于纠纷的彻底解决，选项C正确。当事人对自己提出的主张，有责任提供证据。当事人及其诉讼代理人因客观原因不能自行收集的证据，或者法院认为审理案件需要的证据，法院应当调查收集。法院应当按照法定程序，全面地、客观地审查核实证据。据此可知，当事人应当对自己提出的主张提供证据，法院不应当主动介入案件事实的调查，否则会丧失审判主体的中立性、被动性和公正性，选项D错误。

【避坑秘笈】释明权的行使范围：（1）法院不得主动对诉讼时效问题进行释明。（2）在离婚诉讼中，法院可以向无过错方当事人释明主张离婚损害赔偿。（3）在民事公益诉讼中，如果法院认为原告的诉讼请求不足以救济社会公共利益的，可以释明原告变更诉讼请求或增加诉讼请求。（4）法院认为专业性问题需要鉴定的，应当向负有举证责任的当事人释明。（5）买卖合同当事人一方以对方违约为由主张支付违约金，对方以合同不成立、合同未生效、合同无效或者不构成违约等为由进行免责抗辩而未主张调整过高的违约金的，法院应当就法院若不支持免责抗辩，当事人是否需要主张调整违约金进行释明。一审法院认为免责抗辩成立且未予释明，二审法院认为应当判决支付违约金的，可以直接释明并改判。

答案：C

204. 何某因被田某打伤，向甲县法院提起人身损害赔偿之诉，法院予以受理。关于何某起诉行为将产生的法律后果，下列哪一选项是正确的？（2013年卷三第44题，单选）

A. 何某的诉讼时效中断

B. 田某的答辩期开始起算

C. 甲县法院取得排他的管辖权

D. 田某成为适格被告

【考点】 起诉与受理的法律效力

【解题思路与方法分析】 诉讼时效因提起诉讼、当事人一方提出要求或者同意履行义务而中断。从中断时起，诉讼时效期间重新计算。何某直接向法院起诉田某，属于向对方提出要求的行为，会导致本案诉讼时效的中断，因此选项A正确。法院应当在立案之日起5日内将起诉状副本发送被告，被告应当在收到之日起15日内提出答辩状，因此被告田某的答辩期应从其收到起诉状副本的次日起开始计算，选项B错误。因侵权行为提起的诉讼，由侵权行为地或者被告住所地法院管辖，因此被告住所地法院并非案件唯一的管辖法院，选项C错误。法院受理案件后，田某成为本案形式上的被告，但田某是否为本案的适格被告，则需要法院根据诉讼标的来进行实体审查。因此，法院的受理行为并不能决定被告是否适格，换言之，起诉的条件中仅要求有明确的被告，而并不要求被告适格或被告正确，选项D错误。

答案：A

205. 关于民事诉讼程序中的裁判，下列哪些表述是正确的？（2014年卷三第82题，多选）

A. 判决解决民事实体问题，而裁定主要处理案件的程序问题，少数涉及实体问题

B. 判决都必须以书面形式作出，某些裁定可以口头方式作出

C. 一审判决都允许上诉，一审裁定有的允许上诉，有的不能上诉

D. 财产案件的生效判决都有执行力，大多数裁定都没有执行力

【考点】 民事裁判文书

【解题思路与方法分析】 判决仅解决实体问题；而裁定通常主要解决程序问题，少数情况下涉及实体问题，因此选项A的说法正确。判决必须以书面形式作出，裁定原则上应当以书面形式作出，但也存在口头裁定的情形，选项B的说法正确。并非所有的一审判决都允许上诉，我国的审级制度以两审终审为原

则、一审终审为例外，因此适用一审终审制的判决是不允许上诉的，例如：小额诉讼的判决、非讼案件中的判决、最高人民法院作出的一审判决等，选项C的说法错误。并非所有生效的财产案件的判决都有执行力，如果没有明确具体的给付内容，仍然不具有执行力。此外，有些裁定是具有执行力的，例如保全、先予执行的裁定等，因此选项D的说法错误。

【破题指南】

—	判决	裁定	决定
适用对象	实体问题	程序问题为主	特殊事项
具体情形	一个诉讼标的对应一个生效判决	撤销仲裁裁决；补正判决书中的笔误；不予执行公证机关赋予强制执行效力的债权文书；中止或终结诉讼；中止或终结执行；不予受理；驳回起诉；管辖权异议；保全与先予执行	回避；延期审理；罚款、拘留；诉讼费用减免缓；法院自行启动再审；法院对顺延期限申请的回应
救济机制	上诉、再审	原级复议：保全、先予执行 上一级复议：执行管辖异议、执行行为异议、驳回执行仲裁裁决申请、案外人申请不予执行仲裁裁决 上诉：不予受理、驳回起诉、管辖权异议 上诉、再审：不予受理、驳回起诉	原级复议：回避 上一级复议：罚款、拘留

答案：AB

206. 甲县法院受理居住在乙县的成某诉居住在甲县的罗某借款纠纷案。诉讼过程中，成某出差归途所乘航班失踪，经全力寻找仍无成某生存的任何信息，主管方宣布机上乘客不可能生还，成妻遂向乙县法院申请宣告成某死亡。对此，下列哪一说法是正确的？（2015年卷三第43题，单选）

A. 乙县法院应当将宣告死亡案移送至甲县法院审理

B. 借款纠纷案与宣告死亡案应当合并审理

C. 甲县法院应当裁定中止诉讼

D. 甲县法院应当裁定终结诉讼

【考点】 诉讼中止的法定情形；特别程序与诉讼程序的关系

【解题思路与方法分析】 在本案诉讼程序的进行过程中，成妻申请宣告成某死亡，因此存在两个案件：一是成某与罗某的借款纠纷诉讼案；二是申请宣告成某死亡的特别程序案件（非讼案件）。此时，借款诉讼需要以特别程序案件的结果为依据，按照《民事诉讼法》第153条的规定，“本案必须以另一案的审理结果为依据，而另一案尚未审结的”，人民法院应当裁定中止诉讼。因此法院应当裁定中止诉讼，启动特别程序审查是否宣告成某死亡，之后再恢复诉讼程序并作出相应的裁判。选项C的说法正确，当选。

答案：C

207. 张丽因与王旭感情不和，长期分居，向法院起诉要求离婚。法院向王旭送达应诉通知书，发现王旭已于张丽起诉前因意外事故死亡。关于本案，法院应作出下列哪一裁判？（2015年卷三第48题，单选）

A. 诉讼终结的裁定

B. 驳回起诉的裁定

C. 不予受理的裁定

D. 驳回诉讼请求的判决

【考点】 起诉条件

【解题思路与方法分析】 本案属于离婚诉讼，原告张丽起诉时被告王旭已经死亡，被告主体资格消灭，因此本案起诉时无明确被告，不符合起诉条件。但由于本案已经受理，法院受理案件后才发现不符合起诉条件的，应当裁定驳回起诉，选项B正确，当选。

【避坑秘笈】（1）本案的特殊性在于，被告的死亡时间不是在诉讼进行的过程中，而是在原告起诉前就已经死亡了。如果离婚诉讼的被告是在诉讼进行过程中死亡的，应当裁定诉讼终结。如果被告在原告起诉前就已经死亡了，法院在立案受理前就发现其死亡的事实，应当裁定不予受理；法院在立案受理后才发现其死亡的事实，应当以不符合起诉条件为由裁定驳回起诉。（2）驳回起诉VS驳回诉讼请求：前者是因为不符合起诉条件，是程序性的处理；后者是因为不符合胜诉条件，是实体性的处理。驳回起诉后可以再起诉，驳回诉讼请求之后再起诉的，构成重复起诉。（3）诉前死亡VS诉讼中死亡：只要当事人死亡的时间发生在法院立案受理之后、裁判生效之前，均属于诉讼中死亡。因此无论是一审中死亡、上诉期限内死亡还是二审中死亡，均属于诉讼中死亡。

答案：B

208. 丁一诉弟弟丁二继承纠纷一案，在一审中，妹妹丁爽向法院递交诉状，主张应由自己继承系争的遗产，并向法院提供了父亲生前所立的其过世后遗产全部由丁爽继承的遗嘱。法院予以合并审理，开庭审理前，丁一表示撤回起诉，丁二认为该遗嘱是伪造的，要求继续进行诉讼。法院裁定准予丁一撤诉后，在程序上，下列哪一选项是正确的？（2016年卷三第38题，单选）

A. 丁爽为另案原告，丁二为另案被告，诉讼继续进行

B. 丁爽为另案原告，丁一、丁二为另案被告，诉讼继续进行

C. 丁一、丁爽为另案原告，丁二为另案被告，诉讼继续进行

D. 丁爽、丁二为另案原告，丁一为另案被告，诉讼继续进行

【考点】 撤回起诉的法律后果；本诉与有独三参加之诉的关系

【解题思路与方法分析】 若想正确解答该类题目，首先需要厘清案件中所涉的法律关系：（1）丁一与丁二之间的继承纠纷；（2）丁爽的有独三参加之诉。丁爽作为有独立请求权的第三人，其主张既不同于本诉原告丁一，也不同于本诉被告丁二，实质上是将本诉的原告和被告作为共同被告，提出了一个“双重反对”的独立的诉。本案中，本诉原告丁一申请撤回起诉并被法院裁定准许，此时本诉不复存在，但本诉原告的撤诉行为并不影响有独三参加之诉的继续进行，此时应当以有独三丁爽作为另案原告，以本诉的原告丁一和被告丁二作为另案被告，诉讼继续进行。因此选项B的说法正确，当选。本题实际上考查了《民诉法解释》第237条的规定：“有独立请求权的第三人参加诉讼后，原告申请撤诉，人民法院在准许原告撤诉后，有独立请求权的第三人作为另案原告，原案原告、被告作为另案被告，诉讼继续进行。”这再次证明，有独三提出的是独立的请求、独立的诉，法院将本诉和有独三的参加之诉合并审理，从而节约司法资源、一次性彻底解决纠纷，并避免出现矛盾的裁判结果。

答案：B

209. 某死亡赔偿案件，二审法院在将判决书送达当事人签收后，发现其中死亡赔偿金计算错误（数学上的错误），导致总金额少了7万

余元。关于二审法院如何纠正，下列哪一选项是正确的？（2016年卷三第46题，单选）

A. 应当通过审判监督程序，重新制作判决书

B. 直接作出改正原判决的新判决书并送达双方当事人

C. 作出裁定书予以补正

D. 报请上级法院批准后作出裁定予以补正

【考点】 判决书的补正；笔误的概念

【解题思路与方法分析】《民事诉讼法》第157条第1款规定，补正判决书中的笔误，适用裁定。所谓笔误，是指法律文书误写、误算，诉讼费用漏写、误算和其他笔误。本题中，判决书中的死亡赔偿金计算错误并且是单纯的数学上的错误，属于上述“笔误”的范畴，因此二审法院裁定予以补正即可，选项C的说法正确，当选。

答案：C

210. 对张男诉刘女离婚案（两人无子女，刘父已去世），因刘女为无行为能力人，法院准许其母李某以法定代理人身份代其诉讼。2017年7月3日，法院判决二人离婚，并对双方共有财产进行了分割。该判决同日送达双方当事人，李某对解除其女儿与张男的婚姻关系无异议，但对共有财产分割有意见，拟提起上诉。2017年7月10日，刘女身亡。在此情况下，本案将产生哪些法律后果？（2017年卷三第81题，多选）

A. 本案诉讼中止，视李某是否就一审判决提起上诉而确定案件是否终结

B. 本案诉讼终结

C. 一审判决生效，二人的夫妻关系根据判决解除，李某继承判决分配给刘女的财产

D. 一审判决未生效，二人的共有财产应依法分割，张男与李某对刘女的遗产均有继承权

【考点】 诉讼中止与诉讼终结

【解题思路与方法分析】 在离婚诉讼进行的过程中，一方当事人死亡的，法院应当裁定诉讼终结。本题中，原告为张男，被告为刘女，李某为被告的法定代理人，在一审判决作出后、上诉期限尚未届满前，被告刘女死亡，此时尚未形成生效的裁判，属于诉讼中死亡，婚姻关系自行消灭，诉讼没有必要继续，法院应当裁定诉讼终结。李某作为法定代理人，其并不是案件的当事人，因此选项A的说法错误，选项B的说法正确。由于被告刘女死亡的时间发生在上诉期限届满前，因此一审判决尚未生效，刘女与张男二人的共有财产应当依法分割，张男和李某对刘女的遗产均享有继承权，前者基于夫妻关系，后者基于母女关系，选项C的说法错误，选项D的说法正确，当选。换言之，本案中当事人的死亡时间是一审判决作出后、上诉期限届满前，这导致并未形成生效的一审判决，而是裁定诉讼终结。此时刘女的死亡后果与婚内正常丧偶的后果是相同的。

【解题窍门】 题目中如果出现当事人死亡的情形，第一步先判断死亡的时间，无论是一审中死亡、二审中死亡抑或上诉期限内死亡，只要还没有形成生效的裁判，均属于诉讼中死亡。第二步再判断案件的性质，可继承的权益裁定诉讼中止（等人）；如果是离婚、收养、赡养、抚养、扶养五种身份关系纠纷，因为具有特定人身依附性，不可继承，因此裁定诉讼终结。此乃“可继承，要等人，等人需中止；不可继承不等人，裁定终结”。

答案：BD

211. 黄某以被欺骗为由，将温某诉至法院，请求法院撤销二人订立的《一次性终了补偿协议》。法庭辩论结束后的第二天，黄某突遇车祸死亡，黄某唯一的继承人黄小冰下落不明，此时法院对本案的正确处理方式应当是？

（2018年真题网络回忆版，单选）

A. 裁定中止审理

B. 根据法庭辩论作出判决

C. 裁定终结诉讼

D. 视为撤诉

【考点】 诉讼中原告死亡时的处理方式

【解题思路与方法分析】《民事诉讼法》第153条规定："有下列情形之一的，中止诉讼：（一）一方当事人死亡，需要等待继承人表明是否参加诉讼的；（二）一方当事人丧失诉讼行为能力，尚未确定法定代理人的；（三）作为一方当事人的法人或者其他组织终止，尚未确定权利义务承受人的；（四）一方当事人因不可抗拒的事由，不能参加诉讼的；（五）本案必须以另一案的审理结果为依据，而另一案尚未审结的；（六）其他应当中止诉讼的情形。中止诉讼的原因消除后，恢复诉讼。"本案中原告黄某在诉讼中死亡，需要等待下落不明的继承人黄小冰表明是否参加诉讼，即处于"在等待"的状态，应当适用上述第（一）项的规定，裁定中止诉讼，选项A的说法正确，当选。各位小迷糊要注意，继承人下落不明≠没有继承人或继承人全部放弃继承，因此仍然处于"在等待"的状态，应当裁定中止诉讼。

【解题窍门】诉讼中止与诉讼终结的具体情形及相互区分，是法考改革后的高频考点，大家在做题时应关注两大要素：（1）当事人的死亡时间——①诉前死亡；②诉中死亡；③裁判生效后死亡。（2）案件类型：①不可继承的身份关系，例如离婚、收养、赡养、扶养、抚养等；②可继承的财产关系。可继承，要等，等人就中止；不可继承不等人，不等人，就终结。

答案：A

212. 2014年4月1日，甲网络公司与乙公司签订《企业短消息发布业务合作协议书》（以下简称《短消息合作协议书》）一份，约定甲网络公司向乙公司提供定向移动信息发布服务，单价为：普通短信0.04元/条，小区定投0.1元/条，在移动信息服务执行中因考虑到时间、内容、区域、手机用户群体等随时调整的不确定性，发送时间、内容、区域、手机用户群体不作为合同附件；乙公司应根据双方确认的《信息服务执行确认单》所定的合同总金额向甲网络公司付款，乙公司应于第二个月向甲网络公司支付已执行的信息费用。至诉讼时，甲网络公司已执行信息服务总金额计84万元，但乙公司未按约支付该费用，甲网络公司多次催讨未果，遂起诉至法院，要求判令：（1）乙公司立即支付拖欠甲网络公司信息服务费共计84万元；（2）本案诉讼费由乙公司承担。关于本案，法院应当如何处理？（2019年真题网络回忆版，单选）

A. 不予受理

B. 驳回起诉

C. 判决驳回诉讼请求

D. 判决将服务费收缴归国家所有

【考点】 合同效力与裁判方式

【解题思路与方法分析】 当事人订立、履行合同，应当遵守法律、行政法规，尊重社会公德，不得扰乱社会经济秩序，损害社会公共利益。本案中，根据原、被告的《短消息合作协议书》，双方在对所发送的电子信息的性质充分知情的情况下，强行向不特定公众发送商业广告，违反网络信息保护规定、侵害不特定公众的利益，所发送的短信应认定为垃圾短信。根据《民法典》的规定，合同具有损害社会公共利益或违反法律、行政法规强制性规定的，属于无效合同。因此甲网络公司与乙公司签订的群发垃圾短信的服务合同为无效合同，甲网络公司的起诉符合起诉条件，但不符合胜诉条件，法院应当判决驳回原告的诉讼请求，选项A和选项B的说法错误，选项C的说法正确。双方签订的合同因损害社会公共利益，所涉价款属于非法所得，法院对涉案服务费应另行制作决定予以收缴，因此选项D的说法错误。

答案：C

213. 甲与乙签订了借款合同，丙系该合同的连带保证人。借款期限届满后，甲一直未还钱，且甲涉嫌诈骗。乙向公安局举报甲存在诈骗行为，然后向法院起诉丙要求其还钱。关于本案的处理方式，下列选项中说法正确的有？（2020年真题网络回忆版，多选）

A. 法院应裁定中止民事诉讼，等待刑事案件审理完毕后再恢复民事诉讼程序

B. 法院应当追加甲为共同被告

C. 本案的民事诉讼程序与刑事诉讼程序互不影响，各自进行

D. 就甲存在欺诈这一事实，本案民事诉讼和刑事诉讼程序的证明标准相同

【考点】 诉讼中止的条件；证明标准

【解题思路与方法分析】 依据《九民纪要》的规定，人民法院在审理民商事案件时，如果民商事案件必须以相关刑事案件的审理结果为依据，而刑事案件尚未审结的，应当根据《民事诉讼法》第153条第1款第5项的规定裁定中止诉讼。待刑事案件审结后，再恢复民商事案件的审理。如果民商事案件不是必须以相关的刑事案件的审理结果为依据，则民商事案件应当继续审理。本题中的民事诉讼与刑事案件相互独立，民事案件并不是必须以刑事案件的审理结果为依据。甲是否构成刑事诈骗，不影响借款合同本身的效力，因此不需要中止民事诉讼，二者并行不悖，选项C的说法正确。对欺诈事实的证明标准，在民事诉讼和刑事诉讼程序中均为排除合理怀疑的标准，选项D的说法正确。

答案：CD

214. 郝某与刘某自愿登记结婚，刘某的母亲一直反对，并以刘某与郝某结婚时未到达法定年龄为由向法院请求确认婚姻无效，但刘某态度坚决，刘某的母亲只好申请撤诉。关于本案，法院应当如何处理？（2021年真题网络回忆版，单选）

A. 判决结案

B. 调解结案

C. 裁定驳回起诉

D. 裁定准许撤诉

【考点】 确认婚姻效力案件的特殊规定

【解题思路与方法分析】 《民法典婚姻家庭编解释（一）》第9条规定："有权依据民法典第一千零五十一条规定向人民法院就已办理结婚登记的婚姻请求确认婚姻无效的主体，包括婚姻当事人及利害关系人。其中，利害关系人包括：（一）以重婚为由的，为当事人的近亲属及基层组织；（二）以未到法定婚龄为由的，为未到法定婚龄者的近亲属；（三）以有禁止结婚的亲属关系为由的，为当事人的近亲属。"本案中，刘某的母亲作为利害关系人（近亲属），有权以未达法定婚龄为由请求确认刘某与郝某的婚姻无效。《民法典婚姻家庭编解释（一）》第11条第1款规定："人民法院受理请求确认婚姻无效案件后，原告申请撤诉的，不予准许。"依此，确认婚姻效力的案件，法院立案受理后，当事人不享有撤诉权，法院应当继续审理，判决结案，选项A的说法正确。

【原理精炼】 确认婚姻效力的案件涉及公序良俗，因此有较多的特殊规定，限制当事人处分权的行使，强化法院的职权主义。（1）婚姻效力部分不得调解。（2）法院受理确认婚姻无效案件后，原告申请撤诉的，法院不予准许（"一管到底"）。（3）法院受理离婚案件后，经审理确属无效婚姻的，应当将婚姻无效的情形告知当事人，并依法作出确认婚姻无效的判决。（4）一方起诉要求离婚，而另一方主张确认婚姻无效的，应当先审查有关婚姻

效力的请求。

答案：A

215. 甲诉请法院判决甲与乙的婚姻无效，法院受理之后乙死亡，且没有其他财产和亲属。此时法院应当如何处理？（2021年真题网络回忆版，单选）

A. 裁定诉讼终结

B. 继续审理

C. 驳回甲的诉讼请求

D. 通知当地的相关民政部门作为诉讼当事人

【考点】确认婚姻效力案件中当事人死亡的法律后果

【解题思路与方法分析】本案属于确认婚姻效力的案件，诉讼中一方当事人死亡，并不影响诉讼程序的继续进行，因为婚姻效力涉及公序良俗，即使一方当事人在诉讼中死亡，法院仍然要对婚姻关系的效力作出判断和裁判，因此选项A的说法错误，选项B的说法正确。如果符合起诉的条件，但经过审理后法院认为不符合胜诉的条件，才会判决驳回原告的诉讼请求，但本案中并无相关信息，选项C的说法错误。民政部门不可能成为确认婚姻效力案件的当事人，因为民政部门不是婚姻法律关系的主体或利害关系人，不可能成为适格当事人，选项D的说法错误。

【避坑秘笈】有的“小糊涂”在考场上混淆了确认婚姻效力的案件与离婚诉讼，而导致误选了选项A。如果在离婚诉讼进行的过程中一方当事人死亡，婚姻关系自行消灭，诉讼程序没有必要继续，因此裁定诉讼终结。但本题是确认婚姻效力的案件，婚姻关系的效力涉及公序良俗，即使一方当事人在诉讼中死亡，法院仍须对之前双方之间婚姻关系的效力作出认定和裁判，即“一管到底”，维护公序良俗。这再次体现了之前讲解的原理：当案件涉及公序良俗时，法院的职权主义增强，当事人的处分权受限。

答案：B

216. 孙某（男，28岁）向法院起诉与钱某（女，22岁）离婚，经法院查明感情确已破裂，但二人结婚时钱某未满20周岁。关于本案，下列选项中说法正确的有？（2022年真题网络回忆版，单选）

A. 法院应判决准予离婚

B. 法院应裁定驳回起诉

C. 法院应判决确认婚姻无效

D. 法院应判决驳回孙某的诉讼请求

【考点】婚姻关系案件的综合考查

【解题思路与方法分析】《民法典》第1051条规定：“有下列情形之一的，婚姻无效：（一）重婚；（二）有禁止结婚的亲属关系；（三）未到法定婚龄。”《民法典婚姻家庭编解释（一）》第10条规定：“当事人依据民法典第一千零五十一条规定向人民法院请求确认婚姻无效，法定的无效婚姻情形在提起诉讼时已经消失的，人民法院不予支持。”由此可知，孙某提起离婚诉讼时，钱某已经达到法定婚龄，导致婚姻无效的原因已经消灭，则视为有效婚姻，选项C的说法错误。法院经过审查认为双方感情确已破裂，符合离婚条件（符合胜诉条件），应当判决准许离婚，选项A的说法正确，选项B和选项D的说法均错误。

答案：A

217. 李某与张某婚后育有一子，后两人感情不和，张某向法院起诉离婚，双方就财产问题达成了协议，但针对孩子的抚养权问题无法达成协议。法院经核实发现此时两人实际年龄均为20周岁，法院应当如何处理？（2023年真题网络回忆版，单选）

A. 对抚养权制作调解书

B. 对离婚的请求制作调解书

C. 判决婚姻无效

D. 判决准许离婚

【考点】 确认婚姻效力案件

【解题思路与方法分析】 法院受理离婚案件后，经审理确属无效婚姻的，应当将婚姻无效的情形告知当事人，并依法作出确认婚姻无效的判决。本案中，法院经核实发现此时两人实际年龄均为20周岁而属于无效婚姻，应将婚姻无效的情形告知当事人并依法判决婚姻无效，选项C正确，选项B、D错误。婚姻效力部分不适用调解；财产分割和子女抚养可以调解。调解达成协议的，作调解书结案；未达成调解协议的，一并判决结案。由于李某和张某针对孩子的抚养权问题无法达成协议，因此不能对抚养权事项制作调解书，选项A错误。

【避坑秘笈】（1）“无婚可离”：原告诉的是离婚，但经过审理发现属于无效婚姻，在告知当事人相关情形后，直接判决婚姻无效。（2）离婚案件应当调解。而确认婚姻效力的案件，虽然婚姻效力部分不能调解，但财产分割和子女抚养可以调解。

答案：C

218. 我国在实行立案登记制改革后，有关一审普通程序案件的受理条件，下列选项中说法正确的有？（2022年真题网络回忆版，单选）

A. 原告具有诉讼行为能力

B. 原告是适格当事人

C. 原告须提供支持自己主张的初步证据

D. 被告是适格当事人

【考点】 起诉条件与立案登记制

【解题思路与方法分析】《民事诉讼法》第122条规定：“起诉必须符合下列条件：（一）原告是与本案有直接利害关系的公民、法人和其他组织；（二）有明确的被告；（三）有具体的诉讼请求和事实、理由；（四）属于人民法院受理民事诉讼的范围和受诉人民法院管辖。”由此可知，起诉条件对原告的要求高，对被告的要求低，原告须正确适格，被告只需明确即可，选项D的说法错误。原告适格，要求原告与案件有直接利害关系，但并不要求其具备诉讼行为能力，原告不具备诉讼行为能力的，其监护人是法定代理人，选项A的说法错误，选项B的说法正确。原告起诉需要有具体的诉讼请求和事实理由，而并不要求必须提供初步证据，选项C的说法错误。

答案：B

219. 甲职务侵占乙公司的货物，转卖后获利10万元。之后甲与乙公司达成和解协议，约定：甲返还乙公司10万元并支付赔偿金10万元，则乙公司不再追究甲的刑事责任。该协议履行完毕后，甲的行为被丙揭发，甲最终仍然被追究刑事责任。结合上述情况，下列选项中说法正确的有？（2021年真题网络回忆版，单选）

A. 甲可以要求乙公司返还10万元

B. 甲可以要求乙公司返还20万元

C. 甲不能要求乙公司返还20万元

D. 甲与乙公司的和解协议无效

【考点】 诉外和解的效力；刑民案件的相互关系

【解题思路与方法分析】 本题其实改编自最高人民法院公报案例“孙卫与南通百川面粉有限公司不当得利纠纷案”。本案中的和解协议系双方当事人自愿达成，不存在欺诈、胁迫等非法情形，至于甲最终是否被追究刑事责任，由于职务侵占罪系公诉案件，受害人乙公司无权决定法律应否和如何处理，不应成为认定和解协议效力的依据。既然该和解协议有效且不受刑事案件的影响，则乙公司已经获得的20万元不构成不当得利，甲无权要求返还，因此选项A、B、D的说法均错误，选项C的说法正确，当选。该案例我在2020年和2021年主观题精讲书（大蓝本）中均有讲解，这不仅反映了客观题的命题难度和灵活度不断提升，也论证了客观题不一定比主观题简单、主观题不一定比客观题难。因此，“主客一体化”的备战模式更贴合目前的命题趋势，能够更加有效地保障大家一次性通关。

答案：C

220. 甲起诉乙离婚，诉讼中经法院调解双方达成协议：甲抚养孩子，乙有探望权，后法院制作调解书结案。一年后，乙发现孩子学习成绩明显下降，于是起诉要求由自己来抚养孩子。下列选项中说法正确的有？（2022年真题网络回忆版，多选）

A. 乙的起诉属于重复诉讼，法院不予受理

B. 乙的起诉属于确认之诉

C. 乙的起诉属于形成之诉

D. 乙提起的是一个新的诉讼，法院应当受理

【考点】 诉的种类；重复起诉的识别

【解题思路与方法分析】《民诉法解释》第248条规定：“裁判发生法律效力后，发生新的事实，当事人再次提起诉讼的，人民法院应当依法受理。”由此可知，子女抚养事项确定以后，基于新的事实理由，当事人可以再次起诉要求改变抚养关系。本案中，在调解书生效一年后，乙发现孩子学习成绩明显下降而起诉要求变更抚养权，属于“新事”而非“旧事”，不违反一事不再理的要求，不构成重复起诉，法院应当受理，选项A的说法错误，选项D的说法正确。乙的诉讼请求是变更现有的抚养权，属于变更之诉即形成之诉，选项B的说法错误，选项C的说法正确。

【避坑秘笈】变更之诉又称形成之诉，此乃“猫是咪，咪是猫”，各位小可爱不要犯糊涂哟。

答案：CD

221. 张某起诉程某要求其赔偿10万元，程某答辩称赔偿金数额过高。法院决定线上开庭审理，张某同意，程某不同意线上审理。法院给双方送达传票后，程某既没有参加线上审理也没有参加线下开庭。此时法院应当如何处理？（2023年真题网络回忆版，单选）

A. 法院适用简易程序审理

B. 法院对程某缺席判决

C. 向程某发出公告

D. 对程某采取拘传措施

【考点】 缺席判决的适用情形

【解题思路与方法分析】 民事简易程序的适用案件范围为事实清楚，权利义务关系明确，争议不大的简单案件，或者为复杂但当事人双方约定适用简易程序的案件。本案中程某答辩称赔偿金数额过高，说明双方争议较大，不能作为简单案件直接适用简易程序审理。此外，张某和程某也未约定适用简易程序，因此本案不能适用简易程序，选项A错误。《民事诉讼法》第147条规定：“被告经传票传唤，无正当理由拒不到庭的，或者未经法庭许可中途退庭的，可以缺席判决。”本案的被告程某已经合法传唤，其无正当理由不到庭，对此应当进行缺席判决，选项B正确。公告的前提为受送达人下落不明，或者采取其他方式均不能送达，而本案不存在该情况，因此不能公告送达，选项C错误。《民事诉讼法》第112条规定：“人民法院对必须到庭的被告，经两次传票传唤，无正当理由拒不到庭的，可以拘传。”本案中程某不属于必须到庭的被告，且未经两次传票传唤，因此不能拘传，选项D错误。

答案：B

222. 下列哪些情形中，法院不应受理当事人的起诉？（金题，单选）

A. 2022年3月，已经怀有身孕的赵丽与丈夫马华因一点家务事发生争吵并推搡，导致赵丽不幸流产，2022年7月，赵丽以感情破裂为由向法院提起诉讼，请求法院判令其与马华

离婚并分割共有房屋和存款

B. 2022 年 4 月，王某因抵押权纠纷将廖某诉至法院，法院立案受理案件并向王某送达开庭通知书后，王某无正当理由拒不到庭，法院遂按撤诉处理；2022 年 6 月，王某又以相同的事实和理由再次提起诉讼

C. 李颖的丈夫二毛已经下落不明数年，李颖向法院提起诉讼，请求判决二人离婚

D. 大力与大刚因抚养费问题发生争议并诉至法院，经法院调解后双方达成协议，在调解书生效后，大力以调解违反自愿原则为由，再次向法院提起诉讼

【考点】 起诉的条件

【解题思路与方法分析】 女方在怀孕期间、分娩后一年内和流产后半年内，男方不得提出离婚。选项 A 中，虽然赵丽尚处流产后 4 个月，但女方可以提出离婚，因此法院应当受理赵丽的起诉。选项 B 属于抵押权纠纷，按撤诉处理后，视为未起诉，王某自然可以再次起诉，法院应予受理。此处须注意，原告撤诉或按撤诉处理的离婚案件，没有新情况、新理由，在 6 个月内又起诉的，不予受理，但该种禁诉期的限制仅适用于离婚诉讼。选项 C 中，被告二毛下落不明不等于被告不明确，不影响李颖提起离婚诉讼，法院应予受理，受理之后公告送达即可。选项 D 中，调解书生效后不得再次起诉，若大力认为调解违反自愿原则，可以向法院申请再审，因此选项 D 中法院应告知大力申请再审，而不应受理当事人的起诉。

【避坑秘笈】（1）对孕产期妇女的特殊保护，限制的是男方的离婚起诉权，而并不影响女方起诉离婚。（2）撤诉或按撤诉处理的案件，可以再起诉，但撤诉或按撤诉处理的离婚案件有禁诉期的限制。（3）被告下落不明 ≠ 被告不明确。

答案：D

223. 下列案件中，法院应当受理起诉的有？（金题，多选）

A. 夏某与黄某融资租赁合同一案中，原审原告夏某在二审中申请撤回起诉并获得法院准许，1 个月后，夏某再次起诉

B. 天兴公司与黄某的家电买卖合同中约定“因合同履行所发生的所有纠纷，提交北京仲裁委员会或北京市东城区法院处理”，后因家电质量问题，黄某将天兴公司诉至东城区法院，要求其承担违约损害赔偿责任

C. 邹丽和张睿于 2016 年登记结婚，2017 年 3 月张睿在一次长江漂流探险活动中下落不明，2021 年 7 月 1 日邹丽向法院起诉与张睿离婚

D. 2023 年 6 月 10 日，蒋某以遭受家庭暴力为由将韩某诉至法院，请求法院依法判令二人离婚，在一审法院的耐心劝导下，二人和好。2023 年 8 月 5 日，蒋某以韩某婚内出轨为由再次向法院起诉离婚

【考点】 起诉的条件

【解题思路与方法分析】 第二审程序中，原审原告申请撤回起诉，经其他当事人同意且不损害国家利益、社会公共利益、他人合法权益的，法院可以准许。准许撤诉的，应当一并裁定撤销一审裁判。原审原告在第二审程序中撤回起诉后重复起诉的，法院不予受理。简言之，二审或再审中撤回起诉后，不得再次起诉，否则构成重复起诉，选项 A 中夏某在二审中撤回起诉后又起诉的，法院不应受理。既约定仲裁又约定诉讼的，仲裁协议无效，但并不影响本案中构成有效的诉讼协议管辖，因此选项 B 中黄某可以向东城区法院起诉，法院应予受理。《民诉法解释》第 217 条规定：“夫妻一方下落不明，另一方诉至人民法院，只要求离婚，不申请宣告下落不明人失踪或者死亡的案件，人民法院应当受理，对下落不明人公告送达诉讼文书。”因此选项 C 中邹丽的起诉应予受理。判决不准离婚和调解和好的离婚案件，判决、调解维持收养关系的案件，没有新

情况、新理由，原告在6个月内又起诉的，不予受理。选项D中蒋某虽然在6个月内又起诉，但有新情况和新理由，因此不影响诉权的行使，法院应予受理起诉。

答案：BCD

224. 以下有关重复起诉的理解中，说法正确的有？（金题，多选）

A. 重复起诉可能发生在前诉的诉讼过程中，也可能发生在前诉裁判生效后

B. 若后诉与前诉的诉讼请求不同，则不构成重复起诉

C. 前诉与后诉的当事人相同，不一定构成重复起诉

D. 重复起诉违反了一事不再理原则，法院应当裁定不予受理，已经受理的，判决驳回起诉

【考点】　重复起诉的构成条件

【解题思路与方法分析】　重复起诉是2017年至2023年客观题的连续考点，以及2018年和2019年主观题的考点，大家须给予特别重视。依据《民诉法解释》第247条的规定，当事人就已经提起诉讼的事项在诉讼过程中或者裁判生效后再次起诉，同时符合下列条件的，构成重复起诉：（1）后诉与前诉的当事人相同；（2）后诉与前诉的诉讼标的相同；（3）后诉与前诉的诉讼请求相同，或者后诉的诉讼请求实质上否定前诉裁判结果。当事人重复起诉的，裁定不予受理；已经受理的，裁定驳回起诉，但法律、司法解释另有规定的除外。选项B的说法错误，后诉与前诉的诉讼请求不同，但如果后诉的诉讼请求实质上否定前诉裁判结果时，同样可能构成重复起诉。选项D的说法错误，法院受理后发现属于重复起诉的，应当裁定驳回起诉，而不是判决驳回起诉。

答案：AC

225. 侯某与曾某是老邻居，侯某长期痴迷于购买足彩，为了早日实现中奖梦，侯某向曾某借了10万元并约定3个月后归还。但到了还款时间，曾某多次催促侯某还钱始终未果，曾某遂将侯某诉至法院，请求法院判令侯某返还借款及利息。在诉讼进行的过程中，侯某突发心脏病死亡，且侯某没有留下任何遗产，亦无义务承担人。关于本案，法院应当作出下列哪一裁判？（金题，单选）

A. 裁定诉讼中止

B. 裁定诉讼终结

C. 裁定不予受理

D. 判决驳回诉讼请求

【考点】　诉讼终结

【解题思路与方法分析】　依据《民事诉讼法》第154条的规定，被告死亡，没有遗产，也没有应当承担义务的人的，人民法院应当裁定终结诉讼。本案中，被告侯某死亡且没有遗产和义务承担人，法院应当作出诉讼终结的裁定，因此选项B正确，当选。

答案：B

226. 法院对下列情形的处理方式中，符合法律和相关司法解释规定的有？（金题，单选）

A. 王某因装修合同纠纷将立意公司诉至法院，在诉讼过程中立意公司提出了反诉，法院在对本诉和反诉进行合并审理的过程中，王某未经法庭许可中途退庭，法院遂对王某的起诉按撤诉处理，同时裁定终止审理立意公司的反诉

B. 何红是一名无民事行为能力的精神病人，在其与李刚的离婚诉讼中，何红的法定代理人何岩不能到庭，法院遂在查清事实的基础上，依法作出了缺席判决

C. 大兴公司与潮流动漫工作室因著作权纠纷而诉至法院，在庭审过程中需要通知新的证人赵某到庭，法院遂裁定延期审理

D. 刘丽将赵孟诉至法院，要求其支付赡

养费900元/月，在诉讼进行过程中赵孟突发心脏病去世，法院遂决定终结诉讼

【考点】 诉讼程序的综合考查

【解题思路与方法分析】 选项A中，王某是本诉的原告，其未经许可中途退庭，法院对本诉按撤诉处理，但并不影响立意公司的反诉，因为反诉本身就是一个独立的诉，选项A的说法错误。无民事行为能力人离婚案件，当事人的法定代理人应当到庭，法定代理人不能到庭的，法院应当在查清事实的基础上，依法作出缺席判决，因此选项B的做法正确。选项C中的情形符合延期审理的适用条件，但应当用"决定"而非"裁定"。追索赡养费、扶养费、抚养费以及解除收养关系案件的一方当事人死亡的，法院应当终结诉讼，但应当"裁定"而非"决定"，因此选项D的说法错误。在区分处理方式的同时，大家还要注意检查搭配的文书类型是否正确。

答案：B

第十章 简易程序

考点提示

传统型简易程序：适用范围；程序特点；审限
小额诉讼程序：法定适用＋约定适用＋不得适用；不得上诉、可以再审；程序转换；当事人的程序选择权；审限；文书转化

【知识点激活】

1. 传统型简易程序的适用范围包括法定适用和约定适用。对于法定应当适用简易程序的案件，当事人不得约定适用普通程序（可以要的更少，但不能“多吃多占”）。

2. 不得适用传统型简易程序的案件：起诉时被告下落不明的案件；发回重审和再审案件；特别程序、督促程序、公示催告程序案件；当事人一方人数众多的案件；涉及国家利益、社会公益的案件；第三人撤销之诉。这些案件当然也不能适用小额诉讼程序。

3. 以捎口信、电话、传真、电子邮件等形式发送的开庭通知，未经当事人确认或者没有其他证据足以证明当事人已经收到的，法院不得将其作为按撤诉处理或缺席判决的根据。

4. 小额诉讼的适用范围：（1）法定适用：标的额为省级上年度就业人员平均工资50%以下的简单金钱给付案件。（2）约定适用：标的额超过省级上年度就业人员平均工资50%但在两倍以下＋双方当事人约定适用小额程序。

5. 不得适用小额诉讼程序的案件：人身关系、财产确权案件；涉外案件；需要评估、鉴定或者对诉前评估、鉴定结果有异议的案件；一方当事人下落不明的案件；当事人提出反诉的案件。

6. 小额诉讼一审终审、不得上诉，但可以再审。小额诉讼案件只能向原审法院申请再审，只有以不应用小额诉讼程序审判案件为由申请再审，作出的再审裁判可以上诉，以其他再审理由作出的再审裁判均不得上诉。

7. 小额诉讼的程序转换：小额转简易或者小额转普通，程序转换后审限继续计算。

8. 小额诉讼的裁判文书可以简化：主要记载当事人基本信息、诉讼请求、裁判主文等内容。

9. 小额诉讼中驳回起诉、管辖权异议的裁定，一经作出即生效，不得上诉。

10. 传统型简易程序的审限——3个月＋1个月（特殊情况本院院长批准）；小额诉讼程序的审限——2个月＋1个月（特殊情况本院院长批准）。

227. 赵洪诉陈海返还借款100元，法院决定适用小额诉讼程序审理。关于该案的审理，下列哪一选项是错误的？（2014年卷三第40题，

单选）

A. 应在开庭审理时先行调解

B. 应开庭审理，但经过赵洪和陈海的书面同意后，可书面审理

C. 应当庭宣判

D. 应一审终审

【考点】 小额诉讼程序的特点

【解题思路与方法分析】 适用简易程序审理诉讼标的数额较小的纠纷时，应当先行调解。本案的借款数额为100元，因此属于标的额较小的纠纷，应当先行调解，选项A的说法正确。法院审理一审诉讼案件应当开庭审理，不存在书面审理的情形，选项B的说法错误，当事人无权合意将案件变为书面审理。适用简易程序审理的案件，除法院认为不宜当庭宣判的外，原则上应当当庭宣判，选项C的说法正确。小额诉讼案件实行一审终审，这也是其相较于传统型简易程序的最突出特点，选项D的说法正确。

【原理精炼】小额诉讼程序并不是一种独立的程序，而是属于简易程序中的特殊规定，因此《民诉法解释》将之称为“简易程序中的小额诉讼”。对小额诉讼程序有专门规定的，从专门规定，没有专门规定的，适用简易程序的相关规定。

简易程序：
- 传统型简易程序（两审终审）
- 小额诉讼程序（一审终审）

答案：B

228. 章俊诉李泳借款纠纷案在某县法院适用简易程序审理。县法院判决后，章俊上诉，二审法院以事实不清为由发回重审。县法院征得当事人同意后，适用简易程序重审此案。在答辩期间，李泳提出管辖权异议，县法院不予审查。案件开庭前，章俊增加了诉讼请求，李泳提出反诉，县法院受理了章俊提出的增加诉讼请求，但以重审不可提出反诉为由拒绝受理李泳的反诉。关于本案，该县法院的下列哪些做法是正确的？（2015年卷三第82题，多选）

A. 征得当事人同意后，适用简易程序重审此案

B. 对李泳提出的管辖权异议不予审查

C. 受理章俊提出的增加诉讼请求

D. 拒绝受理李泳的反诉

【考点】 简易程序的综合考查

【解题思路与方法分析】 发回重审的案件不得适用简易程序，换言之，再审案件、二审案件、发回重审的案件等具有救济或监督性质的案件都不能适用简易程序，选项A的做法错误。依据《民诉法解释》第39条第2款的规定，人民法院发回重审或者按第一审程序再审的案件，当事人提出管辖异议的，人民法院不予审查，因此选项B中法院不予审查的做法正确。对发回重审的案件，法院适用一审程序进行审理，在重审过程中当事人可以增加新的诉讼请求、可以提出反诉，因此选项C的做法正确，选项D的做法错误。

【破题指南】不得适用简易程序审理的案件：（1）起诉时被告下落不明的案件；（2）发回重审和再审案件；（3）特别程序案件、公示催告程序、督促程序；（4）当事人一方人数众多的案件；（5）涉及国家利益、社会公共利益的案件；（6）第三人撤销之诉。此外，这些案件当然也不得适用小额诉讼程序。

答案：BC

229. 郑飞诉万雷侵权纠纷一案，虽不属于事实清楚、权利义务关系明确、争议不大的案件，但双方当事人约定适用简易程序进行审理，法院同意并以电子邮件的方式向双方当事人通知了开庭时间（双方当事人均未回复）。开庭时被告万雷无正当理由不到庭，法院作出了缺席判决。送达判决书时法院通过各种方式均未联系上万雷，遂采取了公告送达方式送达了判决书。对此，法院下列的哪些行为是违法的？（2015年卷三第83题，多选）

A. 同意双方当事人的约定，适用简易程序对案件进行审理

B. 以电子邮件的方式向双方当事人通知开庭时间

C. 作出缺席判决

D. 采取公告方式送达判决书

【考点】　简易程序的特殊性

【解题思路与方法分析】　选项A涉及当事人的程序选择权，当事人可以协商，将基层人民法院及其派出法庭本应适用普通程序审理的案件，约定适用简易程序。当事人约定适用简易程序审理案件的，应当在开庭前提出，因此选项A中的做法正确合法。适用简易程序审理的案件，法院可以用简便的方式传唤当事人、送达裁判文书以外的诉讼文书，因此选项B中以电子邮件的方式向当事人通知开庭时间的做法是合法的。用简便方式送达的开庭通知，未经当事人确认或者没有其他证据证明当事人已经收到的，不得缺席判决，选项C中当事人均未回复确认，此时法院不得缺席判决，因此选项C中的做法违法。适用简易程序审理案件时，不得适用公告送达，选项D的做法错误。

【避坑秘笈】（1）司法资源属于公共资源，可以要的更少，但不能“多吃多占”，因此当事人可以将本应适用普通程序审理的案件，约定适用简易程序；但不能将本身就应当适用简易程序审理的案件，约定适用普通程序。（2）简易程序案件中，法院用简便方式送达开庭通知的，未经当事人确认或者没有其他证据证明当事人已经收到的，不得仅依此就对原告按撤诉处理或者对被告缺席判决。简言之，简便的送达方式本身完全合法，但如果不能确认当事人已经收到，就不能对当事人产生不利的后果。

答案：CD

230. 根据《民事诉讼法》相关司法解释，下列哪些案件不适用小额诉讼程序？（2015年卷三第84题，多选）

A. 人身关系案件

B. 涉外民事案件

C. 海事案件

D. 发回重审的案件

【考点】　小额诉讼程序的适用范围

【解题思路与方法分析】　本题考查小额诉讼程序的适用范围，涉及2021年修法后的新规定。依据《民事诉讼法》第165条的规定：“基层人民法院和它派出的法庭审理事实清楚、权利义务关系明确、争议不大的简单金钱给付民事案件，标的额为各省、自治区、直辖市上年度就业人员年平均工资百分之五十以下的，适用小额诉讼的程序审理，实行一审终审。基层人民法院和它派出的法庭审理前款规定的民事案件，标的额超过各省、自治区、直辖市上年度就业人员年平均工资百分之五十但在二倍以下的，当事人双方也可以约定适用小额诉讼的程序。”该条规定了小额诉讼程序的法定适用和约定适用范围。在此基础上，《民事诉讼法》第166条通过反向规定的模式，列举了不得适用小额诉讼程序的案件，包括：（1）人身关系、财产确权案件；（2）涉外案件；（3）需要评估、鉴定或者对诉前评估、鉴定结果有异议的案件；（4）一方当事人下落不明的案件；（5）当事人提出反诉的案件；（6）其他不宜适用小额诉讼的程序审理的案件。此外，所有不能适用传统型简易程序的案件，当然也不能适用小额诉讼程序。海事法院可以管辖小额的海事海商案件。依此，选项A、B、D均当选。

【避坑秘笈】除了《民事诉讼法》规定的几种不得适用小额诉讼程序的案件外，所有不能适用传统型简易程序的案件，也当然不能适用小额诉讼程序。因此，起诉时被告下落不明的案件、再审案件、发回重审的案件、非讼案件、公益诉讼、第三人撤销之诉、代表人诉

讼，这些案件不仅不能适用传统型简易程序，也不能适用小额诉讼程序，此乃“举重明轻、举轻明重”。

答案：ABD

231. 李某诉谭某返还借款一案，M 市 N 区法院按照小额诉讼案件进行审理，判决谭某返还借款。判决生效后，谭某认为借款数额远高于法律规定的小额案件的数额，不应按小额案件审理，遂向法院申请再审。法院经审查，裁定予以再审。关于该案再审程序适用，下列哪些选项是正确的？（2016 年卷三第 81 题，多选）

A. 谭某应当向 M 市中级法院申请再审

B. 法院应当组成合议庭审理

C. 对作出的再审判决当事人可以上诉

D. 作出的再审判决仍实行一审终审

【考点】 小额诉讼案件的再审

【解题思路与方法分析】 依据《民诉法解释》第 424 条的规定，小额诉讼案件的再审应当向原审人民法院提出申请，并且本案中双方当事人均为公民，其也可以向原审法院申请再审，因此选项 A 的说法错误。审理再审案件应当组成合议庭，选项 B 的说法正确。小额诉讼案件一审终审，不得上诉，但可以再审。需要注意的是，申请再审的事由不同时，作出的再审判决的法律效力也有所不同。依据《民诉法解释》第 424 条的规定：（1）对小额诉讼案件的判决、裁定，若当事人以《民事诉讼法》第 211 条规定的事由向原审人民法院申请再审的（即认为裁判确有错误），人民法院应当受理。申请再审事由成立的，应当裁定再审，组成合议庭进行审理。作出的再审判决、裁定，当事人不得上诉。（2）当事人以不应按小额诉讼案件审理为由向原审人民法院申请再审的，人民法院应当受理。理由成立的，应当裁定再审，组成合议庭审理。作出的再审判决、裁定，当事人可以上诉。本案中，谭某认为借款数额远高于法律规定的小额案件的数额，不应按小额案件审理，由此可见其申请再审的事由属于上述情形（2），以不应适用小额诉讼程序审理案件为由申请再审的，作出的再审判决可以上诉，因此选项 C 的说法正确，选项 D 的说法错误。

【破题指南】（1）依据《民诉法解释》的明确规定，小额诉讼案件的再审申请应当向原审人民法院提出。（2）小额诉讼案件中，当事人申请再审的事由不同，决定了再审裁判可否上诉：小额诉讼的再审裁判原则上仍然一审终审、不得上诉，但如果申请再审的理由是案件根本就不应适用小额诉讼程序进行审理，则作出的再审裁判可以上诉。简言之，只有以不应适用小额诉讼程序审理案件为由申请再审时，作出的再审裁判才可以上诉，除此之外小额诉讼的再审裁判仍然一审终审。

答案：BC

232. 2018 年 3 月 1 日，方某将其子方小某诉至法院，要求方小某给付赡养费，法院决定适用小额诉讼程序进行审理。方小某对管辖权提出异议，法院于同年 4 月 5 日作出驳回管辖权异议的裁定。关于本案，下列选项中说法正确的有？（2018 年真题网络回忆版，多选）

A. 法院决定适用小额诉讼程序后应告知双方当事人

B. 方小某可以要求法院给予答辩期

C. 驳回管辖权异议的裁定于 4 月 5 日生效

D. 如果方小某不上诉，则驳回管辖权异议的裁定于 4 月 5 日生效

【考点】 小额诉讼程序的特殊规定

【解题思路与方法分析】 法院受理小额诉讼案件，应当向当事人告知该类案件的审判组织、一审终审、审理期限、诉讼费用交纳标准等相关事项，选项 A 的说法正确。小额诉讼中被告要求书面答辩的，法院可以准许，但答辩期最长不超过 15 日，因此选项 B 的说法正

确。小额诉讼中驳回起诉的裁定、管辖权异议的裁定，一审终审，不得上诉，因此选项 C 的说法正确，选项 D 的说法错误。

答案：ABC

233. 外国人汤姆通过网络平台以人民币 500 元的价格购买了中国杨某销售的衬衫，双方因衬衫质量问题发生纠纷，汤姆向互联网法院起诉，要求杨某赔偿损失，法院受理起诉。关于法院对本案的处理方式，下列选项中正确的有？（2021 年真题网络回忆版，多选）

A. 可以适用独任制审理

B. 可以适用小额诉讼程序审理

C. 经过当事人同意，可以电子送达判决书

D. 可以决定线下审理

【考点】 互联网法院的特殊规定

【解题思路与方法分析】 看到外国人，首先定性本案属于涉外诉讼。互联网法院可以适用独任制审理案件，但由于本案为涉外纠纷，不能适用小额诉讼程序，因此选项 A 的说法正确，选项 B 的说法错误。依据《民事诉讼法》的规定，经过受送达人同意，各类诉讼文书均可电子送达。因此，经过当事人同意，本案可以电子送达判决书，选项 C 的说法正确。《最高人民法院关于互联网法院审理案件若干问题的规定》第 1 条规定：“互联网法院采取在线方式审理案件，案件的受理、送达、调解、证据交换、庭前准备、庭审、宣判等诉讼环节一般应当在线上完成。根据当事人申请或者案件审理需要，互联网法院可以决定在线下完成部分诉讼环节。”因此，法院可以决定线下审理，选项 D 的说法正确。

答案：ACD

234. 某县政府在拆迁补偿时工作失误导致重复登记，给村民甲多发放了 2 万元。之后进行审计时发现该情况，要求村民甲返还，甲拒不返还，于是县政府将甲诉至法院，要求其返还该 2 万元。关于本案，下列选项中说法正确的有？（2021 年真题网络回忆版，单选）

A. 因为是县政府起诉普通村民，应当适用普通程序审理

B. 属于不当得利返还，可以用小额程序

C. 因为一方是政府，所以应当提起行政诉讼

D. 因为一方是政府，所以不得适用小额程序

【考点】 简易程序；小额诉讼程序

【解题思路与方法分析】 尽管本案的原告为县政府，但县政府此时属于民事主体，本案属于民事纠纷，故应当提起民事诉讼。行政诉讼的特点是“民告官”，而本案中是“官告民”，显然不属于行政诉讼，选项 C 的说法错误。《民诉法解释》第 257 条规定：“下列案件，不适用简易程序：（一）起诉时被告下落不明的；（二）发回重审的；（三）当事人一方人数众多的；（四）适用审判监督程序的；（五）涉及国家利益、社会公共利益的；（六）第三人起诉请求改变或者撤销生效判决、裁定、调解书的；（七）其他不宜适用简易程序的案件。”本案不属于上述案件范围，在事实清楚、权利义务关系明确、争议不大的情况下就可以适用简易程序审理，因此选项 A 的说法错误。《民事诉讼法》第 166 条规定：“人民法院审理下列民事案件，不适用小额诉讼的程序：（一）人身关系、财产确权案件；（二）涉外案件；（三）需要评估、鉴定或者对诉前评估、鉴定结果有异议的案件；（四）一方当事人下落不明的案件；（五）当事人提出反诉的案件；（六）其他不宜适用小额诉讼的程序审理的案件。”一方当事人是政府，并不影响小额诉讼程序的适用，选项 D 的说法错误。

答案：B

235. 阿爽起诉阿牛返还借款 8 万元，受诉法

院所在地的省级上年度就业人员平均工资数是10万元，阿爽和阿牛均同意适用小额程序。诉讼中，阿牛认为阿爽也存在违约行为，于是提出反诉，要求阿爽支付违约金9万元。关于本案，下列选项中说法正确的有？（2022年真题网络回忆版，单选）

A. 如果阿爽和阿牛均同意，法院可以继续适用小额程序审理

B. 法院应当将案件转为普通程序审理

C. 法院不得受理阿牛的反诉，告知其另行起诉

D. 法院不得继续适用小额诉讼程序进行审理

【考点】 小额诉讼程序的适用范围

【解题思路与方法分析】 《民事诉讼法》第165条规定："基层人民法院和它派出的法庭审理事实清楚、权利义务关系明确、争议不大的简单金钱给付民事案件，标的额为各省、自治区、直辖市上年度就业人员年平均工资百分之五十以下的，适用小额诉讼的程序审理，实行一审终审。基层人民法院和它派出的法庭审理前款规定的民事案件，标的额超过各省、自治区、直辖市上年度就业人员年平均工资百分之五十但在二倍以下的，当事人双方也可以约定适用小额诉讼的程序。"《民事诉讼法》第166条规定："人民法院审理下列民事案件，不适用小额诉讼的程序：（一）人身关系、财产确权案件；（二）涉外案件；（三）需要评估、鉴定或者对诉前评估、鉴定结果有异议的案件；（四）一方当事人下落不明的案件；（五）当事人提出反诉的案件；（六）其他不宜适用小额诉讼的程序审理的案件。"本案中，开始时经过双方当事人同意，适用小额诉讼程序审理的做法是合法的。但在诉讼中，阿牛提出了反诉，则案件不得继续适用小额程序，无论当事人是否同意，选项A的说法错误，选项D的说法正确。《民诉法解释》第278条第1、2款规定："因当事人申请增加或者变更诉讼请求、提出反诉、追加当事人等，致使案件不符合小额诉讼案件条件的，应当适用简易程序的其他规定审理。前款规定案件，应当适用普通程序审理的，裁定转为普通程序。"本案中，阿牛提出反诉导致无法继续适用小额程序，此时可能转为简易程序，也可能转为普通程序，而不是应当转为普通程序，选项B的说法错误。小额诉讼中可以直接提出反诉，选项C的说法错误。

答案：D

236. 小兰与小米因交通事故损害赔偿纠纷诉至D市K区法院，法院适用简易程序审理该案，并用打电话的方式向双方当事人通知了开庭时间。一审法院作出判决后，小米不服向D市中级人民法院提出上诉，经过双方当事人的同意，二审法院继续适用简易程序对案件进行了审理，并判决驳回上诉、维持原判。关于本案，下列选项中说法正确的有？（金题，多选）

A. K区法院在适用简易程序审理该案时，应当先行调解

B. 法院以打电话的方式向当事人通知开庭时间的做法违法

C. 二审法院适用简易程序审理案件的做法违法

D. 当事人可以程序违法为由，向D市中级人民法院申请再审

【考点】 简易程序的特殊性

【解题思路与方法分析】 适用简易程序审理交通事故损害赔偿纠纷时，如果权利义务关系较为明确，则应当先行调解。换言之，并非所有适用简易程序审理的交通事故损害赔偿纠纷均应先行调解，还要满足权利义务关系较为明确这一条件，因此选项A的说法错误。简易程序简便性的具体体现之一，就是可以通过打电话、捎口信、发传真、电子邮件等灵活的方式送达开庭通知书，因此选项B的说法错误。法院审理二审案件一律不得适用简易程

序，因为二审程序具有救济功能，需要提供完善的保障，而简易程序对效率价值的偏重追求，无法满足二审程序的预设功能。二审法院适用简易程序审理案件的做法属于严重的程序性违法，可以申请再审，并且本案中双方当事人均为公民，因此可以向原审法院申请再审，选项C和选项D的说法正确，当选。

答案：CD

237. 下列案件中，哪些不得适用简易程序进行审理？（金题，多选）

A. 甲与乙因借款合同纠纷诉至法院，法院立案受理后被告乙下落不明

B. 中国消费者保护协会针对某豆制品企业提起的民事公益诉讼

C. 第三人起诉请求法院撤销生效调解书

D. 事实清楚、案情较为简单的再审案件

【考点】 简易程序的适用范围

【解题思路与方法分析】 依据《民诉法解释》第257条的规定，不得适用简易程序的案件包括：起诉时被告下落不明的；发回重审的；当事人一方人数众多的；适用审判监督程序的；涉及国家利益、社会公共利益的；第三人起诉请求改变或者撤销生效判决、裁定、调解书的；其他不宜适用简易程序的案件。依此，选项B、C、D中的案件均不得适用简易程序进行审理。

【避坑秘笈】凡是不能适用传统型简易程序的案件，也必然不能适用小额诉讼程序。再审案件、发回重审案件、公益诉讼、第三人撤销之诉、代表人诉讼均不得适用简易程序，也不得适用小额诉讼程序。其中代表人诉讼、第三人撤销之诉和民事公益诉讼，均只能适用一审普通程序审理。

答案：BCD

238. 以下有关民事程序转换的说法中，符合法律及相关司法解释规定的有？（金题，单选）

A. 法院适用简易程序审理案件后，当事人有权提出异议，法院审查后认为异议成立的，应当裁定转为普通程序，审限重新起算

B. 简易程序转为普通程序前，双方当事人在简易程序中已经确认的事实，应当重新进行举证、质证

C. 当事人申请变更诉讼请求，导致案件不符合小额诉讼案件的适用条件时，应当裁定转为普通程序

D. 法院在审前准备程序中，发现当事人之间没有争议并且符合督促程序适用条件的，可以将案件转为督促程序

【考点】 民事程序的转换

【解题思路与方法分析】《民诉法解释》第269条第1款规定：“当事人就案件适用简易程序提出异议，人民法院经审查，异议成立的，裁定转为普通程序；异议不成立的，裁定驳回。裁定以口头方式作出的，应当记入笔录。”该条第3款规定：“转为普通程序前，双方当事人已确认的事实，可以不再进行举证、质证。”《民诉法解释》第278条第1、2款规定：“因当事人申请增加或者变更诉讼请求、提出反诉、追加当事人等，致使案件不符合小额诉讼案件条件的，应当适用简易程序的其他规定审理。前款规定案件，应当适用普通程序审理的，裁定转为普通程序。”《民事诉讼法》第169条规定：“人民法院在审理过程中，发现案件不宜适用小额诉讼的程序的，应当适用简易程序的其他规定审理或者裁定转为普通程序。当事人认为案件适用小额诉讼的程序审理违反法律规定的，可以向人民法院提出异议。人民法院对当事人提出的异议应当审查，异议成立的，应当适用简易程序的其他规定审理或者裁定转为普通程序；异议不成立的，裁定驳回。”依此，选项A中审限应当继续计算，而不是重新起算。选项B中，双方当事人已经确认的事实，可以不再举证、质证，因此说法错误。选项C中，当小额诉讼程序无法继续使用

时，根据不同情况可能转为传统型简易程序（“小转简”），也可能直接转为普通程序（“小转普”），而不是一律应当转为普通程序，选项C的说法过于绝对。我国的督促程序与诉讼程序可以双向转换，法院在审前准备阶段认为当事人没有争议并且符合督促程序适用条件的，可以将案件转为督促程序，也即诉讼程序转为非讼程序，选项D的说法正确。

答案：D

第十一章 第二审程序

考点提示

上诉的提起：上诉的条件；上诉人和被上诉人的确定
二审中的撤诉；撤回上诉；撤回起诉
二审案件的审理方式和审理范围
二审中的调解与和解
二审案件的裁判方式
重复起诉的多样化识别："三同说"；"两同说"

【知识点激活】

1. 上诉必须采用书面形式，口头上诉无效。无独三能否享有上诉权——有责就有权，无责就无权。

2. 必要共同诉讼中，享有上诉权并提出上诉的人是上诉人，上诉人对与谁之间的权利分担有意见的，谁为被上诉人，其他当事人依原审诉讼地位列明即可（原审原告或原审被告）。

3. 二审诉讼过程中撤回上诉并经法院准许的，如果没有其他上诉人，一审判决即生效。

4. 原审原告可以在二审中申请撤回起诉，但须其他当事人同意并且不损害国家利益、社会公共利益和他人合法权益。准许撤诉的，法院应当一并裁定撤销一审裁判，此时不得再次起诉，否则构成重复起诉。

5. 二审法院的审理范围：与上诉请求有关的事实问题和法律适用问题，原则上不得超出当事人上诉请求的范围。

6. 二审案件以开庭审理为原则、不开庭审理为例外。经过阅卷、调查和询问当事人，对没有提出新的事实、证据或者理由，法院认为不需要开庭审理的，可以不开庭审理。二审法院可以不开庭的具体情形：（1）不服不予受理、驳回起诉和管辖权异议裁定的；（2）当事人提出的上诉请求明显不能成立的；（3）原判决、裁定认定事实清楚，但适用法律错误的；（4）原判决严重违反法定程序，需要发回重审的。

7. 二审中的特殊调解：（1）一审法院漏人或漏判的：调解先行，调解不成的，发回重审，当事人不得合意放弃审级利益。（2）在二审中原审原告增加独立的诉讼请求或原审被告提出反诉的，调解先行，调解不成的，告知另行起诉，但双方当事人合意放弃审级利益的，可以由二审法院一并裁判。（3）一审判决不准离婚、二审认为应当判离的，对子女和财产问题调解先行，调解不成的，发回重审，但双方当事人合意放弃审级利益的，可以由二审法院一并裁判。

8. 二审案件的裁判方式：（1）驳回上诉、维持原判（直接维持或纠正瑕疵后维持）。（2）有错必改，无论是认定事实错误还是适用法律错误，都只能依法改判，而不能发回重审。（3）认定基本事实不清的，可以改判也可以发回重审。（4）严重的程序性违法，只能发回重审。发回重审限一次。

9. 二审法院在审理上诉案件过程中，发现一审法院主管错误的可以直接裁定撤销原判，驳回起诉。

10. 同时满足下列三项条件的，构成重复起诉：（1）后诉与前诉的当事人相同；且（2）后诉与前诉的诉讼标的相同；且（3）后诉与前诉的诉讼请求相同，或者后诉的诉讼请求实质上否定前诉裁判结果。构成重复起诉的，法院裁定不予受理；已经受理的，裁定驳回起诉，但法律、司法解释另有规定的除外。

239. 吴某被王某打伤后诉至法院，王某败诉。一审判决书送达王某时，其当即向送达人郑某表示上诉，但因其不识字，未提交上诉状。关于王某行为的法律效力，下列哪一选项是正确的？（2011年卷三第40题，单选）

A. 王某已经表明上诉，产生上诉效力

B. 郑某将王某的上诉要求告知法院后，产生上诉效力

C. 王某未提交上诉状，不产生上诉效力

D. 王某口头上诉经二审法院同意后，产生上诉效力

【考点】 上诉的提起

【解题思路与方法分析】 上诉应当递交上诉状，即必须提交书面上诉状，口头上诉无效。大家需要注意区分起诉和上诉的形式要求，起诉是以书面为原则、口头为例外，而上诉必须是书面形式。本题中王某虽然口头表示要上诉，但并未提交上诉状，因此不产生上诉的法律效果，选项C的说法正确，当选。

答案：C

240. 二审法院根据当事人上诉和案件审理情况，对上诉案件作出相应裁判。下列哪一选项是正确的？（2011年卷三第44题，单选）

A. 二审法院认为原判对上诉请求的有关事实认定清楚、适用法律正确，裁定驳回上诉，维持原判

B. 二审法院认为原判对上诉请求的有关事实认定清楚，但适用法律有错误，裁定发回重审

C. 二审法院认为一审判决是在案件未经开庭审理而作出的，裁定撤销原判，发回重审

D. 原审原告增加独立的诉讼请求，二审法院合并审理，一并作出判决

【考点】 二审案件的裁判方式

【解题思路与方法分析】 第二审人民法院对上诉案件，经过审理，认为原审判决认定事实清楚，适用法律正确的，判决驳回上诉，维持原判决。据此可知，应该是“判决”驳回上诉，而非“裁定”驳回上诉，因此选项A的说法错误。第二审人民法院对上诉案件进行审理后，认为原审判决适用法律错误的，依法改判。据此可知，仅是“适用法律错误”的，应当依法改判，而不是发回重审，即“有错必改”，因此选项B的说法错误。第二审人民法院对上诉案件经过审理后，认为原审判决违反法定程序，裁定撤销原判决，发回原审人民法院重审，因为救济程序错误的唯一方式就是让程序重来一遍，因此选项C的说法正确。在第二审程序中，原审原告增加独立的诉讼请求或者原审被告提出反诉的，第二审人民法院可以根据当事人自愿的原则就新增加的诉讼请求或者反诉进行调解；调解不成的，告知当事人另行起诉。双方当事人同意由第二审人民法院一并审理的，第二审人民法院可以一并裁判，因

此选项 D 的说法错误。

【破题指南】（1）对判决不服而提出上诉，法院若进行实体性处理，应采用判决的方式回应；若进行程序性处理，应采用裁定的方式回应。对一审裁定不服提出上诉的，二审一律用裁定的方式回应。（2）有错必改：原判决认定事实错误或适用法律错误的，只能依法改判，而不能发回重审。（3）严重的程序违法，只能发回重审。

答案：C

241. 甲公司诉乙公司货款纠纷一案，A 市 B 区法院在审理中查明甲公司的权利主张已超过诉讼时效（乙公司并未提出时效抗辩），遂判决驳回甲公司的诉讼请求。判决作出后上诉期间届满之前，B 区法院发现其依职权适用诉讼时效规则是错误的。关于本案的处理，下列哪一说法是正确的？（2012 年卷三第 41 题，单选）

A. 因判决尚未发生效力，B 区法院可以将判决书予以收回，重新作出新的判决

B. B 区法院可以将判决书予以收回，恢复庭审并向当事人释明时效问题，视具体情况重新作出判决

C. B 区法院可以作出裁定，纠正原判决中的错误

D. 如上诉期间届满当事人未上诉的，B 区法院可以决定再审，纠正原判决中的错误

【考点】 原判决错误的处理

【解题思路与方法分析】 法院可以补正判决书中的笔误，所谓“笔误”是指法律文字误写、误算，诉讼费用漏写、误算和其他笔误。由此可知，法院可以用裁定补正判决书的错误仅限于笔误，但本题中 B 区法院依职权主动审查诉讼时效的行为违反了相关司法解释的规定，法院不得对诉讼时效已过的问题进行主动释明，该种错误并不属于笔误，因此不得适用裁定补正的方法予以补救，选项 C 的说法错误。一审宣判后，原审人民法院发现判决有错误，当事人在上诉期内提出上诉的，原审人民法院可以提出原判决有错误的意见，报送第二审人民法院，由第二审人民法院按照第二审程序进行审理；当事人不上诉的，按照审判监督程序处理。依此，选项 D 的说法正确，选项 A 和选项 B 的说法均错误，法院不得随意收回判决重新审理或者重新判决，其只能根据当事人在上诉期内是否提起上诉，采取不同的处理方式。

【破题指南】 本题考查法院对原判决错误的处理方式。若想正确破解该题，首先须判断适用诉讼时效制度导致原判决错误，是否属于裁定补正判决的适用范围。（1）可以裁定补正的仅限于“笔误”。（2）上诉程序的启动方式只能是当事人上诉，法院和检察院都无权主动启动二审程序。（3）一审宣判后，原审法院发现判决有错误，当事人在上诉期内提出上诉的，原审法院可以提出原判决有错误的意见，报送第二审法院，由二审法院按照第二审程序进行审理；但当事人不上诉或上诉不成功的，按照再审程序处理。

答案：D

242. 经审理，一审法院判决被告王某支付原告刘某欠款本息共计 22 万元，王某不服提起上诉。二审中，双方当事人达成和解协议，约定：王某在 3 个月内向刘某分期偿付 20 万元，刘某放弃利息请求。案件经王某申请撤回上诉而终结。约定的期限届满后，王某只支付了 15 万元。刘某欲寻求法律救济。下列哪一说法是正确的？（2012 年卷三第 42 题，单选）

A. 只能向一审法院重新起诉

B. 只能向一审法院申请执行一审判决

C. 可向一审法院申请执行和解协议

D. 可向二审法院提出上诉

【考点】 二审中和解与撤回上诉

【解题思路与方法分析】 二审程序中的和解是当事人自行处分其权利的方式，也属于

诉讼中和解，和解协议没有执行力，选项C的说法错误。上诉人在二审案件的审理过程中撤回上诉并经法院裁定准许后，如果没有其他上诉人，则一审判决即生效。本案中，王某作为唯一的上诉人，其撤回上诉后，第一审判决即发生法律效力，判决生效具有对事的效力，当事人不得就同一诉讼标的重新起诉或者上诉，因此选项A和选项D的说法均错误。具有给付内容的生效判决会产生执行力，因此本题中刘某可以根据第一审生效判决向法院申请执行，从而得到国家公权力的保护，选项B的说法正确，当选。

答案：B

243. 关于民事诉讼二审程序的表述，下列哪些选项是错误的？（2012年卷三第43题，多选）

A. 二审案件的审理，遇有二审程序没有规定的情形，应当适用一审普通程序的相关规定

B. 二审案件的审理，以开庭审理为原则

C. 二审案件调解的结果变更了一审判决内容的，应当在调解书中写明“撤销原判”

D. 二审案件的审理，应当由法官组成的合议庭进行审理

【考点】 二审案件的审理方式

【解题思路与方法分析】 依据《民事诉讼法》第181条的规定，第二审人民法院审理上诉案件，除依照本章规定外，适用第一审普通程序，因此选项A的说法正确，这一规定体现了普通程序的“范本”地位。《民事诉讼法》第176条第1款规定：“第二审人民法院对上诉案件应当开庭审理。经过阅卷、调查和询问当事人，对没有提出新的事实、证据或者理由，人民法院认为不需要开庭审理的，可以不开庭审理。”由此可知，法院审理二审案件以开庭审理为原则、不开庭审理为例外，选项B的说法正确。第二审法院审理上诉案件，可以进行调解。调解达成协议的，应当制作调解书，由审判人员、书记员署名，加盖人民法院印章。调解书送达后，原审法院的判决即视为撤销。依此，调解书送达后，原审判决即视为撤销，第二审法院无须在调解书中明确写明“撤销原判”，因此选项C的说法错误。中级法院审理二审案件时，以合议制为主、独任制为辅。依据《民事诉讼法》第41条第2款的规定，中级法院对第一审适用简易程序审结或者不服裁定提起上诉的第二审民事案件，事实清楚、权利义务关系明确的，经双方当事人同意，可以由审判员一人独任审理。因此二审案件不再一律适用合议制，符合条件时可以适用独任制，选项D的说法错误。

【避坑秘笈】（1）二审案件以开庭审理为原则、不开庭审理为例外。（2）二审中调解结案的，调解书送达后一审判决就“视为”被撤销，而无须专门标注撤销。（3）二审案件不得适用陪审制，但符合法定条件时可以适用独任制，即二审案件以单一式合议制为主，独任制为辅。

答案：CD（旧题新解）

244. 甲对乙享有10万元到期债权，乙无力清偿，且怠于行使对丙的15万元债权，甲遂对丙提起代位权诉讼，法院依法追加乙为第三人。一审判决甲胜诉，丙应向甲给付10万元。乙、丙均提起上诉，乙请求法院判令丙向其支付剩余5万元债务，丙请求法院判令甲对乙的债权不成立。关于二审当事人地位的表述，下列哪一选项是正确的？（2013年卷三第48题，单选）

A. 丙是上诉人，甲是被上诉人

B. 乙、丙是上诉人，甲是被上诉人

C. 乙是上诉人，甲、丙是被上诉人

D. 丙是上诉人，甲、乙是被上诉人

【考点】 上诉人与被上诉人的确定

【解题思路与方法分析】 在代位权诉讼

中，债权人是原告，次债务人是被告，债务人是无独三；被一审判决承担责任的无独三，享有上诉权。结合本案乙作为代位权诉讼中的无独三，一审法院并没有判决其承担民事责任，因此乙不享有上诉权，不能作为上诉人。丙对一审原告甲提起上诉，因此丙是上诉人，甲是被上诉人，选项A的说法正确，当选。

答案：A

245. 下列哪些情况下，法院不应受理当事人的上诉请求？（2013年卷三第78题，多选）

A. 宋某和卢某借款纠纷一案，卢某终审败诉，宋某向区法院申请执行，卢某提出执行管辖异议，区法院裁定驳回卢某异议。卢某提起上诉

B. 曹某向某市中院诉刘某侵犯其专利权，要求赔偿损失1元钱，被市中院裁定驳回起诉。曹某提起上诉

C. 孙某将朱某打伤，经当地人民调解委员会调解达成协议，并申请法院进行了司法确认。后朱某反悔提起上诉

D. 尹某诉与林某离婚，法院审查中发现二人系禁婚的近亲属，遂判决二人婚姻无效。尹某提起上诉

【考点】 上诉的受理条件

【解题思路与方法分析】 本题是对上诉条件的综合考查，将每个选项设计成一个小案例，即"选项案例化"的命题模式，大家需要从案例信息中迅速锁定"题眼"，之后再运用所学知识一一击破。法院对当事人提出的执行管辖异议，应当审查。异议成立的，应当撤销执行案件，并告知当事人向有管辖权的人民法院申请执行；异议不成立的，裁定驳回。当事人对裁定不服的，可以向上一级法院申请复议。由此可知，对执行管辖异议裁定不服的，可以向上一级法院申请复议，但是不能提起上诉，选项A中的上诉不予受理。对不予受理、驳回起诉、管辖权异议的裁定不服的，可以提起上诉，选项B中的上诉应予受理。对调解协议进行司法确认的案件适用特别程序审理，适用特别程序审理的案件一律实行一审终审，当事人不服的不能提起上诉，选项C中的上诉不予受理。《民法典婚姻家庭编司法解释（一）》中删除了确认婚姻效力案件不得上诉的原有规定，因此确认婚姻效力的案件不再实行一审终审，选项D中尹某有权提起上诉。

【避坑秘笈】（1）诉讼管辖异议与执行管辖异议的救济机制不同，针对驳回诉讼管辖异议的裁定不服的，可以提起上诉；而针对执行管辖异议裁定不服的，只能向上一级法院申请复议。（2）确认调解协议的案件（司法确认案件）属于特别程序案件，特别程序案件一律一审终审、不得上诉，其救济机制是申请法院作出新判决或裁定、撤销原判决或裁定。

答案：AC（旧题新解）

246. 甲诉乙人身损害赔偿一案，一审法院根据甲的申请，冻结了乙的银行账户，并由李法官独任审理。后甲胜诉，乙提出上诉。二审法院认为一审事实不清，裁定撤销原判，发回重审。关于重审，下列哪一表述是正确的？（2014年卷三第47题，单选）

A. 由于原判已被撤销，一审中的审判行为无效，保全措施也应解除

B. 由于原判已被撤销，一审中的诉讼行为无效，法院必须重新指定举证时限

C. 重审时不能再适用简易程序，应组成合议庭，李法官可作为合议庭成员参加重审

D. 若重审法院判决甲胜诉，乙再次上诉，二审法院认为重审认定的事实依然错误，则只能在查清事实后改判

【考点】 二审中的发回重审

【解题思路与方法分析】 二审法院发回重审的适用情形有二：（1）二审法院认为一审存在严重的程序违法，此时只能发回重审；（2）一审认定基本事实不清，此时可以发回

重审也可以依法改判。撤销原判、发回重审是将一审判决撤销之后，由一审法院适用一审普通程序对案件重新进行审理。采取保全措施后，其效力应当持续于整个诉讼过程，虽然一审判决被撤销，但案件仍处于诉讼过程中，保全措施并不当然解除，因此选项A的说法错误。对于发回重审的案件，原来的举证行为依旧有效，但法院可以酌情确定举证期限，以便于当事人补充新证据，或是保障未行使举证权的当事人行使权利，因此选项B的说法错误。发回重审的案件必须适用普通程序，而不能适用简易程序，但重审时应当另行组成合议庭，李法官作为原独任审判员，自然不得参加重审合议庭的组庭，因此选项C错在了后半句。原审法院对发回重审的案件作出判决后，当事人提起上诉的，二审法院不得再次发回重审，即发回重审只能适用一次，因此选项D的说法正确。

答案：D

247. 齐远、张红是夫妻，因感情破裂诉至法院离婚，提出解除婚姻关系、子女抚养、住房分割等诉讼请求。一审判决准予离婚并对子女抚养问题作出判决。齐远不同意离婚提出上诉。二审中，张红增加诉讼请求，要求分割诉讼期间齐远继承其父的遗产。下列哪一说法是正确的？（2015年卷三第44题，单选）

A. 一审漏判的住房分割诉讼请求，二审可调解，调解不成，发回重审

B. 二审增加的遗产分割诉讼请求，二审可调解，调解不成，发回重审

C. 住房和遗产分割的两个诉讼请求，二审可合并调解，也可一并发回重审

D. 住房和遗产分割的两个诉讼请求，经当事人同意，二审法院可一并裁判

【考点】 二审中调解的特殊情形

【解题思路与方法分析】 对当事人在第一审程序中已经提出的诉讼请求，原审法院未作审理、判决的（“漏判”），第二审法院可以根据当事人自愿的原则进行调解；调解不成的，发回重审。本案中存在漏判的情形，原告提出了三项诉讼请求，但一审法院仅对两项诉讼请求作出了处理，遗漏了住房分割这一诉讼请求。对于一审遗漏的诉讼请求，二审法院可以调解，调解不成的，发回一审法院重审，因此选项A的说法正确，当选。在第二审程序中，原审原告增加独立的诉讼请求或者原审被告提出反诉的，第二审法院可以根据当事人自愿的原则就新增加的诉讼请求或者反诉进行调解；调解不成的，告知当事人另行起诉。双方当事人同意由第二审法院一并审理的，第二审法院可以一并裁判。本案中，张红在二审程序中增加了分割遗产的诉讼请求，对该诉讼请求二审法院可以调解，调解不成的，告知其另行起诉，但若双方当事人均同意由二审法院一并审理的，二审法院可以一并审理。因此选项B的说法错误，调解不成的告知另行起诉，而不是发回重审。对于一审法院遗漏诉讼请求的，不允许当事人合意放弃审级利益，因此选项C和选项D的说法均错误。

【避坑秘笈】本题考查二审中调解的一些特殊情形，挖坑的地方有两个：(1)哪些情形下当事人可以合意放弃审级利益，哪些情况下不得合意放弃审级利益。(2)调解不成是发回重审，还是告知另行起诉。

不得合意放弃审级利益的情形	一审法院漏判：自愿调解；调解不成的，发回重审
	必须参加诉讼的当事人或有独三，在一审中未参诉：自愿调解；调解不成的，发回重审
可以合意放弃审级利益的情形	二审中增加独立诉讼请求或提出反诉：自愿调解；调解不成的，告知另行起诉；但双方当事人同意由二审法院一并审理的，二审法院可以一并裁判

续表

可以合意放弃审级利益的情形	一审判不离、二审判离的：对子女抚养、财产问题一并调解；调解不成的，发回重审；但双方当事人同意由二审法院一并审理的，二审法院可以一并裁判

答案：A

248. 甲、乙、丙诉丁遗产继承纠纷一案，甲不服法院作出的一审判决，认为分配给丙和丁的遗产份额过多，提起上诉。关于本案二审当事人诉讼地位的确定，下列哪一选项是正确的？（2016 年卷三第 44 题，单选）

A. 甲是上诉人，乙、丙、丁是被上诉人

B. 甲、乙是上诉人，丙、丁是被上诉人

C. 甲、乙、丙是上诉人，丁为被上诉人

D. 甲是上诉人，乙为原审原告，丙、丁为被上诉人

【考点】 必要共同诉讼中上诉人与被上诉人的确定

【解题思路与方法分析】《民诉法解释》第 317 条分三种情形，规定了必要共同诉讼中上诉人与被上诉人的不同确定方式：（1）上诉仅对与对方当事人之间权利义务分担有意见，不涉及其他共同诉讼人利益的，对方当事人为被上诉人，未上诉的同一方当事人依原审诉讼地位列明；（2）上诉仅对共同诉讼人之间权利义务分担有意见，不涉及对方当事人利益的，未上诉的同一方当事人为被上诉人，对方当事人依原审诉讼地位列明；（3）上诉对双方当事人之间以及共同诉讼人之间权利义务承担有意见的，未提起上诉的其他当事人均为被上诉人。本案中，在甲、乙、丙诉丁的遗产继承纠纷诉讼中，甲、乙、丙三人为必要共同诉讼的共同原告，甲不服一审判决而提出上诉。甲的上诉理由是分配给丙和丁的遗产份额过多，由此可知，上诉人对丙和丁有意见，对乙没有意见，因此丙和丁列为被上诉人，而乙按照原审诉讼地位列明，即原审原告。选项 D 的说法正确，当选。

【解题窍门】必要共同诉讼中上诉人与被上诉人的确定方法：享有上诉权并提出上诉的人为上诉人，上诉人对与谁之间的权利分担有意见的，谁为被上诉人，其他当事人依原审诉讼地位列明即可。

答案：D

249. 甲公司诉乙公司买卖合同纠纷一案，法院判决乙公司败诉并承担违约责任，乙公司不服提起上诉。在二审中，甲公司与乙公司达成和解协议，并约定双方均将提起之诉予以撤回。关于两个公司的撤诉申请，下列哪一说法是正确的？（2016 年卷三第 45 题，单选）

A. 应当裁定准许双方当事人的撤诉申请，并裁定撤销一审判决

B. 应当裁定准许乙公司撤回上诉，不准许甲公司撤回起诉

C. 不应准许双方撤诉，应依双方和解协议制作调解书

D. 不应准许双方撤诉，应依双方和解协议制作判决书

【考点】 二审中撤回起诉与二审中撤回上诉

【解题思路与方法分析】 依据《民诉法解释》第 336 条第 1 款的规定，在第二审程序中，原审原告申请撤回起诉，经其他当事人同意，且不损害国家利益、社会公共利益、他人合法权益的，人民法院可以准许。准许撤诉的，应当一并裁定撤销一审裁判。本题中最关键的表述是“双方均将提起之诉予以撤回”，这意味着有两个撤诉：一是原审原告在二审中撤回起诉，另一个是上诉人在二审中撤回上诉。具体来说，本案的双方当事人在二审中达成了和解协议，并约定双方均将提起的诉讼予以撤回，即：甲公司撤回起诉，乙公司撤

回上诉。此时两个诉的撤回均符合法定条件，法院应当裁定准许双方当事人的撤诉申请并一并裁定撤销一审判决，因此选项A的说法正确，选项C和选项D的说法均错误。在二审中，原审原告甲公司可以申请撤回起诉，且符合其他当事人同意的条件，选项B的说法错在了后半句。

答案：A

250. 王某诉赵某借款纠纷一案，法院一审判决赵某偿还王某债务，赵某不服，提出上诉。二审期间，案外人李某表示，愿以自己的轿车为赵某偿还债务提供担保。三人就此达成书面和解协议后，赵某撤回上诉，法院准许。一个月后，赵某反悔并不履行和解协议。关于王某实现债权，下列哪一选项是正确的？（2016年卷三第47题，单选）

A. 依和解协议对赵某向法院申请强制执行

B. 依和解协议对赵某、李某向法院申请强制执行

C. 依一审判决对赵某向法院申请强制执行

D. 依一审判决与和解协议对赵某、李某向法院申请强制执行

【考点】 诉讼和解与撤回上诉

【解题思路与方法分析】 本题考查二审中的诉讼和解与撤回上诉，与2012年卷三第42题十分相似。二审中的诉讼和解协议不具有强制执行力，因此选项A、B、D的说法均错误。本案中，赵某是唯一的上诉人，后因达成诉讼和解协议，赵某撤回了上诉并经法院准许，那么此时一审判决即具有法律效力，当赵某不履行二审中的诉讼和解协议时，王某可以依据一审判决对赵某向法院申请强制执行，因此选项C的说法正确，当选。本题其实源自最高法指导案例第2号“吴梅诉四川省眉山西城纸业有限公司买卖合同纠纷案”，根据该案的裁判要旨，民事案件二审期间，双方当事人达成和解协议，人民法院准许撤回上诉的，该和解协议未经人民法院依法制作调解书，属于诉讼外达成的协议。一方当事人不履行和解协议，另一方当事人申请执行一审判决的，人民法院应予支持。

答案：C

251. 甲、乙两公司签订了一份家具买卖合同，因家具质量问题，甲公司起诉乙公司要求更换家具并支付违约金3万元。法院经审理判决乙公司败诉，乙公司未上诉。之后，乙公司向法院起诉，要求确认该家具买卖合同无效。对乙公司的起诉，法院应采取下列哪一处理方式？（2017年卷三第42题，单选）

A. 予以受理

B. 裁定不予受理

C. 裁定驳回起诉

D. 按再审处理

【考点】 重复起诉

【解题思路与方法分析】 依据《民诉法解释》第247条的规定，当事人就已经提起诉讼的事项在诉讼过程中或者裁判生效后再次起诉，同时符合下列条件的，构成重复起诉：(1) 后诉与前诉的当事人相同；(2) 后诉与前诉的诉讼标的相同；(3) 后诉与前诉的诉讼请求相同，或者后诉的诉讼请求实质上否定前诉裁判结果。当事人重复起诉的，裁定不予受理；已经受理的，裁定驳回起诉，但法律、司法解释另有规定的除外。结合本案，前诉与后诉的诉讼标的都是家具买卖合同法律关系，当事人均为甲公司和乙公司，虽然诉讼请求不同，但后诉的诉讼请求实质上否定了前诉的判决结果，因为要想构成违约责任，前提条件是合同有效。法院在前诉中认定违约责任成立时，就已经预先确认了合同是有效的，因此乙公司提起的后诉中要求确认合同无效，就属于后诉的请求实质上否定了前诉的裁判结果，构

成重复起诉（“两同说”），法院应当裁定不予受理，选项B的说法正确。

【破题指南】本题是对重复起诉的首次考查，法考改革后，连续六年都在客观题中考查了重复起诉，并且2018年和2019年在主观题中也考查了重复起诉。大家应当结合实体法的原理，对重复起诉的相关知识点予以全面掌握。

重复起诉的构成条件（须同时满足）	（1）后诉与前诉的当事人相同 （2）后诉与前诉的诉讼标的相同 （3）后诉与前诉的诉讼请求相同，或者后诉的诉讼请求实质上否定前诉裁判结果
起诉时间	诉讼过程中或裁判生效后再次起诉
重复起诉的后果	法院裁定不予受理；已经受理的，裁定驳回起诉，但法律、司法解释另有规定的除外（不予受理、驳回起诉、撤诉、按撤诉处理）
其他相关规定	（1）二审中撤回起诉后重复起诉的，法院不予受理 （2）再审中撤回起诉后重复起诉的，法院不予受理

答案：B

252. 甲、乙、丙三人共同致丁身体损害，丁起诉三人要求赔偿3万元。一审法院经审理判决甲、乙、丙分别赔偿2万元、8000元和2000元，三人承担连带责任。甲认为丙赔偿2000元的数额过低，提起上诉。关于本案二审当事人诉讼地位的确定，下列哪一选项是正确的？（2017年卷三第44题，单选）

A. 甲为上诉人，丙为被上诉人，乙为原审被告，丁为原审原告

B. 甲为上诉人，丙、丁为被上诉人，乙为原审被告

C. 甲、乙为上诉人，丙为被上诉人，丁为原审原告

D. 甲、乙、丙为上诉人，丁为被上诉人

【考点】 必要共同诉讼中上诉人和被上诉人的确定

【解题思路与方法分析】 本题与2016年卷三第44题的考点相近似，在必要共同诉讼中，上诉人和被上诉人的确定遵循以下规则：（1）上诉仅对与对方当事人之间权利义务分担有意见，不涉及其他共同诉讼人利益的，对方当事人为被上诉人，未上诉的同一方当事人依原审诉讼地位列明；（2）上诉仅对共同诉讼人之间权利义务分担有意见，不涉及对方当事人利益的，未上诉的同一方当事人为被上诉人，对方当事人依原审诉讼地位列明；（3）上诉对双方当事人之间以及共同诉讼人之间权利义务承担有意见的，未提起上诉的其他当事人均为被上诉人。简言之，享有上诉权并提出上诉的人为上诉人，上诉人对与谁之间的权利分担有意见的，谁为被上诉人，其他当事人依原审诉讼地位列明即可。结合本案，甲作为上诉人，其仅是对内部的责任分担有意见，认为丙的赔偿金额过低，因此丙是被上诉人，乙和丁按照原审中的诉讼地位列明即可，乙为原审被告，丁为原审原告，选项A的说法正确，当选。

答案：A

253. 张某诉新立公司买卖合同纠纷案，新立公司不服一审判决提起上诉。二审中，新立公司与张某达成协议，双方同意撤回起诉和上诉。关于本案，下列哪一选项是正确的？（2017年卷三第45题，单选）

A. 起诉应在一审中撤回，二审中撤回起诉的，法院不应准许

B. 因双方达成合意撤回起诉和上诉的，法院可准许张某二审中撤回起诉

C. 二审法院应裁定撤销一审判决并发回重审，一审法院重审时准许张某撤回起诉

D. 二审法院可裁定新立公司撤回上诉，

而不许张某撤回起诉

【考点】 二审中的撤诉

【解题思路与方法分析】 本题考查二审中撤回起诉和撤回上诉，与2016年卷三第45题的考点相似。在二审中，原审原告可以申请撤回起诉，但要满足其他当事人同意并且不损害国家利益、社会公共利益和他人合法权益的条件，因此选项A的说法错误。本案中双方当事人均同意撤回起诉，因此选项B的说法正确，当选。在二审中同样可以直接撤回起诉，无须发回重审之后再准许撤回起诉，选项C的说法错误。新立公司作为唯一的上诉人，其有权在二审中申请撤回上诉，原审原告张某也有权在二审中申请撤回起诉，法院应当一并裁定撤销一审判决，因此选项D的说法错在了后半句。

【破题指南】二审中的撤诉包括二审中撤回起诉和撤回上诉，其中撤回起诉有三种，撤回上诉有两种，大家可以结合表格进行记忆。

—	一审中撤回起诉	二审中撤回起诉	再审中撤回起诉
条件	自愿、合法+法院准许	其他当事人同意且不损害“三益”	
法律后果	可以再起诉	不得再次起诉	

—	上诉期间	二审程序中
撤回上诉	不得再上诉+原审裁判尚未生效	如果撤回上诉的人是案件唯一的上诉人，则原审裁判生效

答案：B

254. 石山公司起诉建安公司请求返还86万元借款及支付5万元利息，一审判决石山公司胜诉，建安公司不服提起上诉。二审中，双方达成和解协议：石山公司放弃5万元利息主张，建安公司在撤回上诉后15日内一次性付清86万元本金。建安公司向二审法院申请撤回上诉后，并未履行还款义务。关于石山公司的做法，下列哪一表述是正确的？（2017年卷三第46题，单选）

A. 可依和解协议申请强制执行

B. 可依一审判决申请强制执行

C. 可依和解协议另行起诉

D. 可依和解协议申请司法确认

【考点】 撤回上诉的法律后果

【解题思路与方法分析】 双方当事人在二审中达成和解协议后，上诉人建安公司撤回了上诉，此时一审判决生效，在当事人未依照约定履行和解协议的情况下，石山公司可以向法院申请强制执行一审判决，因此选项B的说法正确，当选。诉讼和解协议属于双方的民事合同，不具有执行力，因此选项A的说法错误。双方当事人的纠纷已经经过了实体处理，不得另行起诉，因此选项C的说法错误。司法确认的对象是诉外调解协议，针对的是未经法院处理的民事纠纷，诉讼和解协议不得申请司法确认，但可以请求法院依据诉讼和解协议制作调解书，因此选项D的说法错误。

答案：B

255. 朱某诉力胜公司商品房买卖合同纠纷案，朱某要求判令被告支付违约金5万元；因房屋质量问题，请求被告修缮，费用由被告支付。一审法院判决被告败诉，认可了原告全部诉讼请求。力胜公司不服令其支付5万元违约金的判决，提起上诉。二审法院发现一审法院关于房屋有质量问题的事实认定，证据不充分。关于二审法院对本案的处理，下列哪些说法是正确的？（2017年卷三第82题，多选）

A. 应针对上诉人不服违约金判决的请求进行审理

B. 可对房屋修缮问题在查明事实的情况

下依法改判

C. 应针对上诉人上诉请求所涉及的事实认定和法律适用进行审理

D. 应全面审查一审法院对案件的事实认定和法律适用

【考点】　二审案件的审理范围

【解题思路与方法分析】　第二审法院对上诉请求的有关事实和适用法律进行审查，换言之，二审以当事人的上诉请求为其审理范围，既是事实审又是法律审。但一审判决违反法律禁止性规定，或者损害国家利益、社会公共利益、他人合法权益时，不受上诉审理范围的限制。结合本案，上诉人的上诉请求针对不服支付违约金的问题，因此二审法院应当围绕该请求进行审理，选项 A 的说法正确。房屋修缮问题不在当事人的上诉请求范围内，也不属于违反法律禁止性规定或损害国家利益、社会公共利益等情形，所以法院不得予以改判，选项 B 的说法错误。我国的民事二审既是事实审，也是法律审，选项 C 的说法正确。二审的审理范围原则上限于上诉请求的范围，而不是全面审查，选项 D 的说法错误。

答案：AC

256. 大山公司诉梧桐公司返还货款及迟延履行期间的利息，法院一审判决梧桐公司支付货款 230 万元和利息 20 万元，梧桐公司不服提起上诉，之后双方达成和解，约定梧桐公司 1 个月内支付货款 200 万元，大山公司放弃剩余货款及利息，梧桐公司撤回上诉，和解获得法院批准，但梧桐公司并未足额支付货款。大山公司采取的下列救济方式正确的是？（2018 年真题网络回忆版，单选）

A. 申请对一审判决强制执行

B. 申请法院执行和解协议

C. 申请恢复二审审理程序

D. 申请依据和解协议制作调解书

【考点】　二审中和解与撤诉

【解题思路与方法分析】　双方当事人在二审中达成和解协议并撤回上诉的，在当事人不履行和解协议时，可以申请法院对一审判决强制执行，选项 A 的说法正确。和解协议本质上属于民事合同，所有的和解协议都没有执行力，选项 B 的说法错误。撤回上诉之后，二审程序即告结束，无法恢复审理，选项 C 的说法错误。在达成和解协议后，当事人已经选择了撤回上诉，就无法再申请依据和解协议制作调解书，选项 D 的说法错误。

【破题指南】二审中和解后的三种可选方案：（1）请求法院对双方达成的和解协议进行审查并制作调解书结案，此时调解书可以作为执行根据。（2）申请撤回上诉，经审查符合撤诉条件的，法院应予准许撤回上诉：当事人不履行和解协议的，可以申请法院执行一审裁判。（3）当事人均同意的，申请既撤回上诉、也撤回起诉，此时没有留下执行根据，也不得再以相同的事实理由起诉，否则构成重复起诉。上述三种方案相互排斥，只能择其一。

答案：A

257. 一审法院作出判决后，当事人不服提出上诉，在二审案件的审理过程中，一审法院发现原一审判决存在错误。关于本案的处理，下列说法中正确的是？（2019 年真题网络回忆版，单选）

A. 一审法院应该裁定补正相关错误

B. 二审法院应当将案件发回一审法院重审

C. 二审法院应当向上级法院移送全部案卷

D. 一审法院可以提出一审判决有错误的意见，报送二审法院

【考点】　二审中一审法院发现原裁判存在错误时的处理方式

【解题思路与方法分析】　《民诉法解释》第 242 条规定，一审宣判后，原审人民法院发

现判决有错误，当事人在上诉期内提出上诉的，原审人民法院可以提出原判决有错误的意见，报送第二审人民法院，由第二审人民法院按照第二审程序进行审理；当事人不上诉的，按照审判监督程序处理。本案中，当事人已经提出了上诉，一审法院可以提出一审判决有错误的意见，报送二审法院，因此选项B和选项C的说法错误，选项D的说法正确。一审判决作出后，一审法院裁定补正的适用对象是笔误，选项A的说法错误。

答案：D

258. 甲、乙双方的纠纷经一审法院审理后上诉至二审法院，但二审法院在开庭审理后，发现案件已经超过了上诉期限。关于本案的处理方式，下列说法中正确的是？（2019年真题网络回忆版，单选）

A. 二审法院应当裁定不予受理上诉请求

B. 二审法院应当继续审理

C. 二审法院应当报请上一级法院处理

D. 二审法院应当裁定驳回上诉

【考点】 上诉期限与上诉条件

【解题思路与方法分析】 本题考查二审开庭审理时才发现不符合上诉条件的应当如何处理。依据《民事诉讼法》第181条的规定："第二审人民法院审理上诉案件，除依照本章规定外，适用第一审普通程序。"参照一审程序中对起诉条件的规定，本案的二审法院已经立案，在二审审理中才发现不符合上诉条件的，应当裁定驳回上诉，属于一种程序性处理。选项D的说法正确，当选。

答案：D

259. 乙欠甲300万元迟迟不还，甲将乙诉至法院，法院判决乙向甲返还借款300万元。后乙对丙享有的250万元债权到期，乙怠于主张对丙的债权，甲为了保障自己的债权得以实现，将丙诉至法院。下列选项中说法正确的是？（2019年真题网络回忆版，多选）

A. 甲构成重复起诉

B. 甲不构成重复起诉

C. 在甲诉乙的案件作出生效裁判前，法院不得受理甲对丙的起诉

D. 法院在受理甲对丙的起诉后，在甲诉乙的案件作出生效裁判前，应当对甲诉丙的案件裁定诉讼中止

【考点】 重复起诉的识别；代位权诉讼

【解题思路与方法分析】 本题中，前诉是甲诉乙，后诉是甲诉丙，前诉与后诉的被告不同即当事人不同，因此不构成重复起诉，选项A的说法错误，选项B的说法正确。甲起诉债务人乙之后，又对次债务人丙提起代位权诉讼，此时需要分析前诉与后诉之间的关系。甲能否对丙行使代位权，取决于甲对乙是否享有合法的债权，因此后诉以前诉的裁判结果为依据，而前诉尚未审结，法院应当裁定中止甲对丙的诉讼，选项C的说法错误，选项D的说法正确。

答案：BD

260. 冉某诉潘某借款纠纷一案，M市A区法院判决驳回了冉某的诉讼请求，冉某提出上诉，但在提交上诉状后的第二天突发心脏病死亡。关于本案，下列说法中正确的是？（2019年真题网络回忆版，单选）

A. 当事人已经死亡，M市A区法院应裁定终结诉讼

B. M市中级人民法院应当裁定终结诉讼

C. M市A区法院应当裁定中止诉讼，通知冉某的继承人参诉

D. M市中级人民法院应当裁定中止诉讼，通知冉某的继承人参诉

【考点】 上诉期限；当事人死亡的法律后果

【解题思路与方法分析】 依据《民事诉讼法》第154条第1项的规定，原告死亡，没有继承人或者继承人放弃诉讼权利的，裁定诉

讼终结。本案中，原告死亡不必然直接导致诉讼终结，因此选项A和选项B的说法错误。本案属于借款纠纷，一方当事人在诉讼中死亡的，法院应当裁定中止诉讼，通知冉某的继承人参诉。那么问题来了，应当由哪个法院裁定中止诉讼呢？冉某已经提出上诉，且中止的目的是等待冉某的继承人表明是否参加二审程序，因此应当由二审法院即M市中级法院作出中止诉讼的裁定，选项D的说法正确，选项C的说法错误。

答案：D

261. A区法院判决汪某偿还程某借款本金及利息5万元。汪某不服提交上诉状后，A区法院也发现原判决利息计算的适用标准存在错误，遂连同案卷材料及意见报送到B市中级人民法院。但汪某未按法院通知确定的时间交纳上诉费。下列说法中正确的是？（2019年真题网络回忆版，多选）

A. B市中级人民法院应按照二审程序审理

B. 法院应按撤回上诉处理

C. B市中级人民法院应裁定将案件发回一审法院重审

D. A区法院应启动审判监督程序

【考点】 上诉条件；一审法院的纠错方式

【解题思路与方法分析】《民诉法解释》第318条规定，虽递交上诉状，但未在指定的期限内交纳上诉费的，按自动撤回上诉处理。本案中汪某未按时交纳上诉费，视为自动撤回上诉，因此不会启动二审程序，选项A和选项C的说法错误，选项B的说法正确。民事案件中只有当事人才享有上诉权，法院无权自行启动二审程序，因此A区法院认为一审判决存在错误的，可以启动再审程序进行纠错，选项D的说法正确，当选。

答案：BD

262. 王某与黄某的离婚诉讼，一审法院判决不准离婚。王某不服提出上诉，二审法院认为应当判离，于是对财产分割问题进行调解，但双方无法达成合意，二审法院于是将案件发回重审。发回重审后，一审法院再次判决不准离婚，王某再次提出上诉。此时二审法院应当如何处理本案？（2020年真题网络回忆版，多选）

A. 二审法院可以再次进行调解

B. 二审法院应当再次撤销原判，将案件发回重审

C. 二审法院对离婚和财产分割请求直接作出判决

D. 二审法院可以对婚姻关系部分作出判决，对财产分割部分发回重审

【考点】 二审中的特殊调解

【解题思路与方法分析】 一审判决不准离婚的案件，上诉后，第二审法院认为应当判离的，可以根据当事人自愿的原则，与子女抚养、财产分割问题一并调解，调解不成的，发回重审。原审法院对发回重审的案件作出判决后，当事人提起上诉的，第二审法院不得再次发回重审。本题中，二审法院不得将案件再次发回重审（发回重审限一次），选项B的说法错误，选项C的说法正确。二审法院可以再次进行调解，选项A的说法正确。

答案：AC

263. A公司与B公司因买卖合同的履行发生争议，A公司将B公司诉至甲市M区法院，请求法院判令B公司按照合同的约定交付货物。法院经过审理后查明系B公司的上游公司因疫情原因没有供货，才导致B公司无法发货，于是判决驳回A公司的诉讼请求，双方当事人均未上诉。3个月后，A公司发现B公司的上游公司已经复工复产，但B公司仍然没有履行合同。此时A公司应当如何维护自身权益？（2020年真题网络回忆版，单选）

A. A公司可以向甲市中级人民法院上诉

B. A公司可以向甲市中级人民法院申请再审

C. A公司可以重新向甲市M区法院提起诉讼，要求B公司交付货物

D. A公司不得再次向甲市M区法院提起诉讼，否则构成重复起诉

【考点】 重复起诉的识别

【解题思路与方法分析】 对判决的上诉期为15日，此时已经超过上诉期限，当事人丧失上诉权，选项A的说法错误。再审的功能是纠正原生效裁判中的错误，本案的原生效裁判并不存在错误，而是在裁判生效后发生了新的事实和情况，因此不适用再审，但A公司可以重新向法院起诉，选项B的说法错误，选项C的说法正确。依据《民诉法解释》第248条的规定，裁判发生法律效力后，发生新的事实，当事人再次提起诉讼的，人民法院应当依法受理。本案中，在前诉裁判生效后，发生了新的事实，即B公司的上游公司已经复工复产，因此A公司再次向甲市M区法院提起诉讼，不构成重复起诉，选项D的说法错误。

答案：C

264. A将B诉至法院，要求B支付赔偿金2万元并公开赔礼道歉。一审法院判决B向A赔偿1.2万元，未对赔礼道歉的请求作出判决。A不服一审判决提出上诉，要求改判B赔偿2万元。二审法院经过审理后维持一审判决。关于本案二审的处理方式，下列选项中说法正确的有？(2020年真题网络回忆版，多选)

A. 二审法院应当对一审法院遗漏诉讼请求的问题向A进行释明

B. 二审法院应当围绕上诉请求进行审理并作出判决

C. 因为一审法院遗漏诉讼请求，所以二审法院应当直接撤销原判，发回重审

D. 二审法院不应超过上诉请求的范围进行审理和裁判

【考点】 一审漏判的处理方式

【解题思路与方法分析】 依据《民诉法解释》第324条的规定，对当事人在第一审程序中已经提出的诉讼请求，原审人民法院未作审理、判决的，第二审人民法院可以根据当事人自愿的原则进行调解；调解不成的，发回重审。本案中，赔礼道歉的请求没有经过一审审理，且当事人没有对此提出上诉，因此不属于二审程序的审理范围，二审法院不能对之进行审理并做出裁判，选项B和选项D的说法正确。选项A中二审法院对一审法院“漏判”问题的释明，没有法律依据，因此选项A错误。

答案：BD

265. 甲因咨询服务合同纠纷起诉乙，要求乙支付咨询费2万元，法院在审理中发现该合同约定的咨询费共20万元，乙从未支付，法院遂询问甲是否主张20万元，甲明确表示，乙的拖欠行为违反诚信、背信弃义，因此要分10次起诉，给他教训。关于法院的处理，下列说法中正确的有？(2021年真题网络回忆版，单选)

A. 就2万元咨询费进行审判，判决的既判力客观范围限于2万元

B. 就2万元咨询费进行审判，判决的既判力客观范围扩张至20万元

C. 就20万元咨询费一并审判，并不违反处分原则

D. 征求乙的意见后，再决定是否将18万元的咨询费纳入审理范围

【考点】 既判力的扩张；处分原则

【解题思路与方法分析】 本案中甲的行为属于人为故意拆分诉讼请求，滥用诉讼权利、浪费司法资源。依据最高人民法院公报案例［最高人民法院（2011）民再申字第68号民事裁定书］的裁判要旨：原告提出诉讼请求并经法院作出生效裁判后，又以实际争议标的的

额超出原诉讼请求为由，就超出的数额另行提起诉讼，系对同一争议事实再次起诉，违反一事不再理的民事诉讼原则，法院不应予以支持。因此甲不能就剩余的18万元起诉，即判决的既判力范围扩张至20万元，选项A的说法错误，选项B的说法正确。就20万元咨询费一并审判，属于超出当事人诉讼请求的范围进行裁判，违反了处分原则，选项C的说法错误。是否将18万元咨询费纳入审理范围，无须征求被告乙的意见，诉讼请求的具体内容和范围应当由原告决定，因此选项D的说法错误。

【原理精炼】诉讼请求原则上应当一次性提出，不能人为故意拆分请求，否则可能出现裁判既判力的扩张，而导致后诉构成重复起诉。

既判力的客观范围	判决主文具有既判力；裁判理由没有既判力；对部分请求的判决，可能会因为既判力扩张而及于全部请求
既判力的主观范围	既判力的主观范围通常及于诉讼当事人，但同样可能发生主观范围的扩张。例如，当事人死亡、主体合并分立，既判力会扩张至权利义务的继受主体
既判力的时间范围	判决的既判力及于判决生效前的法律关系；判决生效后新发生的事实，当事人当然可以再次提起诉讼

答案：B

266. 锦虹公司诉得利公司买卖合同纠纷案，A市B区法院一审判决锦虹公司胜诉，得利公司不服一审判决，通过B区法院提起上诉。B区法院收到起诉状后，发现得利公司已经超过了法定上诉期限，B区法院的下列处理方式中，正确的有？（2021年真题网络回忆版，单选）

A. 不受理得利公司的上诉状

B. 裁定驳回得利公司的上诉

C. 报请A市中级法院裁定驳回得利公司的上诉

D. 向A市中级法院移送案卷

【考点】 上诉的条件

【解题思路与方法分析】 是否受理上诉请求的权限在二审法院，一审法院无权审查当事人的上诉是否符合条件。换言之，原审法院对当事人的上诉不进行审查，因为上诉的立案审查权属于二审法院，原审法院仅仅是协助二审法院完成相应的诉状送达工作和案卷移送工作，其无权“自己审查自己”“自己监督自己”，仅仅扮演着“工具人”“传菜员”的“二传手”角色。因此，无论得利公司是否超过了上诉期，一审法院都只能将案件材料移送给上一级法院，由其审查判断是否符合上诉条件，选项D的说法正确，当选。本题属于原理型题目，充分体现了民诉客观题的灵活性，大家务必在理解的基础上进行学习和记忆。

答案：D

267. 甲将乙诉至法院，要求乙支付货款50万元并申请保全，一审判决甲胜诉。二审中，甲与乙达成和解协议，约定：乙撤回上诉，甲申请解除保全；乙立即支付货款30万元，剩余的20万元半年内付清，如逾期支付违约金为10万元。之后乙不履行剩余的20万元尾款，半年后甲起诉乙，要求支付20万元尾款及10万元违约金。下列说法中正确的有？（2021年真题网络回忆版，单选）

A. 法院可以裁定恢复保全措施

B. 因达成和解，一审判决不能作为执行根据

C. 乙可向法院申请调整违约金的数额

D. 甲起诉要求乙支付尾款及违约金，违反了一事不再理的原则

【考点】 二审中的和解

【解题思路与方法分析】 本案属于在二

审中达成和解协议并撤回上诉，撤回上诉后乙不履行和解协议时，甲可以向法院申请强制执行一审判决，而不能再次起诉乙，否则将违反“一事不再理”的要求，因此选项D的说法正确，选项B和选项C的说法错误。乙撤回上诉后一审判决随之生效，因此已经不存在恢复保全措施的可能性，选项A的说法错误。

答案：D

268. 甲把乙撞伤，法院判决甲向乙赔偿10万元。1年后，乙腿疼加剧，经诊断系撞伤所致的后遗症，乙于是再次起诉甲，要求其赔偿5万元。此时法院应当如何处理乙的再次起诉？（2023年真题网络回忆版，单选）

A. 属于产生既判力之前发生的事实，法院应当先行调解，调解不成的，告知乙另行起诉

B. 属于产生既判力之后发生的事实，告知乙申请再审

C. 属于产生既判力之后发生的事实，法院应当受理起诉

D. 构成重复起诉，告知乙申请再审

【考点】 既判力

【解题思路与方法分析】《民诉法解释》第248条规定：“裁判发生法律效力后，发生新的事实，当事人再次提起诉讼的，人民法院应当依法受理。”本案中，法院判决甲向乙赔偿10万元，经过1年后乙腿疼加剧，经诊断系撞伤所致的后遗症，此乃前诉判决生效后新发生的事实，乙据此可以再次起诉甲要求获得赔偿，而不受前诉既判力的拘束。乙的再次起诉针对“新事”而非“旧事”，不违反“一事不再理”的要求，也不构成重复起诉。因此选项C的说法正确，当选。

【原理精炼】 1. 判决的既判力，是指判决生效后所具有的确定效力，分为形式上的确定力和实质上的确定力。（1）形式上的确定力，是指判决一经生效，当事人就不得以此法律上的事实提起诉讼或提起上诉。（2）实质上的确定力，是指生效判决所确定的实体权利义务不得争执，不容改变。当事人和法院都要受到该判决内容的拘束，不得在以后的诉讼中作出与判决内容相反的主张和判断。

2. 既判力的时间范围：裁判发生法律效力后，发生新的事实，当事人再次提起诉讼的，法院应当受理。简言之，在判决生效后出现的新事实不受原判决既判力的约束。

答案：C

269. 甲与乙因货物买卖合同发生纠纷，甲将乙诉至法院，要求解除合同、返还货物并赔偿损失10万元。一审法院判决支持了甲的诉讼请求，乙对解除合同和返还货物没有异议，但认为赔偿10万元太多了，于是提出上诉。二审法院对此进行调解，双方同意赔偿5万元即可。此时法院应当如何处理？（2023年真题网络回忆版，单选）

A. 对解除合同、返还货物并赔偿5万元出具调解书

B. 判决解除合同、返还货物并赔偿5万元

C. 调解书中的赔偿5万元视为对一审判决的更正

D. 对赔偿5万元出具调解书，并判决解除合同、返还货物

【考点】 二审中的调解

【解题思路与方法分析】 本题改编自最高法公报案例“江西银行股份有限公司南昌洪城支行与上海神州数码有限公司等借款合同纠纷案”，依据该案的裁判要旨，部分当事人对一审民事判决中的部分判项提起上诉的，法院在二审程序中可以就当事人的上诉请求开展调解工作，对当事人达成的调解协议依法审查后，予以确认并制作调解书。调解书送达后，一审判决即视为撤销。对于上诉请求和调解书中并未涉及的其余一审判项，经审查与调解书

不相冲突也未损害各方当事人合法权益的，可以在二审判决中予以确认。本案中，双方对赔偿5万元已经达成了调解协议，法院应当对此出具调解书。调解书送达生效后，一审判决视为被撤销，因此对于上诉请求中没有涉及的一审判项（解除合同和返还货物），可以在二审判决中予以确认，选项D正确。

答案：D

270. 甲和乙是一起交通事故的共同侵权人，受害人丙将甲和乙诉至法院，要求二人支付医疗费、误工费和精神损失费共计6万元，并当面赔礼道歉。一审法院审理后作出判决：由甲向丙支付2万元，由乙向丙支付4万元，并由二人共同向丙公开道歉。依此案情，下列说法中正确的有？（金题，多选）

A. 如果一审判决作出后，甲提出了上诉，主张自己不应当承担侵权责任，应当以甲作为上诉人，以乙和丙作为被上诉人

B. 如果一审判决作出后，甲提出了上诉，主张自己不应当承担侵权责任，应当以甲作为上诉人，以乙作为被上诉人，丙列为原审原告

C. 如果一审判决作出后，乙提出了上诉，主张自己应当承担与甲数额相同的赔偿责任即3万元，应当以乙作为上诉人，以甲和丙作为被上诉人

D. 如果一审判决作出后，乙提出了上诉，主张自己应当承担与甲数额相同的赔偿责任即3万元，应当以甲作为被上诉人，丙列为原审原告

【考点】 必要共同诉讼中上诉人与被上诉人的确定

【解题思路与方法分析】 依据《民诉法解释》第317条的规定，必要共同诉讼人的一人或者部分人提起上诉的，按下列情形分别处理：（1）上诉仅对与对方当事人之间权利义务分担有意见，不涉及其他共同诉讼人利益的，对方当事人为被上诉人，未上诉的同一方当事人依原审诉讼地位列明；（2）上诉仅对共同诉讼人之间权利义务分担有意见，不涉及对方当事人利益的，未上诉的同一方当事人为被上诉人，对方当事人依原审诉讼地位列明；（3）上诉对双方当事人之间以及共同诉讼人之间权利义务承担有意见的，未提起上诉的其他当事人均为被上诉人。简言之，在必要共同诉讼中，享有上诉权并提出上诉的人为上诉人，上诉人对与谁之间的权利分担有意见的，谁为被上诉人，其他当事人依原审诉讼地位列明即可。结合本案，如果一审判决作出后，甲提出了上诉，主张自己不应当承担侵权责任，此时甲对内对外均有意见，因此应当以甲作为上诉人，以乙和丙作为被上诉人，选项A的说法正确，选项B的说法错误。如果一审判决作出后，乙提出了上诉，主张自己应当承担与甲数额相同的赔偿责任，即每人赔偿3万元，此时乙仅对内部的责任划分有意见，对对方当事人无意见，因此应当以甲作为被上诉人，丙列为原审原告，选项C的说法错误，选项D的说法正确。

答案：AD

271. 下列情形中，法院对案件的处理方式正确的有？（金题，多选）

A. 二审法院在审理古董花瓶所有权上诉案时，发现一审判决遗漏了该古董花瓶的共同所有人阿三，为了保障诉讼效率，二审法院依职权直接进行了改判

B. 二审法院在审理甲与乙之间的遗产继承纠纷案件时，案外人丙称自己才是合法的继承人，甲和乙均无继承资格，此时二审法院应当根据自愿原则进行调解，调解不成的裁定撤销原判、发回重审

C. 小亮为了开画廊，向小红借了20万元，并由小明作为保证人，但未约定保证责任的形式，后小亮未能按照约定返还借款，小红在多次催收无果的情形下将小亮诉至法院，

要求其返还借款20万元，法院受理案件后将保证人小明追加为共同被告

D. 法院在再审某挂靠关系纠纷时，发现原一审和二审判决均遗漏了应当参加诉讼的甲公司，在调解不成的情况下，再审法院裁定撤销一审和二审判决，发回原审法院重审

【考点】 二审中特殊情况的处理方式

【解题思路与方法分析】 必须参加诉讼的当事人在一审中未参加诉讼，第二审人民法院可以根据当事人自愿的原则予以调解，调解不成的，发回重审，发回重审的裁定书不列应当追加的当事人。因此选项A中的处理方式错误，法院直接改判的行为侵犯了阿三的上诉权和审级利益。选项B中丙为有独三，依据《民诉法解释》第325条的规定，有独立请求权的第三人，在第一审程序中未参加诉讼，第二审人民法院可以根据当事人自愿的原则予以调解；调解不成的，发回重审。因此选项B中的处理方式正确。选项C中，依据《民法典》的规定，对保证责任形式没有约定的，视为一般保证，小红可以只起诉被保证人即债务人小亮，法院不应主动追加保证人。因此选项C中的处理方式错误。选项D属于“漏人”的情况，应当调解先行，调解不成的，发回重审，因此该项的处理方式正确，当选。

【避坑秘笈】在一般保证中，一般保证人享有先诉抗辩权，因此债权人不能只起诉一般保证人，有两种正确的诉法：（1）只起诉被保证人（债务人）；（2）将一般保证人和被保证人（债务人）作为共同被告。

答案：BD

272. 在出现下列情形时，第二审法院的处理方式正确的有？（金题，多选）

A. 甲与乙人身侵权损害赔偿诉讼中，甲在第一审程序中提出了三项诉讼请求，但一审法院对第三项诉讼请求未作审判，第二审法院将案件发回重审

B. 甲与乙因一幅名家字画的所有权发生争议并诉至法院，第一审法院作出判决后被告乙不服，提起上诉，第二审法院审查后发现丙与甲是该字画的共同共有人，于是直接将丙追加为共同原告并依法改判

C. 甲与乙房屋租赁合同纠纷诉讼中，被告乙在第二审程序中提出反诉，第二审法院在获得双方当事人同意后，将本诉与反诉一并裁判

D. 甲与乙离婚诉讼中，一审法院判决不准离婚，乙上诉后，第二审法院认为应当判决离婚，遂在甲、乙双方均同意的情形下，对子女抚养、财产问题给予一并裁判

【考点】 二审中特殊情况的处理方式

【解题思路与方法分析】《民诉法解释》第324条至第327条规定了二审中的特殊调解。（1）对当事人在第一审程序中已经提出的诉讼请求，原审人民法院未作审理、判决的，第二审人民法院可以根据当事人自愿的原则进行调解；调解不成的，发回重审。（2）必须参加诉讼的当事人或者有独立请求权的第三人，在第一审程序中未参加诉讼，第二审人民法院可以根据当事人自愿的原则予以调解；调解不成的，发回重审。（3）在第二审程序中，原审原告增加独立的诉讼请求或者原审被告提出反诉的，第二审人民法院可以根据当事人自愿的原则就新增加的诉讼请求或者反诉进行调解；调解不成的，告知当事人另行起诉。双方当事人同意由第二审人民法院一并审理的，第二审人民法院可以一并裁判。（4）一审判决不准离婚的案件，上诉后，第二审人民法院认为应当判决离婚的，可以根据当事人自愿的原则，与子女抚养、财产问题一并调解；调解不成的，发回重审。双方当事人同意由第二审人民法院一并审理的，第二审人民法院可以一并裁判。因此，选项A属于一审漏判的情形，依照上述第（1）种规定，应当先行调解，调解不成的，发回重审，因此选项A的处理方式错

误。选项B属于一审漏人，按照上述第（2）种规定，应当先行调解，调解不成的，发回重审，因此选项B中直接改判的做法侵害了相关主体的审级利益，做法错误。选项C和选项D分别对应上述第（3）种和第（4）种情形，当事人双方可以合意放弃审级利益，做法均正确。

答案：CD

第十二章　审判监督程序

考点提示

法院启动再审：本院自行启动；上级法院启动
当事人申请再审：法定事由；管辖法院；法律效果
检察机关启动再审：法定事由；抗诉 VS 再审检察建议 VS 对人检察建议；法院救济在先、检察监督在后
再审中撤回起诉
再审案件的审理程序和审理范围
再审案件的裁判方式

【知识点激活】

1. 审判监督程序不是独立的审级，也没有独立的审理程序，属于特殊性、例外性的事后救济。

2. 特别程序、督促程序、公示催告程序案件一律不适用再审；不予受理和驳回起诉的裁定可以再审；调解书可以再审。

3. 法院依职权启动再审的，原则上不得转移再审管辖权，应由作出再审裁定的法院负责再审案件的审理（谁启动、谁负责）。

4. 当事人申请再审原则上应当向上一级法院申请，但当事人一方人数众多或者当事人双方均为公民的案件，也可以向原审法院申请再审。当事人申请再审不中止执行。

5. 不得申请再审的情形：已经发生法律效力的解除婚姻关系的判决和调解书；按照督促程序、公示催告程序、特别程序审理的案件以及依照审判监督程序审理后维持原判的案件。

6. 检察机关可以对损害国家利益和社会公共利益的调解书进行监督。提出再审检察建议需要经本院检委会的讨论决定。检察机关调查核实权的行使对象是当事人和案外人。

7. 当事人可以向检察机关申请抗诉或检察建议的情形：（1）法院驳回再审申请的；（2）法院逾期未对再审申请作出裁定；（3）再审判决、裁定有明显错误。

8. 法院启动再审原则上应当中止执行，但追索赡养费、扶养费、抚养费、抚恤金、医疗费用、劳动报酬等案件（“四费一金一酬”）可以不中止执行。

9. 用何种程序进行再审，取决于由哪个法院负责再审。如果再审法院是原审法院或与原审法院同级的法院，则依照原生效裁判的审级确定程序，可能适用一审普通程序，也可能适用二审程序（原一还一、原二还二）。如果再审法院是上级法院或最高人民法院，适用二审程序再审。

10. 再审中撤回起诉：一审原告在再审审

理程序中申请撤回起诉，经其他当事人同意，且不损害国家利益、社会公共利益、他人合法权益的，法院可以准许。裁定准许撤诉的，应当一并撤销原判决。

11. 法院应当在具体的再审请求范围内或在抗诉支持当事人请求的范围内审理再审案件。当事人的再审请求超出原审诉讼请求的，不予审理；符合另案诉讼条件的，告知当事人可以另行起诉。当事人超出原审范围增加、变更诉讼请求的，不属于再审审理范围。但涉及国家利益、社会公共利益，或者当事人在原审诉讼中已经依法要求增加、变更诉讼请求，原审未予审理且客观上不能形成其他诉讼的除外。

273. 李某向A公司追索劳动报酬。诉讼中，李某向法院申请先予执行部分劳动报酬，法院经查驳回李某申请。李某不服，申请复议。法院审查后再次驳回李某申请。李某对复议结果仍不服，遂向上一级法院申请再审。关于上一级法院对该再审申请的处理，下列哪一选项是正确的？（2010年卷三第42题，单选）

A. 裁定再审

B. 决定再审

C. 裁定不予受理

D. 裁定驳回申请

【考点】 法院对再审申请的处理

【解题思路与方法分析】 当事人申请再审的，法院有两种处理方式：一种是对符合再审法定事由的，裁定再审；另一种是对不符合再审事由的，裁定驳回再审申请，驳回再审申请的裁定一经作出即生效，不存在救济机制，因此李某根本无权申请复议，更无权再向上一级法院申请再审。李某对复议结果“不服”申请再审，不属于申请再审的法定事由，故法院应该裁定驳回申请。选项D的说法正确，当选。

答案：D

274. 三合公司诉两江公司合同纠纷一案，经法院审理后判决两江公司败诉。此后，两江公司与海大公司合并成立了大江公司。在对两江公司财务进行审核时，发现了一份对前述案件事实认定极为重要的证据。关于该案的再审，下列哪一说法是正确的？（2011年卷三第45题，单选）

A. 应当由两江公司申请再审并参加诉讼

B. 应当由海大公司申请再审并参加诉讼

C. 应当由大江公司申请再审并参加诉讼

D. 应当由两江公司申请再审，但必须由大江公司参加诉讼

【考点】 再审当事人的确定

【解题思路与方法分析】 企业法人合并的，因合并前的民事活动发生的纠纷，以合并后的企业为当事人；企业法人分立的，因分立前的民事活动发生的纠纷，以分立后的企业为共同诉讼人。本题中，两江公司与海大公司合并成立了大江公司，因其之前的民事活动发生的纠纷，以合并后的企业即大江公司作为当事人。因此，选项C的说法正确，当选。

答案：C

275. 2010年7月，甲公司不服A市B区法院对其与乙公司买卖合同纠纷的判决，上诉至A市中级法院，A市中级法院经审理维持原判决。2011年3月，甲公司与丙公司合并为丁公司。之后，丁公司法律顾问在复查原甲公司的相关材料时，发现上述案件具备申请再审的法定事由。关于该案件的再审，下列哪一说法是正确的？（2012年卷三第45题，单选）

A. 应由甲公司向法院申请再审

B. 应由甲公司与丙公司共同向法院申请再审

C. 应由丁公司向法院申请再审

D. 应由丁公司以案外人身份向法院申请再审

【考点】 申请再审的主体

【解题思路与方法分析】 申请再审的主体必须合法，有权提出申请再审的是原审中的当事人和特定的案外人。原审案件当事人死亡或者终止的，其权利义务承受人可以申请再审并参加再审诉讼。本题中关于甲公司与乙公司之间买卖合同纠纷案件的判决是申请再审的对象，申请再审人应是甲公司或者乙公司，但是由于甲公司已与丙公司合并为丁公司，原审案件的当事人甲公司已终止，所以应由其权利义务承受人即丁公司继受甲公司的权利义务，申请再审并参加再审诉讼。丁公司并非本案的案外人而是权利义务承受人，具有当事人的地位。因此，选项A、B、D均错误，选项C正确，当选。

答案：C

276. 关于检察监督，下列哪一选项是正确的？（2013年卷三第49题，单选）

A. 甲县检察院认为乙县法院的生效判决适用法律错误，对其提出检察建议

B. 丙市检察院就合同纠纷向仲裁委员会提出检察建议，要求重新仲裁

C. 丁县检察院认为丁县法院某法官在制作除权判决时收受贿赂，向该法院提出检察建议

D. 戊县检察院认为戊县法院认定某公民为无民事行为能力人的判决存在程序错误，报请上级检察院提起抗诉

【考点】 民事检察监督

【解题思路与方法分析】 检察建议作为一种同级监督手段，应当由地方各级检察院向与自己同级同地域的法院提出，并报上一级检察院备案。因此，甲县检察院只能向甲县法院提出检察建议，而无权向乙县法院提出检察建议。选项A的说法错误。民事检察监督的对象是法院，检察院无权向仲裁委员会提出检察建议，通知重新仲裁只能由法院在法定情形下进行。因此，选项B的说法错误。公示催告程序虽然不适用再审，但检察机关有权对审判人员在程序中的违法行为提出对人检察建议。因此，选项C的说法正确。认定公民无民事行为能力属于特别程序案件，该类非讼案件不适用再审，因此也不能抗诉。选项D的说法错误。

【避坑秘笈】（1）检察建议是一种同级监督手段，只能发生在检察院与其同级同地域的法院之间。（2）不适用再审的案件，一律不得适用抗诉、不得适用再审检察建议，但可能适用对人检察建议。（3）民事检察监督的对象是法院行使审判权和执行权的合法性，仲裁委员会不是民事检察监督的对象。

答案：C

277. 周某因合同纠纷起诉，甲省乙市的两级法院均驳回其诉讼请求。周某申请再审，但被驳回。周某又向检察院申请抗诉，检察院以原审主要证据系伪造为由提出抗诉，法院裁定再审。关于启动再审的表述，下列哪些说法是不正确的？（2013年卷三第81题，多选）

A. 周某只应向甲省高院申请再审

B. 检察院抗诉后，应当由接受抗诉的法院审查后，作出是否再审的裁定

C. 法院应当在裁定再审的同时，裁定撤销原判

D. 法院应当在裁定再审的同时，裁定中止执行

【考点】 再审的启动及审理程序

【解题思路与方法分析】 当事人对已经发生法律效力的判决、裁定，认为有错误的，可以向上一级人民法院申请再审；当事人一方人数众多或者当事人双方均为公民的案件，也可以向原审人民法院申请再审。当事人申请再审的，不停止判决、裁定的执行。因此，选项A的说法错误，错在了“只”字上。人民检察院提出抗诉的案件，接受抗诉的人民法院应当自收到抗诉书之日起30日内作出再审的裁定。有《民事诉讼法》第211条第1项至第5项规

定情形之一的，可以交下一级人民法院再审，但经该下一级人民法院再审的除外。据此可知，检察院依法提出抗诉的案件，法院应该启动再审程序。选项B的说法错误。按照审判监督程序决定再审的案件，裁定中止原判决、裁定、调解书的执行，但追索赡养费、扶养费、抚养费、抚恤金、医疗费用、劳动报酬等案件，可以不中止执行。依此，法院应当在裁定再审的同时，裁定中止执行，而非裁定撤销原判。是否撤销原判，取决于再审的审理结果。因此，选项C的说法错误，选项D的说法正确。

【避坑秘笈】（1）申请再审并非一律上提一级。在当事人一方人数众多或当事人双方均为公民的情形下，也可以向原审法院申请再审。（2）决定或裁定再审的案件，以中止执行为原则、不中止执行为例外，为了倾斜保护弱势群体，追索赡养费、扶养费、抚养费、抚恤金、医疗费用、劳动报酬等案件（“四费一金一酬”），可以不中止执行。（3）启动再审程序后，原裁判继续有效，是否撤销或变更原裁判取决于再审程序的最终审理结果。

答案：ABC

278. 韩某起诉翔鹭公司要求其依约交付电脑，并支付迟延履行违约金5万元。经县市两级法院审理，韩某均胜诉。后翔鹭公司以原审适用法律错误为由申请再审，省高院裁定再审后，韩某变更诉讼请求为解除合同，支付迟延履行违约金10万元。再审法院最终维持原判。关于再审程序的表述，下列哪些选项是正确的？（2013年卷三第82题，多选）

A. 省高院可以亲自提审，提审应当适用二审程序

B. 省高院可以指令原审法院再审，原审法院再审时应当适用一审程序

C. 再审法院对韩某变更后的请求应当不予审查

D. 对于维持原判的再审裁判，韩某认为有错误的，可以向检察院申请抗诉

【考点】　再审程序的综合考查

【解题思路与方法分析】　因当事人申请裁定再审的案件由中级人民法院以上的法院审理，但当事人依法选择向基层人民法院申请再审的除外。上级法院按照审判监督程序提审的，按照第二审程序审理，所作的判决、裁定是发生法律效力的判决、裁定。依此，省高院可以亲自提审，提审应当适用二审程序。选项A的说法正确。省高院可以指令原审法院再审，本案的原审法院为二审法院，因此也应当适用二审程序审理。选项B的说法错误。法院应当在具体的再审请求范围内或在抗诉支持当事人请求的范围内审理再审案件。当事人超出原审范围增加、变更诉讼请求的，不属于再审审理范围。但涉及国家利益、社会公共利益，或者当事人在原审诉讼中已经依法要求增加、变更诉讼请求，原审未予审理且客观上不能形成其他诉讼的除外。选项C的说法正确。再审判决、裁定有明显错误的，当事人可以向人民检察院申请检察建议或者抗诉。选项D的说法正确。

答案：ACD

279. 万某起诉吴某人身损害赔偿一案，经过两级法院审理，均判决支持万某的诉讼请求，吴某不服，申请再审。再审中万某未出席开庭审理，也未向法院说明理由。对此，法院的下列哪一做法是正确的？（2014年卷三第50题，单选）

A. 裁定撤诉，视为撤回起诉

B. 裁定撤诉，视为撤回再审申请

C. 裁定诉讼中止

D. 缺席判决

【考点】　再审当事人不到庭的法律后果

【解题思路与方法分析】　本案中，吴某是再审申请人，万某是被申请人，被申请人不到庭不影响法院对案件的审理，法院仍须对吴

某的再审请求进行审查并作出相应裁判，因此可以对万某作出缺席判决。选项D的说法正确，当选。做个变形，如果是再审申请人无正当理由拒不到庭，则按撤回再审申请处理。

答案：D

280. 就瑞成公司与建华公司的合同纠纷，某省甲市中院作出了终审裁判。建华公司不服，打算启动再审程序。后其向甲市检察院申请检察建议，甲市检察院经过审查，作出驳回申请的决定。关于检察监督，下列哪些表述是正确的？（2014年卷三第80题，多选）

A. 建华公司可在向该省高院申请再审的同时，申请检察建议

B. 在甲市检察院驳回检察建议申请后，建华公司可向该省检察院申请抗诉

C. 甲市检察院在审查检察建议申请过程中，可向建华公司调查核实案情

D. 甲市检察院在审查检察建议申请过程中，可向瑞成公司调查核实案情

【考点】 民事检察建议

【解题思路与方法分析】 依据《民事诉讼法》第220条第1款的规定，有下列情形之一的，当事人可以向人民检察院申请检察建议或者抗诉：（1）人民法院驳回再审申请的；（2）人民法院逾期未对再审申请作出裁定的；（3）再审判决、裁定有明显错误的。由此可知，当事人向检察机关申请检察建议，须以向法院申请再审为前置条件，因此不能在向法院申请再审的同时，又申请检察建议。选项A的说法错误。检察院对当事人的申请应当在3个月内进行审查，作出提出或者不予提出检察建议或者抗诉的决定。当事人不得再次向人民检察院申请检察建议或者抗诉。因此，选项B中建华公司不得重复向检察机关申请监督。检察院因履行法律监督职责提出检察建议或者抗诉的需要，可以向当事人或者案外人调查核实有关情况。检察机关调查核实权的对象是当事人和案外人，因此检察机关有权向建华公司和瑞成公司进行调查核实。选项C和选项D均正确。

【避坑秘笈】（1）法院救济先行、检察监督在后：原则上，当事人没有找过法院就不能直接找检察院。只有在法定情形下，当事人才能向检察机关申请抗诉或检察建议。这是为了避免当事人两头申请、重复审查。（2）找法院和找检察院均仅限一次，法院是第一道防线，检察机关是最后一道防线。（3）检察机关调查核实权的对象不包括法院。人民检察院因履行法律监督职责提出检察建议或者抗诉的需要，可以向当事人或者案外人调查核实有关情况。

答案：CD

281. 周立诉孙华人身损害赔偿案，一审法院适用简易程序审理，电话通知双方当事人开庭，孙华无故未到庭，法院缺席判决孙华承担赔偿周立医疗费。判决书生效后，周立申请强制执行，执行程序开始，孙华向一审法院提出再审申请。法院裁定再审，未裁定中止原判决的执行。关于本案，下列哪一说法是正确的？（2015年卷三第46题，单选）

A. 法院电话通知当事人开庭是错误的

B. 孙华以法院未传票通知其开庭即缺席判决为由，提出再审申请是符合法律规定的

C. 孙华应向二审法院提出再审申请，而不可向原一审法院申请再审

D. 法院裁定再审，未裁定中止原判决的执行是错误的

【考点】 再审的综合考查

【解题思路与方法分析】 一审法院适用简易程序审理案件，因此可以用简便方式（例如电话）通知当事人开庭。选项A的说法错误。用简便方式送达的开庭通知，未经当事人确认或没有其他证据证明当事人已收到的，不得因此缺席判决，本案中法院对被告孙华缺席

判决的做法错误，剥夺了当事人的辩论权，孙华当然有权以此为由申请再审。选项B的说法正确。一方当事人人数众多或者双方当事人均为公民的，当事人可以选择向原审法院提出再审申请，本案中双方当事人均为公民，孙华有权选择向上一级法院或原审法院申请再审。选项C的说法错误。按照审判监督程序决定再审的案件，裁定中止原判决、裁定、调解书的执行，但追索赡养费、扶养费、抚养费、抚恤金、医疗费用、劳动报酬等案件，可以不中止执行。本案属于追索医疗费用的案件，可以不中止执行。选项D的说法错误。

【破题指南】（1）一方当事人人数众多或者双方均为公民的案件，可以向原审法院申请再审，也可以向上一级法院申请再审。（2）法院启动再审，以中止执行为原则、不中止执行为例外，追索“四费一金一酬”（赡养费、扶养费、抚养费、医疗费用、抚恤金、劳动报酬）的案件，可以不中止执行，当然也可以中止执行。

答案：B

282. 江某诉周某要求其返还自己所有的一件玉器，A市B县法院判决周某交付玉器，双方均未提起上诉。因周某拒不履行判决，江某申请强制执行，法院依法扣押该玉器。执行过程中，张某向法院提出异议，主张自己享有玉器的所有权，法院经审查驳回了其异议。张某遂向A市中级人民法院申请再审，A市中级人民法院在再审中经调查发现该玉器为张某和江某所共有。关于A市中级人民法院的做法，下列选项中正确的有？（2018年真题网络回忆版，单选）

A. A市中级人民法院应作出新判决

B. 应当进行调解，调解不成的，驳回张某再审申请，告知其提起执行异议之诉

C. 应当进行调解，调解不成的，告知张某另行起诉

D. 应当进行调解，调解不成的，裁定撤销原判决，发回重审

【考点】 再审中发现遗漏必要共同诉讼当事人的处理方式

【解题思路与方法分析】 本案中的玉器为张某和江某所共有，因此张某属于必须共同进行诉讼的当事人。法院因必须共同进行诉讼的当事人申请而裁定再审，按照第一审程序再审的，应当追加其为当事人，作出新的判决、裁定；按照第二审程序再审，经调解不能达成协议的，应当撤销原判决、裁定，发回重审，重审时应追加其为当事人。本案中，原生效判决是A市B县法院作出的，负责再审的是原审法院的上一级法院即A市中级人民法院，因此应当用二审程序再审。此时法院调解先行，调解不成的，裁定撤销原判决，发回重审，重审时应追加张某为当事人。选项D的说法正确，当选。

答案：D

283. 张某将李某诉至法院，要求李某返还借款20万元。一审法院判决李某败诉，双方当事人均未上诉。判决生效后，李某向法院申请再审，法院裁定再审。在再审过程中，法院发现张某与李某已经达成了和解协议并且已经履行完毕。关于本案，下列做法中正确的是？（2019年真题网络回忆版，单选）

A. 继续再审

B. 驳回再审请求

C. 判决执行一审判决

D. 裁定终结再审程序

【考点】 和解与再审的关系

【解题思路与方法分析】 根据《民诉法解释》第400条的规定，法院在审查再审申请期间，当事人达成和解协议且已履行完毕的，法院应当裁定终结审查，但当事人在和解协议中声明不放弃申请再审权利的除外。《民诉法解释》第404条规定，在再审审理期间发现上

述情形的，可以裁定终结再审程序。因为在判决生效后的执行程序、再审审查程序、再审审理程序中当事人达成和解协议且已履行完毕，意味着当事人通过协议的方式处分了自己的权利，并通过实际履行的方式解决了原有的纠纷，此时法院没有必要对原生效判决进行再审审查，也没有必要对案件进行重新审理（再审程序也是诉讼程序，其目的也在于解决纠纷），故应当裁定终结对再审申请的审查或者裁定终结再审程序。本题中，法院在再审的过程中才发现和解协议已经履行完毕，因此应当裁定终结再审程序。选项D的说法正确，当选。

【避坑秘笈】在裁判生效后，当事人达成和解协议且已履行完毕，此时相当于纠纷已经彻底解决，只要双方没有在和解协议中明确声明保留再审的权利，那么此时就没有再审的必要性和正当性。当法院发现和解协议履行完毕的时间不同时，对应的处理方式也不一样：（1）法院在审查当事人再审申请的过程中就发现和解协议已经履行完毕的——裁定终结对再审申请的审查（裁定终结审查）。（2）启动再审后，在再审审理过程中才发现和解协议已经履行完毕的——裁定终结再审程序。

答案：D

284. 甲公司依据供货合同中的约定要求乙公司支付货款，法院经过审理，一审和二审均判决乙公司败诉，乙公司向法院申请再审。上级法院认为事实认定不清，指定下级法院再审，再审期间甲公司要求增加违约金，乙公司以货物质量不合格为由主张解除合同，法院应当如何处理？（2019年真题网络回忆版，多选）

A. 对于增加违约金的请求，法院应当调解处理

B. 对于解除合同的请求，法院应当调解处理

C. 对于增加违约金的要求，法院告知当事人另行起诉

D. 对于解除合同的请求，法院告知当事人另行起诉

【考点】 再审案件的审理范围

【解题思路与方法分析】 再审案件以原审范围为限，当事人超出原审范围增加、变更诉讼请求的，原则上不属于再审范围。因此法院对于再审中新增的诉讼请求（包括原告新增独立诉讼请求或者被告提出的反诉）不予审理，符合另行起诉条件的，告知当事人可以另行起诉。本题中，原告在再审中新增的违约金请求，以及被告在再审中提出解除合同的反诉，均不属于再审的审理范围，对不属于再审范围的请求，再审法院不能组织调解，应当直接告知当事人另行起诉。因此，选项A和选项B的说法错误，选项C和选项D的说法正确。

【知识点拓展】再审的核心功能是事后纠错，原则上不解决新的纠纷，因此再审中原则上不能增加、变更请求或者提出反诉，但有例外——再审裁定撤销原判决、裁定发回重审的案件，当事人申请变更、增加诉讼请求或者提出反诉，符合下列情形之一的，法院应当准许：（1）原审未合法传唤缺席判决，影响当事人行使诉讼权利的；（2）追加新的诉讼当事人的；（3）诉讼标的物灭失或者发生变化致使原诉讼请求无法实现的；（4）当事人申请变更、增加的诉讼请求或者提出的反诉，无法通过另诉解决的。

答案：CD

285. 范某与张某的买卖合同纠纷，甲市A区法院经过审理作出一审判决，双方当事人均未上诉。判决生效后，范某以审判组织形式违法为由向甲市中级人民法院申请再审，张某以主要证据未经质证为由向甲市A区法院申请再审。法院应当如何处理范某和张某的申请？（2020年真题网络回忆版，不定项）

A. 应当由甲市中级人民法院受理并审查再审申请

B. 应当由最先受理再审申请的法院进行审查

C. 应当由甲市中级人民法院裁定负责审查的法院

D. 应当由甲市A区法院与甲市中级人民法院进行协商，协商不成的，由甲市A区法院受理并审查再审申请

【考点】 当事人申请再审的管辖法院

【解题思路与方法分析】 依据《民诉法解释》第377条的规定，当事人一方人数众多或者当事人双方为公民的案件，当事人分别向原审人民法院和上一级人民法院申请再审且不能协商一致的，由原审人民法院受理。本题中双方当事人均为公民，其中范某向上一级法院申请再审，张某向原审法院申请再审，此时应当协商前置，无法协商一致的，应由原审法院即甲市A区法院受理并审查再审申请。因此，选项D的说法正确，当选。

答案：D

286. 张某与李某因相邻权纠纷诉至A市B区法院，B区法院经过审理作出判决，张某和李某均未上诉。在本案执行的过程中，李某向A市中级人民法院申请再审。下列选项中说法错误的有？（2020年真题网络回忆版，多选）

A. A市中级人民法院应当驳回李某的再审申请

B. A市中级人民法院应当告知李某向B区法院申请再审

C. A市中级人民法院应当裁定将再审案件移送B区法院审理

D. B区法院应当裁定中止执行

【考点】 当事人申请再审的管辖法院及其效力

【解题思路与方法分析】 依据《民事诉讼法》第210条的规定，当事人对已经发生法律效力的判决、裁定，认为有错误的，可以向上一级人民法院申请再审；当事人一方人数众多或者当事人双方为公民的案件，也可以向原审人民法院申请再审。本题中，双方当事人均为公民，因此李某可以向原审法院B区法院申请再审，也可以向上一级法院A市中级人民法院申请再审。因此，选项A、B、C的说法均错误。当事人申请再审的，不停止判决、裁定的执行。因此，选项D的说法错误。

【避坑秘笈】当事人仅享有再审申请权，而不能必然启动再审，当事人提出再审申请后，法院会对申请进行审查，符合法定条件的才会裁定启动再审。因此，当事人申请再审不会影响执行，只有当法院裁定或决定启动再审后，原则上才应当中止执行。

答案：ABCD

287. 甲公司诉乙公司设备买卖合同纠纷，法院判决乙公司败诉。判决生效后，乙公司以发现新的证据为由申请再审。在再审审理过程中，法院发现遗漏了必须共同参加诉讼的丙公司，于是裁定将案件发回重审。在重审过程中乙公司提出反诉，后甲公司提出撤诉申请。关于本案，下列说法中正确的有？（2020年真题网络回忆版，多选）

A. 丙公司不得在再审中提出反诉

B. 法院应准许丙公司提出反诉

C. 法院若准许甲公司的撤诉，则应裁定驳回乙公司的反诉

D. 法院若准许甲公司的撤诉，则应就乙公司的反诉进行审理

【考点】 再审程序的综合考查

【解题思路与方法分析】 依据《民诉法解释》第252条的规定："再审裁定撤销原判决、裁定发回重审的案件，当事人申请变更、增加诉讼请求或者提出反诉，符合下列情形之一的，人民法院应当准许：（一）原审未合法传唤缺席判决，影响当事人行使诉讼权利的；（二）追加新的诉讼当事人的；（三）诉讼标的物灭失或者发生变化致使原诉讼请求无法实现的；

（四）当事人申请变更、增加的诉讼请求或者提出的反诉，无法通过另诉解决的。”本案中，丙公司作为再审中新追加的当事人，这是其第一次参诉，因此有权在再审中提出反诉。选项A的说法错误，选项B的说法正确。反诉具有独立性，因此本诉撤回的，不影响反诉的继续审理。选项C的说法错误，选项D的说法正确。

答案：BD

288. 甲公司与乙公司订立借款合同，由丙提供保证。甲公司到期不还钱，乙公司以甲公司为被告、丙为第三人诉至法院，一审法院认为丙是连带保证人，应承担连带责任，但二审法院认为丙是一般保证人，不需要承担连带责任。丙以签订保证合同时意思表示有误为由，向法院申请再审。此时法院应当如何处理？（2021年真题网络回忆版，不定项）

A. 裁定驳回丙的再审申请

B. 不予受理丙的再审申请

C. 受理丙的再审申请，调解不成的，告知丙另行起诉

D. 受理丙的再审申请，调解不成的，发回重审

【考点】 申请再审的法定事由

【解题思路与方法分析】 当事人对生效裁判申请再审，须符合《民事诉讼法》第211条规定的法定事由，本案中丙以签订保证合同时意思表示有误为由，向法院申请再审，不属于可以申请再审的法定事由。换言之，丙并未对原生效裁判的正确性提出质疑，因此不符合再审的启动条件，至于其签订合同时的意思表示是否有误，不涉及原生效裁判的正确性，不属于再审的功能范围。《民事诉讼法》第215条第1款规定，人民法院应当自收到再审申请书之日起3个月内审查，符合本法规定的，裁定再审；不符合本法规定的，裁定驳回申请。因此选项A的说法正确，当选。

答案：A

289. 朱某和葛某的民间借贷纠纷，一审判决朱某向葛某支付本金及利息。朱某不服上诉，二审葛某表示一审判决正确应该维持。经审判，二审法院维持原判。葛某之后表示一审判决利息计算存在错误要求再审。下列说法中正确的是？（2022年真题网络回忆版，单选）

A. 葛某有再审利益，应裁定再审

B. 经法院院长同意，可以裁定再审

C. 经朱某同意，可以裁定再审

D. 葛某缺乏再审利益，浪费司法资源，违反诉讼诚信原则

【考点】 当事人申请再审的条件

【解题思路与方法分析】 本题改编自最高法公报案例“王谦与卢蓉芳、宁夏建工集团房地产开发有限公司、第三人宁夏恒昌盛房地产开发有限公司民间借贷纠纷案”。依据该案的裁判要旨，一审胜诉或部分胜诉的当事人未提起上诉，且在二审中明确表示一审判决正确应予维持，在二审判决维持原判后，该当事人又申请再审的，因其缺乏再审利益，对其再审请求不应予以支持，否则将变相鼓励或放纵不守诚信的当事人滥用再审程序，导致对诉讼权利的滥用和对司法资源的浪费。本案中，葛某在一审中胜诉且并未上诉，在二审中葛某表示一审判决正确应该维持，法院也维持了原判。这意味着，葛某在一审和二审中均处于胜诉地位，且其未行使上诉权这一通常救济，因而没有予以再审救济的正当性和必要性。选项D的说法正确。

答案：D

290. 甲起诉乙偿还100万元，乙应诉答辩后，甲称账本中明确记载100万元账目由乙保管。后乙消失不见，法院数次联系均无果，于是缺席判决甲胜诉并公告送达了判决书。之后乙出现，称账本中记载的账目为70万元，于是申请再审。此时法院应当如何处理？（2023年真题网络回忆版，单选）

A. 乙违反了诉讼诚信原则，应裁定驳回再审申请

B. 法院缺席判决的做法违法，因此应当受理再审申请

C. 因账本属于足以推翻原判决的新证据，法院应当受理再审申请

D. 法院应当裁定再审

【考点】 申请再审的条件

【解题思路与方法分析】 本题改编自“张春平、李世红等合资、合作开发房地产合同纠纷民事再审案（最高法民申238号）”。在该案中法院认为：当事人回避法院的送达行为，拒不参加案件前序普通审判程序，后又以新的证据申请再审的，为滥用诉讼权利的情形，不具有启动再审的法律依据。《民事诉讼法》第211条第1项关于“当事人的申请符合下列情形之一的，人民法院应当再审：（一）有新的证据，足以推翻原判决、裁定的”规定中所指新的证据，是指相对于再审申请人在一审及二审诉讼中已经提交过的证据而言另行提交的不同的新证据，其隐含的前提是再审申请人应当在一审及二审普通诉讼程序中已经诚实信用地行使了民事诉讼法律赋予其积极主动提交证据证明自己主张的民事诉讼权利，这实际上也是当事人应当履行的民事诉讼义务。由于张春平一直回避人民法院的送达行为，拒不参加本案前序普通审判程序，于判决发生法律效力后再以新的证据为由申请再审，属于滥用诉讼权利的情形，亦不具有再审利益，并不属于前述法律规定保护当事人应有诉讼权利的范围。依据上述裁判要旨，本案中被告乙回避法院的送达行为，拒不参加本案的普通审判程序，而是在判决发生法律效力后以记载账目数额不对为由申请再审，属于滥用诉讼权利的情形，违反了诉讼诚信原则，不符合启动再审的条件。因此，选项A的说法正确，当选。

答案：A

291. 下列情形中，当事人有权申请法院对民事案件进行再审的有？（金题，不定项）

A. 甲公司与乙公司因融资租赁合同发生纠纷而诉至法院，在甲公司对一审判决提出上诉后，法院由审判员和陪审员共同组成合议庭对案件进行了审理，二审判决生效后，甲公司以审判组织形式不合法为由向法院申请再审

B. 王大申请法院宣告其弟弟王二死亡，在死亡宣告判决生效半年后，王二突然回到了家中，王大遂向作出死亡宣告判决的法院提出再审申请

C. 大毛与二牛因相邻权纠纷诉至法院，判决生效后，大毛以审理该案的法官杨某可能存在枉法裁判的嫌疑为由，向法院申请再审

D. 何欣与宋佳离婚诉讼一案的判决生效后，何欣以一审法院违反法律规定、管辖错误为由向法院申请再审

【考点】 申请再审的条件

【解题思路与方法分析】 二审案件不得适用陪审制。因此，选项A中二审法院的做法属于程序违法，甲公司有权以审判组织形式不合法为由申请再审。申请宣告死亡属于特别程序案件，特别程序案件一律一审终审、不得上诉、不得再审。因此，选项B的说法错误。选项C中，需要枉法裁判的行为已经由相关刑事法律文书或者纪律处分决定确认，才能以此为由申请再审，仅仅是有嫌疑的，不构成申请再审的合法事由。因此，选项C的说法错误。管辖错误不是申请再审的法定事由，对管辖权异议的裁定可以上诉，但是不能再审。因此，选项D的说法错误。

答案：A

292. 以下有关民事检察监督制度的表述中，不正确的有？（金题，单选）

A. 适用非讼程序审理的案件，不适用再审，因此检察机关也无权对该类案件提出抗诉

B. 检察机关向同级法院提出再审检察建

议的，应当经检察委员会讨论决定

C. 法院收到再审检察建议后，应当组成合议庭在法定期限内进行审查，经审查不予再审的，应当书面回复检察院

D. 检察机关因履行法律监督职责向案外人调查核实的情况，在再审中可以直接作为认定案件事实的依据

【考点】 民事检察监督制度

【解题思路与方法分析】 不适用再审的案件同样也不适用抗诉，非讼程序案件不适用再审，也不适用抗诉。选项A的说法正确。检察机关提出再审检察建议，需要经检委会讨论决定。选项B的说法正确。《民诉法解释》第417条规定："人民法院收到再审检察建议后，应当组成合议庭，在三个月内进行审查，发现原判决、裁定、调解书确有错误，需要再审的，依照民事诉讼法第一百九十八条规定裁定再审，并通知当事人；经审查，决定不予再审的，应当书面回复人民检察院。"再审检察建议虽然不必然启动再审，但法院有及时审查、书面回复的义务。选项C的说法正确。依据《民诉法解释》第419条第2款的规定，人民检察院因履行法律监督职责向当事人或者案外人调查核实的情况，应当向法庭提交并予以说明，由双方当事人进行质证。换言之，检察机关调查核实所获得的情况和信息，不能直接作为定案依据，而需要经过质证。选项D的说法错误。

【原理精炼】检察院对已经发生法律效力的判决以及不予受理、驳回起诉的裁定依法提出抗诉的，法院应予受理，但适用特别程序、督促程序、公示催告程序、破产程序以及解除婚姻关系的判决、裁定等不适用审判监督程序的判决、裁定除外。简言之，凡是不能再审的案件，当然也不能提出抗诉或再审检察建议。

答案：D

293. 贾彬诉黄亮侵犯名誉权一案经A省M市中级人民法院二审作出生效判决后，黄亮以法院违反回避制度的相关规定为由申请再审。关于本案，下列说法中错误的有？（金题，不定项）

A. 黄亮应当向A省高级人民法院提出再审申请，法院应当裁定中止执行

B. 如果法院在对黄亮的再审申请进行审查期间，检察院对该案提出了抗诉，法院应当直接裁定再审

C. 如果法院裁定驳回了黄亮的再审申请，其可以向检察院申请抗诉或再审检察建议

D. 黄亮可以向M市中级人民法院申请再审

【考点】 当事人申请再审与检察监督

【解题思路与方法分析】 本案中双方当事人均为公民，因此黄亮可以向原审法院即M市中级人民法院申请再审，也可以向上一级法院即A省高级人民法院申请再审，并且当事人申请再审并不影响执行。因此，选项A的说法错误，选项D的说法正确。当事人申请再审与检察机关抗诉重合时，法院应当直接裁定再审，因为检察机关依法提出抗诉的，法院应当裁定再审。选项B的说法正确。当事人若想向检察机关申诉，需要先找法院，法院驳回再审申请的，当事人可以向检察机关申请抗诉或检察建议。选项C的说法正确。

答案：A

294. 韩某与金某因一件祖传花瓶的所有权发生争议，韩某向法院起诉，经一审、二审法院审理后，判决该花瓶归韩某所有。潘某得知此事后，向二审法院反映自己是该花瓶的共同共有人，并提供了相关证据。二审法院审查后决定对该案进行再审，以下有关本案的选项中，正确的有？（金题，单选）

A. 二审法院可以通知潘某参加再审程序，并根据自愿原则进行调解，调解不成的，告知

潘某另行起诉

B. 二审法院可以通知潘某参加再审程序，并根据自愿原则进行调解，调解不成的，裁定撤销一、二审判决，发回原审法院重审

C. 二审法院可以通知潘某参加再审，但若当事人均同意由二审法院一并审理的，二审法院可以一并裁判

D. 因为潘某不是原一审、二审案件的当事人，因此其无权参与再审案件的审理

【考点】 再审中对遗漏当事人的处理方式

【解题思路与方法分析】 法院因必须共同进行诉讼的当事人申请而裁定再审，按照第一审程序再审的，应当追加其为当事人，作出新的判决、裁定；按照第二审程序再审，经调解不能达成协议的，应当撤销原判决、裁定，发回重审，重审时应追加其为当事人。本案中，潘某称其是花瓶的共同共有人，因此属于遗漏必须共同参加诉讼当事人的“漏人”情形，依照审级利益保护的原理和相关规则，此时法院应当调解先行，调解不成的，裁定撤销一、二审判决，发回原审法院重审。因此，选项 B 的说法正确，当选。遗漏共同共有人属于不可分的情形，因此不能告知其另行起诉。因此，选项 A 的说法错误。在“漏人”的情形下，不允许当事人合意放弃审级利益。因此，选项 C 的说法错误。

答案：B

第十三章 特别程序

考点提示

特别程序的共性：不上诉、不再审、不调解；独任制为主、单一式合议制为辅；自带救济
宣告公民失踪：财产代管人的变更；财产代管人的诉讼地位
确认调解协议案件：申请主体、管辖法院、适用范围、申请时限、申请方式、法律效力
实现担保物权案件：申请权人、管辖法院、审理程序、审查后的处理方式
指定遗产管理人案件：管辖；指定原则；遗产管理人存在特殊情形时的处理

【知识点激活】

1. 特别程序案件的共性：非讼性（选民资格案件除外）；独任制为主、单一式合议制为辅；一审终审；不得上诉、不得再审；不得调解；不得陪审。

2. 选民资格案件：申诉处理前置 + 单一式合议制 + 不要求利害关系。

3. 变更财产代管人：若是利害关系人向法院请求变更，则按照普通程序审理（争讼性）；若财产代管人自己向法院申请变更，则比照特别程序的相关规定审理（非讼性）。

4. 经依法设立的调解组织调解达成调解协议，申请司法确认的，由双方当事人自调解协议生效之日起 30 日内共同向法院提出。中级法院也可以管辖司法确认案件。

5. 实现担保物权案件：担保财产标的额超过基层人民法院管辖范围的，应当组成合议庭进行审查。实现担保物权案件属于海事法院等专门法院管辖的，由专门法院管辖。

6. 如果某一公民正在进行另一个案件的诉讼，其利害关系人提出该公民患有精神病，要求宣告该公民无民事行为能力或限制民事行为能力的，应由利害关系人向法院提出申请，由受诉法院按该类特别程序立案审理，中止原诉讼。

7. 对遗产管理人的确定有争议，利害关系人申请指定遗产管理人的，向被继承人死亡时住所地或者主要遗产所在地基层法院提出。法院应当按照有利于遗产管理的原则，判决指定遗产管理人。

8. 遗产管理人违反遗产管理职责，严重侵害继承人、受遗赠人或者债权人合法权益的，法院可以根据利害关系人的申请，撤销其遗产管理人资格，并依法指定新的遗产管理人。

9. 特别程序的救济机制：当事人或利害关系人向法院提出异议，申请法院作出新判决或裁定，撤销原判决或裁定。

295. 在基层人大代表换届选举中，村民刘某发现选举委员会公布的选民名单中遗漏了同村村民张某的名字，遂向选举委员会提出申诉。

选举委员会认为，刘某不是本案的利害关系人无权提起申诉，故驳回了刘某的申诉，刘某不服诉至法院。下列哪一选项是错误的？（2009年卷三第49题，单选）

A. 张某、刘某和选举委员会的代表都必须参加诉讼

B. 法院应该驳回刘某的起诉，因刘某与案件没有直接利害关系

C. 选民资格案件关系到公民的重要政治权利，只能由审判员组成合议庭进行审理

D. 法院对选民资格案件做出的判决是终审判决，当事人不得对此提起上诉

【考点】 选民资格案件

【解题思路与方法分析】 法院审理选民资格案件时，起诉人、选举委员会的代表和有关公民必须参加。本案中，起诉人刘某、有关公民张某以及选举委员会的代表都必须参加诉讼。因此，选项A的说法正确。公民不服选举委员会对选民资格的申诉所作的处理决定，可以在选举日的5日以前向选区所在地基层人民法院起诉。据此可知，只要是公民对选举委员会对选民资格的申诉所作的处理决定不服的，就可以在选举日的5日以前向选区所在地基层人民法院起诉，而并不要求具有直接利害关系。本案中，刘某是同村的合法公民，其有权对选举委员会对选民资格的申诉所作的处理决定向法院提起诉讼。因此，选项B的说法错误。选民资格案件只能适用单一式合议制，由审判员组成合议庭审理，且所有的特别程序案件均实行一审终审。因此，选项C和选项D的说法均正确。

【破题指南】选民资格案件的主要特点包括：（1）起诉须申诉处理前置，不要求利害关系。（2）诉讼参与人包括起诉人、选民本人和选举委员会的代表。（3）审判组织形式只能是单一式合议制。（4）不得调解，一审终审，不得上诉、不得再审。

答案：B

296. 关于《民事诉讼法》规定的特别程序的表述，下列哪一选项是正确的？（2012年卷三第44题，单选）

A. 适用特别程序审理的案件都是非讼案件

B. 起诉人或申请人与案件都有直接的利害关系

C. 适用特别程序审理的案件都是一审终审

D. 陪审员通常不参加适用特别程序案件的审理

【考点】 特别程序的特点

【解题思路与方法分析】 特别程序，是指人民法院审理特定民事非讼案件和选民资格案件所适用的程序。与通常的民事诉讼程序相比，特别程序具有以下特点：（1）特别程序的预设功能，是确认某种法律事实是否存在、权利状态有无或公民是否享有某种资格、能否行使某种权利。（2）启动特别程序的当事人特殊，起诉人或者申请人不一定与本案有直接利害关系。（3）审判组织形式特殊。适用特别程序审理案件以独任制为原则、以合议制为补充，特别程序中的合议庭只能由审判员组成，陪审员不能参加。（4）特别程序案件一律实行一审终审。人民法院适用特别程序审理案件，判决书一经送达即生效，当事人不得上诉。此外，特别程序还具有审理期限短、免交案件受理费、不适用再审等特点。结合本题，特别程序中共包括7种案件，其中选民资格案件属于争讼性案件，而不是非讼案件。因此，选项A的说法错误。特别程序只确认某种事实和权利状态，不要求起诉人或者申请人与本案有直接的利害关系。因此，选项B的说法错误。特别程序采用合议庭审理时，陪审员不能参加，换言之，特别程序案件一律不得适用陪审制。因此，选项D中“通常不参加”的表述不准确。特别程序案件一律一审终审。因此，选项C的说法正确，当选。

【破题指南】特别程序的特点整合

性质	除选民资格案件外，其他 6 种均为非讼案件
共性	不得上诉、不得再审；不得调解；不适用陪审制
文书	确认调解协议和实现担保物权的案件，用裁定书；其余 5 种用判决书
救济机制	当事人或利害关系人提出异议 + 申请法院作出新判决或裁定、撤销原判决或裁定

答案：C

297. 甲区 A 公司将位于丙市价值 5000 万元的写字楼转让给乙区的 B 公司。后双方发生争议，经丁区人民调解委员会调解达成协议：B 公司在 1 个月内支付购房款。双方又对该协议申请法院作出了司法确认裁定。关于本案及司法确认的表述，下列哪些选项是不正确的？（2013 年卷三第 83 题，多选）

A. 应由丙市中级法院管辖

B. 可由乙区法院管辖

C. 应由一名审判员组成合议庭，开庭审理司法确认申请

D. 本案的调解协议和司法确认裁定，均具有既判力

【考点】 确认调解协议的案件

【解题思路与方法分析】 依据《民事诉讼法》第 205 条的规定，经依法设立的调解组织调解达成调解协议，申请司法确认的，由双方当事人自调解协议生效之日起 30 日内，共同向下列人民法院提出：（1）人民法院邀请调解组织开展先行调解的，向作出邀请的人民法院提出；（2）调解组织自行开展调解的，向当事人住所地、标的物所在地、调解组织所在地的基层人民法院提出；调解协议所涉纠纷应当由中级人民法院管辖的，向相应的中级人民法院提出。因此本案的司法确认应当由当事人住所地、标的物所在地、调解组织所在地的法院管辖，即甲区法院、乙区法院、写字楼所在地的基层法院、丁区法院均有管辖权。选项 A 错在了“应”和“中级法院”，选项 B 中乙区法院作为当事人住所地法院有管辖权，选项 B 的说法正确。司法确认案件适用特别程序审理，一般应当适用独任制进行审判，且不得适用陪审制。选项 C 的说法错误。人民调解协议本质上是私法上的和解，属于民事合同性质的效力，不具有既判力。选项 D 的说法错误。

答案：ACD（旧题新解）

298. 甲公司与银行订立了标的额为 8000 万元的贷款合同，甲公司董事长美国人汤姆用自己位于 W 市的三套别墅为甲公司提供抵押担保。贷款到期后甲公司无力归还，银行向法院申请适用特别程序实现对别墅的抵押权。关于本案的分析，下列哪一选项是正确的？（2014 年卷三第 44 题，单选）

A. 由于本案标的金额巨大，且具有涉外因素，银行应向 W 市中院提交书面申请

B. 本案的被申请人只应是债务人甲公司

C. 如果法院经过审查，作出拍卖裁定，可直接移交执行庭进行拍卖

D. 如果法院经过审查，驳回银行申请，银行可就该抵押权益向法院起诉

【考点】 实现担保物权的案件

【解题思路与方法分析】《民事诉讼法》第 207 条规定：“申请实现担保物权，由担保物权人以及其他有权请求实现担保物权的人依照民法典等法律，向担保财产所在地或者担保物权登记地基层人民法院提出。”实现担保物权的案件由基层法院管辖，无论案件标的金额的大小。选项 A 的说法错误。本案中的被申请人除了债务人之外，还应列担保人汤姆，因为实现担保物权的裁定将涉及担保人汤姆的财产权益。选项 B 的说法错误。《民事诉讼法》

第 208 条规定："人民法院受理申请后，经审查，符合法律规定的，裁定拍卖、变卖担保财产，当事人依据该裁定可以向人民法院申请执行；不符合法律规定的，裁定驳回申请，当事人可以向人民法院提起诉讼。"依此，该裁定的执行有赖于当事人的申请。选项 C 的说法错误，选项 D 的说法正确。

申请权人	担保物权人 + 其他有权实现担保物权的人
管辖法院	担保财产所在地或担保物权登记地基层人民法院
文书形式	裁定书
审查方式	独任制为原则，重大、疑难时组成合议庭审查
审查内容	当事人对实现担保物权有无实质争议；实现担保物权的条件是否成就
处理方式	裁定准许拍卖、变卖担保财产；裁定驳回申请并告知当事人向法院起诉

答案：D

299. 李云将房屋出售给王亮，后因合同履行发生争议，经双方住所地人民调解委员会调解，双方达成调解协议，明确王亮付清房款后，房屋的所有权归属王亮。为确保调解协议的效力，双方约定向法院提出司法确认申请，李云随即长期出差在外。下列哪一说法是正确的？（2015 年卷三第 45 题，单选）

A. 本案系不动产交易，应向房屋所在地法院提出司法确认申请

B. 李云长期出差在外，王亮向法院提出确认申请，法院可受理

C. 李云出差两个月后，双方向法院提出确认申请，法院可受理

D. 本案的调解协议内容涉及物权确权，法院不予受理

【考点】 确认调解协议的案件

【解题思路与方法分析】 司法确认属于非讼案件，因此不适用诉讼案件有关不动产专属管辖的规定，而是应当向当事人住所地、标的物所在地、调解组织所在地的法院提出司法确认申请。选项 A 的说法错误。申请司法确认调解协议，由双方当事人自调解协议生效之日起 30 日内，共同向法院提出。依此，申请司法确认必须由双方当事人共同提出申请。选项 B 中的单方申请错误。申请司法确认的时间是调解协议生效之日起 30 日内。选项 C 的说法错误。依据《民诉法解释》第 355 条第 1 款第 5 项的规定，调解协议内容涉及物权确权的，人民法院裁定不予受理，选项 D 的说法正确，当选。

【破题指南】 本题的难点在于司法确认的适用范围。当事人申请司法确认调解协议，有下列情形之一的，法院裁定不予受理：（1）不属于人民法院受理范围的；（2）不属于收到申请的人民法院管辖的；（3）申请确认婚姻关系、亲子关系、收养关系等身份关系无效、有效或者解除的；（4）涉及适用其他特别程序、公示催告程序、破产程序审理的；（5）调解协议内容涉及物权、知识产权确权的。

答案：D

300. 李某因债务人刘某下落不明申请宣告刘某失踪。法院经审理宣告刘某为失踪人，并指定刘妻为其财产代管人。判决生效后，刘父认为由刘妻代管财产会损害儿子的利益，要求变更刘某的财产代管人。关于本案程序，下列哪一说法是正确的？（2017 年卷三第 47 题，单选）

A. 李某无权申请刘某失踪

B. 刘父应提起诉讼变更财产代管人，法院适用普通程序审理

C. 刘父应向法院申请变更刘妻的财产代管权，法院适用特别程序审理

D. 刘父应向法院申请再审变更财产代管

权，法院适用再审程序审理

【考点】 变更财产代管人

【解题思路与方法分析】 财产代管人的变更有两种情形和动因：（1）失踪人的其他利害关系人申请变更财产代管人的，法院应告知其以原指定的代管人为被告起诉，并按普通程序进行审理。（2）对代管人自己申请变更代管，人民法院比照特别程序的有关规定进行审理。代管人的申请有理的，裁定撤销申请人的代管人身份，同时另行指定财产代管人；申请无理的，裁定驳回申请。本案中法院指定刘妻为财产代管人，判决生效后，其他利害关系人中的刘父要求变更财产代管人，属于上述第（1）种情形，存在争议的，应当适用普通程序审理。因此，选项B的说法正确，当选。

答案：B

301. 康某不慎撞伤了王某，经人民调解委员会调解，双方达成协议：康某赔偿王某1万元。双方向A区法院申请司法确认。后来王某得知自己的伤残等级应该获得更多的赔偿，即以构成重大误解为由向A区法院申请撤销该调解协议。关于本案，法院的正确处理方式是？（2019年真题网络回忆版，单选）

A. 根据一事不再理原则，驳回王某的申请

B. 应适用特别程序审理

C. 应适用简易程序审理

D. 告知当事人向上一级法院申请再审

【考点】 人民调解与司法确认

【解题思路与方法分析】《民诉法解释》第372条规定，适用特别程序作出的判决、裁定，当事人、利害关系人认为有错误的，可以向作出该判决、裁定的人民法院提出异议。人民法院经审查，异议成立或者部分成立的，作出新的判决、裁定撤销或者改变原判决、裁定；异议不成立的，裁定驳回。对人民法院作出的确认调解协议、准许实现担保物权的裁定，当事人有异议的，应当自收到裁定之日起15日内提出；利害关系人有异议的，自知道或者应当知道其民事权益受到侵害之日起6个月内提出。本案中，司法确认案件作为特别程序案件，属于非讼案件，因此不适用再审，也不适用简易程序，亦不涉及诉讼案件中的“一事不再理”问题，选项A、C、D的说法均错误。此时王某的应当适用特别程序自带的救济机制。因此，选项B的说法正确，当选。

答案：B

302. 甲起诉A公司，诉讼过程中甲遭遇车祸变成植物人，甲父主张撤诉，安心照顾儿子养病，甲的妻子主张必须继续进行诉讼。请问法院应当如何处理？（2021年真题网络回忆版，单选）

A. 终结诉讼

B. 由甲的妻子作为法定代理人继续诉讼

C. 由甲的妻子作为原告进行诉讼

D. 中止诉讼

【考点】 诉讼中止；特别程序

【解题思路与方法分析】 原告甲在诉讼进行的过程中变成植物人，需要启动特别程序认定甲为无民事行为能力人，因此诉讼程序应当中止，等待特别程序的判决结果。如果法院最终认定甲是无民事行为能力人，则主张继续进行诉讼的甲妻作为无民事行为能力人的监护人，可以作为甲的法定代理人继续进行诉讼。很多小糊涂错误地认为植物人直接就等于无民事行为能力人，此时需要启动特别程序先认定甲的行为能力状态，如果法院认定甲为无民事行为能力人，甲妻才能够获得监护权，进而以法定代理人的身份继续进行诉讼。因此，选项D的说法正确。

答案：D

303. 刘某与银行签订贷款合同，以刘某和王某各自的一套房屋做抵押，合同中约定如果发

生争议提交某仲裁委员会解决。之后刘某无力归还贷款，银行申请实现抵押权。刘某没有异议，王某提出异议称抵押合同的订立系因欺诈。法院应当如何处理？（2021年真题网络回忆版，多选）

A. 裁定准许拍卖刘某的房屋

B. 裁定准许拍卖王某的房屋

C. 裁定驳回拍卖刘某房屋的申请，告知另行仲裁

D. 裁定驳回拍卖王某房屋的申请，告知另行仲裁

【考点】 实现担保物权的案件

【解题思路与方法分析】《民诉法解释》第369条规定：“人民法院应当就主合同的效力、期限、履行情况，担保物权是否有效设立、担保财产的范围、被担保的债权范围、被担保的债权是否已届清偿期等担保物权实现的条件，以及是否损害他人合法权益等内容进行审查。被申请人或者利害关系人提出异议的，人民法院应当一并审查。”《民诉法解释》第370条规定：“人民法院审查后，按下列情形分别处理：（一）当事人对实现担保物权无实质性争议且实现担保物权条件成就的，裁定准许拍卖、变卖担保财产；（二）当事人对实现担保物权有部分实质性争议的，可以就无争议部分裁定准许拍卖、变卖担保财产；（三）当事人对实现担保物权有实质性争议的，裁定驳回申请，并告知申请人向人民法院提起诉讼。”由于本案中存在仲裁协议，且刘某没有异议，因此裁定准许拍卖刘某的房屋。《最高法关于适用〈中华人民共和国民法典〉有关担保制度的解释》第21条第1款规定：“主合同或者担保合同约定了仲裁条款的，人民法院对约定仲裁条款的合同当事人之间的纠纷无管辖权。”因此，对存有实质性争议的王某，法院应当裁定驳回拍卖王某房屋的申请，告知另行仲裁。选项A和选项D正确，选项B和选项C错误。

答案：AD

304. 赵某下落不明2年多，赵某的妻子申请宣告赵某失踪，法院指定赵妻作为财产代管人。赵妻因处置赵某财产与赵某母亲争执不断，赵妻拟变更财产代管人为赵某的成年儿子。而赵某的母亲也意图担任财产代管人。结合上述情况，下列说法中正确的有？（2023年真题网络回忆版）

A. 赵妻向法院申请变更财产代管人的，适用特别程序审理

B. 赵某的母亲申请变更财产代管人的，适用用普通程序审理

C. 赵某的母亲应以赵妻为被告向法院申请变更财产代管人，适用简易程序审理

D. 赵妻应以赵某儿子为被告申请变更财产代管人，适用普通程序审理

【考点】 变更财产代管人的程序

【解题思路与方法分析】《民诉法解释》第342条规定：“失踪人的财产代管人经人民法院指定后，代管人申请变更代管的，比照民事诉讼法特别程序的有关规定进行审理。申请理由成立的，裁定撤销申请人的代管人身份，同时另行指定财产代管人；申请理由不成立的，裁定驳回申请。失踪人的其他利害关系人申请变更代管的，人民法院应当告知其以原指定的代管人为被告起诉，并按普通程序进行审理。”本案中，赵妻自己向法院申请变更财产代管人的，应适用特别程序审理。选项A正确。赵某的母亲申请变更财产代管人的，应适用普通程序审理。选项B正确。赵某的母亲应以赵妻为被告向法院申请变更财产代管人，但不应适用简易程序审理，而应当适用普通程序审理。选项C错误。赵妻可以申请变更财产代管人，但应适用特别程序审理。选项D错误。

【避坑秘笈】 变更财产代管人时，要先看“为何而变”：（1）如果是财产代管人自己不想干了，用特别程序这种非讼渠道变更。（2）如果是其他利害关系人想换掉现在的财产代管人，用普通程序这种诉讼渠道变更。此时其他

利害关系人是原告，原指定的代管人是被告。

答案：AB

305. 关于《民事诉讼法》中规定的特别程序的表述，下列选项中错误的有？（金题，多选）

A. 申请实现担保物权的案件，若担保财产标的额超过基层人民法院管辖范围的，应当由中级人民法院组成合议庭进行审查

B. 特别程序案件一律一审终审，不得再审，并且不适用调解，陪审员通常不参与审理

C. 选民资格案件的起诉人无须与案件有直接利害关系，但只能由审判员组成合议庭进行审理

D. 申请司法确认调解协议的案件，法院在审查相关情况时，应当通知双方当事人共同到场对案件进行核实

【考点】 特别程序的综合考查

【解题思路与方法分析】 特别程序案件原则上由基层人民法院管辖，申请实现担保物权的案件，如果担保财产的标的额超过了基层人民法院的受案范围，仍旧由基层人民法院管辖，但审判组织形式须变为单一式合议制。选项A的说法错误。特别程序案件一律一审终审，不得上诉、不得再审，也不得调解，并且一律不允许陪审员参与。选项B错在了“通常”二字上。选民资格案件不要求起诉人与案件有直接利害关系，审判组织形式只能是单一式合议制。选项C的说法正确。法院对司法确认案件进行审查时，应当通知双方当事人共同到场对案件进行核实，这是为了确保双方的自愿性。选项D的说法正确。

答案：AB

306. 下列哪些情形中，法院不应当受理当事人的司法确认调解协议的申请？（金题，多选）

A. 收到申请的法院对案件无管辖权

B. 申请解除收养关系的案件

C. 房屋租赁合同纠纷案件

D. 需要适用破产程序审理的案件

【考点】 确认调解协议的案件

【解题思路与方法分析】 依据《民诉法解释》第355条第1款的规定：“当事人申请司法确认调解协议，有下列情形之一的，人民法院裁定不予受理：（一）不属于人民法院受理范围的；（二）不属于收到申请的人民法院管辖的；（三）申请确认婚姻关系、亲子关系、收养关系等身份关系无效、有效或者解除的；（四）涉及适用其他特别程序、公示催告程序、破产程序审理的；（五）调解协议内容涉及物权、知识产权确权的。”依此，选项A、B、D均当选，选项C不当选。

答案：ABD

307. 对于实现担保物权案件的理解，下列说法中错误的有？（金题，多选）

A. 有权申请实现担保物权的主体包括抵押权人、质权人、留置权人，以及抵押人、出质人、财产被留置的债务人或者所有权人等

B. 被担保的债权既有物的担保又有人的担保，当事人申请实现担保物权的，法院应当裁定不予受理

C. 如果同一财产上设有四个担保物权，登记在先的担保物权尚未实现的，后顺位的担保物权人无权向法院申请实现担保物权

D. 法院审查后认为当事人对实现担保物权有实质性争议的，应当裁定驳回申请并将案件转入诉讼程序

【考点】 实现担保物权案件

【解题思路与方法分析】 依据《民诉法解释》第363条的规定，被担保的债权既有物的担保又有人的担保，当事人对实现担保物权的顺序有约定，实现担保物权的申请违反该约定的，人民法院裁定不予受理；没有约定或者约定不明的，人民法院应当受理。因此，选项B的说法错误。同一财产上设立多个担保物

权，登记在先的担保物权尚未实现的，不影响后顺位的担保物权人向法院申请实现担保物权。选项C的说法错误。当事人对实现担保物权有实质性争议的，裁定驳回申请，并告知申请人向法院提起诉讼，法院无权直接将案件转入诉讼程序。选项D的说法错误。

答案：BCD

308. 刘祥与旋风4S店签订了一份购买兰博基尼跑车的合同，合同生效后刘祥一直没有按照约定支付车款，旋风4S店遂将刘祥诉至法院，要求其付清车款并承担违约责任。在诉讼过程中，刘祥的妻子赵六向法院提出刘祥患有严重的精神分裂症，没有辨别自己行为的能力，请求法院认定跑车购买合同无效。以下有关本案的说法中，不正确的有？（金题，多选）

A. 法院应当裁定驳回旋风4S店的诉讼请求，并启动特别程序对刘祥的民事行为能力状况进行认定

B. 法院应当以当事人不适格为由，裁定驳回旋风4S店的起诉

C. 在认定刘祥的民事行为能力时，鉴定和公告是必经程序

D. 只有刘祥的近亲属才有权以书面或口头形式申请法院认定其为无民事行为能力人，该案应由受理合同纠纷的法院一并管辖

【考点】特别程序与诉讼程序的关系

【解题思路与方法分析】如果某一公民正在进行一个案件的诉讼，其利害关系人提出该公民患有精神病，要求宣告该公民无民事行为能力或限制民事行为能力的，应由利害关系人向法院提出申请，由受诉法院按该类特别程序立案审理，中止原诉讼。结合本案，法院应当按认定公民无民事行为能力的特别程序立案审理赵六的申请，中止买卖合同纠纷诉讼。因此，选项A和选项B的说法均错误。认定公民民事行为能力状况时，有些需要鉴定，但鉴定和公告都不是必经程序。因此，选项C的说法错误。申请认定公民无民事行为能力或者限制民事行为能力，由其近亲属或者其他利害关系人向该公民住所地基层人民法院提出。申请书应当写明该公民无民事行为能力或者限制民事行为能力的事实和根据。由此可知，申请认定公民无民事行为能力的，不限于其近亲属，还包括其他利害关系人，且必须书面申请。因此，选项D的说法错误。

答案：ABCD

第十四章 督促程序

考点提示

申请支付令的条件：适用范围、对象、管辖、送达方式
支付令的法律效力：督促效力与执行力
对支付令的异议：异议的时限；异议的方式；异议无效的情形
督促程序与诉讼程序的双向转换

【知识点激活】

1. 仅限于给付金钱或有价证券；支付令不能公告送达，可以留置送达。债务人不在我国境内的，或者虽在我国境内但下落不明的，不适用督促程序。

2. 债务人住所地基层法院管辖，不受债权债务金额的限制；一审终审、不得上诉、不得再审。

3. 支付令自制作发出即产生督促效力，如果15日异议期内债务人没有提出异议或异议无效，支付令方产生执行效力。

4. 债务人针对债务是否存在以及债务数额大小的不同意见，构成异议；债务人对债务本身没有异议，只是提出缺乏清偿能力的，不影响支付令的效力；债务人不在法定期间提出书面异议，而向其他法院起诉的，不影响支付令的效力。口头异议无效。

5. 法院受理支付令申请后，债权人就同一债权债务关系又提起诉讼的，法院应当裁定终结督促程序。

6. 督促程序与诉讼程序的双向转换：（1）督促转诉讼——支付令失效的，转入诉讼程序，但申请支付令的一方当事人不同意提起诉讼的除外。（2）诉讼转督促——按照诉讼程序受理的案件，当事人没有争议且符合督促程序规定条件的，可以转入督促程序。

7. 对设有担保的债务的主债务人发出的支付令，对担保人没有拘束力。债权人就担保关系单独提起诉讼的，支付令自法院受理案件之日起失效。

8. 督促程序的救济机制：法院院长对本院已发生效力的支付令，发现确有错误，认为需要撤销的，应当提交审判委员会讨论决定后，裁定撤销支付令，驳回债权人的申请，终结督促程序。

9. 针对同一债权债务关系，督促程序和诉讼程序可以前后相继，但绝不能同时并行。

309. 胡某向法院申请支付令，督促彗星公司缴纳房租。彗星公司收到后立即提出书面异议称，根据租赁合同，彗星公司的装修款可以抵销租金，因而自己并不拖欠租金。对于法院收到该异议后的做法，下列哪些选项是正确的？

（2013年卷三第84题，多选）

A. 对双方进行调解，促进纠纷的解决

B. 终结督促程序

C. 将案件转为诉讼程序审理，但彗星公司不同意的除外

D. 将案件转为诉讼程序审理，但胡某不同意的除外

【考点】 对支付令的异议及其法律后果

【解题思路与方法分析】 法院收到债务人提出的书面异议后，经审查，异议成立的，应当裁定终结督促程序，支付令自行失效。支付令失效的，转入诉讼程序，但申请支付令的一方当事人不同意提起诉讼的除外。结合本案，督促程序属于非讼程序，非讼程序不适用调解。因此，选项A的说法错误。债务人彗星公司收到支付令后立即提出书面异议，属于有效异议，法院应当裁定终结督促程序。因此，选项B的说法正确。债权人（申请人）才有权拒绝程序转换，彗星公司作为债务人，无权拒绝程序转换。因此，选项C的说法错误，选项D的说法正确。

答案：BD

310. 黄某向法院申请支付令，督促陈某返还借款。送达支付令时，陈某拒绝签收，法官遂进行留置送达。12天后，陈某以已经归还借款为由向法院提起书面异议。黄某表示希望法院彻底解决自己与陈某的借款问题。下列哪一说法是正确的？（2014年卷三第46题，单选）

A. 支付令不能留置送达，法官的送达无效

B. 提出支付令异议的期间是10天，陈某的异议不发生效力

C. 陈某的异议并未否认二人之间存在借贷法律关系，因而不影响支付令的效力

D. 法院应将本案转为诉讼程序审理

【考点】 督促程序的综合考查

【解题思路与方法分析】 支付令不能公告送达，但可以留置送达。因此，选项A的说法错误。债务人应当在收到支付令之日起15日内向法院提出异议。因此，对支付令提出异议的期间是15日而非10日。因此，选项B的说法错误。陈某提出其已归还借款，足以表明其对债权债务关系有异议，债务人提出书面异议后，法院经审查认为异议成立的，应当裁定终结督促程序，支付令失效。因此，选项C的说法错误。黄某表示希望法院彻底解决自己与陈某的借款问题，可见其并不反对案件转入诉讼程序。因此，选项D的说法正确。

【避坑秘笈】 以下几种情形属于无效异议：（1）债务人对债务本身没有异议，只是提出缺乏清偿能力、延缓债务清偿期限、变更债务清偿方式等异议的；（2）债务人不在法定期间内向发出支付令的法院提出书面异议，而向其他人民法院起诉的；（3）口头异议。此外，支付令失效的，原则上转入诉讼程序，除非申请支付令的一方当事人即债权人不同意起诉，而被申请人（债务人）则无此拒绝权。

答案：D

311. 单某将八成新手机以4000元的价格卖给卢某，双方约定：手机交付卢某，卢某先付款1000元，待试用一周没有问题后再付3000元。但试用期满卢某并未按约定支付余款，多次催款无果后单某向M法院申请支付令。M法院经审查后向卢某发出支付令，但卢某拒绝签收，法院采取了留置送达。20日后，卢某向N法院起诉，以手机有质量问题要求解除与单某的买卖合同，并要求单某退还1000元付款。根据本案，下列哪些选项是正确的？（2016年卷三第82题，多选）

A. 卢某拒绝签收支付令，M法院采取留置送达是正确的

B. 单某可以依支付令向法院申请强制执行

C. 因卢某向N法院提起了诉讼，支付令

当然失效

D. 因卢某向N法院提起了诉讼，M法院应当裁定终结督促程序

【考点】 督促程序的综合考查

【解题思路与方法分析】 选项A考查了支付令的送达方式，在卢某拒签支付令的情况下，法院可以留置送达，但不能公告送达。因此，选项A的说法正确。卢某若对支付令有异议，应当在收到支付令之日起15日内向法院提出，或者是在15日内向发出支付令的法院即M法院起诉，但本案中卢某没有在法定期限内提出异议，而是在20日后向其他法院起诉，此时不影响支付令的效力，支付令因此具备了执行效力，单某可以依据支付令向法院申请强制执行。因此，选项B的说法正确，选项C和选项D的说法均错误。

答案：AB

312. 甲公司购买乙公司的产品，丙公司以其房产为甲公司提供抵押担保。因甲公司未按约支付120万元货款，乙公司向A市B县法院申请支付令。法院经审查向甲公司发出支付令，甲公司拒绝签收。甲公司未在法定期间提出异议，而以乙公司提供的产品有质量问题为由向A市C区法院提起诉讼。关于本案，下列哪些表述是正确的？（2017年卷三第83题，多选）

A. 甲公司拒绝签收支付令，法院可采取留置送达

B. 甲公司提起诉讼，法院应裁定中止督促程序

C. 乙公司可依支付令向法院申请执行甲公司的财产

D. 乙公司可依支付令向法院申请执行丙公司的担保财产

【考点】 支付令的送达及其法律效力

【解题思路与方法分析】 支付令可以留置送达，不能公告送达，甲公司拒收支付令的，法院可以留置送达。选项A的说法正确，当选。债务人向其他法院起诉的，不影响支付令的效力。发出支付令的法院是B县法院，但债务人却向C区法院起诉，向其他法院起诉的，不影响支付令的法律效力。选项B的说法错误。丙作为担保人，并非甲、乙公司之间债权债务关系的主体，支付令对丙公司没有强制执行力，乙公司可依支付令向法院申请执行债务人甲公司的财产。选项C的说法正确，选项D的说法错误。

【原理精炼】督促程序的当事人只有申请人（债权人）和被申请人（债务人），担保人并不是督促程序的当事人，因此支付令对担保人没有拘束力。

答案：AC

313. 赵某向M区法院申请支付令，督促刘某返还借款50万元。法院送达支付令时，刘某拒绝签收，法院遂进行了留置送达，一周后，赵某又以刘某为被告向N区法院提起了诉讼。关于本案，下列说法中正确的有？（2018年真题网络回忆版，不定项）

A. 支付令不得留置送达

B. 赵某的起诉不影响支付令的效力

C. 法院应当裁定终结督促程序

D. 法院应当裁定中止督促程序

【考点】 法院终结督促程序的情形

【解题思路与方法分析】 支付令可以留置送达，但不能公告送达。因此，选项A的说法错误。法院受理支付令申请后，债权人就同一债权债务关系又提起诉讼的，法院应当裁定终结督促程序。因此，选项B和选项D的说法错误，选项C的说法正确。本案中赵某作为债权人，在成功启动督促程序这一非讼程序后，又启动了诉讼程序，此时针对该借款案，不可能同时并行诉讼程序和非讼程序，且赵某的起诉行为本身就反映了二者之间有争议，而无法继续适用督促程序这种非讼程序，因此法院应当裁定终结督促程序。

【避坑秘笈】各位小糊涂要分清楚起诉的是谁，以及诉到了哪个法院：（1）如果债务人在15日内向发出支付令的法院起诉，则督促程序终结。（2）如果债务人向发出支付令的法院之外的其他法院起诉，则不影响支付令的效力。（3）如果债权人在申请支付令之后，又把债务人诉到了法院，此时无论是否为同一法院，督促程序均应当终结。因为针对同一个债权债务关系，督促程序和诉讼程序不能同时并行。

答案：C

314. 乙向甲借款50万元钱，并由丙为乙提供担保。后乙迟迟不肯还款，甲向法院申请了对乙的支付令，之后甲又将丙诉至法院。关于本案，下列选项中说法正确的是？（2019年真题网络回忆版，多选）

A. 如果法院受理了甲的起诉，则支付令失效

B. 如果法院受理了甲的起诉，则支付令效力中止

C. 法院对乙发出的支付令，对担保人丙也有拘束力

D. 法院对乙发出的支付令，对担保人丙没有拘束力

【考点】　支付令的效力

【解题思路与方法分析】　依据《民诉法解释》第434条的规定，对设有担保的债务的主债务人发出的支付令，对担保人没有拘束力。债权人就担保关系单独提起诉讼的，支付令自人民法院受理案件之日起失效。因此，如果法院受理了甲对担保人丙的起诉，则支付令失效。选项A的说法正确，选项B的说法错误。法院对主债务人乙发出的支付令，对担保人丙没有拘束力。选项C的说法错误，选项D的说法正确。

【原理精炼】针对同一个债权债务关系，诉讼程序和督促程序有可能前后相继，但不能同时并行（“脚踩两条船”）：（1）债权人申请法院向债务人发出支付令后，又针对该债权债务关系将债务人诉至法院，则督促程序终结，支付令失效。（2）债权人申请法院对债务人发出支付令后，又针对担保关系单独起诉担保人的，督促程序终结，支付令失效。（3）已经申请诉前保全的，不能再同时申请支付令。

答案：AD

315. 甲公司与乙公司签订了外加剂买卖合同，之后甲公司申请法院向乙公司发出支付令，要求乙公司支付货款35万元。A区法院受理申请后，于2020年8月1日向乙公司发出支付令，乙公司在2020年8月6日提出书面异议称双方已经协商延期付款3个月。此外，2020年8月10日，乙公司又以甲公司提供的外加剂质量不合格为由，将甲公司诉至B区法院，要求其承担违约责任。关于本案，下列选项中说法错误的有？（2020年真题网络回忆版，多选）

A. 因为乙公司提出了书面异议，因此支付令失效，法院应裁定终结督促程序

B. 因为乙公司向法院提起了诉讼，因此支付令失效，法院应当终结督促程序

C. A区法院应当终结督促程序，将案件移送给B区法院

D. 支付令的效力不受影响

【考点】　支付令的效力

【解题思路与方法分析】　乙公司在2020年8月6日提出书面异议称双方已经协商延期付款3个月，即债务尚未到清偿期限，属于有效异议，因此会导致支付令失效，法院应裁定终结督促程序。选项A的说法正确，选项D的说法错误。《民诉法解释》第431条规定：“债务人在收到支付令后，未在法定期间提出书面异议，而向其他人民法院起诉的，不影响支付令的效力。债务人超过法定期间提出异议的，视为未提出异议。”由此可知，债务人向发出支付令之外的其他法院起诉的，不影响

支付令的效力。本题中乙公司是向B区法院起诉，而非向发出支付令的A区法院起诉，因此乙公司的起诉行为并不影响支付令的效力。选项B的说法错误。《民事诉讼法》第228条规定："人民法院收到债务人提出的书面异议后，经审查，异议成立的，应当裁定终结督促程序，支付令自行失效。支付令失效的，转入诉讼程序，但申请支付令的一方当事人不同意提起诉讼的除外。"依此，只要甲公司没有明确表示拒绝，那么受理支付令申请的A区法院应当直接将案件转为诉讼程序继续审理，而并非将案件移送给B区法院。选项C的说法错误。

答案：BCD

316. 某甲欠某乙100万元货款，某乙申请法院对某甲进行了诉前财产保全。三天后，某乙申请法院对某甲发出支付令，法院应当如何处理？（2022年真题网络回忆版，单选）

A. 本案属于金钱给付，法院应当受理某乙的申请

B. 法院不应受理某乙的申请，因为本案属于合同纠纷

C. 法院不应受理某乙的申请，因此某乙已经申请了诉前保全

D. 法院应当受理某乙的申请，向某甲发出支付令

【考点】 申请支付令的条件

【解题思路与方法分析】《民诉法解释》第427条第1、2款规定："债权人申请支付令，符合下列条件的，基层人民法院应当受理，并在收到支付令申请书后五日内通知债权人：（一）请求给付金钱或者汇票、本票、支票、股票、债券、国库券、可转让的存款单等有价证券；（二）请求给付的金钱或者有价证券已到期且数额确定，并写明了请求所根据的事实、证据；（三）债权人没有对待给付义务；（四）债务人在我国境内且未下落不明；（五）支付令能够送达债务人；（六）收到申请书的人民法院有管辖权；（七）债权人未向人民法院申请诉前保全。不符合前款规定的，人民法院应当在收到支付令申请书后五日内通知债权人不予受理。"本案中，某乙已经对某甲申请了诉前保全，这意味着某乙已经选择了诉讼这一路径并将在30日内提起诉讼，此时不能同时叠加适用督促程序（非讼程序），因此不符合申请支付令的条件。选项C的说法正确。做个变形，如果债权人申请诉前保全后没有在30天内起诉，则法院应当裁定解除诉前保全措施。之后债权人申请支付令的，法院可以受理。

【原理精炼】 督促程序和诉讼程序有可能前后相继、双向转换，但绝对不能同时并行（不得"脚踩两条船"）。

答案：C

317. 乙公司欠甲公司钱，甲公司申请了支付令，乙公司没有提出异议，但异议期届满后，甲公司一直没有申请执行。丙对甲公司享有到期债权，且丙已经通过诉讼确认了甲公司应当还钱。此时丙如何救济自身权益？（2023年真题网络回忆版，单选）

A. 申请执行甲公司对乙公司的支付令

B. 提起诉讼代为主张甲公司对乙公司的债权

C. 申请冻结甲公司对乙公司的债权

D. 直接申请对乙公司的支付令

【考点】 督促程序

【解题思路与方法分析】《最高人民法院关于人民法院执行工作若干问题的规定》第45条规定，被执行人不能清偿债务，但对本案以外的第三人享有到期债权的，人民法院可以依申请执行人或被执行人的申请，向第三人发出履行到期债务的通知。履行通知必须直接送达第三人。据此，丙可以向法院申请执行甲公司对乙公司的债权。因此，选项C正确。丙公司不是支付令的一方当事人，无权申请执行

甲公司对乙公司的支付令。因此，选项A错误。由于甲公司对乙公司的债权已经得到支付令的确认，因此不能就该债权再次起诉。因此，选项B错误。由于丙不是乙公司的债权人，因此丙不能直接对乙公司申请支付令。因此，选项D错误。

答案：C

318. 甲公司欠乙劳动报酬5万元，甲公司与乙在人民调解委员会达成调解协议，约定甲公司在一个月内支付劳动报酬5万元。一个月后，甲公司拒不履行。乙如何救济自身权益？（2023年真题网络回忆版，多选）

A. 可以针对该调解协议向人民法院提起违约之诉

B. 可以向劳动仲裁机构申请劳动仲裁

C. 可以直接依据调解协议向法院申请执行

D. 可以依据调解协议向法院申请支付令

【考点】 劳动争议的解决途径

【解题思路与方法分析】《人民调解法》第32条规定："经人民调解委员会调解达成调解协议后，当事人之间就调解协议的履行或者调解协议的内容发生争议的，一方当事人可以向人民法院提起诉讼。"选项A正确。《劳动争议调解仲裁法》第15条规定："达成调解协议后，一方当事人在协议约定期限内不履行调解协议的，另一方当事人可以依法申请仲裁。"选项B的说法正确。《人民调解法》第33条第1、2款规定："经人民调解委员会调解达成调解协议后，双方当事人认为有必要的，可以自调解协议生效之日起三十日内共同向人民法院申请司法确认，人民法院应当及时对调解协议进行审查，依法确认调解协议的效力。人民法院依法确认调解协议有效，一方当事人拒绝履行或者未全部履行的，对方当事人可以向人民法院申请强制执行。"据此，人民调解协议只有经过司法确认程序后才能获得强制执行力，不能直接依据调解协议向法院申请执行，选项C错误。《劳动争议调解仲裁法》第16条规定："因支付拖欠劳动报酬、工伤医疗费、经济补偿或者赔偿金事项达成调解协议，用人单位在协议约定期限内不履行的，劳动者可以持调解协议书依法向人民法院申请支付令。人民法院应当依法发出支付令。"选项D的说法正确。

答案：ABD

319. 下列案件中，可以适用督促程序的有？（金题，多选）

A. 刘某与"农家乐"蔬果公司签订了一份牛油果买卖合同，约定由蔬果公司向刘某供应300斤美国进口的牛油果，但在刘某支付完全部货款后，蔬果公司一直不肯按照合同的约定提供牛油果

B. 甲欠乙5万元，在还款期限届满后迟迟不肯归还，目前甲居住在泰国，但在我国境内有存款100万元和房屋一套

C. 甲欠乙5万元，在还款期限届满后迟迟不肯归还，目前甲正处于失业状态，没有稳定的收入来源，所有的积蓄不到2万元

D. 甲欠乙1000万元，在还款期限届满后迟迟不肯归还，已知双方之间不存在其他债权债务纠纷，甲目前是上海某外企的设计部总监

【考点】 督促程序的适用范围和条件

【解题思路与方法分析】 督促程序只能适用于请求给付金钱或有价证券的案件，给付财物和行为的，不适用督促程序。选项A的情形属于请求给付物品即牛油果，因此不适用督促程序。对下落不明或不在我国领域内的人，不得发出支付令，无论其拥有多少财产，因此，选项B中的情形不适用督促程序。选项C中收入少不构成阻碍适用督促程序的事由，仍可适用督促程序。选项D中债务数额虽然较大，但同样可以适用督促程序，基层人民法院受理申请支付令案件，不受债权金额的限制。

答案：CD

第十五章 公示催告程序

考点提示

申请公示催告的条件：申请主体、申请对象、申请方式、管辖法院、申请原因
公示催告阶段：申报权利的时间及其审查
除权判决阶段：作出除权判决的条件；除权判决的法律效力

【知识点激活】

1. 公示催告程序的特点：非讼性；公示催告阶段+除权判决阶段；除权判决须用单一式合议制；书面审查和公示方式为主；基层法院管辖；一审终审、不得上诉、不得再审。

2. 法院在受理案件的同时就应发出停止支付的通知，支付人收到法院的止付通知，应当停止支付，直至公示催告程序终结。支付人收到停止支付通知后拒不止付的，除可依法采取强制措施外，在判决后支付人仍应承担付款义务。

3. 申报权利一般应在法院指定的公示催告期间内进行，在作出除权判决之前申报的，法院也应当准许。法院对权利申报的审查为形式审查，只审查利害关系人申报的权利凭证和申请人公示催告的权利凭证是否为同一凭证，对权利凭证的实际归属不作实质审查。

4. 除权判决只能依申请启动，法院不得依职权主动作出除权判决。除权判决自公告之日起生效，不得上诉。除权判决生效后，相关权利凭证失去效力。

5. 申请人应在公示催告期间届满后1个月内申请法院作出除权判决，未提出申请的，法院裁定终结公示催告程序。

6. 利害关系人因正当理由不能在判决前向法院申报的，自知道或者应当知道判决公告之日起1年内，可以向作出判决的法院起诉。

320. 甲公司因票据遗失向法院申请公示催告。在公示催告期间届满的第3天，乙向法院申报权利。下列哪一说法是正确的？（2012年卷三第46题，单选）

A. 因公示催告期间已经届满，法院应当驳回乙的权利申报

B. 法院应当开庭，就失票的权属进行调查，组织当事人进行辩论

C. 法院应当对乙的申报进行形式审查，并通知甲到场查验票据

D. 法院应当审查乙迟延申报权利是否具有正当事由，并分别情况作出处理

【考点】 公示催告程序中的权利申报与审查

【解题思路与方法分析】 利害关系人在公示催告期间向人民法院申报权利的，人民法院应当裁定终结公示催告程序。利害关系人在申报期届满后，判决作出之前申报权利的，同

样应裁定终结公示催告程序。简言之，申报权利一般应在法院指定的公示催告期间内进行，但在除权判决作出前当事人申报权利的，人民法院应当准许。当事人申报权利后，人民法院只作形式审查，并通知申请人到场查验利害关系人提供的票据。结合本题，选项 A 中认为公示催告期间届满就不能再申报权利的说法是错误的。选项 D 中认为法院应审查延迟的原因也是错误的，该种说法没有法律依据。对申报的审查是形式审查而非实质审查。因此，选项 B 的说法错误。选项 C 的说法符合我国《民事诉讼法》关于公示催告申报与审查的规定，正确当选。

【破题指南】（1）申报权利一般应在法院指定的公示催告期间内进行，在作出除权判决之前申报的，法院也应当准许。（2）法院只审查利害关系人申报的权利凭证和申请人公示催告的权利凭证是否为同一凭证，对权利凭证的实际归属不作实质审查。

答案：C

321. 甲公司财务室被盗，遗失金额为 80 万元的汇票一张。甲公司向法院申请公示催告，法院受理后即通知支付人 A 银行停止支付，并发出公告，催促利害关系人申报权利。在公示催告期间，甲公司按原计划与材料供应商乙企业签订购货合同，将该汇票权利转让给乙企业作为付款。公告期满，无人申报，法院即组成合议庭作出判决，宣告该汇票无效。关于本案，下列哪些说法是正确的？（2015 年卷三第 85 题，多选）

A. A 银行应当停止支付，直至公示催告程序终结

B. 甲公司将该汇票权利转让给乙企业的行为有效

C. 甲公司若未提出申请，法院可以作出宣告该汇票无效的判决

D. 法院若判决宣告汇票无效，应当组成合议庭

【考点】 公示催告程序的综合考查

【解题思路与方法分析】 法院受理申请后应同时通知支付人停止支付，支付人收到通知后应立即停止支付。在公示催告期间，转让票据的行为无效。依此，A 银行应当停止支付，且在公示催告期间甲公司转让票据的行为无效。选项 A 的说法正确，选项 B 的说法错误。除权判决的作出须以申请人提出申请为前提，法院不得依职权作出除权判决。选项 C 的说法错误。公示催告阶段适用独任制审理，除权判决阶段适用单一式合议制审理。选项 D 的说法正确。

【避坑秘笈】（1）法院对公示催告申请进行审查后，认为符合受理条件的，应在受理案件的同时发出停止支付的通知（止付通知），3 日内发出公示催告公告。法院的止付通知是具有强制力的司法决定，支付人应当执行。支付人收到法院的止付通知，应当停止支付，直至公示催告程序终结。支付人收到停止支付通知后拒不止付的，除可依法采取强制措施外，在判决后支付人仍应承担付款义务。（2）在公示催告期间，转让票据权利的行为无效。（3）除权判决只能依申请启动，法院不能依职权主动作出。（4）适用公示催告程序审理案件，可由审判员一人独任审理；判决宣告票据无效的，应当组成合议庭审理（单一式合议制）。

答案：AD

322. 大界公司就其遗失的一张汇票向法院申请公示催告，法院经审查受理案件并发布公告。在公告期间，盘堂公司持被公示催告的汇票向法院申报权利。对于盘堂公司的权利申报，法院实施的下列哪些行为是正确的？（2016 年卷三第 83 题，多选）

A. 应当通知大界公司到法院查看盘堂公司提交的汇票

B. 若盘堂公司出具的汇票与大界公司申请公示的汇票一致，则应当开庭审理

C. 若盘堂公司出具的汇票与大界公司申请公示的汇票不一致，则应当驳回盘堂公司的申请

D. 应当责令盘堂公司提供证明其对出示的汇票享有所有权的证据

【考点】 公示催告程序中的申报权利与审查

【解题思路与方法分析】 依据《民诉法解释》第449条的规定，利害关系人申报权利，人民法院应当通知其向法院出示票据，并通知公示催告申请人在指定的期间查看该票据。公示催告申请人申请公示催告的票据与利害关系人出示的票据不一致的，应当裁定驳回利害关系人的申报。依此，本案中盘堂公司在向法院申报权利后，法院应当通知盘堂公司向法院出示票据，并通知大界公司到法院查看该汇票。若盘堂公司出具的汇票与大界公司申请公示的汇票不一致，则应当驳回盘堂公司的申请。因此，选项A和选项C的说法均正确，当选。公示催告案件的审理方式主要是书面审查和公示。因此，选项B的说法错误。法院只审查利害关系人申报的权利凭证和申请人公示催告的权利凭证是否为同一凭证，对权利凭证的实际归属不作实质审查，因此不会要求举证证明票据的所有权。因此，选项D的说法错误。

答案：AC

323. 以下有关公示催告程序中除权判决的说法，正确的有？（2022年真题网络回忆版，多选）

A. 除权判决属于执行根据

B. 除权判决属于确认判决

C. 除权判决属于形成之诉

D. 除权判决只能依申请作出

【考点】 除权判决

【解题思路与方法分析】 《民诉法解释》第451条规定：“判决公告之日起，公示催告申请人有权依据判决向付款人请求付款。付款人拒绝付款，申请人向人民法院起诉，符合民事诉讼法第一百二十二条规定的起诉条件的，人民法院应予受理。”由此可见，除权判决本身不具备执行力，不能成为执行根据，其属于确认判决。选项A的说法错误，选项B的说法正确。除权判决属于非讼案件，因此不涉及诉的种类识别，此乃“用非讼来骗人”。选项C的说法错误。《民事诉讼法》第233条规定：“没有人申报的，人民法院应当根据申请人的申请，作出判决，宣告票据无效。判决应当公告，并通知支付人。自判决公告之日起，申请人有权向支付人请求支付。”由此可知，除权判决只能依申请启动，法院不能依职权主动作出除权判决。选项D的说法正确。

答案：BD

324. 甲公司背书给乙公司一张承兑汇票用以支付货款，乙公司向银行提示付款时，发现该承兑汇票之前已经被丙公司向法院申请公示催告，之后无人申报权利，法院遂作出了除权判决。此时乙公司该如何救济？（2023年真题网络回忆版，单选）

A. 将该承兑汇票退给甲公司，换其他方式支付货款

B. 申请再审

C. 提起第三人撤销之诉

D. 起诉丙公司要求撤销除权判决

【考点】 公示催告程序的救济机制

【解题思路与方法分析】 《民事诉讼法》第234条规定：“利害关系人因正当理由不能在判决前向人民法院申报的，自知道或者应当知道判决公告之日起一年内，可以向作出判决的人民法院起诉。”此时持票人与失票人之间的票据权利义务关系发生了纠纷，双方应当通过诉讼途径解决纠纷，法院可按票据纠纷适用普通程序审理。利害关系人请求法院撤销除

权判决的，应当将申请人列为被告。因此，选项 D 正确。第三人撤销之诉和再审的适用对象均限于诉讼案件，非讼案件自带救济机制，因此，选项 A、B、C 均错误。

答案：D

325. 黄海公司因票据遗失向法院申请公示催告，在公示催告期限届满的第 6 天，润泽公司向法院申报权利。结合本案，下列说法中正确的有？（金题，单选）

A. 法院在受理黄海公司的公示催告申请后，应当在 3 日内通知支付人停止支付，若支付人收到通知后拒不止付的，法院可依法对其采取强制措施

B. 润泽公司在进行权利申报时，应当向法院提供证据以证明该票据的实质权利归属

C. 法院应当对润泽公司的申报进行形式审查，并通知黄海公司到场对票据进行查验

D. 法院应当驳回润泽公司的权利申报

【考点】 公示催告程序的综合考查

【解题思路与方法分析】 法院应当在受理公示催告申请的同时通知支付人停止支付，3 日内发出公示催告的公告。简言之，发出止付通知的时间是在受理申请的同时。因此，选项 A 的说法错误。公示催告程序属于非讼程序，因此不解决实体争议，对票据的实体权利归属在所不问。因此，选项 B 的说法错误。利害关系人申报权利的，法院进行形式审查，通知申请人到场对票据进行查验。因此，选项 C 的说法正确，当选。在除权判决作出前，利害关系人都可以申报权利。本案中润泽公司虽然在公示催告期限届满的第 6 天才申报权利，但此时尚未作出除权判决，因此法院应当受理申报并进行审查。因此，选项 D 的说法错误。

答案：C

第十六章 执行程序

考点提示

执行管辖与执行管辖异议
申请执行的条件：执行力的判断
执行行为异议
执行标的异议与再审
执行标的异议与执行异议之诉：许可执行之诉；案外人执行异议之诉
执行和解：法律效力；不履行和解协议时的救济机制
执行担保：适用条件；暂缓执行；法律效果
追加、变更被执行人
参与分配：适用条件；财产分配方案；财产分配方案异议之诉
执行转破产
执行回转

【知识点激活】

1. 执行程序的功能是实现权利而不是解决纠纷，因此执行程序不得调解、不适用辩论，但允许和解。民事审判程序不是执行程序的前提，执行程序也不是审判程序的继续。

2. 执行程序以依申请启动为原则、移送执行为例外。申请执行时效中断的事由：当事人申请执行、达成和解协议、一方提出履行要求或同意履行义务等。

3. 执行管辖异议被裁定成立的，法院应当撤销执行案件，对执行管辖异议的裁定不服，可以向上一级法院申请复议。

4. 执行员接到申请执行书或者移交执行书，应当向被执行人发出执行通知书，并可以立即采取强制执行措施。即责令在指定期间履行不再是采取强制执行措施的必须前置程序。

5. 当事人和利害关系人有权提出执行行为异议，对执行行为异议的裁定不服，可以向上一级法院申请复议。

6. 执行标的异议的提出主体只能是案外人，执行标的异议成立的，法院裁定中止执行，不成立的，法院裁定驳回。案外人对驳回执行标的异议的裁定不服的，如果与原生效裁判有关，则案外人申请再审；如果与原生效裁判无关，则可以提起案外人执行异议之诉。

7. 提起执行异议之诉的前提是提出执行标的异议。执行标的异议被裁定驳回的，可能引发以阻碍执行为目的的案外人执行异议之诉；执行标的异议被裁定成立的，可能引发以恢复执行为目的的申请执行人执行异议之诉（许可执行之诉）。案外人或者申请执行人提起执行异议之诉的，案外人应当就其对执行标的享有足以排除强制执行的民事权益承担举证证明责任。

8. 执行担保依申请启动，须经申请执行人的同意。暂缓执行期限届满后被执行人仍不履行义务，或者暂缓执行期间担保人有转移、隐藏、变卖、毁损担保财产等行为的，法院可以依申请执行人的申请恢复执行，并直接裁定执行担保财产或者保证人的财产，不得将担保人变更、追加为被执行人。担保人承担担保责任后，提起诉讼向被执行人追偿的，法院应予受理。

9. 执行和解协议不具有执行力，申请执行人与被执行人达成和解协议后请求中止执行的，法院可以裁定中止执行；请求撤回执行申请的，法院可以裁定终结执行。被执行人一方不履行执行和解协议的，申请执行人可以申请恢复执行原生效法律文书，也可以就履行执行和解协议向执行法院提起诉讼（可恢复、可起诉）。若申请恢复执行，恢复后的执行根据是原生效法律文书，而不是执行和解协议。

10. 参与分配的被执行人不能是法人，申请人必须已经取得生效的执行根据。财产分配方案异议之诉中，由异议人（对原方案提出意见的人）在15日之内起诉对修正后方案有意见的人。

11. 对被执行人与其他人共有的财产，法院可以查封、扣押、冻结，并及时通知共有人。共有人协议分割共有财产，并经债权人认可的，法院可以认定有效。共有人提起析产诉讼或者申请执行人代位提起析产诉讼的，法院应当准许。

12. 执行措施：对财产的执行措施＋对行为的执行措施＋保障性执行措施。

326. 甲公司申请强制执行乙公司的财产，法院将乙公司的一处房产列为执行标的。执行中，丙银行向法院主张，乙公司已将该房产抵押贷款，并以自己享有抵押权为由提出异议。乙公司否认将房产抵押给丙银行。经审查，法院驳回丙银行的异议。丙银行拟向法院起诉，关于本案被告的确定，下列哪一选项是正确的？（2010年卷三第49题，单选）

A. 丙银行只能以乙公司为被告起诉

B. 丙银行只能以甲公司为被告起诉

C. 丙银行可选择甲公司为被告起诉，也可选择乙公司为被告起诉

D. 丙银行应当以甲公司和乙公司为共同被告起诉

【考点】 执行异议之诉中被告的确定

【解题思路与方法分析】 在执行过程中，案外人丙银行提出了执行标的异议，但被法院裁定驳回，此时丙银行拟提起的是案外人执行异议之诉。案外人执行异议之诉旨在阻碍执行，以案外人为原告，申请执行人为被告，如果被执行人反对案外人异议的，被执行人为共同被告；被执行人不反对案外人异议的，可以将被执行人列为第三人。本题中，被执行人乙公司否认丙银行的实体权利，即被执行人反对原告案外人，则应当以甲公司和乙公司为共同被告。选项D的说法正确，当选。

【破题指南】 无论是案外人执行异议之诉，还是申请执行人执行异议之诉，被执行人的诉讼地位均取决于其态度。如果被执行人反对诉讼的原告，列为共同被告；不反对的，可以列为第三人。

答案：D

327. 根据《民事诉讼法》和相关司法解释规定，关于执行程序中的当事人，对下列哪些事项可享有异议权？（2010年卷三第90题，多选）

A. 法院对某案件的执行管辖权

B. 执行法院的执行行为的合法性

C. 执行标的的所有权归属

D. 执行法院作出的执行中止的裁定

【考点】 执行异议

【解题思路与方法分析】 法院受理执行申请后，当事人对管辖权有异议的，应当自收到执行通知书之日起10日内提出，因此当事人可以对执行管辖提出异议。因此，选项A正确。当事人、利害关系人认为执行行为违反法律规定的，可以向负责执行的人民法院提出书面异议。因此当事人可以对法院执行行为的合法性提出异议。因此，选项B正确。执行标的异议的提出主体只能是案外人，当事人无权提出执行标的异议。因此，选项C不当选。法律没有规定当事人对法院作出的执行中止裁定享有异议权，换言之，中止执行的裁定没有配备救济机制。因此，选项D没有法律依据，不当选。

答案：AB

328. 关于执行行为异议与案外人对执行标的异议的比较，下列哪一选项是错误的？（2011年卷三第47题，单选）

A. 异议都是在执行过程中提出

B. 异议都应当向执行法院提出

C. 申请异议当事人有部分相同

D. 申请异议人对法院针对异议所作裁定不服，可采取的救济手段相同

【考点】 执行行为异议与执行标的异议

【解题思路与方法分析】 对执行行为的异议，是指当事人、利害关系人认为人民法院的执行行为违法，要求法院变更或停止执行行为的书面请求。案外人对执行标的的异议，是指在执行过程中，案外人对被执行的财产的全部或一部分主张实体权利并要求负责执行的人民法院停止或变更执行的书面请求。因此，无论是对执行行为的异议，还是案外人对执行标的的异议，都是在执行过程中提出的，且必须向负责执行的法院提出。因此，选项A和选项B的说法均正确。对执行行为提出异议的申请人是当事人及利害关系人；对执行标的提出异议的申请人只能是案外人，该案外人即利害关系人。因此，申请异议的当事人有部分相同。因此，选项C的说法正确。当事人、利害关系人认为执行行为违反法律规定的，可以向负责执行的人民法院提出书面异议。当事人、利害关系人提出书面异议的，人民法院应当自收到书面异议之日起15日内审查，理由成立的，裁定撤销或者改正；理由不成立的，裁定驳回。当事人、利害关系人对裁定不服的，可以自裁定送达之日起10日内向上一级人民法院申请复议。执行过程中，案外人对执行标的提出书面异议的，人民法院应当自收到书面异议之日起15日内审查，理由成立的，裁定中止对该标的的执行；理由不成立的，裁定驳回。案外人、当事人对裁定不服，认为原判决、裁定错误的，依照审判监督程序办理；与原判决、裁定无关的，可以自裁定送达之日起15日内向人民法院提起诉讼。据此可知，两种异议申请人对法院针对异议所作出的裁定不服时，可以采取的救济手段并不相同，执行行为异议的救济机制是向上一级人民法院申请复议，执行标的异议的救济机制是再审或执行异议之诉。因此，选项D的说法错误，当选。

答案：D

329. 对于甲和乙的借款纠纷，法院判决乙应归还甲借款。进入执行程序后，由于乙无现金，法院扣押了乙住所处的一架钢琴准备拍卖。乙提出钢琴是其父亲的遗物，申请用一台价值与钢琴相当的相机替换钢琴。法院认为相机不足以抵偿乙的债务，未予同意。乙认为扣押行为错误，提出异议。法院经过审查，驳回该异议。关于乙的救济渠道，下列哪一表述是正确的？（2014年卷三第49题，单选）

A. 向执行法院申请复议

B. 向执行法院的上一级法院申请复议

C. 向执行法院提起异议之诉

D. 向原审法院申请再审

【考点】 执行行为异议

【解题思路与方法分析】 题干中的关键信息是“乙认为扣押行为错误，提出异议”，因此本案中乙作为被执行人，提出的是执行行为异议，异议的对象是法院扣押行为的合法性。当事人、利害关系人认为执行行为违反法律规定的，可以向负责执行的人民法院提出书面异议。当事人、利害关系人提出书面异议的，法院应当自收到书面异议之日起15日内审查，理由成立的，裁定撤销或者改正；理由不成立的，裁定驳回。当事人、利害关系人对裁定不服的，可以自裁定送达之日起10日内向上一级人民法院申请复议。结合本案，乙的异议对象是法院执行行为即扣押行为的合法性，对执行行为异议的裁定不得上诉，但可以向上一级人民法院申请复议。此外，乙作为当事人，无权提出执行标的异议，只可能提出执行行为异议。因此选项B的说法正确，当选。

【避坑秘笈】当事人和利害关系人都可以提出执行行为异议，但执行标的异议只能由案外人提出。

答案：B

330. 甲诉乙返还10万元借款。胜诉后进入执行程序，乙表示自己没有现金，只有一枚祖传玉石可抵债。法院经过调解，说服甲接受玉石抵债，双方达成和解协议并当即交付了玉石。后甲发现此玉石为赝品，价值不足千元，遂申请法院恢复执行。关于执行和解，下列哪些说法是正确的？（2014年卷三第85题，多选）

A. 法院不应在执行中劝说甲接受玉石抵债

B. 由于和解协议已经即时履行，法院无须再将和解协议记入笔录

C. 由于和解协议已经即时履行，法院可裁定执行中止

D. 法院应恢复执行

【考点】 执行和解

【解题思路与方法分析】 执行和解是当事人处分自己民事权利和诉讼权利的行为。执行程序适用和解，但不得调解。因此，选项A的说法正确。在执行中，双方当事人自行和解达成协议的，执行员应当将协议内容记入笔录，由双方当事人签名或者盖章，即使已经即时履行，仍须将协议记入笔录。因此，选项B的说法错误。执行和解协议已经履行完毕的，法院应当作结案处理，即裁定终结执行。因此，选项C的说法错误。申请执行人因受欺诈、胁迫与被执行人达成和解协议，或者当事人不履行和解协议的，人民法院可以根据当事人的申请，恢复对原生效法律文书的执行。本案中的玉石为赝品，属于申请执行人受到欺诈而达成和解协议的情形，甲可以申请法院恢复对原执行依据的执行。因此，选项D的说法正确。

【破题指南】（1）执行程序不适用调解，但是可以和解。（2）执行和解协议具有中止或终结执行的效力：申请执行人与被执行人达成和解协议后，请求中止执行的，法院可以裁定中止执行；请求撤回执行申请的，法院可以裁定终结执行。（3）恢复执行的法定情形：①一方当事人不履行或者不完全履行和解协议；②申请执行人因受欺诈、胁迫与被执行人达成和解协议。

答案：AD

331. 甲乙双方合同纠纷，经仲裁裁决，乙须偿付甲货款100万元，利息5万元，分5期偿还。乙未履行该裁决。甲据此向法院申请执行，在执行过程中，双方达成和解协议，约定乙一次性支付货款100万元，甲放弃利息5万

元并撤回执行申请。和解协议生效后，乙反悔，未履行和解协议。关于本案，下列哪一说法是正确的？（2015 年卷三第 49 题，多选）

A. 对甲撤回执行的申请，法院裁定中止执行

B. 甲可向法院申请执行和解协议

C. 甲可以乙违反和解协议为由提起诉讼

D. 甲可向法院申请执行原仲裁裁决，法院恢复执行

【考点】 执行和解

【解题思路与方法分析】 本题再次考查了执行和解，与 2014 年卷三第 85 题的考点有部分重合。申请人撤回执行申请的，法院应当裁定终结执行。因此，选项 A 的说法错误。当事人不履行和解协议的，申请人可以向法院申请恢复对原执行根据的执行，但和解协议本身不能成为法院的执行依据，因为执行和解协议不具有强制执行力。因此，选项 B 的说法错误。依据《最高人民法院关于执行和解若干问题的规定》的相关规定，被执行人一方不履行执行和解协议的，申请执行人可以申请恢复执行原生效法律文书，也可以就履行执行和解协议向执行法院提起诉讼。申请执行人就履行执行和解协议提起诉讼，执行法院受理后，可以裁定终结原生效法律文书的执行。因此，选项 C 的说法正确。和解协议生效后，乙反悔而不履行和解协议，此时符合申请恢复执行原生效法律文书的条件，因此甲可以向法院申请恢复执行原仲裁裁决。因此，选项 D 的说法正确。

【破题指南】（1）恢复执行后的执行根据是原生效法律文书，而不是执行和解协议。在任何情况下，执行和解协议和诉讼和解协议都没有强制执行力。（2）可恢复、可起诉（二者择其一）：被执行人一方不履行执行和解协议的，申请执行人可以申请恢复执行原生效法律文书，也可以就履行执行和解协议向执行法院提起诉讼。申请执行人就履行执行和解协议提起诉讼，执行法院受理后，可以裁定终结原生效法律文书的执行。

答案：CD（旧题新解）

332. 甲向法院申请执行郭某的财产，乙、丙和丁向法院申请参与分配，法院根据郭某财产以及各执行申请人债权状况制定了财产分配方案。甲和乙认为分配方案不合理，向法院提出了异议，法院根据甲和乙的意见，对分配方案进行修正后，丙和丁均反对。关于本案，下列哪一表述是正确的？（2016 年卷三第 48 题，单选）

A. 丙、丁应向执行法院的上一级法院申请复议

B. 甲、乙应向执行法院的上一级法院申请复议

C. 丙、丁应以甲和乙为被告向执行法院提起诉讼

D. 甲、乙应以丙和丁为被告向执行法院提起诉讼

【考点】 参与分配；财产分配方案异议之诉

【解题思路与方法分析】 多个债权人对执行财产申请参与分配的，执行法院应当制作财产分配方案，并送达各债权人和被执行人。债权人或者被执行人对分配方案有异议的，应当自收到分配方案之日起 15 日内向执行法院提出书面异议。未提出异议的债权人、被执行人自收到通知之日起 15 日内未提出反对意见的，执行法院依异议人的意见对分配方案审查修正后进行分配；提出反对意见的，应当通知异议人。异议人可以自收到通知之日起 15 日内，以提出反对意见的债权人、被执行人为被告，向执行法院提起诉讼；异议人逾期未提起诉讼，执行法院按照原分配方案进行分配。结合本案，在法院制作出参与分配方案后，甲和乙认为分配方案不合理，向法院提出了异议，此时甲和乙就是异议人。法院根据甲和乙的意见对分配方案进行修正后，丙和丁均反

对修正后的方案。此时甲和乙作为异议人，可以自收到通知之日起15日内，以提出反对意见的丙和丁为被告，向执行法院提起诉讼，该种诉讼就是财产分配方案异议之诉。因此，选项C的说法错误，选项D的说法正确。复议不是财产分配方案异议的救济机制。因此，选项A和选项B的说法均错误。

【解题窍门】对法院初次制作的财产分配方案（方案一）提出异议的人，叫作异议人，法院按照异议人的意见修正原始方案、制作出修正后的方案（方案二）。如果原先对方案一没意见的人，对方案二有意见，此时的救济机制是财产分配方案异议之诉——对方案一有意见的人起诉对方案二有意见的人，且须在15日内起诉，否则按照方案一分配。

答案：D

333. 何某依法院生效判决向法院申请执行甲的财产，在执行过程中，甲突发疾病猝死。法院询问甲的继承人是否继承遗产，甲的继承人乙表示继承，其他继承人均表示放弃继承。关于该案执行程序，下列哪一选项是正确的？（2016年卷三第49题，单选）

A. 应裁定延期执行

B. 应直接执行被执行人甲的遗产

C. 应裁定变更乙为被执行人

D. 应裁定变更甲的全部继承人为被执行人

【考点】　被执行人的变更；执行承担

【解题思路与方法分析】　依据《民诉法解释》第473条的规定，作为被执行人的公民死亡，其遗产继承人没有放弃继承的，人民法院可以裁定变更被执行人，由该继承人在遗产的范围内偿还债务。继承人放弃继承的，人民法院可以直接执行被执行人的遗产。结合本案，在执行过程中，作为被执行人的甲突发疾病死亡，甲的继承人乙表示愿意继承遗产，而其他继承人均表示放弃继承，也即只有乙一个人没有放弃继承，那么法院可以裁定变更乙为被执行人。选项C的说法正确，当选。

答案：C

334. 易某依法院对王某支付其5万元损害赔偿金之判决申请执行。执行中，法院扣押了王某的某项财产。案外人谢某提出异议，称该财产是其借与王某使用的，该财产为自己所有。法院经审查，认为谢某异议理由成立，遂裁定中止对该财产的执行。关于本案的表述，下列哪一选项是正确的？（2017年卷三第41题，单选）

A. 易某不服该裁定提起异议之诉的，由易某承担对谢某不享有该财产所有权的证明责任

B. 易某不服该裁定提起异议之诉的，由谢某承担对其享有该财产所有权的证明责任

C. 王某不服该裁定提起异议之诉的，由王某承担对谢某不享有该财产所有权的证明责任

D. 王某不服该裁定提起异议之诉的，由王某承担对其享有该财产所有权的证明责任

【考点】　执行异议之诉中的证明责任分配

【解题思路与方法分析】　本案中，王某是被执行人，易某是申请执行人，谢某是案外人。法院裁定案外人谢某的执行标的异议成立，此时申请执行人易某可以提起许可执行之诉（申请执行人执行异议之诉），而王某作为被执行人，无权提起执行异议之诉。因此，选项C和选项D的说法均错误。执行异议之诉有两种：一种是申请执行人提起的以恢复执行为目的的申请执行人执行异议之诉，另一种是案外人提起的以阻碍执行为目的的案外人执行异议之诉。但无论是案外人起诉还是申请执行人起诉，案外人均应当就其对执行标的享有足以排除强制执行的民事权益承担举证证明责任。因此，选项A的说法错误，选项B的说法正确。

答案：B

335. 钱某在甲、乙、丙三人合伙开设的饭店就餐时被砸伤，遂以营业执照上登记的字号

"好安逸"饭店为被告提起诉讼，要求赔偿医疗费等费用 25 万元。法院经审理，判决被告赔偿钱某 19 万元。执行过程中，"好安逸"饭店支付了 8 万元后便再无财产可赔。对此，法院应采取下列哪一处理措施？（2017 年卷三第 49 题，单选）

A. 裁定终结执行

B. 裁定终结本次执行

C. 裁定中止执行，告知当事人另行起诉合伙人承担责任

D. 裁定追加甲、乙、丙为被执行人，执行其财产

【考点】 执行承担；追加被执行人

【解题思路与方法分析】 依据《民诉法解释》以及《最高人民法院关于民事执行中变更、追加当事人若干问题的规定》的相关规定，被执行人为个人合伙且无能力履行生效法律文书确定的义务的，法院可以裁定追加该合伙组织的合伙人为被执行人。结合本案，"好安逸"饭店作为合伙组织，已经没有财产可供执行，此时法院可以裁定追加合伙人甲、乙、丙作为被执行人，对合伙人的财产进行执行。因此，选项 D 的说法正确，当选。

答案：D

336. 汤某设宴为母祝寿，向成某借了一尊清代玉瓶装饰房间。毛某来祝寿时，看上了玉瓶，提出购买。汤某以 30 万元将玉瓶卖给了毛某，并要其先付钱，寿典后 15 日内交付玉瓶。毛某依约履行，汤某以种种理由拒绝交付。毛某诉至甲县法院，要求汤某交付玉瓶，得到判决支持。汤某未上诉，判决生效。在该判决执行时，成某知晓了上述情况。对此，成某依法可采取哪些救济措施？（2017 年卷三第 77 题，多选）

A. 以案外人身份向甲县法院直接申请再审

B. 向甲县法院提出执行异议

C. 向甲县法院提出第三人撤销之诉

D. 向甲县法院申诉，要求甲县法院依职权对案件启动再审

【考点】 三撤、执行异议、案外人申请再审之间的关系

【解题思路与方法分析】 首先应当厘清本案中的法律关系和主体地位，该玉瓶的所有权人是成某，成某与汤某之间系借用关系。之后汤某将该玉瓶卖给了毛某，因汤某未依约交付，毛某将汤某诉至法院，后汤某败诉。在法院依据该生效判决进行执行的过程中，玉瓶的真正所有权人成某得知相关情况，作为案外人，成某可以选择的救济途径包括：（1）在执行过程中，案外人对被执行财产的全部或一部分主张权利的，可以提出执行标的异议，请求法院停止或变更执行，因此成某可以向甲县法院提出执行标的异议。因此，选项 B 的说法正确。（2）如果在汤某与毛某之间诉讼进行的过程中，成某就得知了相关情况，那么他可以作为有独三提起参加之诉，但成某得知相关情况时，法院已经作出了生效裁判并进入了执行程序，因此成某作为原本可以作为有独三参诉的人，有权提起第三人撤销之诉，此时成某为原告，汤某和毛某为共同被告。因此，选项 C 的说法正确。（3）成某不是买卖合同诉讼的当事人，因此无权直接申请再审，成某作为案外人若想申请再审，必须先提出执行标的异议，如果法院裁定驳回了成某的执行标的异议，他才可以案外人身份申请再审。因此，选项 A 的说法错误。但成某可以向法院申诉，为法院提供线索，从而可能促使法院依职权启动再审。因此，选项 D 的说法正确。

【破题指南】（1）执行异议只能在执行程序启动后、结束前提出，如果尚未启动执行程序，就无法提出执行异议。（2）案外人原则上不能直接申请再审，案外人申请再审需要以执行异议作为"跳板"。但如果属于《民诉法解释》第 422 条中规定的被遗漏的必要共同诉

讼人，则符合条件时可以直接申请再审，而无须以执行异议作为跳板。简言之，案外第三人不能直接申请再审，要以执行异议作为跳板，但可以提起第三人撤销之诉；而被遗漏的必要共同诉讼人，可以直接申请再审，但不能提起第三人撤销之诉。

答案：BCD

337. 龙前铭申请执行郝辉损害赔偿一案，法院查扣了郝辉名下的一辆汽车。查扣后，郝辉的两个哥哥向法院主张该车系三兄弟共有。法院经审查，确认该汽车为三兄弟共有。关于该共同财产的执行，下列哪些表述是正确的？（2017 年卷三第 84 题，多选）

A. 因涉及案外第三人的财产，法院应裁定中止对该财产的执行

B. 法院可查扣该共有财产

C. 共有人可对该共有财产协议分割，经债权人同意有效

D. 龙前铭可对该共有财产提起析产诉讼

【考点】 对共有财产的执行；析产诉讼

【解题思路与方法分析】 依据《最高人民法院关于人民法院民事执行中查封、扣押、冻结财产的规定》第 14 条的规定，对被执行人与其他人共有的财产，人民法院可以查封、扣押、冻结，并及时通知共有人。共有人协议分割共有财产，并经债权人认可的，人民法院可以认定有效。查封、扣押、冻结的效力及于协议分割后被执行人享有份额内的财产；对其他共有人享有份额内的财产的查封、扣押、冻结，人民法院应当裁定予以解除。共有人提起析产诉讼或者申请执行人代位提起析产诉讼的，人民法院应当准许。诉讼期间中止对该财产的执行。依此，本案中的汽车虽然为被执行人与其他人共有的财产，法院仍然可以采取执行措施。因此，选项 A 的说法错误，选项 B 的说法正确。共有人协议分割共有财产并经债权人认可的，法院可以认定有效。因此，选项 C 的说法正确。龙前铭作为申请执行人有权代位提起析产诉讼。因此，选项 D 的说法正确。

【破题指南】 执行共有财产时的三种析产方案（析产的“三条路”）：（1）共有人协议分割共有财产，并经债权人认可；（2）共有人提起析产诉讼；（3）申请执行人代位提起析产诉讼。诉讼期间中止对该财产的执行。

答案：BCD

338. 喀山公司诉中世公司合同纠纷一案，P 市 Q 县法院判决喀山公司胜诉，因中世公司拒不履行生效裁判，喀山公司申请强制执行，执行过程中双方达成和解协议，中世公司也按照和解协议的约定履行了义务，法院裁定终结执行。后中世公司发现新证据向 P 市中级人民法院申请再审，在法院审查再审申请时，发现该案已根据和解协议执行完毕。下列选项中，P 市中级人民法院对本案正确的处理方式是？（2018 年真题网络回忆版，单选）

A. 应当裁定执行回转

B. 应裁定驳回中世公司的再审申请

C. 可对执行和解协议的合法性进行审查

D. 可裁定终结对再审的审查

【考点】 执行和解与申请再审

【解题思路与方法分析】 依据《民诉法解释》第 400 条的规定，人民法院在审查再审申请期间，当事人达成和解协议并履行完毕的，人民法院应当裁定终结审查，但当事人在和解协议中声明不放弃申请再审权利的除外。本题中，法院在对当事人的再审申请进行审查的过程中，就发现和解协议已经履行完毕，此时案件已不具备再审的必要性和正当性，法院也就没有必要对再审申请继续审查，应当“及时止损”，裁定终结审查。选项 D 的说法正确，当选。

【破题指南】（1）法院在审查当事人再审申请的过程中就发现和解协议已经履行完毕的——裁定终结对再审申请的审查（裁定终

结审查）。（2）启动再审后，在再审审理过程中才发现和解协议已经履行完毕的——裁定终结再审程序。

答案：D

339. 债权人A公司申请执行甲的一辆汽车，该辆汽车是甲、乙、丙、丁四人共同共有的财产，但甲一直都没有提起析产诉讼。关于本案，下列说法中正确的是？（2019年真题网络回忆版，多选）

A. 法院不得将该共有财产列为执行标的

B. 法院可直接裁定拍卖该共有财产

C. 法院可查封、扣押该共有财产

D. 债权人A公司可对该共有财产提起析产诉讼

【考点】 析产诉讼

【解题思路与方法分析】 依据《最高人民法院关于人民法院民事执行中查封、扣押、冻结财产的规定》第14条的规定，对被执行人与其他人共有的财产，人民法院可以查封、扣押、冻结，并及时通知共有人。共有人协议分割共有财产，并经债权人认可的，人民法院可以认定有效。查封、扣押、冻结的效力及于协议分割后被执行人享有份额内的财产；对其他共有人享有份额内的财产的查封、扣押、冻结，人民法院应当裁定予以解除。共有人提起析产诉讼或者申请执行人代位提起析产诉讼的，人民法院应当准许。诉讼期间中止对该财产的执行。依此，针对共有财产，法院仍然可以采取查封、扣押、冻结等控制性措施，但不得直接对共有财产进行处分。选项A和选项B的说法均错误，选项C的说法正确。申请执行人A公司可以代位提起析产诉讼。选项D的说法正确。

答案：CD

340. 梁某被判决向曲某支付借款本金和利息320万元，梁某未及时履行，曲某申请执行法院查封梁某名下的房产，梁某的父亲老梁向执行法院提出异议，称该房产为老梁所有。关于本案，以下说法中正确的是？（2019年真题网络回忆版，多选）

A. 老梁可以直接向法院提起异议之诉

B. 在法院审查老梁提出的异议期间，执行法院对该房产可以继续执行

C. 如果法院经审查裁定老梁的异议成立，则应当终结对该房产的执行

D. 如果法院经审查裁定驳回了老梁的异议，老梁可以曲某作为被告提起执行异议之诉

【考点】 执行异议与执行异议之诉

【解题思路与方法分析】 执行异议之诉的提起须以执行标的异议为前置程序，因此老梁不能直接向法院提起执行异议之诉。选项A的说法错误。执行异议审查和复议期间，不停止执行。选项B的说法正确。执行标的异议成立的，法院应裁定中止执行，而不是终结执行。选项C的说法错误。本案中老梁的执行异议与原生效裁判的正确性无关，而仅仅指向执行标的的所有权归属，因此执行异议被裁定驳回的，老梁可以作为原告提起案外人执行异议之诉，申请执行人曲某应当作为被告。选项D的说法正确。

答案：BD

341. A知道B喜欢收藏C的画，于是A与B签订买卖合同，约定该画的售价为100万元，任何一方违约需另外支付50万元的违约金。两人约定B付款后的第二天交付该画，其实该画的真正所有权人是D。事后，A得知B买画是为了交付给情敌E，于是拒绝交付该画。B据此起诉至法院，要求A交付该画。法院判决B胜诉后，A仍拒不交付该画，B遂申请法院强制执行该判决。在执行过程中，A将画撕毁，并同意向B返还100万元，但是B要求A另外支付50万元的违约金。关于本案的处理，下列说法中正确的有？（2020年真题网络回忆

版，单选）

A. 法院强制执行 100 万元，50 万元的违约金告知 B 另行起诉

B. 裁定中止执行，等待 B 另行起诉的裁判结果

C. 裁定终结执行，告知 B 另行起诉

D. 直接执行 150 万元

【考点】 执行标的物毁损灭失时的处理方式

【解题思路与方法分析】 本题考查的是《民诉法解释》第 492 条的规定，依据该规定，执行标的物为特定物的，应当执行原物。原物确已毁损或者灭失的，经双方当事人同意，可以折价赔偿。双方当事人对折价赔偿不能协商一致的，人民法院应当终结执行程序。申请执行人可以另行起诉。本题中，作为执行标的物的画已经毁损灭失，且双方当事人无法达成折价赔偿协议，此时执行程序已经无法继续，法院应当裁定终结执行，申请执行人可以另行起诉主张赔偿。因此，选项 C 的说法正确。

答案：C

342. 某甲与某乙因侵权纠纷诉至法院，法院经过审理后作出终审判决，判令某乙向某甲支付赔偿金 20 万元。判决生效后，某乙拒不履行，某甲向法院申请强制执行，在执行中双方达成和解协议，但仅履行了协议中的一部分，双方针对协议剩余部分的履行发生了分歧，此时应当如何处理？（2020 年真题网络回忆版，多选）

A. 可以申请执行原判决

B. 可以针对和解协议向执行法院起诉

C. 可以针对原纠纷起诉

D. 可以申请法院执行原判决，但和解协议中已履行的部分应当扣除

【考点】 当事人不完全履行执行和解协议时的救济方式

【解题思路与方法分析】 《最高人民法院关于执行和解若干问题的规定》第 9 条规定："被执行人一方不履行执行和解协议的，申请执行人可以申请恢复执行原生效法律文书，也可以就履行执行和解协议向执行法院提起诉讼。"《民诉法解释》第 465 条规定："一方当事人不履行或者不完全履行在执行中双方自愿达成的和解协议，对方当事人申请执行原生效法律文书的，人民法院应当恢复执行，但和解协议已履行的部分应当扣除。和解协议已经履行完毕的，人民法院不予恢复执行。"综上，某乙并未完全履行执行和解协议，此时某甲可以申请法院恢复执行原先的生效判决，或者直接针对和解协议起诉（可恢复、可起诉）。如果某甲选择申请法院恢复执行原生效判决，则和解协议中已经履行的部分应当扣除。因此，选项 A、B、D 的说法均正确，当选。

【原理精炼】（1）执行和解的内容是变更相关的民事权利内容，当事人可以自愿协商达成和解协议，依法变更生效法律文书确定的权利义务主体、履行标的、期限、地点和方式等内容。（2）执行和解属于一种独立的民事合同，本质上属于私法范畴，该项制度应当尊重当事人的意思表示，切实保障债权人的合法权益。（3）执行和解虽然不否定创设新的法律关系，但是不能因此轻易否认原有债权的性质和效力。（4）当事人不履行和解协议时——可恢复、可起诉，但两条路只能择其一。

答案：ABD

343. 刘某出资设立了浩海一人有限公司，刘某与李某因债务纠纷诉至法院，法院判令刘某向李某返还借款 200 万元。李某申请法院强制执行，刘某的财产不足以清偿但发现浩海公司账户上有 150 万元，遂申请法院追加浩海公司为被执行人。关于本案，下列说法中正确的有？（2020 年真题网络回忆版，单选）

A. 法院应当驳回李某的申请，李某可以提出执行异议

B. 法院应当裁定追加浩海公司为被执行人，浩海公司可以提出执行异议

C. 如果李某能够证明浩海公司与刘某财产混同，则法院可以追加浩海公司为被执行人

D. 如果浩海公司不能证明其财产与刘某的财产没有混同，则法院可以追加浩海公司为被执行人

【考点】 追加、变更被执行人

【解题思路与方法分析】 本题可能戳中大家的“糊涂神经”。依据《公司法》第 20 条第 3 款的规定，公司股东滥用公司法人独立地位和股东有限责任，逃避债务，严重侵害债权人合法权益的，应当对公司债务承担连带责任。《公司法》第 63 条还对一人公司的法人人格否认进行了专门规定。但本案中，被执行人是股东，现在债权人想要追加一人公司作为被执行人，属于法人人格的“反向否认”，并没有法律或司法解释的依据。因此，法院应当驳回李某的追加申请，李某对此不服的，可以向执行法院提出书面的执行异议。选项 A 的说法正确，选项 B 的说法错误。选项 C 和选项 D 均无法律依据，不当选。

答案：A

344. 甲起诉乙返还价值 50 万元的青花瓷瓶，执行中发现该青花瓷瓶已经被乙打碎，甲与乙达成和解协议，乙向甲支付 60 万元（其中 10 万元为精神损失费）。之后乙拒不履行和解协议，甲请求法院恢复执行原先的判决。下列选项中，说法正确的有？（2021 年真题网络回忆版，单选）

A. 执行乙 60 万元的财产

B. 针对和解协议另行起诉

C. 终结执行

D. 执行乙 50 万元的财产

【考点】 执行和解；执行标的物灭失

【解题思路与方法分析】 乙拒不履行和解协议，甲请求法院恢复执行原先的判决，但原判中的执行标的物青花瓷瓶已经毁损。依据《民诉法解释》第 492 条的规定，执行标的物为特定物的，应当执行原物。原物确已毁损或者灭失的，经双方当事人同意，可以折价赔偿。双方当事人对折价赔偿不能协商一致的，人民法院应当终结执行程序，申请执行人可以另行起诉。因此，本案中的青花瓷瓶已经被打碎且有关折价的和解协议也无法履行，此时应当终结执行。选项 C 的说法正确，当选。

答案：C

345. 甲从乙处借了一尊价值 5 万元的古董花瓶，约定 10 天后返还，但几个月后乙仍未返还，甲遂将乙诉至法院，法院判令乙向甲返还花瓶。甲申请执行，后经查该花瓶已经被乙打碎，双方达成执行和解协议，约定乙把自己的一个其他花瓶交给甲。之后乙觉得自己的花瓶更值钱，于是反悔不给。关于本案，下列选项中说法正确的有？（2022 年真题网络回忆版，单选）

A. 甲可申请法院恢复执行原判决

B. 甲可以起诉要求乙履行和解协议

C. 甲可以申请法院执行和解协议

D. 法院可以执行乙 5 万元的其他财产

【考点】 执行和解

【解题思路与方法分析】《最高人民法院关于执行和解若干问题的规定》第 9 条规定：“被执行人一方不履行执行和解协议的，申请执行人可以申请恢复执行原生效法律文书，也可以就履行执行和解协议向执行法院提起诉讼。”《民诉法解释》第 492 条规定：“执行标的物为特定物的，应当执行原物。原物确已毁损或者灭失的，经双方当事人同意，可以折价赔偿。双方当事人对折价赔偿不能协商一致的，人民法院应当终结执行程序。申请执行人可以另行起诉。”本案中，原判决为法院判令乙向甲返还花瓶，该花瓶已经被乙打碎而无法执行，因此在甲申请恢复执行后，甲和乙可

以协商折价赔偿，不能协商一致的，人民法院应当终结执行程序，甲可以另行起诉赔偿。选项B的说法正确。执行和解协议本身只是个私法契约，不具有执行力。选项C的说法错误。法院行使执行权须以执行根据为依据，法院无权直接执行其他财产。选项D的说法错误。

答案：B

346. 张某购买杨某的一幅画，约定张某先支付10万元的首付款，画交给张某，但是付清尾款前杨某保留所有权。之后因为杨某对刘某负有债务且在诉讼中败诉，刘某申请法院对杨某强制执行，法院对该幅画进行了扣押。下列选项中说法正确的有？（2021年真题网络回忆版，单选）

A. 张某可以提起执行异议之诉，法院应当受理

B. 张某可以主张不再继续履行合同，法院应予支持

C. 张某可对扣押行为提出执行异议，法院应予支持

D. 张某向法院付清该幅画的尾款后，申请解除对该幅画的扣押，法院应支持

【考点】 所有权保留的买卖合同中标的物的执行

【解题思路与方法分析】《最高法关于人民法院民事执行中查封、扣押、冻结财产的规定》第16条规定："被执行人将其财产出卖给第三人，第三人已经支付部分价款并实际占有该财产，但根据合同约定被执行人保留所有权的，人民法院可以查封、扣押、冻结；第三人要求继续履行合同的，向人民法院交付全部余款后，裁定解除查封、扣押、冻结。"本题中，杨某将画卖给张某，并约定在张某付清尾款前杨某保留所有权，之后杨某在与刘某的纠纷中成为被执行人，法院有权对画进行扣押，此时买方张某只要把尾款交给法院，即可申请法院解除对画的扣押措施。因此，选项D的说法正确。

答案：D

347. 法官要去某小区执行一辆汽车，小区物业因为法官没有提供协助执行通知书，以及物业规定必须要通知业主，不让法官拖走车。后经法院院长决定，对该小区物业公司罚款120万元。下列选项中说法正确的有？（2021年真题网络回忆版，单选）

A. 因为法官没有提供协助执行通知书，物业没有义务配合执行

B. 因为小区有内部规定，因此法官的相关行为违法

C. 院长无权决定对物业公司进行罚款

D. 罚款金额过高，违反法律规定

【考点】 对妨害执行行为的强制措施

【解题思路与方法分析】 选项A中，大家需要区分"协助"执行和"配合"执行的不同，本案中物业公司只需配合，而不需要提供其他方面的协助（例如银行协助冻结存款等），因此法院无须提供协助执行通知书。任何公民、法人和组织都有义务配合法院、法官履行职务的行为。因此，选项A的说法错误。小区的内部规定不能违反或对抗法律的强制性规定。因此，选项B的说法错误。《民事诉讼法》第117条规定："有义务协助调查、执行的单位有下列行为之一的，人民法院除责令其履行协助义务外，并可以予以罚款：（一）有关单位拒绝或者妨碍人民法院调查取证的；（二）有关单位接到人民法院协助执行通知书后，拒不协助查询、扣押、冻结、划拨、变价财产的；（三）有关单位接到人民法院协助执行通知书后，拒不协助扣留被执行人的收入、办理有关财产权证照转移手续、转交有关票证、证照或者其他财产的；（四）其他拒绝协助执行的。人民法院对有前款规定的行为之一的单位，可以对其主要负责人或者直接责任人员予以罚款；对仍不履行协助义务的，可以

予以拘留；并可以向监察机关或者有关机关提出予以纪律处分的司法建议。”《民事诉讼法》第118条第1款规定：“对个人的罚款金额，为人民币十万元以下。对单位的罚款金额，为人民币五万元以上一百万元以下。”因此，本案中法院院长有权决定对物业公司进行罚款，但对单位的罚款金额是5万元以上100万元以下，罚款120万元超过了法定的限额。因此，选项C的说法错误，选项D的说法正确。

答案：D

348. 王某和顾某婚后育有一子，后法院判决两人离婚，儿子由王某抚养，顾某每月可探望两次，顾某因多次探望被拒，向法院申请强制执行。关于法院采取的措施，以下选项中正确的有？（2021年真题网络回忆版，多选）

A. 可对王某拘留

B. 可对王某罚款

C. 可将孩子带到指定场所探望

D. 可将顾某带到王某住处探望

【考点】 执行措施；执行标的有限原则

【解题思路与方法分析】 依据《民法典婚姻家庭编解释（一）》第68条的规定：“对于拒不协助另一方行使探望权的有关个人或者组织，可以由人民法院依法采取拘留、罚款等强制措施，但是不能对子女的人身、探望行为进行强制执行。”依据执行标的有限原则，人身不能成为执行对象。因此，选项A和选项B的说法正确，选项C和选项D的说法错误。

答案：AB

349. 洪某投资建厂，拖欠吕某部分工程款，二人协议洪某用部分厂房抵顶对吕某的债务。后洪某在与他人的欠款诉讼中败诉，法院要执行洪某的所有厂房，吕某提出异议，洪某与吕某达成协议，承诺进行赔偿，吕某遂撤回异议。后洪某不履行协议，吕某再次提出异议，法院以吕某重复异议为由裁定不予受理。请问：吕某如何寻求救济？（2022年真题网络回忆版，单选）

A. 向本院提起执行异议之诉

B. 向上一级法院申请复议

C. 向上一级法院提起执行异议之诉

D. 向本法院申请复议

【考点】 执行异议

【解题思路与方法分析】 《最高人民法院关于人民法院办理执行异议和复议案件若干问题的规定》第15条第2款规定：“案外人撤回异议或者被裁定驳回异议后，再次就同一执行标的提出异议的，人民法院不予受理。”该规定第2条第3款规定：“异议人对不予受理或者驳回申请裁定不服的，可以自裁定送达之日起十日内向上一级人民法院申请复议。上一级人民法院审查后认为符合受理条件的，应当裁定撤销原裁定，指令执行法院立案或者对执行异议进行审查。”本案中，吕某在撤回异议后再次提出异议的，法院不予受理的处理方式并无问题，吕某对该裁定有异议的，救济方式为向上一级法院申请复议，因此选项B的说法正确，当选。

答案：B

350. 某甲申请法院对某乙强制执行10万元，某乙向法院保证半年内付款，并让朋友某丙用一辆轿车提供担保，该辆轿车也交给某甲使用。但暂缓执行期限届满后，某乙仍不履行。关于本案，下列说法中正确的有？（2023年真题网络回忆版，单选）

A. 申请法院通过特别程序实现担保物权

B. 将该辆车交给法院拍卖

C. 申请法院将担保人某丙列为被执行人

D. 担保人某丙只有在某乙无法偿还时才承担责任

【考点】 执行担保

【解题思路与方法分析】《最高人民法院关于执行担保若干问题的规定》第11条第1款规定："暂缓执行期限届满后被执行人仍不履行义务，或者暂缓执行期间担保人有转移、隐藏、变卖、毁损担保财产等行为的，人民法院可以依申请执行人的申请恢复执行，并直接裁定执行担保财产或者保证人的财产，不得将担保人变更、追加为被执行人。"依此，法院可以直接拍卖作为担保财产的丙的轿车，而无须通过诉讼或非讼程序实现担保物权。选项A错误，选项B正确。虽然可以直接执行担保人某丙的汽车，但不能将担保人追加为被执行人。选项C错误。本案中某丙并不属于一般保证人，不会是后顺位的被执行人。选项D错误。

【避坑秘笈】执行力不能随意扩张，法院可以直接裁定执行担保财产或者保证人的财产，但不能将担保人变更、追加为被执行人，即被执行人不变。

答案：B

351. 甲将债务人乙诉至A区法院并获得了胜诉的生效判决，之后甲申请乙住所地的B区法院强制执行。乙表示自己没有现金，但有祖传玉石可用来抵债，双方遂达成和解协议，乙向甲交付玉石。甲将玉石摆放于房中，之后生病，经过多次检查发现该玉石为放射性石块，导致甲的身体损害。甲如何救济自身的合法权益？（2023年真题网络回忆版）

A. 申请法院恢复执行原判决

B. 申请法院撤销和解协议

C. 针对履行瑕疵另行起诉

D. 申请再审

【考点】 执行和解

【解题思路与方法分析】《最高人民法院关于执行和解若干问题的规定》第11条规定："申请执行人以被执行人一方不履行执行和解协议为由申请恢复执行，人民法院经审查，理由成立的，裁定恢复执行；有下列情形之一的，裁定不予恢复执行：（一）执行和解协议履行完毕后申请恢复执行的；（二）执行和解协议约定的履行期限尚未届至或者履行条件尚未成就的，但符合民法典第五百七十八条规定情形的除外；（三）被执行人一方正在按照执行和解协议约定履行义务的；（四）其他不符合恢复执行条件的情形。"本案的执行和解协议已经履行完毕，据此不能申请恢复执行。选项A错误。《最高人民法院关于执行和解若干问题的规定》第15条规定："执行和解协议履行完毕，申请执行人因被执行人迟延履行、瑕疵履行遭受损害的，可以向执行法院另行提起诉讼。"因此，甲可以针对玉石质量问题起诉乙主张赔偿。选项C正确。《最高人民法院关于执行和解若干问题的规定》第16条规定："当事人、利害关系人认为执行和解协议无效或者应予撤销的，可以向执行法院提起诉讼。执行和解协议被确认无效或者撤销后，申请执行人可以据此申请恢复执行。"甲可以起诉请求法院撤销和解协议。选项B正确。申请再审的前提是生效判决存在错误，玉石的质量问题并不涉及原生效判决的正确性，不符合再审的条件和适用对象。选项D错误。

答案：BC

352. 居住在乙市的王某申请法院强制执行刘某在丙市的一套房屋，法院在拍卖网上对该套房屋进行拍卖，李某以高价拍下该套房屋。后来李某发现王某偷偷注册了小号抬高房屋拍卖竞价，导致李某高价拍得。此时李某应当如何救济？（2023年真题网络回忆版，单选）

A. 向房屋所在地的丙市法院起诉王某

B. 向王某所在地的乙市法院起诉王某

C. 提出执行行为异议

D. 提出执行标的异议

【考点】 司法拍卖与执行异议

【解题思路与方法分析】《最高人民法院关于人民法院网络司法拍卖若干问题的规定》第36条规定，当事人、利害关系人认为网络司法拍卖行为违法侵害其合法权益的，可以提出执行异议。因此，李某作为参与司法拍卖的竞拍人，属于利害关系人，其认为拍卖行为违法的，有权提出执行行为异议。选项C正确，当选。李某的异议并不涉及执行标的的权利归属问题，因此不属于执行标的异议。选项D错误。

答案：C

353. A区B市的甲公司和C市D区的乙公司签订买卖合同，约定发生纠纷时由设立在A市的A仲裁委员会解决，向A市B区法院申请执行。之后甲公司就买卖合同向A仲裁委申请仲裁，A仲裁委支持了甲公司的请求。乙公司未履行，甲公司查到乙公司在C市E区的仓库有很多财产，拟申请执行。有执行管辖权的法院是？（2023年真题网络回忆版）

A. C市D区法院和C市E区法院

B. 仅有C市D区法院

C. 仅有C市E区法院

D. 仅有A市B区法院

【考点】 执行管辖

【解题思路与方法分析】 甲公司与乙公司在买卖合同中分别约定了纠纷解决方式和执行管辖法院，需要分别判断：（1）约定的仲裁条款有效，因此A仲裁委有权管辖本案。（2）约定的执行管辖法院无效，执行管辖法院只能由法律和司法解释明确规定，当事人无权约定。综上，本案的执行管辖法院只能依据法律规定来确定，甲公司和乙公司达成的管辖协议无效，A市B区法院对本案不具有管辖权，选项D错误。《最高人民法院关于人民法院办理仲裁裁决执行案件若干问题的规定》第2条第1、2款规定："当事人对仲裁机构作出的仲裁裁决或者仲裁调解书申请执行的，由被执行人住所地或者被执行的财产所在地的中级人民法院管辖。符合下列条件的，经上级人民法院批准，中级人民法院可以参照民事诉讼法第三十八条的规定指定基层人民法院管辖：（一）执行标的额符合基层人民法院一审民商事案件级别管辖受理范围；（二）被执行人住所地或者被执行的财产所在地在被指定的基层人民法院辖区内。"本案中的被执行人住所地法院为C市D区法院，被执行财产所在地法院为C市E区法院，因此C市D区法院和C市E区法院对本案有执行管辖权。选项A正确，选项B和C均错误。

【避坑指南】财产权益争议的诉讼管辖法院可以由当事人依法协商约定，但执行管辖属于立法者的强制性规定，当事人无权约定。执行管辖法院的特点是"近人近财产"。

答案：A

354. 甲申请法院对乙强制执行100万元，执行期间双方达成和解协议，约定只返还90万元即可，丙作为连带保证人在和解协议上签字。之后乙不履行和解协议，甲可以如何救济自身权益？（2023年真题网络回忆版）

A. 申请法院恢复执行

B. 直接对丙强制执行

C. 针对和解协议起诉乙

D. 针对和解协议起诉丙

【考点】 执行和解

【解题思路与方法分析】《最高人民法院关于执行和解若干问题的规定》第9条规定："被执行人一方不履行执行和解协议的，申请执行人可以申请恢复执行原生效法律文书，也可以就履行执行和解协议向执行法院提起诉讼。"本案中丙属于连带保证人，因此在甲依据和解协议提起诉讼时也可以将丙作为被告，选项A、C、D正确。《最高人民法院关于执行和解若干问题的规定》第18条规定："执行和解协议中约定担保条款，且担保人向人民法院承诺在被执行人不履行执行和解协议时自愿接受直接强制执行的，恢复执行原生效法律文书后，人民法院可以依申请执行人申请及担保条款的约定，直接裁定执行担保财产或者保证人的财产。”本案中，担保人丙未向法院承诺在被执行人不履行执行和解协议时自愿接受直接强制执行，因此不能直接对丙强制执行。选项 B 错误。

答案：ACD

355. 丙公司欠甲公司 100 万元一直不予归还，乙公司作为甲公司的股东，提起股东代表诉讼。法院判令丙公司向甲公司返还借款 100 万元。判决生效后，丙公司到期不履行，此时有权申请法院强制执行的是？（2023 年真题网络回忆版）

A. 只有甲公司可以申请

B. 只有乙公司可以申请

C. 必须甲公司和乙公司共同申请

D. 甲公司和乙公司均可申请

【考点】 股东代表诉讼的执行

【解题思路与方法分析】 依据《公司法司法解释（四）》[1]第 25 条的规定，股东代表诉讼的胜诉利益归属于公司。但股东代表诉讼中的股东，在法院作出生效判决后，为维护公司利益，依然可以自己的名义申请强制执行。换言之，提起股东代表诉讼的股东，虽然胜诉后利益归于公司，但其作为民事判决的原告，应当享有申请法院强制执行的权利，以确保公司经民事判决确认的利益得到实现。因此，选项 D 正确。

【案件拓展】《内蒙古环成汽车技术有限公司侵权责任纠纷执行裁定书》［最高人民法院（2016）最高法执复 28 号］：股东代表诉讼中的股东，在法院作出生效判决后，为维护公司利益，依然可以自己的名义申请强制执行。且公司与被执行人达成抵销该生效判决内容的和解协议，并不能对抗该生效判决的执行。

答案：D

356. 蒋敏向法院申请强制执行庄岩的财产，法院将庄岩家中的一套珍藏版实木家具列为执行标的。执行过程中，庄岩的同事王华向法院提出异议，称自己才是该套家具的真正所有权人，但庄岩坚称该套家具属于自己。经审查，法院裁定驳回了王华的异议，王华因此欲向法院起诉。关于本案当事人的确定，下列选项中正确的有？（金题，单选）

A. 王华是原告，蒋敏和庄岩是共同被告

B. 王华是原告，蒋敏是被告，庄岩是第三人

C. 王华是原告，其有权选择以蒋敏为被告，或者以庄岩为被告

D. 王华是原告，庄岩是被告，蒋敏是第三人

【考点】 案外人执行异议之诉

【解题思路与方法分析】 本案中案外人王华提出了执行标的异议，法院裁定驳回了王华的执行标的异议，此时王华欲提起的是以阻碍执行为目的的案外人执行异议之诉，应当以案外人王华为原告，以申请执行人蒋敏为被告，被执行人庄岩因为坚称该套家具属于自己，因此其态度属于反对作为原告的案外人，应列为共同被告。选项 A 的说法正确，当选。

【破题指南】 若案外人的执行标的异议被裁定成立，可能引发的是以恢复执行为目的的申请执行人执行异议之诉；若案外人的执行标的异议被裁定驳回，可能引发的是以阻碍执行为目的的案外人执行异议之诉。无论是哪种执行异议之诉，被执行人的诉讼地位均取决于其态度，如果被执行人反对执行异议之诉的原

〔1〕《最高人民法院关于适用〈中华人民共和国公司法〉若干问题的规定（四）》。

告，则成为共同被告；不反对的，可以列为第三人。

答案：A

357. 刘伟与张继之间的借款纠纷，法院判决张继应当向刘伟返还借款25万元。履行期限届满后张继未履行还款义务，刘伟申请法院强制执行。由于张继没有任何个人存款，法院扣押了张继家中摆放的一套实木家具，但张继称该套家具的价值远超过了自己的欠款数额，认为法院的扣押行为违法并提出异议。关于本案，下列说法中正确的有？（金题，单选）

A. 张继的异议可以口头或书面形式向法院提出，法院应当在收到异议之日起15日内审查完毕

B. 如果法院裁定张继的异议成立，则法院应当裁定撤销或纠正违法的扣押行为

C. 如果法院裁定驳回张继的异议，张继有权在收到裁定之日起10日内向作出裁定的法院申请复议

D. 如果法院裁定驳回张继的异议，张继有权向法院提出执行异议之诉

【考点】 执行行为异议

【解题思路与方法分析】 第一步先识别提出异议的主体是谁（当事人VS案外人），本案中提出异议的是被执行人张继。第二步看异议的内容是什么，题干中的关键信息是被执行人张继“认为法院的扣押行为违法”。换言之，张继的异议对象是法院执行行为的合法性，由此可判断张继提出的是执行行为异议。执行行为异议应当以书面形式提出。因此，选项A的说法错误。如果执行行为异议被裁定成立，法院应当纠正或撤销相应的违法执行行为。因此，选项B的说法正确。对执行行为异议裁定不服的，救济机制是向上一级法院申请复议，而无权提起执行异议之诉。因此，选项C和选项D的说法均错误。

答案：B

358. M公司与K公司之间的合同买卖纠纷，法院判决M公司须向K公司支付违约损害赔偿共计8万元。后因M公司未履行该判决，K公司向法院申请强制执行，在执行过程中，两公司达成和解协议，约定只要M公司自协议达成之日起7日内履行赔偿义务，K公司愿将赔偿金从8万元降为7万元。关于本案，下列选项中正确的有？（金题，多选）

A. 达成和解协议后，两公司可以共同向法院申请对该协议进行司法确认，确认后的裁定书具有执行力

B. 达成和解协议后，K公司可以撤回执行申请，法院裁定终结执行

C. 若M公司不履行和解协议，K公司可以向法院申请对该协议进行强制执行

D. 若M公司不履行和解协议，K公司可以针对和解协议向法院提起诉讼

【考点】 执行和解

【解题思路与方法分析】 司法确认的对象是诉外调解协议，执行和解协议不得申请司法确认，否则违反了一事不再理的要求。因此，选项A的说法错误。达成执行和解协议后，当事人有两种选择：一种是请求法院中止执行，法院准许的，裁定中止执行；另一种是请求撤回执行申请，法院准许的，裁定终结执行。因此，选项B的说法正确，当选。依据《最高人民法院关于执行和解若干问题的规定》的规定，被执行人一方不履行执行和解协议的，申请执行人可以申请恢复执行原生效法律文书，也可以就履行执行和解协议向执行法院提起诉讼。申请执行人就履行执行和解协议提起诉讼，执行法院受理后，可以裁定终结原生效法律文书的执行。如果M公司不履行执行和解协议，K公司可以向法院申请恢复执行，但恢复执行的对象是法院作出的生效判决，而不是和解协议。换言之，执行和解协议不具有强制执行力。选项C的说法错误。被执行人一方不履行执行和解协议的，申请执行人

可以就履行执行和解协议向执行法院提起诉讼。选项D的说法正确。

【破题指南】因执行和解可能引发三种诉讼（均由执行法院管辖）：（1）申请执行人起诉要求对方履行和解协议；（2）请求法院确认和解协议无效或撤销；（3）和解协议履行完毕后，因迟延履行、瑕疵履行而提起损害赔偿之诉。

答案：BD

359. 以下有关民事执行程序及相关规则的说法中，不正确的有？（金题，单选）

A. 在执行过程中，申请执行人或其继承人、权利承受人可以向法院申请变更、追加当事人

B. 在某起民事执行案件中，案外人曹小龙认为法院的拍卖措施妨碍了其参与公平竞价，则其有权在执行程序终结前向法院提出执行行为异议

C. 法院审查执行异议案件时，应当依法组成合议庭进行开庭审查，且办理执行实施案件的人员不得参与组庭

D. 在某起民事执行案件中，案外人黄大庆欲排除执行而提出了执行异议，此时法院应当审查黄大庆所主张的权利是否合法、真实以及该权利能否排除执行

【考点】变更、追加执行当事人；执行异议

【解题思路与方法分析】依据《最高人民法院关于民事执行中变更、追加当事人若干问题的规定》第1条的规定，执行过程中，申请执行人或其继承人、权利承受人可以向人民法院申请变更、追加当事人。申请符合法定条件的，人民法院应予支持。因此，选项A的说法正确。依据《最高人民法院关于人民法院办理执行异议和复议案件若干问题的规定》第5条的规定，当事人以外的公民、法人和其他组织，认为人民法院的拍卖措施违法，妨碍其参与公平竞价的，可以作为利害关系人提出执行行为异议。因此，选项B的说法正确。依据《最高人民法院关于人民法院办理执行异议和复议案件若干问题的规定》第11条和第12条的规定，法院审查执行异议案件应当依法组成合议庭，并对执行异议案件实行书面审查。因此，选项C的说法错误，当选。《最高人民法院关于人民法院办理执行异议和复议案件若干问题的规定》第24条规定，对案外人提出的排除执行异议，人民法院应当审查下列内容：（1）案外人是否系权利人；（2）该权利的合法性与真实性；（3）该权利能否排除执行。因此，选项D的说法正确。

答案：C

360. 甲向法院申请执行赵东的财产，乙、丙、丁、戊四人向法院申请参与分配。关于本案，下列说法中错误的有？（金题，多选）

A. 甲、乙、丙、丁、戊五位债权人对赵东所享有的债权须均为金钱债权

B. 若债权人戊已经将赵东诉至法院但尚未获得生效判决，其同样有权申请参与分配

C. 法院应当根据赵东财产及几位申请执行人的债权情况制定财产分配方案，该方案送达各债权人和被执行人后即生效

D. 若甲和乙对法院制作的财产分配方案提出异议，法院应当根据甲和乙的意见对分配方案进行修正，之后按照修正后的方案进行财产分配

【考点】参与分配

【解题思路与方法分析】本题是对参与分配制度的综合考查。参与分配只能适用于金钱给付之债。因此，选项A的说法正确。申请参与分配的债权人须已经获得了生效的执行根据，选项B中戊虽然已经起诉，但尚未获得法院的生效判决，因此尚无执行根据，不能申请参与分配。因此，选项B的说法错误。法院制

作好财产分配方案后，应当送达各债权人和被执行人，此时相关主体有权对分配方案提出异议，而不是立即生效。因此，选项C的说法错误。若甲和乙对分配方案不满意，则甲和乙是异议人，法院应当按照异议人的意见修正分配方案，但之后须将修正后的方案送交给丙、丁、戊，如果这三者对修正后的方案没有意见，才能够按照修正后的方案进行分配。因此，选项D的说法错误。

答案：BCD

第十七章 仲裁与仲裁协议

考点提示

仲裁的特点和适用范围：可仲裁性
仲裁协议的效力识别：大错 VS 小错
仲裁协议的独立性原理
仲裁协议的拘束力扩张
仲裁协议效力的确认：确认机构、管辖、法院确认优先

【知识点激活】

1. 婚姻、收养、监护、扶养、继承等人身和身份关系纠纷，不适用仲裁。仲裁一裁终局，与诉讼的关系为“或裁或审”。

2. 在县和不设区的市没有民商事仲裁机构，仲裁机构相互之间彼此独立，没有隶属关系。

3. 仲裁协议：须书面；仲裁的意思表示 + 具有可仲裁性的事项 + 选定的仲裁机构。

4. 仲裁协议中选择了两个以上的机构，或者机构名称不准确，或者只约定了仲裁机构所在地，都不必然导致协议无效，应协商前置，无法达成合意的，仲裁协议才会无效。

5. 仲裁协议自始无效的情形：口头协议；约定了根本不存在的仲裁机构；选择了并不具有可仲裁性的事项；无或限制民事行为能力人订立的仲裁协议。

6. 仲裁协议效力的独立性：仲裁协议独立存在，不受合同变更、解除、终止或者无效的影响。

7. 仲裁协议效力的确认有两个机构：一个为仲裁委员会，另一个为法院。仲裁委员会对仲裁协议效力异议所作出的是决定，法院对仲裁协议效力异议所作出的是裁定。对于此裁定，不得上诉。法院审理仲裁协议效力确认案件，应当组成合议庭进行审查，并询问当事人。原则上法院的确认权优先，但仲裁机构先于法院接受申请并已经作出决定的，法院不予受理。

8. 当事人对仲裁协议的效力有异议，应当在仲裁庭首次开庭前提出。当事人在仲裁庭首次开庭前没有对仲裁协议的效力提出异议，而后向法院申请确认仲裁协议无效的，法院不予受理。

9. 债权债务全部或者部分转让的，仲裁协议对受让人有效，但当事人另有约定、在受让债权债务时受让人明确反对或者不知有单独仲裁协议的除外。

10. 法院首次开庭前必须出示仲裁协议，否则视为应诉管辖。

361. 甲公司与乙公司签订了一份钢材购销合同，约定因该合同发生纠纷双方可向A仲裁委员会申请仲裁，也可向合同履行地B法院起诉。关于本案，下列哪些选项是正确的？（2010年卷三第84题，多选）

A. 双方达成的仲裁协议无效

B. 双方达成的管辖协议有效

C. 如甲公司向A仲裁委员会申请仲裁，乙公司在仲裁庭首次开庭前未提出异议，A仲裁委员会可对该案进行仲裁

D. 如甲公司向B法院起诉，乙公司在法院首次开庭时对法院管辖提出异议，法院应当驳回甲公司的起诉

【考点】 仲裁协议的效力

【解题思路与方法分析】 当事人约定争议可以向仲裁机构申请仲裁也可以向法院起诉的，仲裁协议无效。但一方向仲裁机构申请仲裁，另一方未在法定期间内提出异议的除外。仲裁与诉讼之间是“或裁或审”的关系，二者只能择其一，当事人约定既可以向仲裁机构申请仲裁也可以向法院起诉的，仲裁协议无效。如果甲公司向A仲裁委员会申请仲裁，乙公司在仲裁庭首次开庭前未提出异议，A仲裁委员会可对该案进行仲裁，因此选项A和选项C的说法均正确。违反“或裁或审”的约定，虽然导致仲裁协议无效，但并不影响可能成立有效的协议管辖。本案为购销合同纠纷，选择的法院为合同履行地法院，与争议有实际联系，因此构成有效的协议管辖，选项B的说法正确。当事人达成仲裁协议，一方向法院起诉未声明有仲裁协议，法院受理后，另一方在首次开庭前提交仲裁协议的，法院应当驳回起诉，但仲裁协议无效的除外。另一方在首次开庭前未对人民法院受理该案提出异议的，视为放弃仲裁协议，法院应当继续审理。本题选项D中，乙公司没有在首次开庭前提出管辖异议，而是在开庭时提出管辖异议，提出异议的时间已过法定期限。此外，法律规定“仲裁协议无效的除外”，本题中甲公司与乙公司签订的仲裁协议无效，即便是乙公司在首次开庭前提出管辖权异议也不影响法院继续审理。因此，法院不应当驳回甲公司的起诉，选项D的说法错误。

答案：ABC

362. 武当公司与洪湖公司签订了一份钢材购销合同，同时约定，因合同效力或合同的履行发生纠纷提交A仲裁委员会或B仲裁委员会仲裁解决。合同签订后，洪湖公司以本公司具体承办人超越权限签订合同为由，主张合同无效。关于本案，下列哪一说法是正确的？（2012年卷三第48题，单选）

A. 因当事人约定了2个仲裁委员会，仲裁协议当然无效

B. 因洪湖公司承办人员超越权限签订合同导致合同无效，仲裁协议当然无效

C. 洪湖公司如向法院起诉，法院应当受理

D. 洪湖公司如向法院起诉，法院应当裁定不予受理

【考点】 仲裁协议的效力

【解题思路与方法分析】 仲裁协议，是指双方当事人自愿将他们之间已经发生或者可能发生的争议提交仲裁解决的书面协议。仲裁协议本质上是一种合同，但仲裁协议具有独立性，该独立性是指仲裁条款可以与主合同的条款分离，其不因主合同不存在而不存在，不因主合同无效而无效，不因主合同被撤销而失效。结合本题，选项B认为仲裁协议因主合同无效而无效的说法是错误的，不符合仲裁协议的独立性。有效的仲裁协议必须具备法定的内容，其中明确选定的仲裁委员会是仲裁协议有效的内容之一。如果当事人同时约定2个以上仲裁委员会，当事人可以协议选择向其中一个申请仲裁，当事人就仲裁委员会的选择不能达成一致的，仲裁协议才无效。因此选项A中

认为只要仲裁协议选择2个仲裁委员会就当然无效而无法补正的说法是错误的。本题中，洪湖公司向法院起诉，即用起诉行为证明双方已无法就该仲裁协议达成一致，此时仲裁协议无效，法院可以受理此案，因此选项C的说法正确，选项D的说法错误。

答案：C

363. 关于法院与仲裁庭在审理案件有关权限的比较，下列哪些选项是正确的？（2012年卷三第85题，多选）

A. 在一定情况下，法院可以依职权收集证据，仲裁庭也可以自行收集证据

B. 对专门性问题需要鉴定的，法院可以指定鉴定部门鉴定，仲裁庭也可以指定鉴定部门鉴定

C. 当事人在诉讼中或仲裁中达成和解协议的，法院可以根据当事人的申请制作判决书，仲裁庭也可以根据当事人的申请制作裁决书

D. 当事人协议不愿写明争议事实和判（裁）决理由的，法院可以在判决书中不予写明，仲裁庭也可以在裁决书中不予写明

【考点】 法院审理权限与仲裁庭审理权限的比较

【解题思路与方法分析】 就法院或仲裁庭自行收集证据的权限而言，法院认为审理案件需要的证据，法院应当调查收集。《仲裁法》第43条规定，仲裁庭认为有必要收集的证据，可以自行收集。由此可见，我国法院和仲裁庭都可以自行收集证据，选项A的说法正确。就鉴定而言，法院对专门性问题认为需要鉴定的，应当交由法定鉴定部门鉴定；没有法定鉴定部门的，由人民法院指定的鉴定部门鉴定。《仲裁法》第44条规定，仲裁庭对专门性问题认为需要鉴定的，可以交由当事人约定的鉴定部门鉴定，也可以由仲裁庭指定的鉴定部门鉴定，因此选项B的说法正确。虽然仲裁庭可以根据仲裁中的和解协议制作裁决书，但是对于诉讼中的和解，法院不得依据诉讼和解协议的内容制作判决书，这是法院权限与仲裁庭权限的重要区别，因此选项C的说法错误。《仲裁法》第54条规定，当事人协议不愿写明争议事实和裁决理由的，可以不写；但是诉讼判决书应当写明案由、诉讼请求、争议的事实和理由。在简易程序中，当事人对简化裁判文书达成一致时，也只是简化事实认定和判决理由部分，并非不予写明，因此选项D的说法错误。

—	民事诉讼	民商事仲裁
适用范围	人身权益和财产权益纠纷	财产权益纠纷
启动方式	不告不理	有效的仲裁协议为前提
程序设置	两审终审为原则	一裁终局
回避	决定可复议＋诉讼程序继续进行	当事人可申请已进行的程序重来
保全	诉前—依申请 诉中—依申请或依职权	均需依申请；仲裁前—直接向法院申请； 仲裁中—向仲裁委申请再由其提交法院
保全	保全裁定可复议，复议期间不停止执行	
审理	公开审理为原则、不公开审理为例外（法定与依申请）	不公开审理为原则、公开审理为例外（保密性）； 当事人合意可以书面仲裁
评议	提交审委会讨论决定＋不同意见 须记入笔录且应当签字	以首席仲裁员意见为准＋不同意见 可以记入笔录且可以不签字

续表

—	民事诉讼	民商事仲裁
和解	诉讼和解协议只能转化为调解书	仲裁和解协议可以转化为仲裁调解书或裁决书
调解	诉讼调解协议原则上只能转化为调解书（两种可以作判决书的例外）	仲裁调解协议可以转化为仲裁调解书或裁决书
法律文书	简易程序中裁判文书可以简化	当事人合意可以简化仲裁文书

答案：AB

364. 大成公司与华泰公司签订投资合同，约定了仲裁条款：如因合同效力和合同履行发生争议，由A仲裁委员会仲裁。合作中双方发生争议，大成公司遂向A仲裁委员会提出仲裁申请，要求确认投资合同无效。A仲裁委员会受理。华泰公司提交答辩书称，如合同无效，仲裁条款当然无效，故A仲裁委员会无权受理本案。随即，华泰公司向法院申请确认仲裁协议无效，大成公司见状，向A仲裁委员会提出请求确认仲裁协议有效。关于本案，下列哪一说法是正确的？（2015年卷三第50题，单选）

A. A仲裁委员会无权确认投资合同是否有效

B. 投资合同无效，仲裁条款即无效

C. 仲裁条款是否有效，应由法院作出裁定

D. 仲裁条款是否有效，应由A仲裁委员会作出决定

【考点】 仲裁协议的效力

【解题思路与方法分析】 本案中，大成公司与华泰公司签订了有效的仲裁条款，依据仲裁协议独立性的原理，仲裁条款的效力不受主合同效力的影响。既然仲裁条款有效，那么因合同效力引发的争议，当然应当由A仲裁委员会予以处理，选项A的说法错误。仲裁协议具有独立性，虽然合同无效，但仲裁条款仍然有效，仲裁协议独立存在，不受合同变更、解除、终止或者无效的影响，因此选项B的说法错误。即使投资合同被认定无效，也不影响其中仲裁条款的独立效力。一方请求仲裁委作出决定，另一方请求法院作出裁定的，原则上法院的确认权优先，但若仲裁机构已经先于法院受理申请并已作出决定的，法院不予受理。本案中华泰公司向法院申请确认仲裁协议的效力，大成公司向仲裁委员会申请确认仲裁协议的效力，此时应由法院作出裁定，因此选项C的说法正确，选项D的说法错误。

协议方式	须书面，口头协议无效
协议内容	仲裁意思＋仲裁事项（可仲裁性—财产权益纠纷）＋仲裁机构
协议无效	约定发生纠纷可以诉讼也可以仲裁
	约定了根本不存在的仲裁机构（县或不设区的市无仲裁委）
	约定的仲裁事项不具有可仲裁性（人身权益纠纷不得仲裁）
效力判定	法院（裁定）或仲裁委员会（决定）
效力异议	仲裁庭首次开庭前

答案：C

365. 住所在M省甲县的旭日公司与住所在N省乙县的世新公司签订了一份建筑工程施工合同，工程地为M省丙县，并约定如合同履行发生争议，在北京适用《中国国际经济贸易仲裁委员会仲裁规则》进行仲裁。履行过程中，因工程款支付问题发生争议，世新公司拟通过仲裁或诉讼解决纠纷，但就在哪个仲裁机构进行仲裁，双方产生分歧。对此，下列哪一部门对

该案享有管辖权？（2017 年卷三第 35 题，单选）

A. 北京仲裁委员会

B. 中国国际经济贸易仲裁委员会

C. M 省甲县法院

D. M 省丙县法院

【考点】 仲裁协议的效力

【解题思路与方法分析】 仲裁协议仅约定纠纷适用的仲裁规则的，视为未约定仲裁机构，但当事人达成补充协议或者按照约定的仲裁规则能够确定仲裁机构的除外。结合本案，双方当事人仅约定了仲裁适用的规则，而没有约定仲裁机构，并且无法达成补充合意，此时仲裁协议无效，只能通过诉讼的方式解决纠纷。本案属于建设工程施工合同纠纷，该种特殊的合同纠纷由不动产所在地法院专属管辖，因此本案应当由工程所在地的 M 省丙县法院管辖，选项 D 的说法正确，当选。

答案：D

366. 住所在 A 市 B 区的两江公司与住所在 M 市 N 区的百向公司，在两江公司的分公司所在地 H 市 J 县签订了一份产品购销合同，并约定如发生合同纠纷可向设在 W 市的仲裁委员会申请仲裁（W 市有两个仲裁委员会）。因履行合同发生争议，两江公司向 W 市的一个仲裁委员会申请仲裁。仲裁委员会受理后，百向公司拟向法院申请认定仲裁协议无效。百向公司应向下列哪一法院提出申请？（2017 年卷三第 50 题，多选）

A. 可向 W 市中级法院申请

B. 只能向 M 市中级法院申请

C. 只能向 A 市中级法院申请

D. 可向 H 市中级法院申请

【考点】 仲裁协议效力的确认

【解题思路与方法分析】 仲裁协议约定由某地的仲裁机构仲裁，但该地有两个以上仲裁机构的，当事人可以协议选择其中的一个仲裁机构申请仲裁；当事人不能就仲裁机构选择达成一致的，仲裁协议无效。本题中，当事人约定的 W 市有两个仲裁机构，但这并不必然导致仲裁协议无效。依据《最高人民法院关于审理仲裁司法审查案件若干问题的规定》的相关规范，申请确认仲裁协议效力的案件，由仲裁协议约定的仲裁机构所在地、仲裁协议签订地、申请人住所地、被申请人住所地的中级人民法院或者专门人民法院管辖。因此，百向公司请求法院确认仲裁协议效力的，可以由仲裁协议约定的仲裁机构所在地（W 市）、仲裁协议签订地（H 市）、申请人住所地（M 市）、被申请人住所地（A 市）的中级人民法院管辖，选项 A 和选项 D 的说法正确，当选。选项 B 和选项 C 均错在了“只能”二字上。

答案：AD（旧题新解）

367. 住所在北京市 C 区的甲公司与住所在北京市 H 区的乙公司在天津市 J 区签订了一份买卖合同，约定合同履行发生争议，由北京仲裁委员会仲裁或者向 H 区法院提起诉讼。合同履行过程中，双方发生争议，甲公司到北京仲裁委员会申请仲裁，仲裁委员会受理并向乙公司送达了甲公司的申请书副本。在仲裁庭主持首次开庭的答辩阶段，乙公司对仲裁协议的效力提出异议。仲裁庭对此作出了相关的意思表示。此后，乙公司又向法院提出对仲裁协议的效力予以认定的申请。下列哪些选项是正确的？（2017 年卷三第 85 题，多选）

A. 双方当事人约定的仲裁协议原则有效

B. 仲裁庭对案件管辖权作出决定应有仲裁委员会的授权

C. 仲裁庭对乙公司的申请应予以驳回，继续审理案件

D. 乙公司应向天津市中级法院申请认定仲裁协议的效力

【考点】 仲裁协议的效力

【解题思路与方法分析】 本题中的仲裁协议约定既可以仲裁也可以诉讼，违反了“或

裁或审”的要求，因此仲裁协议原则上无效，选项A的说法错误。有权认定仲裁协议效力的主体是仲裁委员会，未经仲裁委员会授权，仲裁庭无权对案件的管辖权作出决定，因此选项B的说法正确。对仲裁协议效力提出异议的时间是仲裁庭首次开庭前，乙公司在仲裁庭主持首次开庭的答辩阶段才对仲裁协议的效力提出异议，已经超过了法定期限，仲裁庭应当驳回申请，继续审理案件，选项C的说法正确。对仲裁协议效力的确认，虽然法院享有优先确认权，但一方请求法院作出裁定，另一方请求仲裁委员会作出决定，仲裁机构先于法院接受申请并已经作出决定的，法院不予受理。本案中，仲裁庭已经对仲裁协议效力的问题作出了相关的意思表示，之后乙公司又向法院提出对仲裁协议的效力予以认定的申请，此时法院不予受理。选项D的说法错误。

答案：BC

368. A市B区蓝月公司与C市D区新汇公司签署仓储合同（仓库在D区），合同中约定若发生任何争议，均提交E县仲裁机构仲裁。在该合同的履行过程中，新汇公司与F市G区顶力公司合并成新力公司（住所地在F市G区），后蓝月公司欠费，新力公司准备追究蓝月公司的违约责任。关于本案的纠纷解决方式，下列说法中正确的有？（2018年真题网络回忆版，多选）

A. 新力公司可向B区法院起诉

B. 未经顶力公司同意，仲裁协议对新力公司无效

C. 新力公司可向D区法院起诉

D. 仲裁协议对新力公司有效，应仲裁

【考点】 仲裁协议的效力判断

【解题思路与方法分析】 在县和不设区的市，没有民商事仲裁机构，因此本案仲裁协议中约定的仲裁委员会根本不存在，仲裁协议无效，选项B和选项D均错误。仲裁协议无效的，不影响当事人的起诉权，本案属于合同纠纷，应当由合同履行地或被告住所地法院管辖，因此选项A和选项C均正确，当选。

答案：AC

369. A市B区的甲公司和C市D区的乙公司签订了一份房屋租赁合同，甲公司将自己位于F区的房屋出租给乙公司，双方约定因履行该合同发生的纠纷一律提交A仲裁委员会进行仲裁。后甲公司面临破产，丙作为破产管理人，考虑到乙公司一直拖欠租金，丙想基于房屋租赁合同解决租金问题。关于本案，下列说法中正确的是？（2019年真题网络回忆版，单选）

A. 由B区法院管辖

B. 由D区法院管辖

C. 由F区法院管辖

D. 由A仲裁委员会仲裁

【考点】 仲裁协议的效力；程序法与破产法的关系

【解题思路与方法分析】 《破产法》第25条第1款第7项规定，破产管理人可以代表债务人参加诉讼、仲裁或者其他法律程序。《最高人民法院关于适用〈中华人民共和国企业破产法〉若干问题的规定（三）》[以下简称《破产法解释（三）》] 第8条规定，当事人之间在破产申请受理前订立有仲裁条款或仲裁协议的，应当向选定的仲裁机构申请确认债权债务关系。本案中，丙作为破产管理人可以代表甲公司主张租金，但丙仍然应当受到甲公司与乙公司之间签订的仲裁条款的约束，因此该租赁合同纠纷应当由A仲裁委员会仲裁解决，选项D的说法正确，当选。

【原理精炼】 《破产法解释（三）》第8条的规定，其实体现了仲裁协议的独立性原理。在受理破产申请前订立的仲裁协议，其效力不会因为之后某一当事人出现破产等特殊情况而受到影响，此乃“一码归一码”。

答案：D

370. 甲、乙、丙签订合同一份，其中约定在合同履行过程中发生争议，可以向A区法院起诉，也可以向W仲裁委员会申请仲裁。发生纠纷后，甲向W仲裁委员会申请仲裁，乙向A区法院起诉，丙则向A区法院申请确定仲裁协议无效。关于本案，下列说法中正确的有？（2020年真题网络回忆版，多选）

A. A区法院应当裁定确认仲裁协议无效

B. W仲裁委员会不应受理甲的仲裁申请

C. A区法院应当受理乙的起诉

D. A区法院应当在仲裁庭首次开庭前作出裁定确认仲裁协议无效

【考点】 仲裁协议的效力识别

【解题思路与方法分析】《仲裁法解释》第7条规定："当事人约定争议可以向仲裁机构申请仲裁也可以向人民法院起诉的，仲裁协议无效。但一方向仲裁机构申请仲裁，另一方未在仲裁法第二十条第二款规定期间内提出异议的除外。"本题中，当事人约定既可以诉讼也可以仲裁，违反了"或裁或审"的要求，因此仲裁协议无效，当事人有权提起诉讼，选项B和选项C的说法正确。基层人民法院无权认定仲裁协议的效力，中级人民法院才享有确认权，因此选项A的说法错误。当事人应当在仲裁庭首次开庭前申请确认仲裁协议无效，但并非法院应当在仲裁庭首次开庭前就对仲裁协议效力作出裁判，此乃"张冠李戴"。因此，选项D的说法错误。

答案：BC

371. 上海市徐汇区的欣新科技公司以年薪600万元的价格聘请赵某担任公司编程总监，双方在劳动合同中约定，因为履行本合同引发的一切纠纷均提交上海仲裁委员会仲裁。后因拖欠劳动报酬，赵某向上海仲裁委申请仲裁。关于本案，下列说法中正确的有？（2020年真题网络回忆版，多选）

A. 赵某可以向徐汇区法院提起诉讼

B. 赵某可以向徐汇区法院申请支付令

C. 赵某可以找人民调解组织进行调解

D. 赵某可以向上海仲裁委申请仲裁

【考点】 仲裁的适用范围

【解题思路与方法分析】 劳动纠纷不适用民商事仲裁，因此本案中欣新科技公司与赵某签订的仲裁协议无效，选项D的说法错误。劳动纠纷仲裁前置，因此赵某不能直接提起劳动诉讼，选项A的说法错误。本案属于金钱给付案件，赵某可以向债务人住所地的徐汇区法院申请支付令，通过非讼渠道实现债权，选项B的说法正确。人民调解作为社会救济，可以解决劳动纠纷，选项C的说法正确，

答案：BC

372. 甲因乙怠于行使对丙的到期债权，遂对丙提起代位权诉讼。在开庭审理前，丙称其与乙之间存在有效的仲裁协议，此时法院应当如何处理？（2021年真题网络回忆版，单选）

A. 将案件移送给仲裁委员会

B. 裁定驳回甲的起诉

C. 裁定驳回丙的异议，继续审理

D. 询问乙的态度再决定

【考点】 代位权诉讼中仲裁协议的拘束力

【解题思路与方法分析】 在代位权、撤销权诉讼中，如果原合同存在仲裁协议，此类案件只应向法院提出。换言之，除非当事人之间达成专门的仲裁协议，否则原仲裁协议不能阻碍法院的主管权。本案中，债务人乙与次债务人丙之间的仲裁协议，对债权人甲没有拘束力，因此不能对抗债权人甲在代位权诉讼中的起诉权，法院应当驳回丙的异议，对案件继续审理。

答案：C

373. 甲公司与乙公司签订了建设工程施工合同，并在合同中约定了仲裁条款。之后，双方又签了一份补充协议来确认装修的定价标准，

但没有约定仲裁条款。之后双方因为装修款的问题发生纠纷，该纠纷应当如何确定管辖？（2023年真题网络回忆版，单选）

A. 仲裁条款约定的仲裁机构

B. 工程所在地法院

C. 原告所在地法院

D. 被告所在地法院

【考点】 仲裁协议的拘束力

【解题思路与方法分析】 本题改编自“湖南华厦建筑有限责任公司与常德工艺美术学校不服执行裁定申诉案”。在该案中，当事人签订的主合同明确约定了发生争议时由常德仲裁委员会管辖，在签订补充协议时没有约定争议解决的条款。最高人民法院认为，在这种情形下，仲裁条款在补充协议中的适用需要考察补充协议的具体内容并分情况讨论——如果补充协议与本协议之间相互独立且可分，那么在没有特别约定的情况下，争议解决的方式应当分别适用本协议与补充协议中的约定，即补充协议的争议并不当然适用本协议中的仲裁条款。若补充协议中没有约定仲裁的争议解决条款，仲裁委员会无权就补充协议下的事项进行仲裁。换言之，当补充协议与本协议独立且可分时，补充协议将被认定为一份新的合同，若没有特别约定仲裁条款，则应依据《民事诉讼法》中有关管辖的一般原则进行诉讼。因此，本案中针对补充协议确定的装修款事项产生的争议，应当直接起诉到有管辖权的法院，而不能申请仲裁，选项A错误。本案为建设工程施工合同纠纷，应当由不动产所在地法院专属管辖，选项B正确，选项C、D错误。

答案：B

374. 甲公司与张某签订买卖合同，约定与本合同有关的纠纷应当向A仲裁委申请仲裁。后因履行合同发生争议，张某申请仲裁。仲裁开庭前，甲公司因经营不善进行清算并注销登记。甲公司有刘某和陈某两个股东，此时仲裁员应当如何处理？（2023年真题网络回忆版，单选）

A. 依职权把刘某和陈某变更为当事人

B. 终结仲裁程序

C. 中止仲裁，询问刘某和陈某是否继续参加仲裁

D. 经张某的申请，变更刘某和陈某为当事人

【考点】 仲裁协议的拘束力

【解题思路与方法分析】《仲裁法解释》第8条第1款规定：“当事人订立仲裁协议后合并、分立的，仲裁协议对其权利义务的继受人有效。”该条款可以理解为最高人民法院对于企业法人的分立与合并所涉及的权利义务的继受采取了肯定的态度，充分体现了对当事人意思自治的尊重，同时给予订立仲裁条款的当事人享有特别约定的权利。本案中的情况是甲公司注销，企业法人的注销实质上等同于企业法人在法律层面上的“死亡”，同样会出现权利义务的继受，且这样的继受与法人的合并与分立等权利义务的继受并无实质上的区别，故企业法人的注销同样适用该条款的规定[1]。股东作为公司注销后的权利义务继受人，公司签订的合同中的仲裁条款效力应当及于股东。本案中，甲公司因经营不善进行清算并注销登记，刘某和陈某为甲公司的权利义务继受人，因此甲公司和张某签订的仲裁协议对于刘某和陈某有拘束力。据此，在仲裁程序中可以变更刘某和陈某为当事人，选项B错误。仲裁解决的是民商事主体之间的财产权益争议，因此是否更换当事人应当由仲裁申请人意思自治完

〔1〕 相关案例可参见：周静仪等与广州红地集团有限公司、卢昌荣等房屋买卖合同纠纷系列案；湖南省金府投资有限公司、邓志伟民间借贷纠纷案；顺天天商贸有限公司与姜雪服务合同纠纷案；北京正通网络通信有限公司与王锦等房屋租赁合同纠纷案；县古营集镇人民政府与济南一建集团总公司建设工程施工合同纠纷案；苏光明、大恭文化发展（天津）有限公司合同纠纷案。

成，不能由仲裁委员会依职权变更当事人，选项 A 错误，选项 D 正确。刘某和陈某作为仲裁被申请人甲公司的继受人，其无权决定是否继续参加仲裁，选项 C 错误。

答案：D

375. 泰森钢铁公司与星瀚工具制造厂签订了一份钢铁供应合同，双方在合同的纠纷解决条款中约定，因合同履行所引发的一切纠纷均提交北京市仲裁委员会进行仲裁。以下有关该仲裁条款之效力的说法中，正确的有？（金题，单选）

A. 该仲裁协议约定的仲裁机构名称不准确，因此无效，发生纠纷时双方当事人均有权向法院提起诉讼

B. 北京市的仲裁机构不止一个，泰森钢铁公司和星瀚工具制造厂可以协议选择向其中的一个仲裁机构申请仲裁，若双方无法达成合意，则仲裁协议无效

C. 该仲裁协议自始无效，若泰森钢铁公司与星瀚工具制造厂因钢铁的质量规格发生争议，双方均无权申请仲裁

D. 若泰森钢铁公司与星瀚工具制造厂因钢铁的质量规格发生争议，其只有重新达成新的仲裁协议，才能通过仲裁的方式来解决纠纷

【考点】 仲裁协议的效力

【解题思路与方法分析】 仲裁协议约定的仲裁机构名称不准确，但能够确定具体的仲裁机构的，应当认定选定了仲裁机构。仲裁协议约定由某地的仲裁机构仲裁，但该地有两个以上仲裁机构的，当事人可以协议选择其中的一个仲裁机构申请仲裁；当事人不能就仲裁机构选择达成一致的，仲裁协议无效。因此选项 B 的说法正确，选项 A、C、D 的说法均错误。仲裁机构的名称不准确并不必然导致仲裁协议无效，而是协商前置，无法协商一致时，仲裁协议才会无效。

答案：B

376. 夏兰公司与个体工商户赵璞签订了一份冷餐配送合同，在合同的纠纷解决条款中约定：“因合同效力或履行等问题发生纠纷，均提交上海仲裁委员会或南京仲裁委员会仲裁解决。”合同签订后，夏兰公司称缔约时的承办人黄某超越权限，并依此主张合同无效。关于本案，下列说法中错误的有？（金题，多选）

A. 承办人黄某超越权限签订合同导致合同无效，因此仲裁协议当然无效

B. 当事人选定了两个仲裁委员会，因此仲裁协议当然无效

C. 若夏兰公司向法院起诉，法院应当裁定不予受理

D. 若夏兰公司向法院起诉，法院应当在询问赵璞的意见后，决定是否受理

【考点】 仲裁协议的效力

【解题思路与方法分析】 本案中，双方当事人约定了两个仲裁机构，此时应当协商前置，无法协商一致的，仲裁协议才会无效，因此选项 B 的说法错误。仲裁协议具有独立性，即使合同无效，也不影响其中仲裁条款的效力，因此选项 A 的说法错误。如果夏兰公司向法院起诉，则其起诉行为意味着双方已经无法达成合意，此时仲裁协议无效，法院应当受理夏兰公司的起诉，并且无须询问赵璞的意见，因为提起民事诉讼并不需要对方当事人的同意，因此选项 C 和选项 D 的说法均错误。

【避坑秘笈】 当事人约定了两个仲裁机构并不必然导致仲裁协议无效，如果双方当事人可以合意协商选定一个仲裁机构，则不影响仲裁协议的效力；但如果无法达成合意，则仲裁协议无效。如果一方当事人向法院提起诉讼，则该起诉行为就证明了双方无法达成合意，因此仲裁协议无效，很多同学都忽略了这一点。

答案：ABCD

377. 文南集团与若东公司签订了一份混凝土买卖合同，约定因该合同发生纠纷，双方可以

向A仲裁委员会申请仲裁，也可以向合同签订地N法院起诉。关于本案，下列选项中正确的有？（金题，多选）

A. 如果文南集团向N法院起诉，法院应当裁定不予受理

B. 双方达成的仲裁协议无效

C. N法院对该案不享有管辖权

D. 如果若东公司向A仲裁委员会申请仲裁，文南集团在仲裁庭首次开庭前没有提出异议，则A仲裁委员会可对该案进行仲裁

【考点】 仲裁协议的效力

【解题思路与方法分析】 本案中，双方当事人既约定了仲裁又约定了诉讼，违反了"或裁或审"的要求，因此原则上仲裁协议无效，选项B的说法正确。但仲裁协议无效，并不影响可能成立一个有效的诉讼管辖协议，本案为买卖合同纠纷，其协议选择的管辖法院是合同签订地N法院，符合协议管辖的成立条件，因此如果文南集团向N法院起诉，法院应当受理，选项A和选项C的说法均错误。当事人约定争议可以向仲裁机构申请仲裁也可以向法院起诉的，仲裁协议无效。但一方向仲裁机构申请仲裁，另一方未在仲裁法规定期间内提出异议的除外，因此选项D的说法正确。

答案：BD

第十八章 仲裁程序

考点提示

仲裁保全：仲裁前保全 VS 仲裁中保全；管辖；救济机制
仲裁员的回避：适用对象、理由、决定权、法律后果
仲裁的审理方式：保密性
仲裁中的和解与调解

【知识点激活】

1. 仲裁前保全和仲裁中保全都只能依申请启动。仲裁前保全直接向法院申请；仲裁中保全须将申请交给仲裁委员会，再由仲裁委员会转交给法院。

2. 除了国内仲裁保全由基层人民法院管辖外，其他与仲裁相关的事项大多由中级人民法院管辖。

3. 对仲裁员的回避申请，由仲裁委员会主任决定；主任担任仲裁员时的回避，由仲裁委员会集体决定。当事人可以请求已经进行的仲裁程序重新进行，是否准许，由仲裁庭决定。仲裁庭也可以自行决定已进行的仲裁程序是否重新进行。

4. 仲裁以开庭审理为原则、书面审理为例外；不公开审理为原则、公开审理为例外。

5. 仲裁庭合议时采用少数服从多数的原则，无法形成多数意见的，按照首席仲裁员的意见作出裁决。不同意见可以不记入笔录，持不同意见的仲裁员可以不签名。

6. 当事人达成和解协议之后，可以请求仲裁庭根据和解协议制作裁决书或调解书，也可以申请撤回仲裁申请。撤回仲裁申请后仲裁协议继续有效，当事人撤回仲裁申请后反悔的，仍可以根据仲裁协议申请仲裁。当事人达成调解协议的，仲裁庭也可以根据调解协议的结果制作调解书或裁决书。

7. 当事人协议，可以不在仲裁裁决书中写明争议事实和裁决理由。

378. 根据《仲裁法》，仲裁庭作出的裁决书生效后，在下列哪一情形下仲裁庭不可进行补正？（2011 年卷三第 50 题，单选）

A. 裁决书认定的事实错误

B. 裁决书中的文字错误

C. 裁决书中的计算错误

D. 裁决书遗漏了仲裁评议中记录的仲裁庭已经裁决的事项

【考点提示】 仲裁裁决

【解题思路与方法分析】《仲裁法》第 56 条规定：“对裁决书中的文字、计算错误或者仲裁庭已经裁决但在裁决书中遗漏的事项，仲裁庭应当补正；当事人自收到裁决书之日起三十日内，可以请求仲裁庭补正。”据此可知，可以补正的事实仅限于文字计算错误或者遗漏的仲裁评议中记录的仲裁庭已经裁决的事项，仲裁裁决书认定事实错误的，不可进行补正。选项A正确，当选。

答案：A

379. 某仲裁委员会在开庭审理甲公司与乙公司合同纠纷一案时，乙公司对仲裁庭中的一名仲裁员提出了回避申请。经审查后，该仲裁员依法应予回避，仲裁委员会重新确定了仲裁员。关于仲裁程序如何进行，下列哪一选项是正确的？（2012年卷三第49题，单选）

A. 已进行的仲裁程序应当重新进行

B. 已进行的仲裁程序有效，仲裁程序应当继续进行

C. 当事人请求已进行的仲裁程序重新进行的，仲裁程序应当重新进行

D. 已进行的仲裁程序是否重新进行，仲裁庭有权决定

【考点】 仲裁回避的法律后果

【解题思路与方法分析】 仲裁员回避，是指符合法定回避情形的仲裁员退出仲裁审理程序的一项制度。根据《仲裁法》第37条的规定，仲裁员回避后应当重新选定或者指定仲裁员。已进行的仲裁程序是否重新进行，由仲裁庭决定；当事人可以申请仲裁庭决定，仲裁庭也可以自行决定是否重新进行仲裁程序。结合本题，仲裁员被决定回避的，仲裁程序并非一律、绝对地重新进行，也并非一律继续进行。换言之，仲裁员被决定回避的，程序可能继续进行也可能重新进行，因此选项A和选项B的说法均错误。当事人只能请求已进行的仲裁程序重新进行，但当事人享有的仅仅是申请权，最终的决定权由仲裁庭掌握，因此选项C错在了“应当”二字，选项D的说法正确，当选。

答案：D

380. 甲县的佳华公司与乙县的亿龙公司订立的烟叶买卖合同中约定，如果因为合同履行发生争议，应提交A仲裁委员会仲裁。佳华公司交货后，亿龙公司认为烟叶质量与约定不符，且正在霉变，遂准备提起仲裁，并对烟叶进行证据保全。关于本案的证据保全，下列哪些表述是正确的？（2014年卷三第77题，多选）

A. 在仲裁程序启动前，亿龙公司可直接向甲县法院申请证据保全

B. 在仲裁程序启动后，亿龙公司既可直接向甲县法院申请证据保全，也可向A仲裁委员会申请证据保全

C. 法院根据亿龙公司申请采取证据保全措施时，可要求其提供担保

D. A仲裁委员会收到保全申请后，应提交给烟叶所在地的中级法院

【考点】 仲裁保全

【解题思路与方法分析】 依据《民事诉讼法》第84条第2款的规定，因情况紧急，在证据可能灭失或者以后难以取得的情况下，利害关系人可以在提起诉讼或者申请仲裁前向证据所在地、被申请人住所地或者对案件有管辖权的人民法院申请保全证据。仲裁前保全直接由利害关系人向法院提出；而仲裁中保全必须由仲裁委员会转手递交，即当事人应向仲裁委员会递交书面的保全申请，再由仲裁委员会转交给法院。《仲裁法》第46条规定：“在证据可能灭失或者以后难以取得的情况下，当事人可以申请证据保全。当事人申请证据保全的，仲裁委员会应当将当事人的申请提交证据所在地的基层人民法院。”结合本案，仲裁前保全直接向法院提交申请，选项A的说法正确。仲裁中保全，当事人不能直接向法院提交保全申请，必须由仲裁委员会来作“二传手”，因此选项B的说法错误，亿龙公司应当将保全申请交给仲裁委员会，再由仲裁委员会转交给相应的法院。仲裁证据保全可以要求提

供担保，选项C的说法正确。国内仲裁保全的级别管辖是基层人民法院，因此选项D的说法错误。

【破题指南】（1）无论是仲裁前保全还是仲裁中保全，都只能依申请启动。仲裁前保全直接向法院申请，仲裁中保全必须先向仲裁委员会申请，再由仲裁委员会转交法院。（2）与仲裁相关的案件，大多数由中级人民法院管辖，但国内仲裁保全由基层人民法院管辖。

答案：AC

381. 甲公司与乙公司因合同纠纷向某仲裁委员会申请仲裁，第一次开庭后，甲公司的代理律师发现合议庭首席仲裁员苏某与乙公司的老总汪某在一起吃饭，遂向仲裁庭提出回避申请。关于本案仲裁程序，下列哪一选项是正确的？（2016年卷三第50题，单选）

A. 苏某的回避应由仲裁委员会集体决定

B. 苏某回避后，合议庭应重新组成

C. 已经进行的仲裁程序应继续进行

D. 当事人可请求已进行的仲裁程序重新进行

【考点】 仲裁回避

【解题思路与方法分析】 本案考查的是合议庭仲裁的组庭方式，对首席仲裁员苏某的回避，应当由仲裁委员会主任决定，只有当仲裁委员会主任自己担任仲裁员时，回避申请才由仲裁委员会集体决定，因此选项A的说法错误。苏某被准许回避后，其退出仲裁庭，重新选定或指定仲裁员，但并非要将合议庭整个重组，因此选项B的说法错误。当事人可以请求已经进行的仲裁程序重新进行，是否准许，由仲裁庭决定。仲裁庭也可以自行决定已进行的仲裁程序是否重新进行。依此，选项C的说法错误，选项D的说法正确。

答案：D

382. A公司与B公司因商标权纠纷而向南京仲裁委员会申请仲裁。以下有关该案仲裁程序的说法中，错误的有？（金题，单选）

A. A公司和B公司有权对仲裁庭的组成形式以及是否开庭审理进行协议约定

B. 如果A公司申请仲裁员黄某回避，该回避申请应当由仲裁委员会主任决定，若黄某被决定回避，则已经进行的仲裁程序应当重新进行

C. 如果在仲裁程序的进行过程中，A公司与B公司自行达成了和解协议，则其可以申请撤回仲裁申请，或者请求仲裁庭根据和解协议制作仲裁调解书或仲裁裁决书

D. 如果两公司在仲裁庭的主持下达成了调解协议，仲裁庭应当制作调解书，也可以根据协议的结果制作仲裁裁决书

【考点】 仲裁程序

【解题思路与方法分析】 在仲裁领域，当事人有权对仲裁庭的组成形式以及审理方式进行约定，当事人可以通过协议的方式约定仲裁庭对该纠纷进行书面审理，选项A的说法正确。对仲裁员的回避申请，由仲裁委员会主任决定，选项B的前半句说法正确。被准许回避的仲裁员退出仲裁庭，重新选定或者指定仲裁员，当事人可以请求已经进行的仲裁程序重新进行，是否准许，由仲裁庭决定。仲裁庭也可以自行决定已进行的仲裁程序是否重新进行。因此，选项B的说法错误。仲裁和解协议可以转化为仲裁裁决书，也可以转化为仲裁调解书，选项C的说法正确。仲裁调解协议也可以转化为仲裁调解书，选项D的说法正确。

答案：B

383. 北京市的A公司与美国新泽西州的B公司因设备买卖合同发生纠纷，依照双方的仲裁协议提交中国国际经济贸易仲裁委员会进行仲裁。在仲裁过程中，A公司申请财产保全，请求扣押B公司在某仓库的一批原材料。关于本案，下列说法中正确的有？（金题，单选）

A. A公司应当将保全申请直接交给原材料所在地的基层人民法院

B. A公司应当将保全申请直接交给原材料所在地的中级人民法院

C. A公司应当将保全申请交给仲裁委员会，再由仲裁委员会将该申请提交给相关的中级人民法院

D. A公司可以选择将保全申请交给仲裁委员会，或者直接交给相关的中级人民法院

【考点】涉外仲裁保全

【解题思路与方法分析】本案中一方当事人为外国公司，因此定性为涉外仲裁案件。涉外仲裁保全由中级人民法院管辖，本案属于仲裁中保全，应当将保全申请交给仲裁委员会，再由仲裁委员会转交给法院，而不能直接将申请交给法院，因此选项A、B、D的说法均错误，选项C的说法正确。大家需要关注两个地方：一是法院级别；二是申请保全的程序。

答案：C

第十九章 仲裁的司法监督

考点提示

仲裁裁决的执行：启动方式；管辖法院；救济机制
申请撤销国内仲裁裁决：启动方式、申请主体和时间、管辖、法定事由、处理方式、通知重新仲裁、仲裁裁决被撤销的法律后果
申请不予执行国内仲裁裁决：法定事由、管辖、申请时间、法律效力法定事由、管辖、申请时间、法律效力；案外人申请不予执行仲裁裁决
仲裁司法审查案件报核制度

【知识点激活】

1. 申请撤销仲裁裁决的法定事由与申请不予执行仲裁裁决的法定事由完全一致（6种）。法院对国内仲裁的监督范围，原则上限于程序问题和仲裁员个人品行问题，事实问题和法律问题一律不干预，证据问题仅干预两种严重的情形——伪造证据、隐瞒足以影响公正裁决的证据。

2. 以两种证据事由申请撤销仲裁裁决的，法院可以通知仲裁庭重新仲裁，但是否重新仲裁，由仲裁庭自己决定。

3. 如果一方申请执行裁决，另一方申请撤销裁决，则裁定中止执行。之后法院裁定撤销裁决的，应裁定终结执行；法院驳回撤销申请的，裁定恢复执行。

4. 禁止重复申请：当事人向法院申请撤销仲裁裁决被驳回后，又在执行程序中以相同事由提出不予执行申请的，法院不予支持；当事人向法院申请不予执行被驳回后，又以相同事由申请撤销仲裁裁决的，法院不予支持。

5. 被执行人申请不予执行仲裁调解书或者根据当事人之间的和解协议、调解协议作出的仲裁裁决，法院不予支持，但该仲裁调解书或者仲裁裁决违背社会公共利益的除外。

6. 为了规制虚假仲裁、恶意仲裁，案外人也可以依法申请不予执行仲裁裁决。

7. 中级人民法院或者专门法院办理非涉外涉港澳台仲裁司法审查案件，经审查拟认定仲裁协议无效，不予执行或者撤销我国内地仲裁机构的仲裁裁决，应当向本辖区所属高级人民法院报核；待高级人民法院审核后，方可依高级人民法院的审核意见作出裁定。

8. 非涉外涉港澳台仲裁司法审查案件，高级人民法院经审查，拟同意中级人民法院或者专门人民法院以违背社会公共利益为由不予执行或者撤销我国内地仲裁机构的仲裁裁决的，应当向最高人民法院报核，待最高人民法院审核后，方可依最高人民法院的审核意见作出裁定。

384. 甲公司因与乙公司合同纠纷申请仲裁，要求解除合同。某仲裁委员会经审理裁决解除双方合同，还裁决乙公司赔偿甲公司损失6万元。关于本案的仲裁裁决，下列哪些表述是正确的？（2010年卷三第86题，多选）

A. 因仲裁裁决超出了当事人请求范围，乙公司可申请撤销超出甲公司请求部分的裁决

B. 因仲裁裁决超出了当事人请求范围，乙公司可向法院提起诉讼

C. 因仲裁裁决超出了当事人请求范围，乙公司可向法院申请再审

D. 乙公司可申请不予执行超出甲公司请求部分的仲裁裁决

【考点】 仲裁裁决的范围

【解题思路与方法分析】 本案中，申请人只要求解除合同，但仲裁委员会还裁决了损害赔偿，属于“超裁”的违法行为。当事人以仲裁裁决事项超出仲裁协议范围为由申请撤销仲裁裁决，经审查属实的，人民法院应当撤销仲裁裁决中的超裁部分。但超裁部分与其他裁决事项不可分的，人民法院应当撤销仲裁裁决，选项A的说法正确。仲裁裁决超出仲裁协议范围的，对超出部分，当事人可以请求人民法院裁定不予执行，人民法院裁定不予执行超出范围部分后，当事人才可以针对超出范围部分向人民法院提起诉讼，而不是仅仅基于因仲裁裁决超出了当事人请求范围，就可以直接向人民法院起诉，选项B的说法错误。仲裁实行一裁终局的制度，裁决作出后，当事人不能申请再审，选项C的说法错误。仲裁机构裁决的事项部分属于仲裁协议的范围，部分超出仲裁协议范围的，对超出部分人民法院应当裁定不予执行，选项D的说法正确。

答案：AD

385. 甲不履行仲裁裁决，乙向法院申请执行。甲拟提出不予执行的申请并提出下列证据证明仲裁裁决应不予执行。针对下列哪一选项，法院可裁定驳回甲的申请？（2011年卷三第49题，单选）

A. 甲、乙没有订立仲裁条款或达成仲裁协议

B. 仲裁庭组成违反法定程序

C. 裁决事项超出仲裁机构权限范围

D. 仲裁裁决没有根据经当事人质证的证据认定事实

【考点】 申请不予执行仲裁裁决的法定情形

【解题思路与方法分析】 依据《仲裁法》和《民事诉讼法》的相关规定，申请不予执行仲裁裁决的法定事由包括六项。（1）没有仲裁协议的。包括：①当事人之间根本没有达成仲裁协议。②视为没有仲裁协议的两种情形：仲裁协议被认定无效或者仲裁协议被撤销。（2）裁决的事项不属于仲裁协议的范围或者仲裁委员会无权仲裁的。（3）仲裁庭的组成或者仲裁的程序违反法定程序的。（4）裁决所根据的证据是伪造的。（5）对方当事人隐瞒了足以影响公正裁决的证据的。（6）仲裁员在仲裁该案时有索贿受贿、徇私舞弊、枉法裁决行为的。依此，选项A、B、C均属于申请不予执行仲裁裁决的法定事由，选项D为当选选项。

【避坑秘笈】 事实不清、法律适用错误、证据不足等均不是申请撤销或不予执行国内仲裁裁决的法定事由。换言之，法院对国内仲裁的监督范围，原则上限于程序问题和仲裁员个人品行问题，事实问题和法律问题一律不干预，证据问题仅干预两种严重的情形［上述第（4）和第（5）两种］。

答案：D

386. 甲公司因与乙公司的合同纠纷向某仲裁委员会申请仲裁，甲公司的仲裁请求得到仲裁庭的支持。裁决作出后，乙公司向法院申请撤销仲裁裁决。法院在审查过程中，甲公司向法院申请强制执行仲裁裁决。关于本案，下列哪

一说法是正确的？（2012年卷三第50题，单选）

A. 法院对撤销仲裁裁决申请的审查，不影响法院对该裁决的强制执行

B. 法院不应当受理甲公司的执行申请

C. 法院应当受理甲公司的执行申请，同时应当告知乙公司向法院申请裁定不予执行仲裁裁决

D. 法院应当受理甲公司的执行申请，受理后应当裁定中止执行

【考点】 仲裁裁决的中止执行

【解题思路与方法分析】 所谓仲裁裁决的中止执行，是指在执行程序开始后，由于出现某种特定原因，而暂时停止执行程序，待特定原因消除后，再决定执行程序是否继续进行的制度。《仲裁法》第64条第1款规定，一方当事人申请执行裁决，另一方当事人申请撤销裁决的，人民法院应当裁定中止执行。《仲裁法解释》第25条规定，人民法院受理当事人撤销仲裁裁决的申请后，另一方当事人申请执行同一仲裁裁决的，受理执行申请的人民法院应当在受理后裁定中止执行。结合本题，撤销仲裁裁决会影响仲裁裁决的执行，因此选项A的说法错误。法院应当受理甲公司执行仲裁裁决的申请，因此选项B的说法错误。人民法院原则上不得依职权启动不予执行仲裁裁决的程序，选项C的说法导致法院干预了不予执行的启动程序，因此是错误的。一方当事人申请执行裁决，另一方当事人申请撤销裁决的，法院应当裁定中止执行，先审查撤销的申请，因此选项D的说法正确，当选。

答案：D

387. 2012年3月，甲方将某幕墙工程承包给了乙方，乙方指派丙方为项目经理。工程竣工验收合格交付后的两年内，丁方以实际施工人的身份，依据甲方、丙方、丁方签订的《关于补充协议的付款情况说明》向某仲裁委员会申请仲裁，要求甲方支付工程尾款900万元。2019年9月，某仲裁委员会以丁方系实际施工人为由，裁决甲方支付给丁方工程尾款900万元。由于甲方没有按时履行义务，丁方申请执行仲裁裁决。乙方知道后，欲通过相关法律途径维护自己的权益。关于本案，说法正确的是？（2019年真题网络回忆版，多选）

A. 丁方申请执行仲裁裁决，该仲裁裁决只能由相应中院来执行

B. 如甲方提出不予执行仲裁裁决申请，法院应组成合议庭审查

C. 乙方作为案外人，只可以提出执行行为异议，不能提出不予执行仲裁裁决申请

D. 乙方作为案外人，既可以提出执行行为异议，也可以提出不予执行仲裁裁决申请

【考点】 仲裁裁决的执行管辖；案外人申请不予执行仲裁裁决

【解题思路与方法分析】 根据《最高人民法院关于人民法院办理仲裁裁决执行案件若干问题的规定》第2条的规定："当事人对仲裁机构作出的仲裁裁决或者仲裁调解书申请执行的，由被执行人住所地或者被执行的财产所在地的中级人民法院管辖。符合下列条件的，经上级人民法院批准，中级人民法院可以参照民事诉讼法第三十八条[1]的规定指定基层人民法院管辖：（一）执行标的额符合基层人民法院一审民商事案件级别管辖受理范围；（二）被执行人住所地或者被执行的财产所在地在被指定的基层人民法院辖区内。被执行人、案外人对仲裁裁决执行案件申请不予执行的，负责执行的中级人民法院应当另行立案审查处理；执行案件已指定基层人民法院管辖的，应当于收到不予执行申请后三日内移送原执行法院另行立案审查处理。"因此，仲裁裁决的执行不一定全部由中级人民法院执行，在一定条件下，也可以交给基层人民法院执行，即中级人民法院执行为原则、基层人民法

[1] 对应《民事诉讼法》（2023年修正）第39条。

院执行为例外，选项 A 的说法错误。根据《最高人民法院关于人民法院办理仲裁裁决执行案件若干问题的规定》第 11 条第 1 款的规定："人民法院对不予执行仲裁裁决案件应当组成合议庭围绕被执行人申请的事由、案外人的申请进行审查；对被执行人没有申请的事由不予审查，但仲裁裁决可能违背社会公共利益的除外。"因此选项 B 的说法正确。根据《最高人民法院关于人民法院办理仲裁裁决执行案件若干问题的规定》第 9 条的规定："案外人向人民法院申请不予执行仲裁裁决或者仲裁调解书的，应当提交申请书以及证明其请求成立的证据材料，并符合下列条件：（一）有证据证明仲裁案件当事人恶意申请仲裁或者虚假仲裁，损害其合法权益；（二）案外人主张的合法权益所涉及的执行标的尚未执行终结；（三）自知道或者应当知道人民法院对该标的采取执行措施之日起三十日内提出。"本案中，乙方作为案外人，其合法权益有可能遭受损害，故其可以申请不予执行仲裁裁决，因此选项 C 的说法错误，选项 D 的说法正确。

答案：BD

388. 甲公司与乙公司因借款合同发生纠纷，甲公司依据合同中的仲裁条款向深圳仲裁委员会申请仲裁，仲裁庭经过审理裁决乙公司向甲公司返还借款 90 万元。之后乙公司向深圳市中级人民法院申请撤销仲裁裁决，法院经过审理裁定撤销该裁决。请问甲公司如何救济自身的权益？（2020 年真题网络回忆版，单选）

A. 甲公司可以向法院提起诉讼，要求乙公司返还借款

B. 甲公司可以依据原先的仲裁条款，向深圳仲裁委重新申请仲裁

C. 甲公司可以向深圳市中级人民法院申诉，请求法院自行启动再审予以纠错

D. 甲公司可以向广东省人民检察院申请提出抗诉

【考点】 撤销仲裁裁决的法律后果

【解题思路与方法分析】 撤销仲裁裁决的裁定一经作出，即发生完全否定仲裁裁决效力的法律效力。当事人不得就该裁定提出异议。仲裁裁决被依法撤销后，当事人可以重新达成仲裁协议通过仲裁的方式解决纠纷，或者向法院提起诉讼。换言之，仲裁裁决被撤销后，纠纷回到了尚未被解决时的原点状态，当事人可以向法院提起诉讼，或者重新订立仲裁协议后申请仲裁，选项 A 的说法正确。仲裁裁决被撤销后，原先的仲裁协议失去效力，当事人如果还想通过仲裁的方式解决纠纷，需要重新订立仲裁协议，而不能依据原先的仲裁协议，选项 B 的说法错误。再审的救济对象是诉讼案件，因此本案不属于再审的适用范围，选项 C 和选项 D 的说法均错误。

【避坑秘笈】 撤回仲裁申请 VS 撤销仲裁裁决：（1）撤回仲裁申请——可以重新申请仲裁，且无须达成新的仲裁协议，原先的仲裁协议仍然有效，但不得起诉。（2）撤销仲裁裁决——原先的仲裁协议失效，回到了"或裁或审"的初始状态，当事人可以起诉；如果还想申请仲裁，需要重新达成仲裁协议。但此时仍然"或裁或审"，两条路只能走一条。

答案：A

389. 凯胜公司与晨明公司订立买卖合同，约定如果因买卖合同发生纠纷，由某仲裁委员会 3 名仲裁员组成仲裁庭进行仲裁。后凯胜公司申请仲裁，要求晨明公司支付货款 50 万元。根据该仲裁委员会的仲裁规则，请求低于 100 万元的案件可以适用简易程序，由 1 名仲裁员独任审理。仲裁委员会决定对该案适用简易程序，并指定张律师担任仲裁员，最终支持了凯胜公司的请求，晨明公司向法院申请撤销该裁决。下列选项中，说法正确的有？（2021 年真题网络回忆版，多选）

A. 法院可以通知仲裁庭重新仲裁

B. 晨明公司可以仲裁庭组成违法为由，请求法院撤销该裁决

C. 因为由 1 名仲裁员独任审理，该裁决可撤销

D. 晨明公司可以张律师并非自己选定的仲裁员为由，申请撤销裁决

【考点】 仲裁程序；申请撤销仲裁裁决

【解题思路与方法分析】《仲裁法解释》第 21 条规定："当事人申请撤销国内仲裁裁决的案件属于下列情形之一的，人民法院可以依照仲裁法第六十一条的规定通知仲裁庭在一定期限内重新仲裁：（一）仲裁裁决所根据的证据是伪造的；（二）对方当事人隐瞒了足以影响公正裁决的证据的。人民法院应当在通知中说明要求重新仲裁的具体理由。"本案中不存在上述两种情形，因此选项 A 的说法错误。仲裁中当事人意思自治优先，当事人有权合意选择仲裁庭的组庭模式，既然双方约定由 3 名仲裁员组成仲裁庭，则本案应当由 3 名仲裁员组成仲裁庭进行审理，故晨明公司可以仲裁庭组成违法为由，请求法院撤销该裁决，选项 B 和选项 C 的说法均正确。《仲裁法》第 31 条规定："当事人约定由三名仲裁员组成仲裁庭的，应当各自选定或者各自委托仲裁委员会主任指定一名仲裁员，第三名仲裁员由当事人共同选定或者共同委托仲裁委员会主任指定。第三名仲裁员是首席仲裁员。当事人约定由一名仲裁员成立仲裁庭的，应当由当事人共同选定或者共同委托仲裁委员会主任指定仲裁员。"因此仲裁委员会直接指定张律师担任仲裁员的做法错误，选项 D 的说法正确。

答案：BCD

390. 甲省乙市的某仲裁委员会就 S 公司与 F 公司的买卖合同纠纷作出裁决。S 公司以仲裁协议无效为由申请撤销仲裁裁决，乙市中级人民法院合议庭经过审查后认为符合撤销条件，经过报核作出了撤销裁决的裁定。关于本案，下列说法中正确的有？（2021 年真题网络回忆版，多选）

A. F 公司对撤销裁定不服，可以申请甲省检察院提出抗诉

B. 撤销裁定应当根据甲省高院的审核意见作出

C. F 公司对撤销裁决的裁定不服，可以针对买卖合同纠纷另行起诉

D. 撤销裁决的裁定应当根据乙市中级人民法院审判委员会的审核意见作出

【考点】 申请撤销仲裁裁决

【解题思路与方法分析】 检察监督的对象是民事审判权和执行权，撤销仲裁裁决的裁定并非检察监督的适用对象，不能提出抗诉，亦不适用再审，选项 A 的说法错误。申请撤销仲裁裁决的管辖法院是仲裁委所在地的中级法院，但依据《最高人民法院关于仲裁司法审查案件报核问题的有关规定》第 2 条的规定，各中级人民法院或者专门人民法院办理非涉外涉港澳台仲裁司法审查案件，经审查拟认定仲裁协议无效，不予执行或者撤销我国内地仲裁机构的仲裁裁决，应当向本辖区所属高级人民法院报核；待高级人民法院审核后，方可依高级人民法院的审核意见作出裁定。因此，选项 B 的说法正确。仲裁裁决被撤销后，纠纷回到了没有被解决过的初始状态，当事人可以针对原纠纷提起诉讼，或者重新达成仲裁协议后申请仲裁，选项 C 的说法正确。对撤销仲裁裁决的申请，由中级人民法院组成合议庭进行审查，判断是否存在可撤销的事由，无须经过审判委员会审核，选项 D 的说法错误。

【避坑秘笈】 仲裁裁决被裁定撤销后，纠纷回到了尚未解决的初始状态，原先的仲裁协议不再有拘束力，当事人可以直接起诉。如果仍想仲裁的，需要重新达成仲裁协议，之后才能够申请仲裁。但此时仍然"或裁或审"，两条路只能走一条。

答案：BC

391. 华强公司与大地公司因建筑工程合同发生纠纷，经广州仲裁委员会审理后作出裁决，由华强公司向大地公司支付违约金80万元，对于该仲裁裁决的执行，下列说法中错误的有？（金题，多选）

A. 在华强公司不履行义务的情况下，大地公司有权申请法院强制执行，在特殊情形下，仲裁庭有权将该裁决移送法院进行执行

B. 该仲裁裁决的执行法院是被执行人住所地或被执行财产所在地的基层人民法院

C. 如果大地公司申请法院执行仲裁裁决，华强公司申请法院撤销仲裁裁决，则法院应当裁定暂缓执行，若之后法院裁定撤销仲裁裁决，则应当终结执行

D. 华强公司有权以仲裁裁决证据不足或适用法律错误为由，申请法院不予执行该仲裁裁决

【考点】 仲裁裁决的执行

【解题思路与方法分析】 仲裁裁决的执行应当依申请启动，而不能移送执行，选项A的说法错误。仲裁裁决的执行法院原则上是被执行人住所地或被执行财产所在地的中级人民法院，选项B的说法错误。如果一方申请执行裁决，另一方申请撤销裁决，则法院裁定中止执行，之后法院裁定撤销裁决的，应裁定终结执行；法院驳回撤销申请的，裁定恢复执行，选项C的说法错误。证据不足或适用法律错误不是申请不予执行仲裁裁决的事由，选项D的说法错误。

【避坑秘笈】依据《最高人民法院关于人民法院办理仲裁裁决执行案件若干问题的规定》的相关规定，申请执行仲裁裁决的管辖法院是被执行人住所地或者被执行的财产所在地的中级人民法院。经上级法院批准，中级人民法院可以指定相应的基层人民法院管辖仲裁执行案件——中级人民法院执行为原则、基层人民法院执行为例外。

答案：ABCD

第二十章　不定项选择题集中营

392. 2011年

案情： 2011年7月11日，A市升湖区法院受理了黎明丽（女）诉张成功（男）离婚案。7月13日，升湖区法院向张成功送达了起诉状副本。7月18日，张成功向升湖区法院提交了答辩状，未对案件的管辖权提出异议。8月2日，张成功向升湖区法院提出管辖权异议申请，称其与黎明丽已分居2年，分别居住于A市安平区各自父母家中。A市升湖区法院以申请管辖权异议超过申请期限为由，裁定驳回张成功管辖权异议申请。后升湖区法院查明情况，遂裁定将案件移送安平区法院。安平区法院接受移送，确定适用简易程序审理此案。安平区法院在案件开庭审理时组织调解。黎明丽声称：2005年12月，其与张成功结婚，后因张成功有第三者陈佳，感情已破裂，现要求离婚。黎明丽提出，离婚后儿子张好帅由其行使监护权，张成功每月支付抚养费1500元。现双方存款36万元（存折在张成功手中），由2人平分，生活用品归各自所有，不存在其他共有财产分割争议。张成功承认：2005年12月，其与黎明丽结婚，自己现在有了第三者，36万元存款在自己手中，同意离婚，同意生活用品归各自所有，同意不存在其他共有财产分割争议。不同意支付张好帅抚养费，因其是黎明丽与前男友所生。黎明丽承认：张好帅是其与前男友所生，但在户籍登记上，张成功与张好帅为父子关系，多年来父子相称，形成事实上的父子关系，故要求张成功支付抚养费。调解未能达成协议。在随后的庭审中，黎明丽坚持提出的请求；张成功对调解中承认的多数事实和同意的请求予以认可，但否认了有第三者一事，仍不同意支付张好帅抚养费。黎明丽要求法院通知第三者陈佳以无独立请求权的第三人身份参加诉讼。安平区法院作出判决：解除黎明丽、张成功婚姻关系；张好帅由黎明丽行使监护权，张成功每月支付抚养费700元；存款双方平分，生活用品归个人所有，不存在其他共有财产分割争议。法院根据调解中被告承认自己有第三者的事实，认定双方感情破裂，张成功存在过失。

请回答第（1）~（6）题。

（1） 关于本案管辖，下列选项正确的是？

A. 张成功行使管辖异议权符合法律的规定

B. 张成功主张管辖异议的理由符合法律规定

C. 升湖区法院驳回张成功的管辖异议符合法律规定

D. 升湖区法院对案件进行移送符合法律规定

【考点】 管辖权异议与移送管辖

【解题思路与方法分析】 本题主要考查管辖权异议的提出时间、异议理由以及移送管辖。人民法院受理案件后，当事人对管辖权有异议的，应当在提交答辩状期间提出，法院对当事人提出的异议，应当审查。异议成立的，裁定将案件移送有管辖权的法院；异议不成立的，裁定驳回。本案中，张成功在提交答辩状期间没有提出管辖权异议，之后才向法院提出管辖权异议。因此，其提出管辖权异议的时间不符合法律规定。因张成功提出异议的时间不符合法律规定，法院应裁定驳回其管辖权异议，选项A错误，选项C正确。对公民提起的民事诉讼，由被告住所地法院管辖；被告住所地与经常居住地不一致的，由经常居住地人民法院管辖。本题中，被告张成功的住所地与其经常居住地不一致，应由其经常居住地人民法院管辖，其经常居住地是A市安平区，即本案应由安平区人民法院管辖，选项B正确。法院发现受理的案件不属于本院管辖的，应当移送有管辖权的人民法院，受移送的法院应当受理。受移送的法院认为受移送的案件依照规定不属于本院管辖的，应当报请上级人民法院指定管辖，不再次自行移送。本题中，受理案件的升湖区法院在受理后发现自己对案件没有管辖权，应当将案件移送给有管辖权的人民法院，即移送给安平区法院，因此选项D正确。

答案：BCD

(2) 关于本案调解，下列选项正确的是？

A. 法院在开庭审理时先行调解的做法符合法律或司法解释规定

B. 法院在开庭审理时如不先行组织调解，将违反法律或司法解释规定

C. 当事人未达成调解协议，法院在当事人同意情况下可以再次组织调解

D. 当事人未达成调解协议，法院未再次组织调解违法

【考点】 法院调解

【解题思路与方法分析】 婚姻家庭纠纷和继承纠纷案件，法院在开庭审理时应当先行调解。本案是婚姻家庭纠纷案件，安平区法院在审理本案时适用的是简易程序，应在开庭审理时对本案先行调解。选项A和选项B均正确。在答辩期满前人民法院对案件进行调解，适用普通程序的案件在当事人同意调解之日起15天内，适用简易程序的案件在当事人同意调解之日起7天内未达成调解协议的，经各方当事人同意，可以继续调解。延长的调解期间不计入审限。据此可知，当事人未达成调解协议，法院在当事人同意情况下可以再次组织调解，而非必须进行再次调解，法院未再次进行调解的也不违法。因此选项C正确，选项D错误。

答案：ABC

(3) 对黎明丽要求陈佳以无独立请求权第三人参加诉讼的请求，下列选项正确的是？

A. 法院可以根据黎明丽的请求，裁定追加陈佳为无独立请求权第三人

B. 如张成功同意，法院可通知陈佳以无独立请求权第三人名义参加诉讼

C. 无论张成功是否同意，法院通知陈佳以无独立请求权第三人名义参加诉讼都是错误的

D. 如陈佳同意，法院可通知陈佳以无独立请求权第三人名义参加诉讼

【考点】 无独三的追加

【解题思路与方法分析】 对当事人双方的诉讼标的，第三人虽然没有独立请求权，但与案件的处理结果有法律上利害关系的，可以申请参加诉讼，或者由人民法院通知他参加诉讼。人民法院判决承担民事责任的第三人，有当事人的诉讼权利义务。依此，作为无独立请求权第三人参加诉讼的条件之一是“与案件处理结果有法律上的利害关系”，所谓法律上的利害关系，是指无独立请求权第三人的权利义务将受原告和被告间诉讼结果的影响，从而使权利义务有所增加或减少。在本案中，陈佳与黎明丽和张成功之间离婚案件的处理结果没有法律上的利害关系，无论哪方胜诉对其权利义务都没有任何影响。因此，陈佳不属于本案的无独立请求权第三人，法院不能通知其以

无独立请求权第三人的身份参加诉讼，选项A的说法错误，选项C的说法正确。法院通知无独三参加诉讼，并不需要本诉当事人的同意，因此选项B和选项D的说法均错误。

答案：C

(4) 下列双方当事人的承认，不构成证据制度中自认的是?

A. 张成功承认与黎明丽存在婚姻关系

B. 张成功承认家中存款36万元在自己手中

C. 张成功同意生活用品归各自所有

D. 黎明丽承认张成功不是张好帅的亲生父亲

【考点】 自认的适用范围

【解题思路与方法分析】 自认，是指一方当事人对另一方当事人主张的案件事实予以承认。自认制度的适用范围是有限的，涉及身份关系、国家利益、社会公共利益等应当由法院依职权调查的事实，不适用自认。在有关身份关系的案件中，如涉及收养关系、婚姻关系等案件，涉及身份关系的事实主张不能因为对方当事人的承认而免除其证明责任。因为身份关系的案件涉及人身权利甚至公序良俗，这是当事人自己不能任意处分的。本题中，选项A、C、D中提到的事实是与身份关系相联系的事实，因此不能适用自认制度。

【避坑秘笈】(1)涉及身份关系、国家利益、社会公共利益等应当由法院依职权调查的事实，不适用自认。(2)自认的事实与法院查明的事实不符的，法院不予确认。

答案：ACD

(5) 下列可以作为法院判决根据的选项是?

A. 张成功承认与黎明丽没有其他财产分割争议

B. 张成功承认家中36万元存款在自己手中

C. 黎明丽提出张成功每月应当支付张好帅抚养费1500元的主张

D. 张成功在调解中承认自己有第三者

【考点】 自认与免证事实

【解题思路与方法分析】 张成功对黎明丽提出的有关财产的事实予以承认，根据自认制度，法院可以将其作为判决的根据，因此选项A和选项B均正确。黎明丽提出张成功每月应当支付张好帅抚养费1500元，张成功对其主张并没有认可，不能作为法院判决的依据，选项C错误。在诉讼中，当事人为达成调解协议或者和解的目的作出妥协所涉及的对案件事实的认可，原则上不得在其后的诉讼中作为对其不利的证据，但法律另有规定或者当事人均同意的除外。据此可知，张成功为达成调解协议，在调解过程中对自己有第三者的承认，不可以在其后的诉讼中作为对其不利的证据，选项D错误。

答案：AB

(6) 关于法院宣判时应当向双方当事人告知的内容，下列选项正确的是?

A. 上诉权利

B. 上诉期限

C. 上诉法院

D. 判决生效前不得另行结婚

【考点】 宣判

【解题思路与方法分析】 宣告判决时，必须告知当事人上诉权利、上诉期限和上诉的法院。因此选项A、B、C均正确，当选。此外，依据《民事诉讼法》第151条第4款的规定，宣告离婚判决，必须告知当事人在判决发生法律效力前不得另行结婚，因此选项D正确，当选。

答案：ABCD

393. 2012年

案情：2009年2月，家住甲市A区的赵刚向家住甲市B区的李强借了5000元，言明2010年2月之前偿还。到期后赵刚一直没有还钱。2010 年 3 月，李强找到赵刚家追讨该债务，发生争吵。赵刚因所牵宠物狗易受惊，遂对李强说："你不要大声喊，狗会咬你。"李强不理，仍然叫骂，并指着狗叫喊。该狗受惊，扑向李强并将其咬伤。李强治伤花费 6000 元。李强起诉要求赵刚返还欠款 5000 元、支付医药费 6000 元，并向法院提交了赵刚书写的借条、其向赵刚转账 5000 元的银行转账凭证、本人病历、医院的诊断书（复印件）、医院处方（复印件）、发票等。赵刚称，其向李强借款是事实，但在 2010 年 1 月卖给李强一块玉石，价值 5000 元，说好用玉石货款清偿借款。当时李强表示同意，并称之后会把借条还给赵刚，但其一直未还该借条。赵刚还称，李强故意激怒狗，被狗咬伤的责任应由李强自己承担。对此，赵刚提交了邻居孙某出具的书面证词，该证词描述了李强当时骂人和骂狗的情形。赵刚认为，李强提交的诊断书、医院处方均为复印件，没有证明力。

请回答第（1）~（6）题。

（1）关于李强与赵刚之间欠款的诉讼管辖，下列选项正确的是？

A. 甲市 A 区法院

B. 甲市 B 区法院

C. 甲市中级法院

D. 应当专属甲市 A 区法院

【考点】 管辖

【解题思路与方法分析】 管辖是各级法院之间和同级法院之间受理第一审案件权的分工和权限。在解答涉及管辖的题目时，大家应当遵循以下步骤：（1）识别有无专属管辖，如果案件属于专属管辖，则由特定法院专属管辖；（2）识别有无协议管辖，如果案件中存在合法有效的协议管辖，则应由协议约定的法院管辖本案；（3）确定级别管辖，确定由哪一审级法院管辖案件；（4）确定地域管辖，确定由哪一地域的法院管辖案件。依此方法，结合本题，欠款纠纷不属于专属管辖，当事人双方也未约定协议管辖，因此选项 D 错误。本案欠款纠纷的诉讼标的额为 5000 元，属于一般的民事纠纷案件，应由基层人民法院管辖，因此选项 C 错误。本题当事人以欠款纠纷提起诉讼，属于借款合同纠纷，合同纠纷由被告住所地和合同履行地法院管辖，借款合同以借款人所在地为合同履行地，因此甲市 B 区法院具有管辖权。甲市 A 区作为被告住所地，对案件也具有管辖权。因此，选项 A 和选项 B 均正确。

答案：AB

（2）关于李强要求赵刚支付医药费的诉讼管辖，下列选项正确的是？

A. 甲市 A 区法院

B. 甲市 B 区法院

C. 甲市中级法院

D. 应当专属甲市 A 区法院

【考点】 管辖

【解题思路与方法分析】 法院管辖是各级法院之间和同级法院之间受理第一审案件权的分工和权限。按照前述的"四步法"，可以排除选项 C 和选项 D。之后，大家需要运用民事实体法的知识，识别出本题的案件类型是侵权纠纷，因此应当适用侵权纠纷确定管辖的规则。因侵权行为提起的诉讼，由侵权行为地或者被告住所地法院管辖，侵权行为地又包括侵权行为实施地和侵权结果发生地。本案中，李强在赵刚家被狗咬伤，侵权行为实施地和侵权结果发生地相重合，因此本题的侵权行为地只有一个，即甲市 A 区。由于赵刚住所地也在甲市 A 区，所以本题侵权行为地与被告住所地重合。综上，本题中只有一个法院可以管辖，即甲市 A 区法院，因此选项 A 正确，选项 B 错误。

答案：A

（3）关于法院对李强提出的返还欠款 5000 元和支付医药费 6000 元的诉讼审理，下列选项正确的是？

A. 可以分别审理，分别作出判决

B. 可以合并审理，一起作出判决

C. 可以合并审理，分别作出判决

D. 必须分别审理，分别作出判决

【考点】 诉的合并

【解题思路与方法分析】 诉的合并，是指法院将两个或两个以上彼此之间有牵连的诉合并到一个诉讼程序中审理和裁判。广义的诉的合并包括诉的客体合并和诉的主体合并。狭义的诉的合并仅指诉的客体合并。诉的客体合并，是指将同一原告对同一被告提起的两个以上的诉或者反诉与本诉合并到同一诉讼程序中审理。诉的合并是为了能够利用同一程序解决多数纠纷，从而实现诉讼效率的价值，因此在符合诉的合并的条件下，法院可以合并审理，也可以分别审理。对于无牵连关系的诉讼标的，法院则应当分别作出判决。本题中，李强向赵刚提起返还借款之诉和损害赔偿侵权之诉，符合诉的合并要件，法院可以分别审理，也可以合并审理。借款纠纷与侵权纠纷是两个无牵连关系的诉讼标的，因此法院在审理后应当分别作出判决。因此，选项 A 和选项 C 均正确，选项 B 和选项 D 均错误。

答案：AC

（4）关于赵刚向李强借款 5000 元的证据证明问题，下列选项正确的是？

A. 李强提出的借条是本证

B. 李强提出的其向赵刚转账 5000 元的银行转账凭证是直接证据

C. 赵刚承认借款事实属于自认

D. 赵刚所言已用卖玉石的款项偿还借款属于反证

【考点】 证据的学理分类；自认制度

【解题思路与方法分析】 根据证据与当事人主张事实的关系，可以把证据分为本证与反证。本证是指负有证明责任一方为证明自己主张的事实而提出的证据。没有证明责任一方提出的对抗当事人的证据就是反证。结合本题，在借款合同纠纷中，由主张借款合同存在的当事人负担证明责任，李强主张借款关系存在，他提出借条欲证明他与赵刚之间存在借款关系，因此李强提出的借条是本证。赵刚所言已用玉石抵偿借款，实际上是提出了一项抵销事实，该事实的证明责任由赵刚负担，因此赵刚所言并非反证。由此可知，选项 A 正确，选项 D 错误。根据单个证据与证明对象之间的关系可以把证据分为直接证据和间接证据。直接证据是指能够单独、直接地证明待证事实的证据，间接证据是指无法直接证明待证事实的证据。本案中，李强提出的银行转账凭证无法直接证明借款事实的存在，因为转账的原因多种多样，不限于借款关系，所以银行的转账凭证不是直接证据，而是间接证据，选项 B 错误。自认，是指一方当事人对另一方当事人主张的案件事实予以承认。结合本题，赵刚承认曾向李强借款的事实，应属于自认，因此选项 C 正确。

答案：AC

（5）关于本案李强被狗咬伤的证据证明问题，下列选项正确的是？

A. 赵刚的证人提出的书面证词属于书证

B. 李强提交的诊断书、医院处方为复印件，肯定无证明力

C. 李强是因为挑逗赵刚的狗而被狗咬伤的事实的证明责任由赵刚承担

D. 李强受损害与被赵刚的狗咬伤之间具有因果关系的证明责任由李强承担

【考点】 证据的法定种类；证明力；证明责任的分配

【解题思路与方法分析】 书证，是指以文字、符号、图案等表示内容来证明案件待证事实的书面材料。证人证言，是指除当事人外了解案件的人向法院就自己所知的案件事实所

作的陈述。结合本题，赵刚所提交的书面证词是书面形式的证人证言，而非书证，因此选项A错误。法院就数个证据对同一事实的证明力，可依据原始证据的证明力一般大于传来证据的证明力原则确定。由此可见，传来证据并非没有证明力，只是证明力的强弱要由审判人员来依法判断。结合本题，李强提交的诊断书、医院处方为复印件，属于传来证据，但仍然具有证明力，因此选项B错误。《民法典》第1245条规定，饲养的动物造成他人损害的，动物饲养人或者管理人应当承担侵权责任，但是，能够证明损害是因被侵权人故意或者重大过失造成的，可以不承担或者减轻责任。结合本题，赵刚是狗的饲养人，他对李强受伤是由李强自己故意或重大过失引起的负有证明责任，此乃减免责事由，由被告证明，因此选项C正确。就本案而言，李强所受损害与被狗咬伤之间的因果关系并无特殊的分配规则，应按照证明责任分配的一般规定分配，由原告李强承担证明责任，因此选项D正确。

答案：CD

（6）关于赵刚“用玉石货款清偿借款”的辩称，下列选项正确的是？

A. 将该辩称作为赵刚偿还借款的反驳意见来审查，审查的结果可以作为判决的根据

B. 赵刚应当以反诉的形式提出请求，法院可以与本诉合并进行审理

C. 赵刚必须另行起诉，否则法院不予处理

D. 赵刚既可以反诉的形式提出，也可另行起诉

【考点】 反诉

【解题思路与方法分析】 反诉，是指在民事诉讼程序中，本诉被告针对本诉原告向法院提出的独立的反请求。《民事诉讼法》设置反诉的目的，一方面是提高相关联纠纷的解决效率；另一方面是为了避免分别审理而造成的矛盾裁判。反诉与反驳的主要区别在于：(1) 在性质上，反诉是一种诉、一种独立的请求，而反驳只是一种对抗对方当事人的手段；(2) 在主体方面，反诉的主体只能是本诉的被告，而反驳可以是各种当事人。反诉的提出要满足以下条件：(1) 须由本诉的被告向本诉的原告提出；(2) 须在本诉进行中提出；(3) 须向受理本诉的法院提出，且受诉法院对反诉有管辖权；(4) 须与本诉适用同一诉讼程序；(5) 须本诉与反诉之间存在牵连关系。结合本题，作为本诉被告的赵刚所称“用玉石货款清偿借款”是向作为本诉原告的李强提出，并且提出该主张的时间是在本诉已经开始、尚未终结之时，符合反诉的主体要件和时间要件。另外，对于赵刚主张的抵销，法院有管辖权且审理赵刚的请求可与李强的借贷合同案件适用同一程序审理。抵销是债消灭的原因之一，因此赵刚所称以玉石货款清偿借款与借贷关系具有牵连性。基于以上分析，赵刚应提出反诉，以使自己的合法权益得到民事诉讼程序的保护。由于反诉本身是独立的诉讼请求，赵刚也可另行起诉，来保护自己玉石买卖合同中的权利。综上所述，选项B和选项D均正确，选项A和选项C均错误。

答案：BD

394. 2013年

案情：兴源公司与郭某签订钢材买卖合同，并书面约定本合同一切争议由中国国际经济贸易仲裁委员会仲裁。兴源公司支付100万元预付款后，因郭某未履约依法解除了合同。郭某一直未将预付款返还，兴源公司遂提出返还货款的仲裁请求，仲裁庭适用简易程序审理，并作出裁决，支持该请求。由于郭某拒不履行裁决，兴源公司申请执行。郭某无力归还100万元现金，但可以收藏的多幅字画提供执行担保。担保期满后郭某仍无力还款，法院在准备执行该批字画时，朱某向法院提出异议，

主张自己才是这些字画的所有权人，郭某只是代为保管。

请回答第（1）~（6）题。

(1) 关于仲裁协议的表述，下列选项正确的是？

A. 买卖合同虽已解除，但仲裁条款具有独立性，兴源公司可以据此申请仲裁

B. 兴源公司返还货款的请求是基于不当得利请求权，与买卖合同无关，不应据此申请仲裁

C. 仲裁协议未约定适用简易程序，仲裁庭不应适用简易程序审理

D. 双方选择的中国国际经济贸易仲裁委员会是涉外仲裁机构，本案不具有涉外因素，应当重新选择

【考点】 仲裁协议

【解题思路与方法分析】 仲裁协议的效力具有独立性，其独立存在，即使合同变更、解除、终止或者无效，均不影响仲裁协议的效力，因此选项A的说法正确。《仲裁法解释》第2条规定，当事人概括约定仲裁事项为合同争议的，基于合同成立、效力、变更、转让、履行、违约责任、解释、解除等产生的纠纷都可以认定为仲裁事项。因此选项B的说法错误。《中国国际经济贸易仲裁委员会仲裁规则》第56条第1项规定，除非当事人另有约定，凡争议金额不超过人民币500万元，或争议金额超过人民币500万元但经一方当事人书面申请并征得另一方当事人书面同意的，或双方当事人约定适用简易程序的，适用简易程序。本案中，争议金额为100万元，没有超过500万元且当事人没有另外约定，应当适用简易程序进行审理，因此选项C的说法错误。当事人可以自愿选择仲裁机构，与是否具有涉外因素无关，中国国际经济贸易仲裁委员会既可以仲裁涉外案件，也可以仲裁国内案件，因此选项D的说法错误。

答案：A

(2) 本案适用简易程序审理后，关于仲裁委员会和仲裁庭可以自行决定的事项，下列选项正确的是？

A. 指定某法院的王法官担任本案仲裁员

B. 由一名仲裁员组成仲裁庭独任审理

C. 依据当事人的材料和证据书面审理

D. 简化裁决书，未写明争议事实

【考点】 简易程序中仲裁委员会和仲裁庭的权限

【解题思路与方法分析】《中国国际经济贸易仲裁委员会仲裁规则》第28条规定：“仲裁庭由一名仲裁员组成的，按照本规则第二十七条第（二）、（三）、（四）款规定的程序，选定或指定独任仲裁员。”据此可知，应从仲裁员名册中指定仲裁员，而现职审判人员不能担任仲裁员，选项A错误。《中国国际经济贸易仲裁委员会仲裁规则》第58条规定：“除非当事人另有约定，适用简易程序的案件，依照本规则第二十八条的规定成立独任仲裁庭审理案件。”因此选项B正确。《中国国际经济贸易仲裁委员会仲裁规则》第60条规定：“仲裁庭可以按照其认为适当的方式审理案件，可以在征得当事人意见后决定只依据当事人提交的书面材料和证据进行书面审理，也可以决定开庭审理。”因此选项C正确。仲裁裁决书应当写明仲裁请求、争议事实、裁决理由、裁决结果、仲裁费用的负担和裁决日期。当事人协议不愿写明争议事实和裁决理由的，可以不写。裁决书由仲裁员签名，加盖仲裁委员会印章。对裁决持不同意见的仲裁员，可以签名，也可以不签名。据此可知，仲裁委员会和仲裁庭无权决定简化裁决书中的争议事实，简化争议事实和裁判理由须当事人协议一致，选项D错误。

答案：BC

(3) 假设在执行过程中，郭某向法院提出异议，认为本案并非合同纠纷，不属于仲裁协议

约定的纠纷范围。法院对该异议正确的处理方式是?

A. 裁定执行中止

B. 经过审理，裁定不予执行仲裁裁决的，同时裁定终结执行

C. 经过审理，可以通知仲裁委员会重新仲裁

D. 不予支持该异议

【考点】 对仲裁协议效力的异议

【解题思路与方法分析】 当事人对仲裁协议的效力有异议，应当在仲裁庭首次开庭前提出。当事人在仲裁庭首次开庭前没有对仲裁协议的效力提出异议，而后向人民法院申请确认仲裁协议无效的，人民法院不予受理。结合本题，郭某在执行过程中才对仲裁协议的效力提出异议，早已超过法定的异议期限，因此法院不予受理，即不予支持该异议，选项D的说法正确，当选。

答案：D

(4) 针对本案中郭某拒不履行债务的行为，法院采取的正确的执行措施是?

A. 依职权决定限制郭某乘坐飞机

B. 要求郭某报告当前的财产情况

C. 强制郭某加倍支付迟延履行期间的债务利息

D. 根据郭某的申请，对拖欠郭某货款的金康公司发出履行通知

【考点】 执行措施

【解题思路与方法分析】 本题综合考查了威慑型的执行措施，涉及限制高消费、财产申报、责令被执行人支付延期利息等多项执行措施。依据《最高人民法院关于限制被执行人高消费及有关消费的若干规定》中的相关内容，被执行人未按执行通知书指定的期间履行生效法律文书确定的给付义务的，人民法院可以限制其高消费。被执行人为自然人的，被限制高消费后，乘坐交通工具时，不得选择飞机、列车软卧、轮船二等以上舱位，因此选项A正确。《民事诉讼法》第252条规定，被执行人未按执行通知履行法律文书确定的义务，应当报告当前以及收到执行通知之日前1年的财产情况。被执行人拒绝报告或者虚假报告的，人民法院可以根据情节轻重对被执行人或者其法定代理人、有关单位的主要负责人或者直接责任人员予以罚款、拘留。因此，选项B正确。被执行人未按判决、裁定和其他法律文书指定的期间履行给付金钱义务的，应当加倍支付迟延履行期间的债务利息。被执行人未按判决、裁定和其他法律文书指定的期间履行其他义务的，应当支付迟延履行金，因此选项C正确。被执行人不能清偿债务，但对本案以外的第三人享有到期债权的，人民法院可以依申请执行人或被执行人的申请，向第三人发出履行到期债务的通知（代位执行），履行通知必须直接送达第三人。因此，选项D正确。

答案：ABCD

(5) 如果法院批准了郭某的执行担保申请，驳回了朱某的异议，关于执行担保的效力和救济，下列选项正确的是?

A. 批准执行担保后，应当裁定终结执行

B. 担保期满后郭某仍无力偿债，法院根据兴源公司申请方可恢复执行

C. 恢复执行后，可以执行作为担保财产的字画

D. 恢复执行后，既可以执行字画，也可以执行郭某的其他财产

【考点】 执行担保

【解题思路与方法分析】 在执行中，被执行人向法院提供担保，并经申请执行人同意的，法院可以决定暂缓执行及暂缓执行的期限。被执行人逾期仍不履行的，法院有权执行被执行人的担保财产或者担保人的财产。具体来说，如果暂缓执行期限届满后被执行人仍不履行义务，或者暂缓执行期间担保人有转移、

隐藏、变卖、毁损担保财产等行为的，法院可以依申请执行人的申请恢复执行，并直接裁定执行担保财产或者保证人的财产，而无须另行起诉。依此，执行担保成立的法律后果是暂缓执行，而非执行终结，选项A错误。若担保期满后郭某仍无力偿债，法院可以恢复强制执行，而不以兴源公司的申请作为必须条件，选项B错误。恢复执行后，法院可直接执行被申请执行人提供的担保财产，或裁定执行担保人的财产，因此选项C和选项D均正确，当选。

答案：CD

(6) 关于朱某的异议和处理，下列选项正确的是?

A. 朱某应当以书面方式提出异议

B. 法院在审查异议期间，不停止执行活动，可以对字画采取保全措施和处分措施

C. 如果朱某对驳回异议的裁定不服，可以提出执行标的异议之诉

D. 如果朱某对驳回异议的裁定不服，可以申请再审

【考点】 案外人执行异议

【解题思路与方法分析】 执行过程中，案外人对执行标的提出书面异议的，人民法院应当自收到书面异议之日起15日内审查，理由成立的，裁定中止对该标的的执行；理由不成立的，裁定驳回。案外人、当事人对裁定不服，认为原判决、裁定错误的，依照审判监督程序办理；与原判决、裁定无关的，可以自裁定送达之日起15日内向人民法院提起执行异议之诉。结合本案，朱某应当以书面方式提出执行标的异议，选项A的说法正确。朱某的异议内容与原裁决的正确性无关，因此，朱某对驳回其异议裁定不服的，可以提出案外人执行异议之诉，而不是案外人申请再审，因此选项C的说法正确，选项D的说法错误。审查期间可以对财产采取查封、扣押、冻结等保全措施，但不得进行处分，正在实施的处分措施应当停止，选项B的说法错误。

答案：AC

395. 2014年

案情：甲县的葛某和乙县的许某分别拥有位于丙县的云峰公司50%的股份。后由于二人经营理念不合，已连续四年未召开股东会，无法形成股东会决议。许某遂向法院请求解散公司，并在法院受理后申请保全公司的主要资产（位于丁县的一块土地的使用权）。

请回答第（1）~（3）题。

(1) 关于本案当事人的表述，下列说法正确的是?

A. 许某是原告

B. 葛某是被告

C. 云峰公司可以是无独立请求权第三人

D. 云峰公司可以是有独立请求权第三人

【考点】 公司解散诉讼的当事人确定

【解题思路与方法分析】 依据《公司法解释（二）》[1]第1条和第4条的规定，单独或者合计持有公司全部股东表决权10%以上的股东，在法定情形下可以提起公司解散诉讼。股东起诉要求解散公司，应当以该股东为原告，公司为被告，其他股东对本案没有独立的请求权，但对案件的处理结果有法律上的利害关系，应当列为无独立请求权第三人。结合本案，应当以许某为原告，云峰公司为被告，因此选项A正确，当选。

答案：A

(2) 依据法律，对本案享有管辖权的法院是?

A. 甲县法院

B. 乙县法院

[1] 《最高人民法院关于适用〈中华人民共和国公司法〉若干问题的规定（二）》，以下简称《公司法解释（二）》。

C. 丙县法院

D. 丁县法院

【考点】 公司诉讼的管辖

【解题思路与方法分析】 依据《民事诉讼法》第27条的规定，因公司设立、确认股东资格、分配利润、解散等纠纷提起的诉讼，由公司住所地人民法院管辖。本案属于公司解散诉讼，是公司诉讼的一种，因此应当由云峰公司的住所地，即丙县法院管辖，选项C正确，当选。

答案：C

(3) 关于许某的财产保全申请，下列说法正确的是?

A. 本案是给付之诉，法院可作出保全裁定

B. 本案是变更之诉，法院不可作出保全裁定

C. 许某在申请保全时应提供担保

D. 如果法院认为采取保全措施将影响云峰公司的正常经营，应驳回保全申请

【考点提示】 诉的分类；保全

【解题思路与方法分析】 本案属于公司解散诉讼，公司解散诉讼属于变更之诉，因此选项A的说法错误。《公司法解释（二）》第3条规定："股东提起解散公司诉讼时，向人民法院申请财产保全或者证据保全的，在股东提供担保且不影响公司正常经营的情形下，人民法院可予以保全。"因此，选项B的后半句错误，选项C和D的说法均正确，当选。

答案：CD

396. 2014年

案情： B市的京发公司与T市的蓟门公司签订了一份海鲜买卖合同，约定交货地在T市，并同时约定"涉及本合同的争议，提交S仲裁委员会仲裁"。京发公司收货后，认为海鲜等级未达到合同约定，遂向S仲裁委员会提起解除合同的仲裁申请，仲裁委员会受理了该案。在仲裁规则确定的期限内，京发公司选定仲裁员李某作为本案仲裁庭的仲裁员，蓟门公司未选定仲裁员，双方当事人也未共同选定第三名仲裁员，S仲裁委主任指定张某为本案仲裁庭仲裁员、刘某为本案首席仲裁员，李某、张某、刘某共同组成本案的仲裁庭，仲裁委向双方当事人送达了开庭通知。开庭当日，蓟门公司未到庭，也未向仲裁庭说明未到庭的理由。仲裁庭对案件进行了审理并作出缺席裁决。在评议裁决结果时，李某和张某均认为蓟门公司存在严重违约行为，合同应解除，而刘某认为合同不应解除，拒绝在裁决书上签名。最终，裁决书上只有李某和张某的签名。S仲裁委员会将裁决书向双方当事人进行送达时，蓟门公司拒绝签收，后蓟门公司向法院提出撤销仲裁裁决的申请。

请回答第（1）~（3）题。

(1) 关于本案中仲裁庭组成，下列说法正确的是?

A. 京发公司有权选定李某为本案仲裁员

B. 仲裁委主任有权指定张某为本案仲裁员

C. 仲裁委主任有权指定刘某为首席仲裁员

D. 本案仲裁庭的组成合法

【考点提示】 仲裁庭的组成

【解题思路与方法分析】 仲裁庭可以由三名仲裁员或者一名仲裁员组成。由三名仲裁员组成的，设首席仲裁员。当事人约定由三名仲裁员组成仲裁庭的，应当各自选定或者各自委托仲裁委员会主任指定一名仲裁员，第三名仲裁员由当事人共同选定或者共同委托仲裁委员会主任指定，第三名仲裁员是首席仲裁员。当事人约定由一名仲裁员成立仲裁庭的，应当由当事人共同选定或者共同委托仲裁委员会主任指定仲裁员。当事人没有在仲裁规则规定的期限内约定仲裁庭的组成方式或者选定仲裁

员的，由仲裁委员会主任指定。依此，本题四个选项的说法全部正确，均当选。

答案：ABCD

（2）关于本案的裁决书，下列表述正确的是？

A. 裁决书应根据仲裁庭中的多数意见，支持京发公司的请求

B. 裁决书应根据首席仲裁员的意见，驳回京发公司的请求

C. 裁决书可支持京发公司的请求，但必须有首席仲裁员的签名

D. 无论蓟门公司是否签收，裁决书自作出之日起生效

【考点提示】 仲裁裁决

【解题思路与方法分析】 本案中，张某、李某两名仲裁员已经形成了多数意见，因此按照少数服从多数的原则，应当按照张某、李某二人的意见作出裁决，选项 A 正确。只有在无法形成多数意见时，才按照首席仲裁员的意见作出裁决，而本案中已经形成了多数意见，因此选项 B 错误。仲裁裁决由仲裁员签名，持不同意见的仲裁员可以拒绝签名，选项 C 错误。仲裁实行一裁终局，仲裁裁决自作出之日起生效，当事人拒不签收并不影响仲裁裁决的生效，选项 D 正确。

答案：AD

（3）关于蓟门公司撤销仲裁裁决的申请，下列表述正确的是？

A. 蓟门公司应向 S 仲裁委所在地中院提出申请

B. 法院应适用普通程序审理该撤销申请

C. 法院可以适用法律错误为由撤销 S 仲裁委的裁决

D. 法院应以缺席裁决违反法定程序为由撤销 S 仲裁委的裁决

【考点提示】 申请撤销仲裁裁决

【解题思路与方法分析】 依据《仲裁法》第 58 条第 1、2 款的规定："下列情形可以向仲裁委员会所在地的中级人民法院申请撤销裁决：（一）没有仲裁协议的；（二）裁决的事项不属于仲裁协议的范围或者仲裁委员会无权仲裁的；（三）仲裁庭的组成或者仲裁的程序违反法定程序的；（四）裁决所根据的证据是伪造的；（五）对方当事人隐瞒了足以影响公正裁决的证据的；（六）仲裁员在仲裁该案时有索贿受贿，徇私舞弊，枉法裁决行为的。人民法院经组成合议庭审查核实裁决有前述规定情形之一的，应当裁定撤销。"依此，选项 A 正确。对于撤销仲裁裁决的申请，法院应当组成合议庭审理，但撤销仲裁裁决属于一种独立的、特殊的司法程序，并不是诉讼程序，因此不适用普通程序的规定，选项 B 错误。法律适用错误并非申请撤销仲裁裁决的法定事由，选项 C 错误。本案中并无程序违法之处，因此选项 D 错误。

答案：A

397. 2015 年

案情：主要办事机构在 A 县的五环公司与主要办事机构在 B 县的四海公司于 C 县签订购货合同，约定：货物交付地在 D 县；若合同的履行发生争议，由原告所在地或者合同签订地的基层法院管辖。现五环公司起诉要求四海公司支付货款。四海公司辩称已将货款交给五环公司业务员付某。五环公司承认付某是本公司业务员，但认为其无权代理本公司收取货款，且付某也没有将四海公司声称的货款交给本公司。四海公司向法庭出示了盖有五环公司印章的授权委托书，证明付某有权代理五环公司收取货款，但五环公司对该授权书的真实性不予认可。根据案情，法院依当事人的申请通知付某参加（参与）诉讼。

请回答第（1）~（3）题。

（1）对本案享有管辖权的法院包括？

A. A 县法院

B. B县法院

C. C县法院

D. D县法院

【考点】 协议管辖

【解题思路与方法分析】 依照协议管辖的约定，本案由原告住所地A县法院和合同签订地C县法院管辖。因此选项A和C均正确。依照《民诉法解释》第30条的规定，协议管辖并不要求选择的唯一性，当事人约定两个以上与争议有实际联系地点法院管辖的，并不影响管辖协议的效力。管辖协议约定两个以上与争议有实际联系的地点的人民法院管辖的，原告可以向其中一个人民法院起诉。

答案：AC

(2) 本案需要由四海公司承担证明责任的事实包括？

A. 四海公司已经将货款交付给了五环公司业务员付某

B. 付某是五环公司业务员

C. 五环公司授权付某代理收取货款

D. 付某将收取的货款交到五环公司

【考点】 合同纠纷的证明责任分配

【解题思路与方法分析】 按照合同纠纷案件的证明责任分配规则，对合同是否履行发生争议的，由负有履行义务的当事人承担举证责任。对代理权发生争议的，由主张有代理权的一方当事人承担举证责任。结合本案，选项A中的要件事实属于合同是否履行的事实，应当由主张合同已经履行的四海公司承担证明责任。选项B中的要件事实已经经过五环公司自认，该事实构成免证事实而无须证明。选项C中的要件事实应当由主张代理权存在的一方当事人即四海公司承担证明责任。选项D所涉事项与本案无关，无须四海公司承担证明责任。因此选项A和C当选。

答案：AC

(3) 根据案情和法律规定，付某参加（参与）诉讼，在诉讼中所居地位是？

A. 共同原告

B. 共同被告

C. 无独立请求权第三人

D. 证人

【考点提示】 当事人适格

【解题思路与方法分析】 本案双方当事人为四海公司和五环公司，付某作为公司业务员，并非实体合同法律关系的主体，不是适格当事人，因此选项A和选项B均错误。付某与合同纠纷案件的处理结果没有法律上的利害关系，但其亲历了案件经过，因此不是无独立请求权的第三人，而是证人，选项C错误，选项D正确。

答案：D

398. 2015年

案情：张山承租林海的商铺经营饭店，因拖欠房租被诉至饭店所在地甲法院，法院判决张山偿付林海房租及利息，张山未履行判决。经律师调查发现，张山除所居住房以外，其名下另有一套房屋，林海遂向该房屋所在地乙法院申请执行。乙法院对该套房屋进行查封、拍卖。执行过程中，张山前妻宁虹向乙法院提出书面异议，称两人离婚后该房屋已由丙法院判决归其所有，目前尚未办理房屋变更登记手续。

请回答第（1）~（3）题。

(1) 对于宁虹的异议，乙法院的正确处理是？

A. 应当自收到异议之日起15日内审查

B. 若异议理由成立，裁定撤销对该房屋的执行

C. 若异议理由不成立，裁定驳回

D. 应当告知宁虹直接另案起诉

【考点提示】 案外人执行标的异议

【解题思路与方法分析】 解答该类题目，需要首先厘清案件中所涉的法律关系以及各个主体的地位。本案中，林海为申请执行人，张山为被申请执行人，宁虹为案外人，因此宁

虹的异议为案外人针对执行标的提出的异议。执行过程中，案外人对执行标的提出书面异议的，人民法院应当自收到书面异议之日起15日内审查，理由成立的，裁定中止对该标的的执行；理由不成立的，裁定驳回。依此，选项A和选项C均正确，当选。

答案：AC

(2) 如乙法院裁定支持宁虹的请求，林海不服提出执行异议之诉，有关当事人的诉讼地位是？

A. 林海是原告，张山是被告，宁虹是第三人

B. 林海和张山是共同原告，宁虹是被告

C. 林海是原告，张山和宁虹是共同被告

D. 林海是原告，宁虹是被告，张山视其态度而定

【考点】 执行异议之诉

【解题思路与方法分析】 法院裁定支持案外人宁虹的请求，应当裁定中止执行，此时申请执行人林海不服此裁定，应当在收到裁定后15日内向法院提出许可执行之诉（申请执行人执行异议之诉），此时申请执行人林海是原告，案外人宁虹是被告，被申请人张山的诉讼地位视其态度而定：若张山反对申请人的主张，列为共同被告；若张山不反对申请人的主张，则列为无独立请求权第三人。因此，本题的正确答案为选项D。

答案：D

(3) 乙法院裁定支持宁虹的请求，林海提出执行异议之诉，下列说法可成立的是？

A. 林海可向甲法院提起执行异议之诉

B. 如乙法院审理该案，应适用普通程序

C. 宁虹应对自己享有涉案房屋所有权承担证明责任

D. 如林海未对执行异议裁定提出诉讼，张山可以提出执行异议之诉

【考点】 执行异议之诉

【解题思路与方法分析】 执行异议之诉应当由负责执行的法院管辖，具体到本案，应当由乙法院管辖，因此选项A错误。依据《民诉法解释》第308条的规定，人民法院审理执行异议之诉案件，应当适用普通程序，因此选项B正确。案外人或者申请执行人提起执行异议之诉的，案外人应当就其对执行标的享有足以排除强制执行的民事权益承担证明责任。因此，在执行异议之诉中，应当由案外人对执行标的享有足以阻碍执行的权利承担证明责任。结合本案，应当由案外人宁虹对自己享有涉案房屋所有权承担证明责任，因此选项C正确。法院裁定支持案外人请求而裁定中止执行的，应由申请人提起许可执行之诉，被申请人无权提起执行异议之诉，因此选项D错误。

【破题干货】两种类型的执行异议之诉

—	案外人执行异议之诉	申请执行人执行异议之诉（许可执行之诉）
前提	执行异议被裁定驳回	执行异议被裁定成立
目的功能	阻碍执行	恢复、促进执行
诉讼地位	案外人为原告，申请执行人为被告；被执行人反对案外人的，作为共同被告；不反对的，可列为第三人	申请执行人为原告，案外人为被告；被执行人反对申请执行人的，作为共同被告；不反对的，可列为第三人
举证责任	两种异议之诉中，案外人均应当就其对执行标的享有足以排除强制执行的民事权益承担证明责任	

答案：BC

399. 2016年

案情： 住所地在H省K市L区的甲公司与住所地在F省E市D区的乙公司签订了一份钢材买卖合同，价款数额为90万元。合同在B市C区签订，双方约定合同履行地为W省Z市Y区，同时约定如因合同履行发生争议，由B市仲裁委员会仲裁。合同履行过程中，因钢材质量问题，甲公司与乙公司发生争议，甲公司欲申请仲裁解决。因B市有两个仲裁机构，分别为丙仲裁委员会和丁仲裁委员会（两个仲裁委员会所在地都在B市C区），乙公司认为合同中的仲裁条款无效，欲向有关机构申请确认仲裁条款无效。

请回答第（1）~（3）题。

(1) 依据法律和司法解释的规定，乙公司可以向有关机构申请确认仲裁条款无效。关于确认的机构，下列选项正确的是？

A. 丙仲裁委员会

B. 丁仲裁委员会

C. B市中级法院

D. B市C区法院

【考点】 仲裁协议效力的确认机构

【解题思路与方法分析】 确认仲裁协议效力的机构有二，即仲裁委员会和人民法院。依据《最高人民法院关于审理仲裁司法审查案件若干问题的规定》的规定，当事人向人民法院申请确认仲裁协议效力的案件，由仲裁协议约定的仲裁机构所在地、仲裁协议签订地、申请人住所地、被申请人住所地的中级人民法院或者专门人民法院管辖。依此，乙公司如果申请由仲裁委员会确认仲裁条款的效力，则应当由丙仲裁委员会或丁仲裁委员会管辖；乙公司如果申请由法院确认仲裁条款的效力，则可以由仲裁机构所在地的中级人民法院即B市中级人民法院管辖。因此，选项A、B、C均正确，当选。

答案：ABC

(2) 如相关机构确认仲裁条款无效，甲公司欲与乙公司达成协议，确定案件的管辖法院。关于双方可以协议选择的管辖法院，下列选项正确的是？

A. H省K市L区法院

B. F省E市D区法院

C. B市C区法院

D. W省Z市Y区法院

【考点】 协议管辖

【解题思路与方法分析】 依据《民事诉讼法》第35条有关协议管辖的规定，当事人可以书面协议选择被告住所地、合同履行地、合同签订地、原告住所地、标的物所在地等与争议有实际联系的地点的人民法院管辖，但不得违反级别管辖和专属管辖的规定。结合本案，H省K市L区法院和F省E市D区法院分别为原、被告双方当事人的住所地法院；B市C区法院为合同签订地法院；W省Z市Y区法院为合同履行地法院。因此，四个选项中所列法院均属于可以选择的管辖法院，均当选。

答案：ABCD

(3) 如仲裁条款被确认无效，甲公司与乙公司又无法达成新的协议，甲公司欲向法院起诉乙公司。关于对本案享有管辖权的法院，下列选项正确的是？

A. H省K市L区法院

B. F省E市D区法院

C. W省Z市Y区法院

D. B市C区法院

【考点】 买卖合同纠纷的管辖

【解题思路与方法分析】 在仲裁条款被确认无效且当事人双方无法达成新协议的情况下，案件应当适用法定管辖的规则，本案为买卖合同纠纷，因此法定的管辖法院为被告住所地或者合同履行地法院，其中被告住所地法院为F省E市D区法院，合同履行地法院为W

省 Z 市 Y 区法院。选项 B 和选项 C 均正确，当选。

答案：BC

400. 2016 年

案情：甲市 L 区居民叶某购买了住所在乙市 M 区的大亿公司开发的位于丙市 N 区的商品房一套，合同中约定双方因履行合同发生争议可以向位于丙市的仲裁委员会（丙市仅有一家仲裁机构）申请仲裁。因大亿公司迟迟未按合同约定交付房屋，叶某向仲裁委员会申请仲裁。大亿公司以仲裁机构约定不明，向仲裁委员会申请确认仲裁协议无效。经审查，仲裁委员会作出了仲裁协议有效的决定。在第一次仲裁开庭时，大亿公司声称其又向丙市中级法院请求确认仲裁协议无效，申请仲裁庭中止案件审理。在仲裁过程中仲裁庭组织调解，双方达成了调解协议，仲裁庭根据协议内容制作了裁决书。后因大亿公司不按调解协议履行义务，叶某向法院申请强制执行，而大亿公司则以调解协议内容超出仲裁请求为由，向法院申请不予执行仲裁裁决。

请回答第（1）~（3）题。

（1）大亿公司向丙市中级法院请求确认仲裁协议无效。对此，正确的做法是？

A. 丙市中级法院应予受理并进行审查

B. 丙市中级法院不予受理

C. 仲裁庭在法院就仲裁协议效力作出裁定之前，应当中止仲裁程序

D. 仲裁庭应继续开庭审理

【考点】 仲裁协议效力的判定

【解题思路与方法分析】 有权确认仲裁协议效力的机构为仲裁委员会和人民法院，原则上，法院的确认权优先，但一方请求法院作出裁定，另一方请求仲裁委员会作出决定，仲裁机构先于法院接受申请并已经作出决定的，法院不予受理。若仲裁机构接受申请后尚未作出决定，法院应予受理并同时通知仲裁机构中止仲裁。本案中，仲裁委员会已经作出了仲裁协议有效的决定，此时大亿公司又向法院申请确认仲裁协议无效的，法院不予受理，仲裁庭应当继续开庭审理。因此选项 B 和选项 D 的说法均正确，当选。

答案：BD

（2）双方当事人在仲裁过程中达成调解协议，仲裁庭正确的结案方式是？

A. 根据调解协议制作调解书

B. 应当依据调解协议制作裁决书

C. 将调解协议内容记入笔录，由双方当事人签字后即发生法律效力

D. 根据调解协议的结果制作裁决书

【考点】 仲裁调解

【解题思路与方法分析】 经仲裁庭调解，双方当事人达成协议的，仲裁庭应当制作调解书。仲裁庭除了可以制作仲裁调解书之外，也可以根据协议的结果制作裁决书。仲裁调解书和裁决书具有同等法律效力。依此，选项 A 和选项 D 的说法均正确，当选。选项 B 错在了"应当"二字上，因为仲裁庭的结案方式有两种方案可选。

答案：AD

（3）大亿公司以调解协议超出仲裁请求范围请求法院不予执行仲裁裁决。法院正确的做法是？

A. 不支持，继续执行

B. 应支持，并裁定不予执行

C. 应告知当事人申请撤销仲裁裁决，并裁定中止执行

D. 应支持，必要时可通知仲裁庭重新仲裁

【考点】 申请不予执行仲裁裁决

【解题思路与方法分析】 依据《民事诉讼法》及《仲裁法》的相关规定，当事人请求不予执行仲裁调解书或者根据当事人之间的

和解协议作出的仲裁裁决书的，法院不予受理该类申请。本题中，大亿公司申请不予执行仲裁裁决的事由是调解协议超出了仲裁请求的范围，属于上述不予受理申请的情形，因此法院应当不予支持大亿公司的申请，继续执行。选项 A 正确，当选。

答案：A

401. 2017 年

案情： 2015 年 4 月，居住在 B 市（直辖市）东城区的林剑与居住在 B 市西城区的钟阳（二人系位于 B 市北城区正和钢铁厂的同事）签订了一份借款合同，约定钟阳向林剑借款 20 万元，月息 1%，2017 年 1 月 20 日前连本带息一并返还。合同还约定，如因合同履行发生争议，可向 B 市东城区仲裁委员会仲裁。至 2017 年 2 月，钟阳未能按时履约。2017 年 3 月，二人到正和钢铁厂人民调解委员会（下称调解委员会）请求调解。调解委员会委派了三位调解员主持该纠纷的调解。

请回答第（1）~（3）题。

(1) 如调解委员会调解失败，解决的办法有？

A. 双方自行协商达成和解协议

B. 在双方均同意的情况下，要求林剑居住地的街道居委会的人民调解委员会组织调解

C. 依据借款合同的约定通过仲裁的方式解决

D. 通过诉讼方式解决

【考点】 多元化的民事纠纷解决机制

【解题思路与方法分析】 本题考查民事纠纷的解决机制，可以将民事纠纷的解决机制分为诉讼与诉外两类，其中诉外解纷机制又包括诉外调解、仲裁、和解。本案中，如果人民调解委员会的调解失败，则当事人可以通过自行和解的方式解决纠纷，选项 A 的说法正确。也可以在双方均同意的情况下，申请某方当事人居住地的居委会进行人民调解，选项 B 的说法正确。虽然双方在合同中约定，如因合同履行发生争议，可向 B 市东城区仲裁委员会仲裁，但在县和不设区的市根本没有民商事仲裁机构，因此本案属于约定了根本不存在的仲裁机构，仲裁协议无效，因此无法申请仲裁，选项 C 的说法错误。此外，诉讼作为最后一道防线，属于公力救济途径，当然可以用来解决纠纷，选项 D 的说法正确。

答案：ABD（旧题新解）

(2) 如调解成功，林剑与钟阳在调解委员会的主持下达成如下协议：2017 年 5 月 15 日之前，钟阳向林剑返还借款 20 万元，支付借款利息 2 万元。该协议有林剑、钟阳的签字，盖有调解委员会的印章和三位调解员的签名。钟阳未按时履行该调解协议，林剑拟提起诉讼。在此情况下，下列说法正确的是？

A. 应以调解委员会为被告

B. 应以钟阳为被告

C. 应以调解委员会和钟阳为共同被告

D. 应以钟阳为被告，调解委员会为无独立请求权的第三人

【考点】 人民调解协议的效力

【解题思路与方法分析】 人民调解协议仅具有民事合同性质的效力，双方就调解协议的履行或内容发生争议的，一方当事人可以就调解协议向法院起诉。依据《民诉法解释》第 61 条的规定，当事人之间的纠纷经人民调解委员会调解达成协议后，一方当事人不履行调解协议，另一方当事人向人民法院提起诉讼的，应以对方当事人为被告。因此选项 B 的说法正确，当选。调解委员会作为解决纠纷的主持者，并不是实体权利义务的当事人或利害关系人，与纠纷也没有任何利害关系，因此不应作为诉讼的当事人，选项 A、C、D 的说法均错误。

答案：B

(3) 如调解成功，林剑与钟阳在调解委员

会的主持下达成了调解协议，相关人员希望该调解协议被司法确认。下列说法正确的是？

A. 应由林剑或钟阳向有管辖权的法院申请

B. 应由林剑、钟阳共同向有管辖权的法院申请

C. 应在调解协议生效之日起 30 日内提出申请，申请可以是书面方式，也可以是口头方式

D. 对申请的案件有管辖权的法院包括 B 市西城区法院、B 市东城区法院和 B 市北城区法院

【考点】 司法确认

【解题思路与方法分析】《民事诉讼法》第 205 条规定："经依法设立的调解组织调解达成调解协议，申请司法确认的，由双方当事人自调解协议生效之日起三十日内，共同向下列人民法院提出：（一）人民法院邀请调解组织开展先行调解的，向作出邀请的人民法院提出；（二）调解组织自行开展调解的，向当事人住所地、标的物所在地、调解组织所在地的基层人民法院提出；调解协议所涉纠纷应当由中级人民法院管辖的，向相应的中级人民法院提出。"因此，为了证明双方当事人的合意性和自愿性，申请司法确认须由双方当事人共同提出申请，不得单方申请。选项 B 正确，选项 A 错在了"或"字。申请司法确认的方式可以书面，也可以口头，当事人口头申请的，法院应当记入笔录，并由当事人签名、捺印或者盖章，因此选项 C 的说法正确。调解组织自行开展调解的，司法确认的管辖法院包括当事人住所地、标的物所在地、调解组织所在地的基层法院，因此 B 市西城区法院和 B 市东城区法院系当事人住所地法院，B 市城北区法院系调解组织所在地法院，均享有司法确认管辖权，选项 D 的说法正确。

【避坑秘笈】（1）约定了根本不存在的仲裁机构，则仲裁协议自始无效，在县和不设区的市没有民商事仲裁机构。（2）人民调解协议本身只具有民事合同性质的效力，发生争议的可以诉讼，但诉讼的被告只能是纠纷当事人，而不能是调解委员会；诉讼的对象只能是调解协议，而不能直接指向原纠纷。（3）申请司法确认的时间是协议生效之日起 30 日内，须双方当事人共同申请，申请方式可以口头，可以书面。

答案：BCD（旧题新解）

402. 2017 年

案情：大洲公司超标排污导致河流污染，公益环保组织甲向 A 市中级法院提起公益诉讼，请求判令大洲公司停止侵害并赔偿损失。法院受理后，在公告期间，公益环保组织乙也向 A 市中级法院提起公益诉讼，请求判令大洲公司停止侵害、赔偿损失和赔礼道歉。公益案件审理终结后，渔民梁某以大洲公司排放的污水污染了其承包的鱼塘为由提起诉讼，请求判令赔偿其损失。

请回答第（1）~（3）题。

（1） 对乙组织的起诉，法院的正确处理方式是？

A. 予以受理，与甲组织提起的公益诉讼合并审理

B. 予以受理，作为另案单独审理

C. 属重复诉讼，不予受理

D. 允许其参加诉讼，与甲组织列为共同原告

【考点】 民事公益诉讼的原告

【解题思路与方法分析】 在法院已经受理环保组织甲的起诉后，环保组织乙也提出了起诉，此时属于公益诉讼原告主体资格竞合的情况。依据《民诉法解释》第 285 条的规定，人民法院受理公益诉讼案件后，依法可以提起诉讼的其他机关和有关组织，可以在开庭前向人民法院申请参加诉讼。人民法院准许参加诉讼的，列为共同原告。因此，选项 D 的说法正确。

【避坑秘笈】本案中，公益环保组织乙起诉的时间是法院受理起诉后的公告期间内，因此可以作为共同原告，但如果是公益诉讼案件的裁判发生法律效力后，其他依法具有原告资格的机关和有关组织就同一侵权行为另行提起公益诉讼的，法院裁定不予受理，法律、司法解释另有规定的除外。

答案：D

(2) 公益环保组织因与大洲公司在诉讼中达成和解协议申请撤诉，法院的正确处理方式是？

A. 应将和解协议记入笔录，准许公益环保组织的撤诉申请

B. 不准许公益环保组织的撤诉申请

C. 应将双方的和解协议内容予以公告

D. 应依职权根据和解协议内容制作调解书

【考点】公益诉讼中的和解

【解题思路与方法分析】我国的民事公益诉讼既允许调解，也允许和解，但当事人达成调解协议或者自行达成和解协议后，法院应当将协议内容公告，公告期间不得少于30日。公告期满后，法院审查认为调解协议或者和解协议的内容不损害社会公共利益的，应当出具调解书；反之，则不用出具调解书，继续对案件进行审理并依法作出裁判。调解书应当写明诉讼请求、案件的基本事实和协议内容，并应当公开。此外，环境民事公益诉讼的当事人以达成和解协议为由申请撤诉的，法院不予准许。结合本案，公益环保组织因达成和解协议而申请撤回起诉，法院应当不予准许，选项A的说法错误，选项B的说法正确。公益诉讼中达成和解协议后应当先公告、后审查，协议内容不损害社会公益的，制作调解书结案，因此选项C和选项D的说法均正确。

答案：BCD

(3) 对梁某的起诉，法院的正确处理方式是？

A. 属重复诉讼，裁定不予受理

B. 不予受理，告知其他公益环保组织请求给付

C. 应予受理，但公益诉讼中已提出的诉讼请求不得再次提出

D. 应予受理，其诉讼请求不受公益诉讼影响

【考点】民事公益诉权与民事私益诉权的关系

【解题思路与方法分析】法律规定的机关和社会组织提起环境民事公益诉讼的，不影响因同一污染环境、破坏生态行为受到人身、财产损害的公民、法人和其他组织依法提起诉讼。换言之，民事公益诉权与民事私益诉权并行不悖，提起公益诉讼并不影响实际遭受损害的私主体提起私益诉讼，因为公益诉讼的功能是救济社会公共利益，而普通民事私益诉讼的功能是救济民事私权益。依此，渔民梁某作为实际遭受水污染的公民，其有权提起民事私益诉讼，法院应当受理梁某的起诉，选项D的说法正确，当选。

【破题干货】民事公益诉讼

起诉条件	(1) 原告是法律规定的机关和有关组织；(2) 有明确的被告；(3) 具体的诉讼请求和事实理由；(4) 有社会利益受到损害的初步证据；(5) 属于法院主管和受诉法院管辖
原告	法律规定的机关和有关组织（设区的市级以上、专门从事环保公益活动、连续5年以上、无违法记录；中国消协和省级消协）
管辖	侵权行为地或被告住所地的中级人民法院管辖，但法律、司法解释另有规定的除外（环境民事公益诉讼——管辖权转移）

续表

告知义务	法院受理公益诉讼案件后，应当在10日内书面告知相关行政主管部门
释明	法院认为原告的诉讼请求不足以保护社会公益的，可以向其释明变更或增加停止侵害、恢复原状等诉讼请求
自认限制	法院认为原告的自认损害社会公共利益的，应当不予确认
调解或和解	达成协议后应将协议进行不少于30日的公告——公告期满后法院审查认为协议内容不损害社会公益的，应当出具调解书；反之，则继续审理并依法裁判
撤诉限制	原告在法庭辩论终结后申请撤诉的，法院原则上不予准许 以达成和解协议为由申请撤诉的，法院不予准许

答案：D

答案速查表

第一章

1. C	2. ACD	3. ABC

第二章

4. B	5. D	6. C	7. C	8. ABCD	9. B	10. D	11. A
12. A	13. CD	14. D	15. ABC	16. C	17. A	18. D	19. BC
20. C	21. ABC	22. C	23. D	24. ABCD	25. AB	26. C	

第三章

27. AC	28. A	29. A	30. C	31. D	32. B	33. A	34. AB
35. B	36. ACD	37. D	38. ACD	39. D	40. BD		

第四章

41. ABC	42. D	43. D	44. A	45. AB	46. BC	47. ABCD
48. C	49. ABC	50. AB	51. AC	52. B	53. C	54. A
55. D	56. B	57. D	58. C	59. AB	60. D	61. D
62. BD	63. C	64. AB	65. B	66. A	67. BCD	68. D
69. ABCD	70. C	71. ABCD	72. B	73. B	74. ACD	75. D

第五章

76. AC	77. ABCD	78. ACD	79. A	80. D	81. C	82. B
83. D	84. D	85. C	86. B	87. D	88. B	89. D
90. B	91. AC	92. B	93. B	94. ABC	95. B	96. BC
97. D	98. AD	99. AD	100. D	101. C	102. B	103. A
104. BD	105. D	106. C	107. B	108. A	109. ABCD	110. ABCD
111. D	112. A	113. B	114. D	115. BCD	116. ABCD	117. AB
118. ABC	119. D	120. AB	121. B	122. BCD	123. A	124. ACD

第六章

125. B	126. C	127. C	128. AD	129. AB	130. B	131. CD
132. ABC	133. ABC	134. C	135. BC	136. CD	137. A	138. BC
139. A	140. A	141. B	142. CD	143. A	144. B	145. ABCD
146. AD	147. AC	148. B	149. CD			

第七章

150. C	151. C	152. A	153. A	154. ABC	155. A	156. D

第八章

157. A	158. C	159. D	160. ABCD	161. B	162. ABC	163. C
164. ABCD	165. A	166. C	167. A	168. C	169. ACD	170. ABCD
171. ABD	172. D	173. B	174. C	175. D	176. C	177. BCD
178. D	179. CD	180. BD	181. AD	182. BCD	183. A	184. BD
185. BCD	186. ABCD	187. C	188. D	189. CD	190. B	191. AC
192. ABCD	193. D	194. BD	195. BC	196. AC	197. AC	198. D
199. ABCD						

第九章

200. ACD	201. D	202. C	203. C	204. A	205. AB	206. C
207. B	208. B	209. C	210. BD	211. A	212. C	213. CD
214. A	215. B	216. A	217. C	218. B	219. C	220. CD
221. B	222. D	223. BCD	224. AC	225. B	226. B	

第十章

227. B	228. BC	229. CD	230. ABD	231. BC	232. ABC
233. ACD	234. B	235. D	236. CD	237. BCD	238. D

第十一章

239. C	240. C	241. D	242. B	243. CD	244. A	245. AC
246. D	247. A	248. D	249. A	250. C	251. B	252. A
253. B	254. B	255. AC	256. A	257. D	258. D	259. BD
260. D	261. BD	262. AC	263. C	264. BD	265. B	266. D
267. D	268. C	269. D	270. AD	271. BD	272. CD	

第十二章

273. D	274. C	275. C	276. C	277. ABC	278. ACD	279. D
280. CD	281. B	282. D	283. D	284. CD	285. D	286. ABCD
287. BD	288. A	289. D	290. A	291. A	292. D	293. A
294. B						

第十三章

295. B	296. C	297. ACD	298. D	299. D	300. B	301. B
302. D	303. AD	304. AB	305. AB	306. ABD	307. BCD	308. ABCD

第十四章

309. BD	310. D	311. AB	312. AC	313. C	314. AD	315. BCD
316. C	317. C	318. ABD	319. CD			

第十五章

320. C	321. AD	322. AC	323. BD	324. D	325. C

第十六章

326. D	327. AB	328. D	329. B	330. AD	331. CD	332. D
333. C	334. B	335. D	336. BCD	337. BCD	338. D	339. CD
340. BD	341. C	342. ABD	343. A	344. C	345. B	346. D
347. D	348. AB	349. B	350. B	351. BC	352. C	353. A
354. ACD	355. D	356. A	357. B	358. BD	359. C	360. BCD

第十七章

361. ABC	362. C	363. AB	364. C	365. D	366. AD	367. BC
368. AC	369. D	370. BC	371. BC	372. C	373. B	374. D
375. B	376. ABCD	377. BD				

第十八章

378. A	379. D	380. AC	381. D	382. B	383. C

第十九章

384. AD	385. D	386. D	387. BD	388. A	389. BCD	390. BC
391. ABCD						

第二十章

392.	(1) BCD	(2) ABC	(3) C	(4) ACD	(5) AB	(6) ABCD
393.	(1) AB	(2) A	(3) AC	(4) AC	(5) CD	(6) BD
394.	(1) A	(2) BC	(3) D	(4) ABCD	(5) CD	(6) AC
395.	(1) A	(2) C	(3) CD			
396.	(1) ABCD	(2) AD	(3) A			
397.	(1) AC	(2) AC	(3) D			
398.	(1) AC	(2) D	(3) BC			
399.	(1) ABC	(2) ABCD	(3) BC			
400.	(1) BD	(2) AD	(3) A			
401.	(1) ABD	(2) B	(3) BCD			
402.	(1) D	(2) BCD	(3) D			

瑞达法考直属分校联系方式

总部网校

客服值班电话：400－1660－360 转 2
办公地址：北京市海淀区西三环北路 72 号世纪经贸大厦 B 座 2700
庄老师 13641209704（微信同号）
小敏老师 13641286476（微信同号）
丽娜老师 13121455028（微信同号）
胡老师 13611204137（微信同号）
高老师 13641286414（微信同号）
徐老师 18612311042（微信同号）
小韩老师 13641216547（微信同号）
谭老师 13121480978（微信同号）
小巫老师 18511635156（微信同号）
赵老师 13641268443（微信同号）
孙老师 13141272610（微信同号）
晓慧老师 13260096705（微信同号）
小海老师 13611204873（微信同号）

北方分校

办公地址：北京市海淀区西三环北路 72 号世纪经贸大厦 B 座 27 层 2700
上课地址：天津市武清区新源道 18 号奥蓝际德商务酒店（园区免费停车）

1. 客服值班电话：400－1660－360 转 1 转 1 再转 1；王老师 17343174185（微信同号）杨老师 17812032760（微信同号）
2. 北京市面授及网课咨询：闫老师 15910626131（微信同号）；卜老师 15901252307（微信同号）；王老师 17810798753（微信同号）
3. 天津市面授及网课咨询：王老师 17810798753（微信同号）
4. 河北省面授及网课咨询：卜老师 15901252307（微信同号）
5. 辽宁省面授及网课咨询：陈小龙老师 17810632673（微信同号）
6. 吉林省面授及网课咨询：陈鸿丰老师 17810712815（微信同号）
7. 黑龙江面授及网课咨询：陈鸿丰老师 17810712815（微信同号）
8. 内蒙古面授及网课咨询：陈鸿丰老师 17810712815（微信同号）
9. 河南省面授及网课咨询：陈小龙老师 17810632673（微信同号）
10. 山西省、陕西省咨询：卜老师 15901252307（微信同号）
11. 甘肃省、新疆区域咨询：闫老师 15910626131（微信同号）
12. 青海省、宁夏区域咨询：杨老师 17812032760（微信同号）

南京分校

客服值班电话：400－1660－360 转 1 转 1 再转 5
办公地址：南京市鼓楼区新楼花马路 66 号南邮大厦 1714 室
江苏、安徽、山东报名咨询：沙老师 13812318935

上海分校

客服值班电话：400－1660－360 转 1 转 1 再转 2
1.（市区报名）上海市静安区汉中路 158 号汉中广场 902 室；地铁 1 号线、12 号线、13 号线汉中路站下。电话：021 - 52902865、021 - 52902869、18516307172（微信同号），陈老师13738188215（微信同号）

2.（大学城报名）上海市松江区三新北路1800弄8号楼3002室（松江大学城六期）；上海海事大学、江西省报名咨询：余老师13052397071（微信同号）

3. 上海政法学院、上海商学院、华东理工、上师大、厦门报名咨询：陈老师13052393272（微信同号）

4. 上大、贤达、金融、衫达、海关、漳州、泉州咨询：李老师13395718787（微信同号）

杭州分校

客服值班电话：400 - 1660 - 360 转1转1转4

1. 杭州分校报名咨询：0571 - 87756276、13738188215（微信同号）；地址：杭州市西湖区文二路195号（靠近教工路）耀江文欣大厦1503室

2. 浙大宁波理工、温州、嘉兴地区：梅老师13738188215（微信同号）

3. 下沙地区、杭州商学院、现科、浙大城院：梅老师13738188215（微信同号）

4. 万里学院、宁波科技学院、浙江工业大学、杭州师范大学：梅老师13738188215（微信同号）

5. 绍兴地区、金华地区、农林大学、警官学院、东方财经、科艺学院：谢老师15168367817（微信同号）

广州分校

客服值班电话：400 - 1660 - 360 转1转1再转3

广州地址：广州市天河区广州大道北613号城光大厦700A - B

咨询热线：020 - 62875806　手机：17688466828

乘车路线：地铁天号线平架A出口（南洋长胜酒店方向）；公交：兴华路口站

1. 广技师、五邑大学、新华学院：林老师16624710323

2. 广外、广大、广警、北理、北师：李老师18124065249

3. 广海、岭师、广油、华农、中山电子：林华老师13922309460

4. 广应科、培正、华师：柳老师13602889765

5. 韶关学院、广东工业大学、广东财经大学、广州商学院、嘉应学院、惠州学院、肇庆学院、东莞理工学院城市学院：张老师18620087770

深圳分校

客服值班电话：400 - 1660 - 360 转1转1再转6

深圳地址：深圳市福田区深南中路2016号兴华大厦B座829

咨询热线：0755 - 23964781，手机：13316856786

乘车路线：地铁科学馆站B口出前行150米

深圳大学：王老师13311520165（微信同号）

海南分校

服务热线：0898 - 65719192

办公地址：海南省海口市美兰区兴洋大道118号海口创业创客服务中心4楼

海南大学、海南师范大学、三亚学院等高校咨询热线：

王老师　13398922417（微信同号）

黄老师　17789832417（微信同号）

陈老师　15308928589（微信同号）

法考 免费课程听课流程

电脑听课流程

① 通过浏览器输入瑞达法考的网址进行搜索，进入瑞达法考官网首页。

https://www.ruidaedu.com

② 进入首页后向下滑动找到“热门课程”点击课程即可观看。

（提示：这里展现的是近期最新部分课程，观看更多请点击右边“更多精彩课程”进行观看）

③ 进入首页后，点击导航条上的“免费课堂”再点击课程即可观看。

（提示：您也可以根据专业/讲师/阶段/年份来找到对应课程进行观看）

首页 | 免费课堂 | 配套教材 | 瑞达讲师 | 面授班次 | 加盟分校 | 瑞达e学 | 最新资讯

APP手机听课流程（提示：图书封底扫二维码下载“瑞达法考APP”）

进入“瑞达法考APP”首页—公开课—点击课程—去学习—就可以听课啦！

（提示：没有注册的瑞宝请先进入“瑞达法考APP”我的—注册/登录—登录账号）

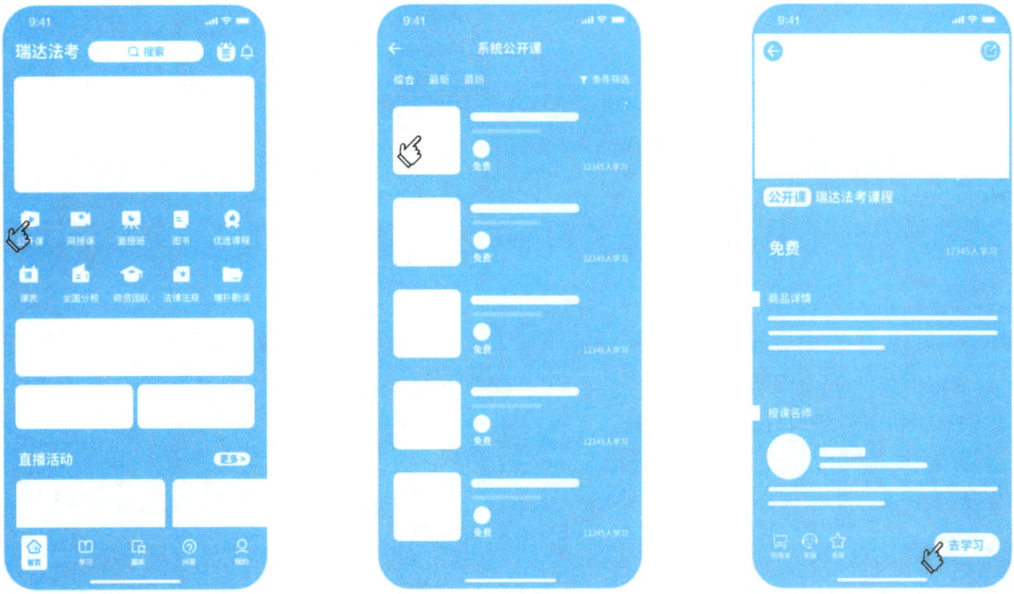